Weltwärts

Karl Lüönd

# Weltwärts

Kuoni: Die Zukunft des Reisens.
Seit 1906.

AT Verlag

Herausgegeben von der Kuoni Reisen Holding AG aus Anlass
des 100-jährigen Bestehens der Kuoni-Reiseorganisation

Publiziert in den Sprachen Deutsch, Französisch und Englisch
Redaktionsschluss: 28. Februar 2006

© 2006 Kuoni Reisen Holding AG, Zürich
Verlag: AT Verlag Baden und München
Umschlagbild: Archiv Dr. Roger Bleher, Zollikerberg
Fotostrecke Ägypten: Josef Stücker
Dokumentation: Kurt Heiniger
Gestaltung: Adrian Pabst und Tanja Weber
Bildredaktion: Punktum AG, Zürich, Marianne Flüeler
Lithos: AZ Grafische Betriebe AG, Aarau
Druck und Bindearbeiten: Appl, Wemding
Printed in Germany

ISBN 3-03800-250-X

# Inhaltsverzeichnis

# Verführung zur Neugier, Bewirtschaftung der Träume

oder Was ist eigentlich falsch am Massentourismus?

Tal der Könige, 07.30 Uhr im Oktober: Ala Din Ahamed Korany, 36, ist guter Dinge. Heute hat er einen Job und morgen wieder einen. In drei Monaten wird seine Frau das vierte Kind zur Welt bringen. Vier Jahre hat er in Kairo Ägyptologie und deutsche Sprache studiert, damit er an diesem heiteren Herbstmorgen eine kleine Touristen-Gruppe zu den schönsten oberägyptischen Tempeln und Gräbern führen darf. Der Kleinbus überholt Sammeltaxis, welche die Kinder zur Schule bringen, und Fellachen, die auf ihren Eseln zur Feldarbeit reiten. «Sie pflanzen vor allem Zuckerrüben an», erklärt Ala Din. «Sehen Sie die Feldbahn hier, die führt die Ernte direkt in die nahe Raffinerie.»

Der Führer kennt sein Land und spricht ein tadelloses Deutsch. Aber in der Schweiz oder in Deutschland, wo seine Gäste herkommen, ist er noch nie gewesen. Ala Din und die meisten anderen der 160 000 Einwohner von Luxor leben von einem Tourismus, den sie sich selbst nicht leisten können, noch nicht. Der durchschnittliche Monatslohn eines Hochschul-Absolventen beträgt höchstens tausend ägyptische Pfund, das sind zum Tageskurs knapp 250 Schweizer Franken. In Ägypten leben 70 Millionen Menschen. Welch ein Potenzial, wenn sie einmal so weit sein werden wie die Gäste aus Indien, Südamerika, China und anderen Schwellenländern, die immer zahlreicher zu den Tempeln und Gräbern des «hunderttorigen Theben» strömen, wie Homer das heutige Luxor genannt hat.

Im Tal der Könige in den weissgelben Kalkfelsen herrscht schon vor acht Uhr früh Grossandrang. Die Händler stellen sich den bergwärts strömenden Massen in den Weg, breiten ihre Ansichtskartenfächer aus und präsentieren Andenken zu flexiblen Preisen: Papyri, Galabijas und Bastet-Katzen aus falschem Basalt. Die kulturell motivierten Touristen, die in Luxor wohnen, nutzen die kühlen Morgenstunden. Gegen elf Uhr kommen die Busse aus Hurghada, etwa hundert täglich. Sie bringen die Taucher und Sonnenanbeter, die sich für einen Tag «Theben komplett» gönnen. Die Maschine brummt. Ihr Name ist Massentourismus. An Spitzentagen strömen mehr als zehntausend Besucher ins Tal der Könige und zum Totentempel der Hatschepsut.

Lautlos ziehen elektrische Traktoren lange Reihen von offenen Wagen von den Parkplätzen zu den von Bewaffneten kontrollierten Eingangstoren der Denkmäler. Lang sind die Kolonnen vor den Grabeingängen. Fremdenführer scharen ihre Gruppen nochmals um sich, dann müssen sie sie allein in die Grabgänge hinunter steigen lassen. Denn im Innern der Gräber sind Führungen verboten; der Strom darf nie ins Stocken geraten. Verboten ist auch das Fotografieren. Flammt dennoch ein Blitz auf, schnellt ein Wächter hektisch aus der Kauerstellung auf und sucht den Übeltäter. Schwitzend schieben sich die Neugierigen im Gänsemarsch aneinander vorbei: eine Kolonne hinein in die Grabkammer, die andere hinaus an die Erdoberfläche, wo der Führer wartet.

## Macht das Sinn? Was bekommen die Leute wirklich mit?

Macht das Sinn? Was bekommen die Leute wirklich mit vom gross- und fremdartigen Totenkult der alten Ägypter, vom Stolz der hochfahrenden Pharaonen, von der List der Tempelpriester, von denen manche zugleich Grabräuber waren, und vom Fleiss der namenlosen Handwerker, die diese monumentale Herrlichkeit in den Kalkfelsen getrieben, mit Reliefs geschmückt und kunstvoll ausgemalt haben?

Wie zufällig sind im Tempel der Hatschepsut Handwerker zugange. Einer kittet die Risse im Gemäuer mit Hanf und einer Füllmasse, die er mit einer Injektionsspritze appliziert. Sein Kollege erklärt den Vorgang in gutem Englisch. Weiter unten demonstrieren Steinmetze in einer Bauhütte die Bearbeitung der Quader. Showtime! Ein Alter mit lustigen Augen eilt herbei und fächelt den Touristen mit einem Stück Karton Kühlung zu. Die Schwedin mit dem kecken Rossschwanz und der mittelalterliche Amerikaner neben ihr beginnen zu begreifen. Diskret steckt der Alte den Bakschisch ein.

Was ist eigentlich falsch an dieser Art von Tourismus? Entweder studierst du vier Jahre oder mehr wie Ala Din, oder du holst dir das Wichtigste aus dem Internet, aus Büchern. Aber was gibt es Besseres als das Erlebnis an Ort und Stelle, das Gedränge, die Hitze, die Farben, die Düfte?

Wenn die Behauptung der Werbewirtschaft stimmt, dass der Mensch für die meisten Botschaften nicht mehr als drei Sekunden erübrigt, dann sind die zwei, drei Minuten für die schauspielernden Handwerker und den listigen Alten doch schon recht üppig. Die Krankenschwester aus Stockholm und der Broker aus Chicago haben eine Erfahrung gemacht, die zuvor völlig ausserhalb ihres Lebenskreises gelegen hatte. Sie haben hinein geblickt in eine versunkene Welt, von der immerhin behauptet wird, sie habe die abendländische Kultur mit begründet. Tausende lernen an jedem dieser heissen Tage, dass es tausend Dinge gibt, die sie noch nicht wissen, und dass die Welt voll ist von Unentdecktem und Spannendem. Dass es sich folglich immer wieder lohnt, auszurücken und an neuen, anderen Welten zu schnuppern. Ein Tag «Theben komplett» wird dem Hurghada-Tauchtouristen die Mysterien des alten Ägypten nie erklären können. Er wird sich auch nie brüsten, nach diesem erlebnisreichen und ermüdenden Tag die Hochkultur am Nil verstanden zu haben.

## Reisen weckt die Lust auf Entdeckungen

Was aber mit grosser Wahrscheinlichkeit geschieht: Der Mensch bekommt Lust auf weitere Entdeckungen. Er überwindet die ersten Hemmschwellen und wird bei nächster Gelegenheit seine Erkenntnisse vertiefen wollen. Auch wer nur für einen Tag herkommt, wird sich für einen Individualisten halten – und was er sieht und erlebt, wird er auch tatsächlich individuell verarbeiten. Das, was hochmögende Kulturkritiker herablassend als «Massentourismus» qualifizieren – diese gewaltige Transport- und Dienstleistungsmaschine, die tausende ernährt – ermöglicht das Erlebnis des Fremden zu Preisen, die sich jeder leisten kann.

Fängt so die Erweiterung des Horizonts an? Ist Massentourismus der Anfang von Welterfahrung, eine Verführung zur Erweiterung des Horizonts, eine vergnügliche Spielart

# Wie kommt es, dass ich glücklich bin, Ihnen adieu sagen zu können?

*Robert Walser über das Glück des Reisens*

Gewiss ist das Reisen weiter absolut nicht schwierig. Man gewöhnt sich ans Umherziehen, wie dies bezüglich des Bleibens, Ausharrens und Stillseins an einem bestimmten Platz der Fall sein mag. Ich bitte Sie, mir zu gestatten, überzeugt zu sein, dass in Ihnen ebensogut Reisewünsche und Wanderungstalent liegen können wie in irgendwelchem andern Menschen und Angehörigen der Zeit, die die unserige ist. Wünsche lassen sich auf die Seite stellen, als seien sie nicht vorhanden; anderseits öffnet sich eines Tages ein Verlangen, eine Forderung, über die man sich wundert. In einem fremden Land heimelte mich einmal ein Dienstmädchen dadurch an, dass es einen Zug von Feinsinn offenbarte. Einen Reisenden, wie ich einer zu sein meine, entzückt die Entdeckung, die er dann und wann machen zu können in die Lage kommen kann, dass es gefühlvolle Seelen gebe, die sich vor dem Empfindsamsein nicht fürchten. Naivität zeichnet sich in erster Linie mit Ihrer freundlichen Einwilligung durch Mut aus, wo anderseits Absichten nur zu bald und zu oft Haltlosigkeit oder eine gewisse Unselbständigkeit ankündigen. Meine jüngste, d.h. erste Kindheitreise führte mich per Eisenbahn über eine Brücke, unter der ich sonnenbeschienenes Wasser schimmern sah. Auf einer Reise kann es hier zu einer zärtlichen Umarmung, dort zu einer Ohrfeigenanerbietung kommen, je nachdem man aufgelegt ist oder sich dies mit solchen verhält, deren Bekanntschaft man macht. Herrlich ist es, am frühen Vormittag über den Rücken eines Berges zu schreiten, wobei man Luft einatmet, als trinke man ein Glas frisches Wasser. Milchweiss fliegen flockige, flaumige Wölkchen durch das Blau des Himmels, eine Bemerkung, die vielleicht auf Sie wie ein etwas literarischer Eindruck einwirkt. Ich aber habe meinerseits immer wieder von neuem gefunden, dass etwas Schönes, so bekannt es uns auch vorkommen mag, interessant ist. Wen vermöchte eine grüne Matte, ein zweigereicher Baum oder ein Fluss, der sich durch ein anmutiges Land windet, je zu langweilen? In der Regel reist ein Reisender nicht allein, sondern mit anderen Sichdurchdieweltbewegenden. Ein Taschentuch leistet im Hotel oder im Eisenbahnwagen denselben kleinen, aber unentbehrlichen Dienst wie zu Hause; ähnlich ist's mit dem Essen, den Kleidern, den Zigaretten.

Ein Luxus oder Notwendigkeitsgegenstand lässt sich überall kaufen, vorausgesetzt, dass sich das hierzu unerlässliche Geld im Portemonnaie befindet. In Vorstädten überkommt mich beispielsweise regelmässig ein Glaube an Tugend. In Museen oder angesichts imposanter Gebäulichkeiten fühlt man sich dagegen mit Leichtigkeit grau und alt, was übrigens wahrscheinlich Meinungen, Sensationen sind. Hat nicht Ihrer Ansicht nach eine Eisenbahnfahrt etwas Musikinunsweckendes? Wenn ich fahre, mich gleitend, räderrollend tragen lasse, mich in einem gleichsam vorwärtsmarschierenden Gemach aufhalte, fange ich unwillkürlich mit irgend jemand, der die Güte hat, mein Nachbar zu sein, gern an zu kokettieren, womit man sich etwas Unstatthaftes zu verstehen durchaus nicht verpflichtet zu finden braucht. Strassen, die man zum erstenmal betritt, Räumlichkeiten, die einem bisher unbekannt waren und die man jetzt kennenlernt, scheinen vielversprechend zu sein. Reizend und lehrreich ist beim Reisen, dass man sich nirgends allzu einheimisch vorkommt, in sich selbst etwas Gemütliches, Heimatliches sucht und findet. Halte ich mich längere Zeit an ein und demselben Ort auf, so entsteht eine Neigung, beinahe ein Bedürfnis in mir, ungezogen zu werden. Wenn ich hingegen reise, mache ich mich sozusagen überall durch Behilflichkeit, guten Willen usw. beliebt. Wie kommt es, dass ich glücklich bin, Ihnen adieu sagen zu können, obschon ich mit Vergnügen bei Ihnen bin? Einer, der reist, hat nicht nötig, in Betracht zu ziehen, er gehe auf die Nerven, falle lästig, werde uninteressant. Bleibe ich, so geht's mir gut; wenn ich aber gehe, denkt man an mich. Wollen nun nicht auch Sie durch Entfernung wertvoll, durch Abwesenheit kostbar werden und ein bisschen reisen?

Robert Walser (1878–1956) war einer der grössten Schriftsteller der neuen Schweizer Literatur. Dieser Text entstand 1931.
© Suhrkamp Verlag Frankfurt

von Bildung? Wird der schwitzende Zeitgenosse aus Stockholm, Chicago oder Winterthur nicht in Zukunft die Nachrichten aus Ägypten mit einem anderen Bewusstsein, einem erweiterten Hintergrund wahrnehmen? Das interessiert mich, da bin ich auch schon mal gewesen!

Unwillkürlich wird der gereiste Mensch das, was er hört und liest, an dem messen, was er selber gesehen und erfahren hat. Das mag unvollkommen sein oder im Einzelfall in die Irre führen, aber ein Stück mehr Verständnis für fremde Menschen und ihre Probleme wird erreicht sein. Oder wenigstens der Wunsch, seine Kenntnisse bei nächster Gelegenheit zu vertiefen. Wetten, dass wir unseren Luxor-Tagestouristen in ein paar Jahren im Ägyptischen Museum von Kairo wieder treffen oder auf einer Nilkreuzfahrt nach Abu Simbel! Massentourismus – auch das eine kennzeichnende Eigenschaft – macht immer Lust auf Neues.

## Zeitreise in der stillen Nekropole

In Luxor geht es gegen Mittag. Ala Din Ahamed Korany hat eine Frage. Wollen Sie das Tal der Königinnen mit dem Grab der Nefertari sehen, der Hauptfrau des mächtigen Ramses II.? Oder lieber das Dorf der namenlosen Handwerker und Arbeiter in Schech Abd el-Kurna, wo die Steinmetze, Maler und Bildhauer neun Tage ununterbrochen an den Königsgräbern gearbeitet und den zehnten, ihren Ruhetag, der Ausschmückung der eigenen Gräber gewidmet haben?

Wie jeder gute Fremdenführer weiss Ala Din im Voraus, was der Gast wollen soll. Aber du kommst auch selber drauf: Das Kontrastprogramm müsste spannender sein als die Wiederholung des Königlichen. Ala Din strahlt. In der kleinen Nekropole über dem ausgegrabenen Dorf, wo noch die ummauerten Grundrisse von achtzig Arbeiterhäusern einen Eindruck von der unsäglichen Enge der Wohnverhältnisse geben, herrscht Ruhe. Der Weg führt hangaufwärts zum Grab des Sennutem, des besten Malers im alten Theben. Nur eine kleine Gruppe von Engländern ist da. Der einzige Postkartenverkäufer ist in Ermangelung von Konkurrenz die Gelassenheit selbst.

«Mehraba», grüsst der junge Wächter freundlich. Er hat Zeit und begleitet dich die zwanzig steilen Stufen in die Tiefe. Der Gang ist kaum körperbreit, der Türsturz gerade hoch genug für ein Kind. Du bückst dich, dann stehst du in der Grabkammer, die nicht grösser ist als dein Schlafzimmer, und staunst nur noch über die strahlend frischen, makellosen Malereien mit den mythologischen Szenen aus dem fremden alten Totenreich, über die in die Wand gehauenen Hieroglyphen mit Gestalten und Geschichten, die wie versteinerte Comics über die Wände laufen. Du betrachtest die Bilder, fügst das eine zum anderen, meditierst eine Weile und beginnst, ohne es lesen zu können, das eine oder andere zu verstehen.

Natürlich hast du nichts wirklich verstanden, aber du hast eine Ahnung bekommen von dem grossartigen fremden Universum unter der weissgelben Erde. Und das weniger als 24 Stunden nach deiner Ankunft aus dem mitteleuropäischen Alltag. Wird nicht häufig vergessen, dass das von Kulturpessimisten und Angehörigen der intellektuellen Elite belächelte Treiben des organisierten Gruppentourismus eine unerhörte Leistung darstellt, was das Verhältnis von Distanzen, Zeitbedarf und Kosten betrifft? Dies nur schon deshalb, weil es den Einzelnen der Mühe des Zurechtfindens und Auswählens in fremder Umgebung enthebt und ihm hilft, seine wenigen dem Alltag abgerungenen Urlaubstage optimal zu nutzen. Schon am Mittag bist du bequem zurück im Hotel, und wenn du willst, verdöst du halt den Nachmittag am Pool. Schliesslich sind es ja Ferien!

Ja, es ist und bleibt Massentourismus mit all seinen Schattenseiten, über die schon ganze Bibliotheken geschrieben worden sind: ein arrangiertes Konsumerlebnis, die manchmal oberflächliche Darreichung eines vorgefertigten Konzentrats, garniert mit den Logos der globalisierten Markenzivilisation und durchwürzt vom Erwerbssinn der Einheimischen. An manchen magischen Orten hat dieses Geschäft erfolgreich seine eigenen Grundlagen zerstört. An anderen Orten, etwa in Luxor, scheinen sie mit den nach Millionen zählenden Besuchern gut fertig zu werden.

## Die organisierte Aneignung der Welt

Ist es nicht ein schönes und spannendes Geschäft, den Menschen zu helfen, sich lustvoll und zweckfrei auf Neues einzulassen und sich Unbekanntes durch Schauen und Nacherleben zu erschliessen? Nochmals: Was ist denn wirklich falsch an diesem erschwinglichen Tourismus, vorausgesetzt, er wird mit Respekt vor der Umwelt und den vorgefundenen Kulturen betrieben?

Von diesem faszinierenden, launischen und manchmal oberflächlichen Geschäft handelt das vorliegende Buch: von der Vorführung des Fremden und der Verführung zum Ausbrechen, von der organisierten Aneignung der Welt und von der Bewirtschaftung von Träumen. Als roter Faden dient – aus Anlass ihres hundertjährigen Bestehens – die Biografie der Firma Kuoni, der grössten und erfolgreichsten Reiseorganisation des Touristenlandes Schweiz. Schon 1906, als Alfred Kuoni sein kleines lokales Reisebüro in Zürich gründete, hatte er die Entdeckung Ägyptens im Angebot, das von seinem Vorbild Thomas Cook erschlossene, erste klassische Reiseziel des entstehenden modernen Tourismus. Nur kostete eine Ägyptenreise damals noch zwei Jahresgehälter eines Arbeiters. Hundert Jahre später existiert die Reiseorganisation noch immer unter der Marke Kuoni als einer der grossen globalen Reiseanbieter mit Schwerpunkten in Mitteleuropa, Grossbritannien, Skandinavien und Indien und mit Ablegern in der ganzen Welt. In der Geschichte von Kuoni spiegeln sich alle Wege, auch manche Irrwege des modernen Massentourismus. Da dessen Volumen – anders als etwa das der Exportindustrie in der Zollstatistik – nirgends ablesbar, sein Wachstum seit dem Ende des Zweiten Weltkriegs aber augenfällig und dramatisch ist, darf man ihn als ein Schlüsselphänomen und als eine der erfolgreichsten Branchen der modernen Ökonomie bezeichnen.

Dieser Entwicklung nachzugehen heisst zugleich von fremden Welten und anderen Menschen lernen. Und das ist nicht das Schlechteste, wozu Tourismus verführen kann, und was auch dieses Sachbuch anstrebt.

\* \* \*

Dieses Buch wäre nicht zustande gekommen ohne die freundliche Hilfe und die geduldigen Auskünfte einer grossen Zahl sachkundiger Persönlichkeiten. Da die archivarische Quellenlage zu wünschen übrig liess, wurden wesentliche Auskünfte aus über 50 Interviews gewonnen. Umso wichtiger war die beeindruckende Offenheit unserer Gewährspersonen. Ausnahmslos alle angefragten Interview-Partner haben in Gespräche eingewilligt und sind auch kontroversen Sachverhalten nicht ausgewichen. Die Interviews dauerten bis zu fünf Stunden und wurden durchgängig durch Tonband-Aufnahmen dokumentiert.

Auskünfte, Mitarbeit und Unterstützung aller Art verdankt der Autor (in alphabetischer Reihenfolge) Daniel Affolter, Reto Bacher, Frank Baumann, Roger Bleher, Jack Bolli (†), Fred Bossard, Walter Brüllhardt, Peter Diethelm, Hans Ruedi Egli, Marianne Flüeler-Grauwiler, Melch Frei, Aldo Froesch, Hans Rudolf Graber, Niklaus Grob, Patricia Gross, Riccardo Gullotti, Guido Hanselmann, Andrea Hemmi, Hans Imholz, Karl Kistler, Alfred Kuoni II., Chris Linder, Charles Linsmayer, Irene Lüönd, Armin Meier, Ernst Meier, Sepp Moser, Peter Nydegger, Walter Rhyner, Helene Rapold Senn, Andreas Schmid, Walter Senn, Thomas Stirnimann, Andy Wildi, Reto Wilhelm, Helena Zaugg Wildi und vielen anderen, die hier nicht genannt werden wollen.

Weit über das übliche Engagement von Auftraggebern hinaus haben sich Hans Lerch, CEO von Kuoni bis 2005 und Kurt Heiniger für das Zustandekommen dieses Buches engagiert, letzterer als unermüdlicher Projektleiter, bestinformierter Dokumentarist und kritischer Fachlektor. Ihnen allen wie auch den zahlreichen kompetenten und freundlichen HelferInnen in Bibliotheken und Archiven – und nicht zuletzt auf allen Stufen der Kuoni-Organisation – danke ich ganz herzlich.

*Karl Lüönd*
September 2005

Telephon Nr. 55

# Gebrüder Kuoni · Chur

Kohlen, Heizöle, Möbeltransporte

Offizielle Bahn-Camionnage (Sesa-Agentur, Tel. 343)

# Zeitenwende als Familienschicksal

Alleingang an bester Lage und in einer Branche, die es noch kaum gab

Jahrhundertwende war Zeitenwende. Die radikale wirtschaftliche und gesellschaftliche Umwälzung, die im letzten Viertel des 19. Jahrhunderts – jedoch, verglichen mit dem Ausland, massiv verspätet – auch in der Schweiz begonnen hatte, war alltägliche Wirklichkeit geworden. Die Eisenbahnen verbanden die Industrie-Agglomerationen Europas. Die Nationen begannen zusammenzuwachsen. Die Menschen reisten. Viele suchten in der Fremde neue Existenzmöglichkeiten. Das veränderte das Gesicht der Städte. In Zürich zum Beispiel entstand in Aussersihl ein italienisch-jüdisches Einwandererviertel von eigener Prägung. Der Warenverkehr hatte gewaltig zugenommen. Der Distanzschutz für viele lokale Märkte war aufgehoben. Dafür konnten nun auch Schweizer Industriegüter neue, entfernte Exportmärkte erreichen. Die multiplizierte Mobilität führte Waren und Menschen zusammen und bildete die Voraussetzung für die stürmische Fortentwicklung der Industriekultur und einer wachsenden Dienstleistungswirtschaft. In den Läden gab es neue und fremdartige Waren zu kaufen. Südfrüchte waren es jetzt auch in schweizerischen Kleinstädten erhältlich. Unternehmer aller Branchen und Grössenordnungen packten ihre Chancen. Berühmt ist das Beispiel der Bierbrauer. Um 1850 wurden in der Schweiz lediglich 50 000 Hektoliter Bier hergestellt, dreissig Jahre später waren es zwanzigmal mehr.

Den primären Industriezweigen – Textilindustrie, Verarbeitung der landwirtschaftlichen Produktion – folgte die Sekundärindustrie, vor allem der Maschinen- und Apparatebau.

«Zeitenwende ...»
Fortschritts-Allegorien auf Plakaten und Tapeten waren gegen Ende des 19. Jahrhunderts in der Schweiz sehr beliebt. Sie machten den Übergang vom Postkutschen- ins Eisenbahnzeitalter bildhaft.

An der Schnittstelle zwischen Industrie und Dienstleistung siedelten sich neue Wirtschaftszweige an, zum Beispiel die Zeitungsverlage, die sich am Ende des 19. Jahrhunderts von ihrer Rolle als Plattformen der Politik zu emanzipieren begannen und (erstmals mit der Gründung des «Tages-Anzeigers» 1893) die Konturen einer selbständigen und selbstbewussten Branche annahmen. Als direkte Folge der verbesserten Verkehrsverbindungen etablierten sich im Takt der gewaltigen naturwissenschaftlichen und technischen Fortschritte des 19. Jahrhunderts die chemisch-pharmazeutische Industrie, die Elektrotechnik und das Fernmeldewesen. Da die Frauen in den Fabriken arbeiten mussten und keine Zeit zum Kochen hatten, erfanden sozial motivierte Pioniere wie Henri Nestlé und Julius Maggi die ersten industriell hergestellten Nahrungsmittel.

Auch die Wissenschaft und viele Zweige der modernen Dienstleistungswirtschaft gingen direkt aus dem «big bang» des Eisenbahnbaus hervor. Handel, Banken und Verkehr legten dichte Netze über den Erdball. Röntgen entdeckte seine Strahlen, Madame Curie das Radium. Sven Hedin und andere färbten die letzten weissen Flecken auf der Weltkarte ein. Dank der Telegrafie erfuhren die Menschen innert Stunden, was auf der anderen Seite des Erdballs geschah: Boxeraufstand, Burenkrieg, Bismarcks Tod, die Börsenkurse.

## Die Geburtsstunde der Dienstleistungswirtschaft

Der internationale Geldverkehr und der Kapitalhunger der expandierenden Industrie liessen ein starkes Bankensystem entstehen. Je mehr und je weiter exportiert wurde, desto dringender wurde zum Beispiel das Bedürfnis nach der Versicherung von Gütern und Menschen. Parallel dazu wurde die Forderung nach sozialer Absicherung gegen die

Der Zürcher Bahnhofplatz (Hauptportal mit Escher-Denkmal) in der Belle Epoque.

Folgen von Unfall, Krankheit und Alter immer unabweisbarer; die Gründerjahre wurden folgerichtig zur Geburtsstunde der schweizerischen Versicherungswirtschaft, die sich schon aus Gründen der Risikoverteilung sofort ins Ausland ausbreitete. Das Wachstum des gesamten Dienstleistungsgewerbes in der stürmisch expandierenden Stadt Zürich wird allein für die als «Belle Epoque» bezeichnete Zeit zwischen 1880 und 1910 auf etwa 250 Prozent geschätzt.

Dem Gründer-Boom und den regionalpolitisch motivierten Konkurrenzkämpfen der frühen Eisenbahnzeit folgten spektakuläre Pleiten und schliesslich die Verstaatlichung der Schweizer Bahnen durch den Rückkauf von 1898. Riesige Vermögen wurden gemacht, investiert und verloren. Die Spekulation wogte, aber die Erfindung selbst überlebte problemlos, weil sie ungeahnten Nutzen stiftete. Die Eisenbahn als Rückgrat der modernen Infrastruktur ging gestärkt ins 20. Jahrhundert. Der Vergleich liegt auf der Hand: Der Eisenbahnbau war, was Veränderungsmacht und Gestaltungspotenzial betraf, das «Internet des 19. Jahrhunderts».

Revolutionäre Umwälzungen der Infrastruktur, brutaler Anpassungszwang, Untergang des Vertrauten und Heraufkunft des Neuen: Was sich in dieser gerafften gesamtwirtschaftlichen Rückschau als logisch und zwangsläufig darstellt, schuf für hunderte von betroffenen Familien und gewerbliche Kleinbetriebe unübersichtliche, ja existenzbedrohende Lagen. Mit der Gestalt des «letzten Postillons» ist in der schweizergeschichtlichen Mythologie ein unverlierbares Symbol für den unerbittlichen Übergang von der alten zur modernen Welt hinterlegt. Zwei, drei solcher Postillone sassen – zusammen mit einem guten Dutzend Rossknechten, Störschneidern, Schuhmachern und Hufschmieden, mit Knechten und Mägden und den elf Kindern der Familie – am Tisch der Familie Kuoni im Karlihof zu Chur.

Chur mit Altstadt und Bischofssitz um 1910: Hier war die Familie Kuoni die marktbeherrschende Dynastie der Fuhrleute und Lagerhalter.

Johann Ulrich Kuoni (1807–1881) war der Stammvater der Unternehmerfamilie Kuoni und sicherte die Zukunft seiner Familie durch kluge Investitionen.

Die Kuonis waren etwa seit 1830 die marktbeherrschenden Fuhrleute und Lagerhalter im Bündner Hauptort. Eigentlich stammte die Familie aus dem schmucken Weinbauerndorf Jenins in der nahen Bündner Herrschaft. Vermutlich mussten, wie in den kinderreichen bäuerlichen Familien üblich, die nicht erbberechtigten Kinder das Heimatdorf verlassen und in der nahen Stadt ihr Auskommen suchen. Jedenfalls wurde schon 1810 Johann Conrad Kuoni (geb. 1766) ins Churer Bürgerrecht aufgenommen. Er heiratete in Jenins Anna Christina Heilmann, die Tochter des aus dem Württembergischen stammenden Friedrich Heilmann. Das Ehepaar zog später nach Chur. J. C. Kuoni betrieb ein ausgesprochen sesshaftes Gewerbe: Er war Bäckermeister. 1807 kam sein Sohn Johann Ulrich und 1817 der Sohn Johann Friedrich zur Welt. Johann Ulrich liess schon bei seiner frühen Heirat im Jahre 1830 zweierlei verbindlich erkennen: unternehmerischen Willen und das Gespür für die Chancen, die im langsam wachsenden Mobilitätsgewerbe lagen.

## Der Mann mit den sechs Berufen

In seinen Zivilstandspapieren wurde Johann Ulrich Kuoni gleich mit einem halben Dutzend Berufsbezeichnungen geführt: «Kaufmann, Fuhrhalter, Landwirt, Holzhändler, Unternehmer und Baumeister». Da die Kleinstadt noch bis 1839 unter der Zunftverfassung lebte, welche die eingesessenen Gewerbetreibenden bevorzugte, muss es für ihn vorteilhaft gewesen sein, eine Tochter aus dem etablierten Churer Bürgergeschlecht Hail heiraten zu können.

Zusammen mit anderen Churer Kaufleuten und Spediteuren kontrollierte Kuoni das Monopol auf den beiden Handelsstrassen, die das Bündnerland mit der Aussenwelt ver-

Im Schiffsverkehr um die Jahrhundertwende begegneten sich Geschäfts- und Vergnügungsreisende.

## Gründe zum Reisen

Reisen, das hat sich im Laufe der Zeit und mit der Vervollkommnung der Verkehrsmittel und der durch verbesserte internationale Beziehungen gewährleisteten Sicherheit der Reisenden in staunenswerter Weise entwickelt. Anfänglich durch rein merkantile Bedürfnisse angeregt, verfolgen die Reisen jetzt die Entdeckung und Erforschung unbekannter Länder (s. Entdeckungsreisen); sie werden unternommen zur Belehrung, zur Herstellung oder Befestigung der Gesundheit, zum Vergnügen, zur Anknüpfung oder Befestigung kaufmännischer Verbindungen oder auch aus religiösen Beweggründen. Im Anfang war es besonders der Handelstrieb, der bei vielen Völkern zu weiten Reisen Veranlassung gab. So unternahmen die Phönizier grosse Handelsexpeditionen in weit entlegene Teile der Alten Welt, so wagten sich die Polynesier auf ihren unsicheren Kanus über Meeresstrecken. Das zweite Motiv in historischer Folge war das religiöse, in früheren Zeiten, in manchen Ländern auch noch heute eine gewaltige Triebkraft zu Reiseunternehmungen, bei denen religiöse und kommerzielle Interessen sich häufig verquicken. Später lösten sich von den nur materiellen Zwecken dienenden Reisen die wissenschaftlichen Forschungsreisen los und noch später solche zu sanitären und zu Vergnügungszwecken.

Meyers Grosses Konversations-Lexikon, 1907

Heimatschein für Johann Georg Kuoni, der 1893 von Chur nach Missouri zog. Auswanderung war das Schicksal von tausenden, die in den engen Bergtälern keine Zukunft hatten.

banden und die dem Platz Chur den Rang einer kleinen Handelsmetropole sicherten: nach Walenstadt–Zürich und nach Chur–Thusis mit Fortsetzung in Richtung Italien über den Splügenpass. Säumerkarawanen transportierten grosse Mengen von Reis, Tabak, Salz und Wein durch Chur. Die Fuhrleute lebten gut von ihren Taxen. Als 1837 das erste Dampfschiff – mit dem bezeichnenden Namen «Splügen» übrigens – den Walensee befuhr, richtete Johann Ulrich Kuoni in Walenstadt eine Filiale ein. Dass schon 1830 die erste Fahrstrasse über den Gotthard gebaut und damit der kürzeste Nord-Süd-Weg erschlossen wurde, hinderte den jungen Transportunternehmer nicht daran, weiter in seine Position an der konkurrierenden Splügenlinie zu investieren. Er kaufte bei Ragaz den Baschärhof, eine ehemalige Pacht des Klosters Pfäfers, und richtete dort nicht nur ein landwirtschaftliches Mustergut ein, sondern auch eine Etappe für seine Pferdegespanne.

Als die erste Bundesverfassung von 1848 das Strassen-, Zoll- und Münzwesen in der Schweiz zu vereinheitlichen und den freien Handel und Verkehr zu fördern versprach, wagte Johann Ulrich Kuoni 1851 eine zweite grosse Investition. Für 18 000 Gulden erwarb er am Ostrand der Churer Altstadt den Karlihof, so benannt nach dem Ritter Fran-

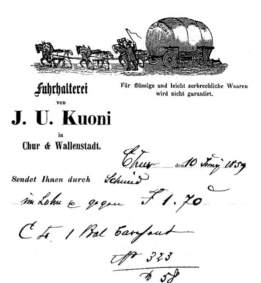

zisc Carli von Hohen Balch, einem aus dem Münstertal stammenden Feudalherrn. Neben dem «Alten Karlihof» baute Johann Ulrich Kuoni – schliesslich war er ja auch Baumeister – den «Neuen Karlihof» als Zentrale seines stark gewachsenen Transportunternehmens, mit Lagergebäuden, Stallungen, Kontoren und Familienwohnung. Es war das Abbild einer «Sust», wie die Rast- und Lagerhäuser mit Pferdewechselstation an den Passwegen früher genannt wurden.

Als 1858 der «Neue Karlihof» in Betrieb genommen wurde, hatte Johann Ulrich Kuoni, obwohl erst 51 Jahre alt, seine Nachfolge bereits geregelt und seinem damals 27 Jahre alten Sohn Johann Conrad Kuoni die Betriebsleitung übergeben. Er selbst widmete sich als Ratsherr und Mitglied der Stadtregierung der Politik und betätigte sich im Liegen-

Die Bank für Graubünden in Chur war das erste Grossprojekt des Architekten Alexander Kuoni, der später auch das majestätische «Maloja Palace» entwarf.

Mit diesem Dokument mussten vermögende Gewährsleute für die korrekte Amtsführung des Postpferdehalters Johann Conrad Kuoni bürgen.

schaftenhandel. Bei diesem Generationenwechsel wurde das Geschäft aufgeteilt. Früh übernahm der jüngere Sohn Alexander Kuoni (1842–1889) das Baugeschäft. Er tat sich als geschickter Architekt hervor.

1861 fädelte Johann Ulrich Kuoni ein grosses Liegenschaftengeschäft ein, das ihn mit einem Schlag zum wichtigsten privaten Grundbesitzer in der Stadt machte. Die junge kantonale Verwaltung wollte auf dem Areal des bischöflichen Baumgartens ein Zeughaus bauen, brauchte aber nicht das gesamte riesige Gelände. Der Bischof aber wollte keine Teilparzelle verkaufen. Da trat Johann Ulrich Kuoni in den Handel ein und übernahm das Areal, das der Kanton nicht benötigte. Schon mit zwanzig Jahren konnte Alexander Kuoni in der Innenstadt mit dem «Haus Calanda» sein erstes Grossprojekt verwirklichen. Später war Architekt Kuoni an dem gescheiterten Grossprojekt des «Maloja Palace» beteiligt.

## Was auf vielen Beinen steht, kann nicht umfallen

Ruhiger verlief das Leben des Johann Conrad Kuoni, der die Fuhrhalterei besorgte und daneben eine Landwirtschaft mit Rebbergen betrieb. Mit seinen Postpferden bediente er täglich die Strecke nach Churwalden sowie den Postdienst bis Thusis. Die Niederlas-

Johann Conrad und Carolina Kuoni-Rüedi hatten elf Kinder; obere Reihe von links: Alfred, Ernst, Hermann, Lina, Simon, Christian, Marie, Otto; untere Reihe von links: Anna, Elternpaar, Conrad; sitzend: Paul.

Links: Kuoni-Fuhrwerk in Chur; rechts: Groteske Szene um 1920. Da in Graubünden der Autoverkehr bis 1925 gesetzlich verboten war, mussten an der Kantonsgrenze zwischen Bad Ragaz und Maienfeld Pferde vor die Lastwagen gespannt werden.

sung in Walenstadt wurde geschlossen, weil die 1858 eröffnete Rheintalbahn Rorschach–Chur die Walensee-Schiffahrt unnötig gemacht hatte. Einen weiteren empfindlichen Rückschlag erlebte die Kuoni-Firma nach der Eröffnung der Gotthardbahn 1881, als der Warenverkehr über Julier und Splügen einbrach.

Doch was auf so vielen Beinen stand, konnte nicht umfallen. Kuoni in Chur überlebte, konnte aber nicht der ganzen nächsten Generation ein Auskommen bieten. Johann Conrad und Carolina Kuoni (geborene Rüedi aus Thusis) hatten elf Kinder, acht Söhne und drei Töchter: Conrad (1864–1917), Hermann (1868–1930), Simon (1870–1947), Christian (1871–1905), Otto (1873–1938), Alfred (1874–1943), Ernst (1876–1941), Paul (1881–1961), Anna (1862–1948), Marie (1865–1945) und Lina (1866–1954).

Als Johann Conrad Kuoni, erst 62 Jahre alt, im Jahre 1893 starb, teilten die Kinder das Erbe auf und realisierten zugleich den ersten Expansionsschritt ausserhalb Graubündens. Hermann Kuoni, der zweitälteste Sohn, wanderte nach Zürich aus und wurde Angestellter der Speditionsfirma Schneebeli, die er kurz darauf zusammen mit seinen Brüdern Simon und Christian kaufte. Später stiess auch Alfred Kuoni als Partner zur Zürcher Firma. Wie damals üblich, wurden die Töchter in dienenden Funktionen eingesetzt; Anna, das älteste der elf Kuoni-Kinder, wurde nach Zürich gerufen, um den Brüdern den Haushalt zu besorgen. Ernst und Conrad Kuoni übernahmen 1901 von der Erbengemeinschaft das angestammte Geschäft in Chur und nannten es fortan «Gebr. Kuoni Chur». Von da an operierten die Firmen in Zürich und in Chur getrennt.

## Textilfachmann als Reisebüro-Gründer

Die namensgleiche, aber vom Churer Stammhaus unabhängige Firma Gebr. Kuoni Zürich mit Geschäftssitz an der Neugasse nahe beim Hauptbahnhof übernahm den Camionnage-Dienst für die damalige Nordostbahn. 1908 erhielt sie auch von deren Nachfolgerin, den Bundesbahnen, den Zuschlag für zehn Jahre. Das Unternehmen expandierte in der Folge stark und errichtete allein auf Zürcher Stadtgebiet zehn Lager. Es entwickelte sich auch zum zeitweise grössten Transportunternehmen der Stadt und transportierte alles, vom Bauschutt bis zu Umzugsgütern. Doch während des Ersten Weltkriegs brachen die Frequenzen ein, während allein die Futterkosten für die zeitweise bis zu 80 Pferde ins Unermessliche stiegen. Da die Bundesbahnen dennoch keine Tarifanpassung bewilligten, gab Kuoni den Camionnage-Vertrag schliesslich an die Firma Welti-Furrer AG weiter und verlegte sich auf Möbeltransport, Kohle- und Heizölhandel. Seit 1925 ist Kuoni eine Aktiengesellschaft (heute Kuoni Transport & Logistik AG bzw. Kuoni Transport & Umzüge AG) und von Kuoni-Reisen völlig unabhängig. Doch der erste Abschnitt der Geschichte von Kuoni-Reisen spielte sich in der Tat im Umkreis der Transportfirma ab. Am Ausgangspunkt stand der Kuoni-Sohn Alfred, der sich nach den Schulen und dem üblichen Instituts-Aufenthalt in der Westschweiz ziemlich weit von der angestammten Branche entfernt hatte.

Als Alfred Kuoni mit 31 Jahren nach längerem England-Aufenthalt in die Schweiz zurückkehrte und in das aufstrebende Transportgeschäft seiner Brüder in Zürich eintrat, war er ein Textilfachmann. Ausgebildet wurde er nach der typischen Art der Schweizer Kaufmannsfamilien, die der universitären Laufbahn misstrauten: kurze Schulzeit, frühes Ausland-Praktikum bei einer befreundeten Firma, möglichst in der gleichen Branche. So erlernten die jungen Leute nicht nur das Geschäft und die Sprachen, sondern knüpften auch ihr erstes Netzwerk. Als Quereinsteiger in die angestammte Branche war Alfred Kuoni die Ausnahme von der Regel.

Nach einer Lehrzeit beim berühmten Zürcher Seidenhaus Fierz hatte er in Bradford in einem Unternehmen gearbeitet, das Stoffe für Regen- und Sonnenschirme herstellte. 1905 trat er in die Firma Gebr. Kuoni Zürich ein, die gemäss Adressbuch von 1906 bereits zwei Geschäftssitze aufwies. Zu dem Lagerhaus mit Stallungen an der Neugasse war neu ein Stadtbüro am Sonnenquai 8 gekommen. Der damalige «Sonnenquai» ist in Zürich heute als «Bellevue» bekannt, das Büro befand sich im Haus des nachmals berühmten Literaten- und Künstler-Cafés «Odéon». Im Zürich von damals, das noch stark zur Limmat und zum Hauptbahnhof hin orientiert war, war dies eine Randlage, freilich eine aufstrebende. Offensichtlich wurde das Ladenlokal eines ehemaligen Herrenausstatters eigens für die neue Geschäftsidee zugemietet. Für die traditionelle Fuhrhalterei hätte es kein zweites Büro in der Stadt gebraucht.

In England hatte Alfred Kuoni das Geschäft des ursprünglichen Gärtners und Schreiners Thomas Cook kennen gelernt, der 1841 mit der Organisation von Gesellschaftsreisen begonnen hatte, zunächst für fromme Vereine. Daraus entwickelte er mit der Zeit die weltumspannende Organisation, die heute noch seinen Namen trägt und die am Anfang der modernen Reiseindustrie schlechthin steht. Thomas Cook nutzte die neuen Möglichkeiten des Eisenbahnwesens für den Tourismus. Als Erster schuf er Fahrscheinhefte mit Fahrausweisen für die Bahnen verschiedener Länder, verkaufte Hotelgutscheine, druckte Reiseführer und Kundenzeitschriften – kurz: Thomas Cook erfand das erste moderne Reisebüro mit Tour Operating.

## Das Luftschloss von Maloja

Mit den Hotelpalästen in den Grossstädten und in den alpinen Kurorten baute sich das reich gewordene Bürgertum der Belle Epoque seine eigenen «Königshöfe». Sie waren bis in alle Einzelheiten von Bau und Betrieb als Kopien der aristokratischen Vorbilder und als Gegenwelten zum industriellen Alltag konzipiert. Eins der phantastischsten Objekte dieser Art wurde 1884 in Maloja im Engadin eröffnet. Aber schon nach wenigen Monaten fiel das Unternehmen mit Investitionen, die nach heutigem Geldwert über 100 Millionen Franken betragen hatten, in Konkurs. Alexander Kuoni, Architekt und Baumeister aus der Churer Fuhrhalter-Dynastie,

war massgeblich an diesem Luftschloss beteiligt. Als treibende Kraft des Maloja-Projekts, das zeitweise Gesprächsstoff in den Salons von ganz Europa war, trat der belgische Graf Camille Frédéric Maximilian de Renesse in Erscheinung. Er war als Kurgast ins Engadin gekommen und errichtete mit dem Geld seiner vermögenden Frau sowie mit hohen Bankkrediten in Maloja einen riesigen Hotelkomplex mit 350 Zimmern, Kursaal, Spielsaal, eigenem Elektrizitätswerk, eigener Druckerei für die Hauszeitung und allen erdenklichen anderen Bequemlichkeiten. Das Konzept glich in verblüffender Weise modernen Touristik-Anlagen der obersten Klasse. Neben dem Hotel wurden möblierte Villen und eine Shopping-Galerie hochgezogen. Ein Mineralbad war Mittelpunkt des Wellness-Bereichs, für die Sportler standen Cricket- und Tennisplätze, ein Eisplatz und später ein Golfkurs mit neun Loch bereit, ausserdem ein Taubenschiessstand, in dem Hotelbedienstete lebende Tauben fliegen liessen, auf welche die Hotelgäste wie Jäger zu schiessen beliebten.

Königliche Vergnügungen hielt auch der Hotelbetrieb bereit. Aus Mailand wurde das Orchester der Scala, aus New York die Stars der Metropolitan Opera zu Gastspielen ins Engadin geholt. An den «Grandes soirées des variétés» wurden erste kinematografische Experimente sowie frühe Stummfilme vorgeführt. Grosser Beliebtheit erfreute sich die Kunstform der «lebenden

Das Maloja Palace Hotel im Engadin war der luxuriöse Inbegriff der Schweizer Hotel-Architektur der Belle Epoque, erlebte aber nur eine kurze Glanzzeit.

Am damaligen Sonnenquai in Zürich (heute Bellevue/Limmatquai) eröffnete Alfred Kuoni – damals noch in Partnerschaft mit seinen Brüdern – 1906 sein erstes Reisebüro nach dem Vorbild von Thomas Cook.

Bilder», so dass sogar der Berichterstatter der «Neuen Zürcher Zeitung» begeistert notierte: «Mag es also immerhin draussen stürmen und blitzen, regnen und schneien – das stört weder die Harmonie noch den Komfort, der in dem wohlerwärmten, glänzend bewirtschafteten Kursaal Maloja unter dessen internationaler Bevölkerung herrscht.»

Friedrich Nietzsche, der gelegentlich aus Sils herüber kam, notierte im Jahr 1887: «Am 9ten August verkehrten in Maloja, bei dem Hôtel, c. 900 Wagen, davon c. 500 Kutschen und Equipagen. Sehr nizza-mässig...» Bis in die neunziger Jahre sind Berichte von «venezianischen Gastmählern» überliefert. Dabei handelte es sich um das Nonplusultra eines feudalen Gala-Abends. Der zentrale Festsaal wurde geflutet. Die als Gondoliere verkleideten Kellner und Sommeliers bedienten die stilecht kostümierten Gäste von kleinen Gondeln aus, die eigens aus Venedig herbeitransportiert worden waren. Alexander Kuoni wurde der Architekt des Grafen de Renesse und beteiligte sich auch finanziell an dem Prachtbau, den vor allem die St. Moritzer Hoteliers hingebungsvoll bekämpften. Schon die erste Sommersaison brachte durch eine Cholera-Epidemie in Italien und Südfrankreich empfindliche Einbussen; die Schweiz schloss sofort ihre Grenzen und behielt sogar die in dringenden Geschäften Einreisenden tagelang in Quarantäne. An den Gesetzen scheiterte

der Plan des Grafen, in Maloja ein Spielkasino einzurichten. Wenige Wochen nach dem glanzvollen Eröffnungsfest starb die vermögende Gräfin de Renesse, womit die von ihr verbürgten Bankkredite hinfällig wurden und das Hotelunternehmen krachend in Konkurs ging, noch ehe es seine erste Wintersaison hinter sich gebracht hatte. Alexander Kuoni, der sich in Maloja ebenfalls ein Haus gebaut hatte, starb kurz vor Weihnachten 1888 während einer Schlittenfahrt nach Chur an Herzversagen. Das Hotel wurde von verschiedenen Auffanggesellschaften weiter geführt und später in ein Gästehaus für belgische Ferienkolonien umgewandelt. Graf Camille de Renesse zog – noblesse oblige – nach Nizza, wurde fromm und startete eine zweite Karriere als Verfasser weit verbreiteter christlicher Traktate.

Alexander Kuoni (1842–1888) aus der Churer Fuhrhalter-Dynastie war der Architekt des Maloja Palace.

Für die Schweiz war Alfred Kuoni früh dran mit der Idee, das professionelle Verkaufen von Reise-Arrangements zu seinem Geschäft zu machen. In Zürich gab es damals gerade zwei einschlägige Betriebe: Meiss & Co. und eben die Filiale von Thomas Cook. Die im traditionellen Fuhrhalter-Geschäft verbliebenen Brüder waren zunächst durchaus geneigt, das Experiment zu wagen und liessen ihren Bruder mit seiner Auslanderfahrung und seinen Sprachkenntnissen machen.

Zunächst wurden im Kontor am Sonnenquai kleine Brötchen gebacken: «Grosse Attraktion: Gesellschaftsreise nach dem Dolderpark zum Preis von Fr. 1.– pro Person.» Dieses Ausflugsziel befand sich gerade zwei, drei Kilometer vom Standort der Agentur entfernt. Auch eine «herrliche Zahnradfahrt» auf den Üetliberg wurde angepriesen; der befand sich immerhin am anderen Ende der Stadt. Als erste Auslandreisen wurden angeboten «Frühlingsfahrten mit der Vergnügungsjacht ‹Thalia› des österreichischen Lloyds» oder «eine Gesellschaftsreise per Eisenbahn nach Lyon, Marseille, Nizza, Monte Carlo, Genua, Mailand mit speziellem Besuch eines Stiergefechtes in Nîmes». Zu den Glanzlichtern des Kuoni-Programms von 1909 zählten eine «Traversée de la Grande Kabylie mit Besuch von Karthago» und «eine Expedition zu den Katarakten des

So klein hat Kuoni angefangen, u.a. mit Einfranken-Tickets für Nachmittagsausflüge auf den Zürcher Aussichtspunkt Dolder.

Das erste Kuoni-Fernreiseprogramm aus dem Gründungsjahr 1906. Eine Skandinavienreise kostete mindestens drei Monatslöhne eines Arbeiters.

Nil.» Diese erste Reise nach Ägypten kostete mit 2750 Franken ein kleines Vermögen. Der Lohn eines erwachsenen männlichen Arbeiters betrug im Jahr der Gründung des Reisebüros Kuoni 110 Franken.

## Individueller Service als Kerngeschäft

Das Kerngeschäft des jungen Unternehmens war schon in den ersten Anfängen die persönliche Betreuung des Reisenden. In seinem ersten Prospekt umschrieb Alfred Kuoni dies so: «Die spezielle Aufgabe des Reisebureau's ist die Organisation von Gesellschafts-Reisen, die von einem der Reisebureau-Leiter selbst begleitet werden und daher den Teilnehmern alle und jede Vorteile bieten, sei es in Bezug auf bequemes, als auch vorteilhaftes und sicheres Reisen.»

Hier liegt die Erklärung dafür, dass Kuoni immer als Reiseorganisation für gehobene Ansprüche und als Adresse für wohlhabende Kundschaft wahrgenommen wurde. Damals, als selbst das Konversationslexikon Vergnügungsreisen noch als neueren Trend darstellte, waren ausschliesslich wohlhabende Leute für solche Angebote ansprechbar. Wer so früh im Markt war wie Kuoni hatte keine andere Wahl, als sich bei den «besseren Kreisen» zu empfehlen. Noch galt an den touristischen Brennpunkten Europas die von einer englischen Publikation wie folgt formulierte Hierarchie der wichtigsten Gäste-Zielgruppen: «1. Erholung suchende Touristen und Sportler (Alpinisten im Sommer, Schlittschuhfahrer im Winter); 2. Aristokraten; 3. Kranke und Invalide; 4. solche,

Der Zürichberg mit der Dolderbahn trug um die Jahrhundertwende noch ein ländliches Gesicht.

Tourismuswerbung in der Gründerzeit des Reisebüros Kuoni: oben das erste Plakat, rechts der erste hausgemachte Prospekt für Gesellschaftsreisen.

# Jakobsweg, Zauberberg, Trinkgeldjagd: Tourismus bedient die Neugier auf die Welt

Immer wieder waren es Ausländer, die den Schweizern beibringen mussten, welche Möglichkeiten in der Schönheit ihrer Landschaften stecken. Die Briten gaben den Ausschlag für den Bergtourismus und die Erstbesteigung des Matterhorns; sie brachten auch die ersten Wintergäste nach Davos und St. Moritz. Thomas Cook machte als Organisator weltumspannender Gruppenreisen die Schweizer Alpen zum populären Reiseziel.

Ursprünge des Tourismus im Touristenland Schweiz waren neben den religiösen Wallfahrten (u.a. nach Einsiedeln, aber auch entlang des Jakobswegs nach Santiago de Compostela) die Bade- und Kurferien, die in vielen Schweizer Badeorten angeboten wurden. Im Gurnigelbad mit seinen schwefelhaltigen Quellen wurden über Monate hinweg immer etwa fünfhundert «Kuranden» verzeichnet. Der deutsche Arzt Dr. Alexander Spengler machte Davos zum Höhenkurort für Tuberkulosekranke und zum «Zauberberg» für Patienten wie den Schriftsteller Thomas Mann. Sole-Kuren, Trink-Kuren, Berg-Kuren, Molke-Kuren – alles gab es in der Schweiz, auch Trauben-Kuren, was eine andere Form der Schlankheitsdiät war.

Eine andere touristische Schiene waren die Berge und der Alpinismus, angeregt durch Edward Whymper, der 1865 das Matterhorn als Erster bestiegen hatte. Grindelwald, Zermatt und Pontresina wurden zu berühmten Ausgangsorten für klassische Bergtouren. Englische Sportsleute waren die Ersten, die den Zauber der Bergwelt und die Faszination der eigenen sportlichen Aktivität erlebten. Geschwind passten sich die Schweizer an: im Baustil, der englischen

Oben: Wintersport um 1905: der Bob «Ladybird» beim Rennen um den Goldpokal von Davos. Unten: Sommerliche Touristen-Promenade in St. Moritz.

Die Alpensänger-Gruppe
der Familie Kehrli bei den
Giessbach-Fällen nahe
Brienz (ca. 1840).

Vorbildern nachempfunden, bis zum heutigen
Tag in manchen Gebäuden von Interlaken,
Montreux und Luzern zu beobachten ist, aber
auch an banalen Einzelheiten wie der Benennung
von Hotels. Das Grindelwaldner Hotel Bär
wurde beflissen zu «Bear» umgedeutscht, obwohl die Schweiz längst auch eine Feriendomäne
des wilhelminisch-deutschen Bürgertums und
des Beamtenadels geworden war. Geschäfts-
tüchtig hielten manche Schweizer die Hand nach
allen Seiten auf. Karl Baedeker schrieb:
«Unter allen Gestalten und Vorwänden werden
Anläufe auf den Geldbeutel des Reisenden
genommen. Hier werden Beeren, Blumen und
Krystalle angeboten, dort Gemsen und Murmel-
thiere gezeigt. Die eine Hütte entsendet
bettelnde Kinder; aller Ecken steht ein Quartett
mündiger oder unmündiger ‹Alpensängerinnen›
in Reihen aufmarschirt.»
Während die Elite des Fremdenverkehrs und
der Hotellerie stolz die Gäste aus aller Welt
empfing, drückte sich das gemeine Volk die Nase
an den Scheiben platt und staunte über den
mondänen Aufwand. Mitten in die kleinen Berg-
welten, wo die Menschen auf dem Existenz-
minimum lebten, wurden seit den 80er Jahren
des 19. Jahrhunderts pompöse Palasthotels in die
Landschaft gestellt. Was Konrad Falke noch
1913 über das Kurortleben von Wengen im
Berner Oberland schrieb, war die Regel: «Am
Abend aber sehen die verwundert an die Hotel-
fenster heranschleichenden Bergler in den Ball-
sälen noch eine flimmernde Pracht, als wäre
Märchenzauber Wirklichkeit geworden.» Die
Schweiz war bis zum Vorabend des Ersten
Weltkriegs in der genau gleichen Lage wie
die Touristikländer der Dritten Welt im Wachs-
tums-Boom der Fremdenindustrie der Nachkriegszeit: Die Fremden ergriffen von ihrem
Land Besitz, und der Tourismus schickte sich an,
seine eigenen Grundlagen zu gefährden.

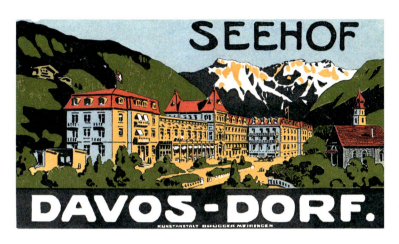

SEEHOF

DAVOS-DORF.

HOTEL REBER AU LAC

LOCARNO

SUISSE

Die Koffer-Etiketten renommierter Hotels waren als Werbemittel bis tief ins 20. Jahrhundert verbreitet. Seinerzeit Ausweise für die Weltläufigkeit der Reisenden, sind sie heute reizvolle Kleinkunstwerke und kulturgeschichtliche Dokumente.

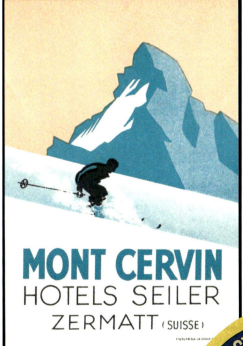

MONT CERVIN

HOTELS SEILER

ZERMATT (SUISSE)

STADTHOF-POST HOTEL

ZÜRICH

die sich die Zeit vertreiben wollen; 5. Angehörige der freien Berufe; 6. Frauen, die einen Ehemann suchen.»

Die Fassade des kleinen neuen Geschäfts am Zürcher Sonnenquai war in weltmännischem Französisch beschriftet: «Reisebureau Gebr. Kuoni – Voyages Internationaux – Coupon d'Hôtel – Expédition de Bagages». In weiteren Werbeaufschriften wurde verraten, was die gängigsten Angebote waren: «Eisenbahnbillette I., II. und III. Klasse für Schweiz & Ausland zu Bahnpreisen – Geldwechsel – Cambio – Exchange – Tourist Office». Verschiedene Schifffahrtsgesellschaften wurden auf grossen Tafeln genannt, so Allan Line, American Line, Cunard, Dominion Hamburg–Amerika, Holland–Amerika, Méssageries Maritimes, Norddeutscher Lloyd, Red Star Line und Royal Mail. Das Reisebüro Kuoni empfahl sich für folgende Geschäfte: «Geldwechsel, Fahrplanverkauf, Incasso, Passagebillett-Verkauf (Schiffsreisen, insbesondere Auswanderungen), Bahnbillett-Verkauf und sogenannte Forfait-Gesellschaftsreisen.» Im allerersten Kuoni-Prospekt wurde als weitere Dienstleistung auch «der Abschluss von Reise- und Touristen-Unfall-Versicherungen» angeboten. Damit die Kundschaft unbesorgt verreisen konnte, versprach Alfred Kuoni ausserdem, während ihrer Abwesenheit auch Mobiliar und Wertsachen einzulagern und empfahl sich «für die Aufbewahrung von lebenden Tieren mit Zusicherung guter Behandlung». Ausserdem wollte er sich auf Wunsch um die Aufsicht über Wohnungen und ganze Villen kümmern und das Nachsenden von Korrespondenzen und Zeitungen besorgen. Das Geschäft war auch am Sonntagvormittag geöffnet.

Dass die bodenständigen Brüder der Geschäftsidee von Alfred Kuoni zwar interessiert, aber mit grosser Vorsicht begegneten, lässt sich aus der Tatsache schliessen, dass von Anfang an für die Investitionen ein separates «Capital-Conto» in der Buchhaltung ge-

## Die Schlagzeilen von 1906

**Was die Welt im Gründungsjahr des Reisebüros Kuoni bewegte**

Köpenick: Der Schuhmacher Wilhelm Voigt beschlagnahmt als «Hauptmann von Köpenick» die Stadtkasse.

Maximilian Harden greift Fürst Eulenburg und die «Hof-Kamarilla» um Kaiser Wilhelm II. wegen homosexueller Umtriebe scharf an.

Hauptmann Alfred Dreyfus, 1894 wegen angeblichen Landesverrats auf die Teufelsinseln verbannt, wird freigesprochen und rehabilitiert.

Carl Spitteler veröffentlicht das philosophisch-mythologische Epos «Olympischer Frühling».

Albert Einstein entdeckt das Gesetz der Gleichwertigkeit von Masse und Energie und damit den Schlüssel zur Atomforschung.

August Wassermann kann erstmals durch Blutuntersuchungen Syphilis nachweisen; Robert Koch entdeckt Arsen als Mittel gegen die Schlafkrankheit.

Der Simplontunnel (19 823 m) wird eröffnet.

Das Erdbeben von San Francisco fordert 468 Menschenleben und löst eine grosse Feuersbrunst aus. Der gewaltigste Ausbruch des Vesuvs seit dem Untergang von Pompeji tötet über hundert Menschen und verwüstet ganze Dörfer.

Der erste Telefax der Weltgeschichte: Der Münchner Elektrophysiker Arthur Korn übermittelt ein Bild des deutschen Kronprinzen über 1800 Kilometer. In Massachusetts (USA) horchen die Menschen auf: Aus einem Kasten dröhnt das «Largo» von Händel: die erste Radiosendung der Welt geht über den Äther.

Winterferien in den Alpen werden Mode. Die von den Kurorten eingeführten «Wintersaisons» finden zunehmend Anklang.

In dieses Eckhaus am Bahnhofplatz wollte Alfred Kuoni sein Reisebüro verlegen, um von der erstklassigen Verkehrslage zu profitieren. Da seine Brüder das Risiko scheuten, kam es zur Trennung des Reisebüros vom angestammten Transportgeschäft.

führt wurde, das für 1907 eine Schuld von Fr. 16 206.08 und für 1908 noch eine solche von Fr. 13 331.82 auswies, interne Zinsbelastungen inbegriffen. Mobiliar und Installationen hatten rund 6000 Franken gekostet, die Miete betrug respektable 5500 Franken. Mit anderen Worten: Zumindest in den ersten beiden Jahren arbeitete das Reisebüro Kuoni mit massiven Verlusten. Einschliesslich Gepäckexpedition wurden für das Gründungsjahr gerade mal 2500 Franken und für 1907 rund 6300 Franken Kommissionseinnahmen verbucht.

## Der Gründer, vorsichtig und risikofreudig zugleich

Alfred Kuoni war ein hagerer, gross gewachsener Mann von eher schweigsamem und zurückhaltendem Naturell, wie sein Sohn Alfred und sein erster Mitarbeiter Harry Hugentobler übereinstimmend berichten. Er war wohl das Gegenteil einer charismatischen, verkäuferisch orientierten Gründergestalt, eher ein überlegter Rechner und Organisator; «eine seltsame Mischung», wie sein 1914 geborener Sohn sich erinnert: «Als Kaufmann war er eher auf der vorsichtigen Seite, dennoch hat er vor allem in den Anfängen mit seinem Unternehmen enorm viel riskiert. Dabei habe ich ihn als gleichmütig und beherrscht in Erinnerung. Geschäftliche Sorgen hielt er konsequent von der Familie fern. Auch in den schlechten Zeiten war das Geschäft zuhause nie ein Gesprächsthema.»

Alfred Kuoni muss felsenfest an die Zukunftsfähigkeit seiner Idee geglaubt haben. Denn schon 1912 wagte er mit seinem noch kaum lebensfähigen Unternehmen einen Schritt, der ihn mit seinen sparsamen Brüdern entzweite. Als ihm am Bahnhofplatz die Räume

Obwohl die Miete fünf-
mal höher war als am
Sonnenquai, eröffnete
Alfred Kuoni 1912 sein
Reisebüro am Bahnhof-
platz mit einer Fassaden-
werbung im Stil der
Zeit.

des ehemaligen Cafés Steindl im Hotel National (heute Schweizerhof) angeboten wurden, griff er zu, obwohl die Miete mit 27 000 Franken für damalige Verhältnisse exorbi-
tant war und das Fünffache derjenigen am Sonnenquai betrug. Kuoni muss davon überzeugt gewesen sein, dass sein Geschäft mit der damals prominentesten Lage in der Stadt
stehe oder falle.

Aber seine Brüder legten sich quer; in der Familie wurde ihr Ausspruch überliefert:
«Wenn du unbedingt Konkurs machen willst, dann machs alleine!» Alfred Kuoni schloss
den Mietvertrag auf eigenes Risiko ab. Die Partnerschaft mit den Brüdern Hermann
und Simon zerbrach. Der vierte der «Zürcher Kuonis», Christian, war schon 1905 gestorben. Es kam auch zu einem persönlichen Zerwürfnis auf Lebzeiten. Alfred Kuoni
jun. bestätigt, dass der Kontakt abgebrochen wurde. Wenn man sich zufällig traf, wich
man auf die andere Strassenseite aus. «Ich selber habe meine Onkel zum Teil nie, zum
Teil erst viel später im Leben kennen gelernt. Erst ihre Kinder habe ich dann wieder gut
gekannt. Mit den in Chur verbliebenen Geschwistern dagegen war der Kontakt gut,
wenn auch selten. Vater sagte immer: In Chur haben wir so viele Verwandte, da kann
man nicht hingehen und nur die einen besuchen, denn dann wären die anderen beleidigt. Also geht man besser gar nicht hin.»

Häufiger traf man sich in Valbella in den Winterferien, wo die Witwe des ältesten Bru-
ders ein Haus besass, das neben dem Churer Karlihof so etwas wie das Zentrum des
weit verzweigten Clans wurde. Für den kleinen Alfred Kuoni muss die familiäre Situation ärgerlich gewesen sein. Das Geschäft seines Vaters fand er, soweit er es verstand,
langweilig. Dagegen war er brennend an den Pferden und Fuhrwerken interessiert, doch
die gehörten den Onkeln, und die waren tabu.

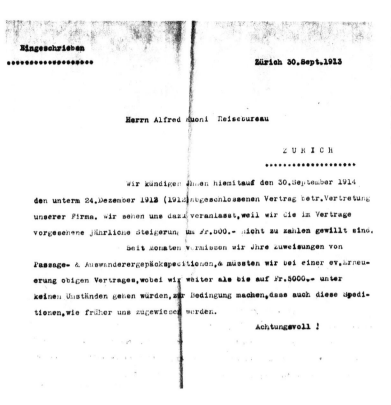

Dieser Brief vom
30. September 1913
besiegelte die endgültige
Trennung der Kuoni-
Brüder. Die Inhaber
des Transportgeschäfts
kündigten den Zu-
sammenarbeitsvertrag
mit dem Reisebüro.

## Getrennte Wege

Eine offene Feindschaft war es freilich keineswegs, die Brüder waren einfach geschie-
dene Leute und gingen fortan ihre eigenen Wege. Im Juni 1911 wurden die familiären
Verhältnisse in einem Erbvertrag geregelt, zugleich wurde ein Vertrag über die Abtre-
tung des Reisebüros an Alfred abgeschlossen. Offenbar bewährte sich diese erste Regelung nicht, denn schon am 24. Dezember 1912 wurde ein neuer Vertrag unterzeichnet,
der die Übertragung des Mietvertrags und zugleich die Vertretung der Firma Gebr.
Kuoni durch das Reisebüro Alfred Kuoni regelte. Die Fuhrhalter sicherten sich darin
nun doch ein paar Vorteile des neuen Standorts. Alfred Kuoni verpflichtete sich, alle in
seinem Reisebüro eingehenden Aufträge für Camionnage, Spedition, Paketfahrt, Möbeltransport, Lagerung, Verzollung usw. «ordnungsgemäss entgegenzunehmen und der
Firma Gebr. Kuoni zur Ausführung zu überweisen». Im Gegenzug verpflichtete sich das
Transportunternehmen, während der Vertragsdauer in der Stadt Zürich weder ein Pas-
sage-Geschäft noch ein Reisebüro zu betreiben, sich weder direkt noch indirekt an solchen Geschäften zu beteiligen oder den Namen «Reisebureau Kuoni» zu führen. Gebr.
Kuoni verpflichtete sich ferner, das Reisebüro von Alfred Kuoni mit 6000 Franken jährlich zu entschädigen, aufsteigend auf 8000 Franken bis 1918 «zahlbar in vierteljährli-
chen Raten postnumerando».
Nun fuhren zwar die Kuoni-Fuhrwerke täglich am Bahnhofplatz vor, und die Kutscher
holten ihre Aufträge am Schalter ab, doch waren die Geschäftsbeziehungen zwischen
den ungleichen Brüdern nicht von langer Dauer. Schon am 30. September 1913, weniger als ein Jahr nach Unterzeichnung des zweiten Vertrages, kündigten die Gebr. Kuoni
mit folgender Begründung: «Wir sehen uns dazu veranlasst, weil wir die im Vertrage

# Auswanderung als Kulturphänomen und Geschäft

Albert Gallatin (1761–1849) aus Genf war einer der berühmtesten Schweizer Auswanderer. Er kam als Holzfäller nach Amerika und brachte es zum Finanzminister.

Schätzungsweise zweieinhalb Millionen Schweizer haben sich in den letzten sechshundert Jahren auf das existenzielle Abenteuer der Auswanderung eingelassen. Selbst wenn man von den gegen zwei Millionen Söldnern absieht, die von 1400 bis 1850 zeitweilig oder für immer im Dienst fremder Machthaber standen, ergibt sich im Lauf der Jahrhunderte eine gewaltige Summe schweizerischer Präsenz in aller Welt.

Neben der militärischen Auswanderung waren die Religion sowie die Suche nach neuen Siedlungs- und Berufsmöglichkeiten die Hauptmotive für die Suche nach einer neuen Heimat. Mit dem letzteren Motiv verknüpft war auch die wirtschaftliche Not – und waren die vielen individuellen Auswanderungsgründe: Straftaten, uneheliche Vaterschaften, Familienstreitigkeiten. Die weitaus bedeutendste und zahlenmässig stärkste schweizerische Übersee-Auswanderung wandte sich nach den Vereinigten Staaten von Nordamerika. Schon auf der Unabhängigkeitserklärung von 1776 steht die Unterschrift eines Schweizers sogar noch vor derjenigen Benjamin Franklins: Es ist der Namenszug des Arztes und Politikers Benjamin Rush, ursprünglich Rusch (1745–1813) aus Pennsylvanien, der aus dem

St. Galler Rheintal stammte. Der Genfer Albert Gallatin wurde zum engen Vertrauten von George Washington und Finanzminister unter Thomas Jefferson.

Historisch kann man drei Phasen der schweizerischen Auswanderung nach Amerika erkennen: In der Kolonialzeit (ca. 1600–1790) siedelten sich rund 25 000 Schweizer unter englischer Oberhoheit an der Ostküste Amerikas an: landwirtschaftliche Siedler, Berufsleute, Soldaten. Viele von ihnen waren Täufer, die aus der Schweiz gewaltsam vertrieben wurden und über das Rheinland und die Pfalz den Weg nach der Neuen Welt fanden. In der zweiten und somit zahlenmässig wie historisch bedeutendsten Phase (ca. 1790–1920) wanderten rund 200 000 Schweizer nach Amerika aus, viele aus Not wie etwa die landlosen Glarner Familien, die 1845 von ihren Gemeinden zwangsweise und auf Staatskosten nach Amerika geschickt wurden, weil nach dem Zusammenbruch der Heimweberei und einer Reihe von Missernten kein Auskommen mehr war für sie. Sechzig Familien, insgesamt 193 Männer, Frauen und Kinder reisten auf Kosten ihrer Gemeinden in die Ungewissheit. Aus diesem Abenteuer entstand die blühende Siedlung New Glarus im südlichen Wisconsin.

Kuoni und andere Auswanderungsagenturen waren am Ende der zweiten und vor allem in der dritten Phase der schweizerischen Auswanderungsgeschichte aktiv, bei der individuellen Berufsauswanderung nach den USA und Kanada, die bis heute andauert. Einer der frühesten Auswanderer dieser Gattung war ein aus dem aargauischen Surbtal verjagter Hausierer und Schneider namens Simon Guggenheim. Als Jude war er in der Grafschaft Baden nur knapp geduldet und ob seiner familiären Last früh ergraut. Seine Frau war vor der Zeit gestorben und hatte ihn mit fünf Kindern zurückgelassen. Einige Häuser weiter wohnte die Witwe Rachel Weil Meyer mit sieben Kindern. Die beiden beschlossen zu heiraten, doch die Obrigkeit verweigerte ihnen die für Juden damals noch vorgeschriebene Erlaubnis. Da wanderten sie aus – und ihre Nachkommen begründeten die Magnaten-Dynastie der Guggenheims, die zeitweise drei Viertel der Weltproduktion an Kupfer, Silber und Blei kontrollierten.

Die Organisation von Auswandererreisen war für Kuoni in den Anfängen ein wichtiger Geschäftszweig, was auch in der Gestaltung der Ladenfront am Zürcher Bahnhofplatz zum Ausdruck kam.

Meyer Guggenheim, Sohn des armen Schweizer Schneiders Simon Guggenheim und seine sieben Söhne. Sie begründeten die weltweite Guggenheim-Dynastie der Kupfer- und Silbermagnaten.

Ungezählte andere Schweizer zeichneten sich in Amerika auf den verschiedensten Gebieten aus. Louis-Joseph Chevrolet aus dem Jura begründete die nun zu General Motors gehörende Automarke. Eddie Rickenbacker war ein Pionier der Zivilluftfahrt und gründete Eastern Airlines. Henry Clay Frick, Schweizer Auswanderer in der vierten Generation, verewigte sich nicht nur als Stahlmagnat, sondern vor allem als Stifter der Frick Collection, einer der grossen klassischen Kunstsammlungen von New York.

Links: Einwandererfamilie bei der Ankunft im Hafen von New York (1905). Rechts: Louis Chevrolet (1878–1941). Der Mechaniker aus dem Jura, gab 85 Millionen Personen- und Lastwagen seinen Namen und starb dennoch als armer Mann.

vorgesehene jährliche Steigerung von Fr. 500.– nicht zu zahlen gewillt sind. Seit Monaten vermissen wir Ihre Zuweisungen von Passage- & Auswanderungsgepäcksexpeditionen & müssten wir bei einer ev. Erneuerung obigen Vertrages, wobei wir weiter als bis auf Fr. 5000.– unter keinen Umständen gehen würden, zur Bedingung machen, dass auch diese Spedition wie früher zugewiesen werde. Achtungsvoll ...» Zu dieser Zeit, im letzten Jahr vor dem Ersten Weltkrieg, war die Zahl der Auswanderer noch recht hoch. Die Partnerschaft der beiden gleichnamigen Firmen wurde schliesslich aufgelöst, was sie als Pragmatiker aber nicht an einer weiteren punktuellen Zusammenarbeit hinderte. 1912 heiratete Alfred Kuoni die aus der Nähe von Rotterdam stammende Paula Hildesheim, Tochter eines wohlhabenden Margarinefabrikanten von ursprünglich deutscher Herkunft. Vater Hildesheim war zunächst aus gesundheitlichen Gründen nach Zürich gezogen und wohnte lange im Waldhaus Dolder. Etwa um 1905 beschloss die Familie, in Zürich zu bleiben. Ihre Geschäfte in Holland wurden von Verwandten besorgt; der Vater gründete in Zürich eine kleine Firma für Maschinen-Import und -Export. Die Tochter erlernte, wie damals in grossbürgerlichen Familien nicht unüblich, keinen Beruf, sondern wurde u.a. in einem Westschweizer Institut auf eine standesgemässe Heirat vorbereitet. Alfred Kuoni lernte Paula Hildesheim zunächst als Kundin kennen, dann über einen Bekannten, der die beste Freundin der jungen Frau geheiratet hatte. Nach allem, was man heute noch wissen kann, muss die Heirat für den von Haus aus ebenfalls durchaus wohlhabenden Alfred Kuoni eine gute Partie gewesen sein. Allerdings sollen die Hildesheims und ihre in Holland verbliebene Verwandtschaft während des Ersten Weltkriegs viel Geld verloren haben. Einer der beiden Brüder von Paula besass in Brüssel eine grosse Molkerei.

Das junge Ehepaar bezog an der Wotanstrasse am vornehmen Zürichberg eine geräumige Mietwohnung mit vier Zimmern: Esszimmer, Herrenzimmer, Elternschlafzimmer und Kinderzimmer; dazu kam die Mansarde für das Dienstmädchen. Später zog die kleine Familie an die Freiestrasse in ein Arzthaus. Paula Kuoni legte grossen Wert auf die Bequemlichkeit von Mietwohnungen und habe ein eigenes Haus immer abgelehnt. Eine Mitarbeit im aufstrebenden Geschäft ihres Mannes wurde, den damaligen Gepflogenheiten entsprechend, nie auch nur erwogen.

Eintragung ins Handelsregister aus Anlass der Beförderung von Harry Hugentobler zum Prokuristen. 1944 wurde der engste Mitarbeiter des Patrons Präsident des Verwaltungsrates.

Für wartende Kunden gab es bei Kuoni am Zürcher Bahnhofplatz einen Stereo-Bildbetrachter. Die Bilder wurden paarweise eingesetzt und wirkten durch den Stereo-Effekt plastisch und dreidimensional. Vorwärts bewegt wurden sie mit der seitlichen Kurbel. Gezeigt wurden Ferienszenen, ausländische Destinationen, aber auch der Empfang des deutschen Kaisers Wilhelm II. in Zürich (kleine Bilder: obere Reihe).

Harry Hugentobler am
Theater-Vorverkaufsschalter
am Bahnhofplatz. Der
ehemalige Bankangestellte
wurde Teilhaber und stieg
vom Changekassier zum
Verwaltungsratspräsidenten
auf.

## Auswanderungen und Geldwechsel als Zusatzgeschäfte

Alfred Kuoni teilte sein extrem teures Lokal am Bahnhofplatz zunächst mit der auf
Geldwechsel spezialisierten Privatbank Rutishauser. Schon bald ging seine riskante Spekulation auf: Die gute Lage zog viel Laufkundschaft an. Das Reisegeschäft florierte. Um
auch im besonders lukrativen Bereich der Auswanderungsagenturen Fuss fassen zu können, war ein Patent nötig. Kuoni behalf sich zunächst damit, dass er als Unteragent der
bekannten Basler Spezialfirma Rommel & Co. auftrat. Bald wurde die Untermiete mit
Rutishauser aufgelöst. Alfred Kuoni beschloss, das Geldwechselgeschäft auf eigene
Rechnung zu betreiben. Dafür aber brauchte er einen im Bankfach ausgebildeten Spezialisten. Es stellte sich – im Gehrock und mit Vatermörder-Kragen, wie damals üblich –
ein 25-jähriger Ostschweizer vor, der nach der Banklehre in einer Börsenbank gearbeitet sowie in Paris und London Auslanderfahrung gesammelt hatte. Alfred Kuoni muss
daraus geschlossen haben, dass sich der junge Mann mit dieser für damalige Zeiten
überdurchschnittlichen Welterfahrung wohl auch für das Reisebüro eignen würde. Den
Ausschlag aber gab, dass er in deutscher, französischer und englischer Sprache steno-
grafieren konnte.
Am 1. März 1914 trat Harry Hugentobler im Reisebüro Kuoni seine Stelle als Change-
Kassier an. Er wurde später massgeblicher Teilhaber der Firma, leitete nach dem frühen
Tod von Alfred Kuoni das Gesamtunternehmen und war zusammen mit Alfred Kuoni II.
der Gründer der Kuoni- und Hugentobler Stiftung. In seinen unveröffentlichten Le-
benserinnerungen schreibt Harry Hugentobler:
«Zuerst stand ich am Europa-Schalter und musste nach wenigen Tagen Einführung dem
Publikum Red und Antwort stehen. Es war nicht leicht, den erfahrenen Praktiker zu
spielen. Aber da zu jener Zeit die Welt noch weniger von einem Ende ans andere bereist
wurde, fand ich mich nach und nach in meiner Rolle zurecht. Unser Büro bestand damals neben Herrn Kuoni aus vier Angestellten und einem jungen Bürodiener. Der
Hauptverkehr beschränkte sich auf Reisen in die umliegenden Länder und auf die Auswanderung. Daneben kamen viele Ausländer zu uns, teils um Geld zu wechseln, teils um

Da der Ausbruch des Ersten Weltkriegs (1914) mitten in die Sommerferien fiel, kam es zu tumultartigen Szenen wie hier vor dem Bundesbahnhof Basel. Fluchtartig verliessen die ausländischen Gäste die Schweiz. Mit dem Tourismus stürzte auch das Reisebürogewerbe in ein tiefes Loch.

sich nach Hotelreservationen zu erkundigen. Um die Firma beim Publikum bekannt zu machen, hatte Herr Kuoni gleichzeitig den Vorverkauf des Stadttheaters (heute Opernhaus) und des damaligen Pfauentheaters (heute Schauspielhaus) übernommen. Diesen Verkauf hatten die Angestellten abwechslungsweise zu besorgen. Die Bürostunden umfassten die Zeit von 8 bis 12.30 und von 14 bis 18.30 Uhr, Samstage inbegriffen, und am Sonntagvormittag von 10 bis 12 Uhr. Die Schalterbeamten erschienen im Morningcoat.

Alles lief wie am Schnürchen, bis am 1. August 1914 der Erste Weltkrieg ausbrach. Mit ihm brach unser ganzes Geschäft zusammen.»

Während der Weltkriege war die Mobilität in der
Schweiz auf einfache Mittel zurückgeworfen, wie
dieses Stimmungsbild aus dem winterlichen Wildhaus
(ca. 1940) zeigt. Für die Dienstleistungen eines
Reisebüros bestand unter diesen Verhältnissen kaum
Bedarf.

# Achterbahn der Weltgeschichte

Erster Wachstumsschub trotz Krieg und Krisen: Überleben dank kleinen Geschäften und grossen Entschlüssen

Weltkrieg! Es war, als hätte man einen Körper vom Blutkreislauf abgeschnitten. Die grenzüberschreitenden Handels- und Reiseverbindungen wurden blockiert. Nicht einmal wo es um die Landesversorgung ging, blieb es einigermassen bei der Normalität, obwohl die Händler und Spediteure in den Meerhäfen eilig Kriegsfilialen gründeten und täglich gegen die Schikanen einer monströsen Kriegsbürokratie ankämpften. Den Alltag der international tätigen Kaufleute würzten Massnahmen wie Ausfuhrkontingentierung, Frankaturzwang, Ursprungszeugnis-Obligatorium, Ausserkraftsetzung von internationalen Verbandstarifen, Akkreditiv- und Valutaprobleme. Schnell verfielen die Kaufleute auf die Idee, eigene private Waggons bei den Bahnen in Dienst zu stellen, um von den Zuteilungen Dritter und von willkürlichen Preisschwankungen unabhängig zu sein. Hier wurde der Grundstein gelegt für das noch heute gebräuchliche System der privaten Land- und Seecontainer. In welchem Masse aber der internationale Verkehr trotzdem zurückging, zeigt eine Stichprobe. 1913/14 waren über die Grenzstation Chiasso 712 599 Tonnen Güter in die Schweiz eingeführt worden. Am Ende des Krieges (1918/19) waren es gerade noch 93 092 Tonnen oder kümmerliche dreizehn Prozent. Der Export halbierte sich.

Oben: Der einzige «Tourismus», der nach dem Ausbruch des Ersten Weltkriegs in der Schweiz noch funktionierte, war die Durchreise von Kriegsflüchtlingen. Fruchtlos blieben Kuonis Versuche, Passagen auf «neutralen» Schiffen zu verkaufen (rechts).

REISEBUREAU KUONI, ZÜRICH
:: Inhaber: A. KUONI ::
Bahnhofplatz 7

Seereisen

auf neutralen holländischen und andern Schiffen nach

## Aegypten, Indien Sumatra=Java

Seereisen
nach

## Nord= und Südamerika Afrika, Australien

mit erstklassigen Schiffen aller Länder

**Prospekte und Auskünfte gratis**

Der Vertreter in Bern:
Dᴿ GUSTAV GRUNAU, Falkenplatz 11

Womöglich noch krasser entwickelten sich die Geschäfte der Reisebüros. Nach den Sommerferien 1914, als Europa zum Krieg mobilisierte, gab es noch einen vorübergehenden Sturm auf die Schalter, bis die Feriengäste in ihre Heimatländer abgereist waren. Einen ähnlichen, wenn auch kleineren Aufschwung erlebten Kuoni und die wenigen anderen Reisebüros nochmals im Frühjahr 1915, als sich für die vielen Russen, die in die Schweiz geflüchtet waren, eine Möglichkeit eröffnete, ihre Heimat über das Schwarze Meer zu erreichen.

Der damalige Kuoni-Schalterbeamte Harry Hugentobler schreibt in seinen unveröffentlichten Erinnerungen: «Dann aber blieb uns nur noch der Inlandverkehr und die Vermittlung von Hotelunterkünften in der Schweiz, eine Tätigkeit, welche niemals die Unkosten deckte. So reduzierte sich bald die Anzahl der Angestellten, und im Jahre 1916 blieben ausser Herrn Kuoni noch ich und der Bürodiener. Es kam so weit, dass manchmal tagelang niemand ins Büro kam, da auch die Theater wenig Liebhaber fanden, so dass der junge Bürodiener und ich genügend Zeit hatten, wenigstens die Schaufenster einigermassen zu garnieren, nachdem wir diese auch eigenhändig gereinigt hatten. Und im Winter fanden wir es ganz in Ordnung, den Eingang vor dem Büro durch Schneeschaufeln frei zu halten und auch das Eis aufzukratzen.»

## Kümmerliche Ersatzgeschäfte

Alle Bemühungen, andere Geschäfte in Gang zu bringen, scheiterten oder blieben in der Bedeutungslosigkeit stecken. Etwas Geld kam in die Firma durch eine Vertretung der englischen Schirmstoff-Fabrik, bei der Alfred Kuoni früher gearbeitet hatte und bei der die Schweizer Fabrikanten ihren Bedarf deckten. Kuoni wurde beim Hauseigentümer vorstellig und bat mit Erfolg um eine Reduktion des Mietzinses. Gelegentlich gelang ihm ein Vermittlungsgeschäft. Dass dennoch ausgerechnet in der Zeit der tiefsten Depression, am 1. Mai 1917, der erste Kuoni-Lehrling eingestellt wurde, fällt auf. Im Mai 1918 wurde mit Paul Nanz sogar ein zusätzlicher Angestellter aufgenommen; da rechnete der Unternehmer offenbar schon fest mit dem baldigen Kriegsende und einem Aufschwung.

Kaum war der Krieg zu Ende und die verheerende Grippe-Epidemie verebbt, belebte sich der internationale Reiseverkehr wieder. Schon 1919 hatte Kuoni das Problem, dass er nicht genügend qualifizierte Leute für seinen geschäftlichen Wiederaufbau fand. «Bald waren wir Tag und Nacht am Arbeiten, um die Arbeit überhaupt bewältigen zu können», berichtet Harry Hugentobler. «Es wurde in den Jahren 1920 und 1921 laufend Personal engagiert. Das Unangenehme war jedoch nur, dass sich der ganze Betrieb vor allem auf die Zeit zwischen Mai und Ende September beschränkte und die Wintermonate stark abfielen. Wie froh waren wir da um die Theater- und Konzertabteilung, die in dieser Zeit Hochbetrieb hatte, indem viele den Drang nach Vergnügen gleichfalls nachholen wollten.» Alfred Kuoni beschloss, die Passage- und Auswanderungsabteilung auszubauen und bewarb sich mit Erfolg um das damals von Gesetzes wegen erforderliche eidgenössische Patent. Dank diesem Schritt konnte die Auslastung etwas besser über das Kalenderjahr verteilt werden.

Links: Für den Betrieb einer Auswandereragentur
war lange Zeit ein eidgenössisches Patent erforderlich,
das Harry Hugentobler aufgrund einer bestandenen
Prüfung erhielt. Rechts: Kuonis erste Filiale ausserhalb
von Zürich wurde 1923 in St. Moritz eröffnet.

Nicht das Bestreben nach besserem Kundendienst oder nach geschäftlicher Expansion war es, das zu den ersten Filialgründungen führte, sondern schlicht die Sorge um die bessere Auslastung der teuren Angestellten in den flauen Wintermonaten. Die erste Kuoni-Niederlassung ausserhalb von Zürich wurde 1923 in St. Moritz eröffnet, wobei die Kosten so tief wie möglich gehalten wurden. Das Reisebüro konnte bei der Privatbank Töndury einen Schalter beziehen. Die Bank erhoffte sich dadurch ein zusätzliches Geldwechselgeschäft. In der Folge pflanzte Kuoni möglichst viele neue Filialen bei Banken ein. «Wir zahlten eine Umsatzkommission von einem bis zwei Prozent, je nach der Wichtigkeit des Ortes, als Miete und ohne Minimum-Garantie» (Hugentobler). Die Geschäftsgrundlage dieser Filialen war eine der vielen Umständlichkeiten des damaligen Reiseverkehrs. Es gab nämlich keine ermässigten internationalen Rückfahrkarten, so dass die Gäste mit einfachen Tickets in die Ferien fuhren und für die Rückfahrt einen neuen Fahrausweis zu lösen gezwungen waren. Darum kümmerten sich die Kuoni-Niederlassungen in den Kurorten.

## Frühe internationale Vernetzung

Früh gelang es Kuoni ausserdem, in den exklusiven Kreis der Association des Grandes Organisations Touristiques (AGOT) aufgenommen zu werden, einer 1924 gegründeten Vereinigung von halbamtlichen Reisebüros in Mitteleuropa. Da waren alle prominenten Adressen dabei: CIT (Italien), OEVB (Österreich), PUTNIK (Jugoslawien), DER (Deutschland), IBUSZ (Ungarn), ORBIS (Polen), CEDOK (Tschechoslowakei) usw. Da die Schweiz eine analoge Organisation nicht kannte, war Platz für Kuoni, und schon nach wenigen Jahren sass Harry Hugentobler im Vorstand. Der AGOT-Verbund realisierte früh nach dem Muster von Thomas Cook ein Fahrscheinheft, für das Kuoni die Schweizer Generalvertretung erhielt. Dies bedeutete, dass sämtliche Konkurrenten mit Ausnahme von Thomas Cook und Amexco ihre Auslandfahrscheine via Kuoni beziehen mussten, was nicht nur willkommene Kommissionen brachte, sondern auch vertiefte Einblicke in den sich formierenden Schweizer Reisemarkt.

Längst hatte der vorsichtige Alfred Kuoni die Tücken des Reisebüro-Geschäfts durchschaut: Mit relativ wenig Eigenkapital wurde viel fremdes Geld bewegt; entsprechend gross war die Absturzgefahr, denn schon damals war das Geschäft so ziemlich allen Launen der Weltpolitik schutzlos ausgesetzt. Kuoni beschloss, sein Risiko einzugrenzen und wandelte seine gefestigte Einzelfirma im Herbst 1925 in eine Aktiengesellschaft um, die er mit einem Kapital von 100 000 Franken ausstattete. 60 Prozent davon übernahm er, 40 Prozent bot er Harry Hugentobler an, der damit nach elf Jahren als leitender Angestellter zum Teilhaber aufrückte. Alfred Kuonis einziger Sohn, Alfred Kuoni II, war damals elf Jahre alt.

Die Erfahrungen mit der St. Moritzer Saisonfiliale waren gut, also wurde schon im Winter 1925 in Pontresina eine weitere Niederlassung eingerichtet. Im gleichen Jahr wagte Kuoni den ersten Sprung ins Ausland, an die im Winter bei vornehmen Feriengästen sehr beliebte Côte d'Azur. Hugentobler gelang es, mit der Bank Crédit du Sud-Est, die ein dichtes Filialnetz in der Region besass, ein Gesamtabkommen zu treffen. So wurden nach Nizza (1925) auch Cannes, Monte Carlo und San Remo erschlossen, etwas später, nämlich 1929, Menton. In den Schweizer Alpen breitete sich Kuoni schnell aus. Im Jahre 1927 folgten die Sommerfilialen Engelberg, Flims, Vulpera, Interlaken und Lugano, 1928 war Montreux an der Reihe.

## Büro Paris – Markstein und Pflegefall

Ein Markstein war die Eröffnung des ersten Kuoni-Büros in Paris. Alfred Kuoni äusserte seine Skepsis deutlich, liess aber seinen leitenden Angestellten Harry Hugentobler entscheiden. Dieser ging das nicht geringe Risiko ein, für 160 000 Schweizer Franken

1925 wurden in rascher Folge weitere Kuoni-Filialen gegründet, so in Pontresina (links) und Monte Carlo (rechts). Da es damals noch keine Rückfahrkarten gab, sicherte man sich dieses Geschäft, und zugleich waren die Zürcher Angestellten in der flauen Saison besser ausgelastet.

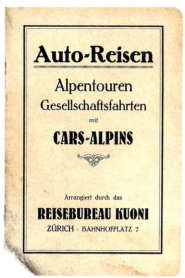

Oben: Die berühmten «Cars Alpins» mit ihren offenen Verdecken verkehrten nach umfangreichen Fahrplänen vor allem in den französischen Seealpen (oben links: Carport in Menton). Unten: Die Angebote in den Filialen von Lugano (links) und Interlaken (rechts) stehen für die beiden Grundfunktionen solcher Niederlassungen: Verkauf von Schiffspassagen und von lokalen Ausflügen.

den Standort und die Einrichtungen eines amerikanischen Reisebüros an der Rue Auber zu übernehmen. Hugentobler fand in der New Yorker Firma Paul Taussig & Son einen Partner für den Betrieb des teuren Ladens, aber die Hoffnungen erfüllten sich nicht. Erst als 1931 nach zwei Fehlbesetzungen ein junger, energischer Mann aus Zürich mit Amerika-Erfahrung an die Spitze der Filiale trat, besserte sich die Situation. Eine Enttäuschung erlebten die Kuoni-Leute freilich, als sie der Empfehlung ihres New Yorker Partners folgten und den Bedienungsbereich vom hoheitsvollen Schaltersystem auf vermeintlich kundenfreundliche Empfangs-Desks nach amerikanischem Muster umbauten. Harry Hugentobler erinnert sich: «Jeder Kunde blieb viel zu lange auf seinem Stuhl sitzen, und die Umsätze nahmen keineswegs in dem Masse zu, wie wir es erhofften. So kehrten wir reumütig zum alten System der Abfertigung am Schalter zurück und unterhielten lediglich im 1. Stock Pulte für kompliziertere Geschäfte. Es zeigte sich, dass es nicht so leicht war, in der Millionenstadt Paris Fuss zu fassen, und das Fehlen von guten Beziehungen machte sich deutlich bemerkbar, im besonderen, da die wirtschaftliche Krise sich auf der ganzen Welt mehr oder weniger ausdehnte. Als 1932 die Börsenkrise in New York den wohl stärksten Rückschlag brachte, war unser Partner, der ebenfalls grosse Verluste erlitten hatte, nicht mehr in der Lage, seinen Anteil an die Zuschüsse für das Pariser Büro zu leisten. Er schlug uns vor, uns seinen Kapitalanteil an der Firma kostenlos zu überlassen, wenn wir auf seine weitere Hilfe verzichten wollten, und damit endgültig auszuscheiden. In Anbetracht der Tatsache, dass sich unsere Geschäfte in der Schweiz und in den Saison-Filialen im Ausland weiter gut entwickelten, stimmten wir diesem Vorschlag zu.»

## Jahre des Gedeihens

Damals, in den zwanziger Jahren, muss das Reisebüro Kuoni insgesamt zu einem guten Geschäft geworden sein. Jedenfalls tätigte der Inhaber Transaktionen, die man nur mit gut gefülltem Beutel eingeht. 1929 kaufte er als Privatmann das Haus Löwenstrasse 66, weil er vermutete, der Hauptbahnhof werde zur Sihl hin verlegt. Auf diese Weise hoffte

Die Kuoni-Bilanzen von 1926 und 1930 in gestochen scharfer Buchhalter-Handschrift spiegeln bereits ein ansehnliches Geschäft.

Oben links: 1929 konnte Alfred Kuoni das Haus Löwenstrasse 66 in Zürich als Wachstumsreserve und Geldanlage kaufen. Oben rechts: Dasselbe Haus nach dem Umbau; das dort eingemietete Restaurant «Chässtube» war in Zürich legendär. Unten: Die Filiale in Paris entwickelte sich nach hohen Anfangsverlusten gut, als Kuoni Stadtrundfahrten anzubieten begann. Daraus entwickelte sich ein gutes Busgeschäft.

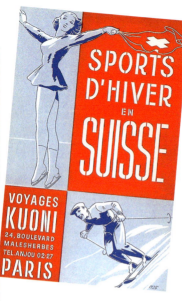

Wintersport-Prospekte von Kuoni Paris; die Pauschal-Ferienangebote in der Schweiz wurden gut angenommen.

er sich einen Vorzugs-Standort am neuen Bahnhofplatz zu sichern. Die Pläne wurden zwar nicht verwirklicht, aber der Hauskauf an dieser prominenten Lage, der einige Mittel gebunden haben dürfte, war, langfristig gesehen, alles andere als eine Fehlinvestition. 1986 ging die wertvolle Liegenschaft an die Wohlfahrtsstiftung von Kuoni über.

Während die Geschäfte in Zürich ihren ordentlichen Gang nahmen, wollte sich das Grossrisiko in Paris nicht auszahlen. «Im Gegenteil», erinnerte sich Harry Hugentobler: «Während Jahren reiste ich jeden zweiten Monat für einige Tage in die französische Kapitale, um mich mit Herrn Junker (dem Filialleiter) zu besprechen und immer wieder neue Versuche zur Entwicklung der Firma zu unternehmen. Bis ins Jahr 1935 hatten wir ca. eine Viertelmillion Franken in diesen Betrieb gesteckt. Eines Tages schlug ich Herrn Kuoni vor, das Büro zu verkaufen oder eventuell gar zu schliessen. Erstaunlich war seine Reaktion. Er sagte wörtlich: ‹Versuchen Sie es noch ein weiteres Jahr, ich habe das bestimmte Gefühl, Sie seien auf dem richtigen Weg.›»

Die Filiale Locarno machte sich auch als Verkaufsstelle für die Schifffahrts-Tickets auf dem Lago Maggiore nützlich und verdiente so jahraus, jahrein gutes Geld.

Links: In Juan-les-Pins – wie an manchen anderen Orten auch – platzierte Kuoni seine Agentur kostengünstig als Untermieter einer Bank. Rechts: Filiale Lausanne (um 1930).

Alfred Kuoni offenbarte bei diesem Geschäft sein kaufmännisches Naturell. Er war am Anfang dem Projekt gegenüber skeptisch gewesen, hielt aber eisern an dem einmal getroffenen Entschluss fest. Ausserdem vertraute er seinem leitenden Mitarbeiter. Und Alfred Kuoni bekam, was Paris betraf, Recht. Die Rettung brachte der Untermieter, den das Reisebüro aufgenommen hatte, die Firma Paris-Excursions, die ein ganz einfaches Produkt anbot: Stadtrundfahrten in eigenen Bussen. Der Erfolg war sehr gross, weil die Firma gutes Wagenmaterial besass und sich durch freundliche, seriöse Chauffeure und Reiseleiter von der Konkurrenz abhob. Deshalb kam Kuoni auf die Idee, Carreisen mit dieser Mannschaft in ganz Europa anzubieten und vor allem englische Touristen dafür zu gewinnen. Dies gelang. Innert weniger Jahre waren die von Kuoni entrichteten Vorschüsse zurückbezahlt. Kuoni Paris weitete die Reiseangebote aus und begann, winterliche Extrazüge zu den Skigebieten in der Schweiz und in den Tiroler Alpen anzubieten. «Wenn der Zweite Weltkrieg nicht gekommen wäre, hätte dieses Pariser Geschäft eine Goldgrube werden können», bemerkte Harry Hugentobler in seinen Aufzeichnungen wehmütig.

1929 wurden in der Schweiz die Büros Arosa und Locarno eröffnet, wobei letzteres schnell vom Saison- auf den Ganzjahresbetrieb überging. In Lausanne übernahm Kuoni die Reiseabteilung der Schweizerischen Bankgesellschaft, da sich die Bankleitung aus dem Reisegeschäft zu verabschieden wünschte. 1931 folgten die Filiale Zermatt und – an der Riviera – Beaulieu und Juan-les-Pins. Damit war das Ausbauprogramm zum Zweck des Beschäftigungsausgleichs für die – zwangsläufig mobilen – Kuoni-Angestellten zunächst abgeschlossen. Obwohl die Wirtschaftslage immer schlechter wurde, entwickelten sich die Geschäfte von Kuoni ganz gut. In Nizza freilich wurde ein unangenehmer Wechsel fällig. Ein neuer Direktor der vermietenden Bank drängte das Reisebüro aus den Schalterhallen. Kuoni war gezwungen, einen eigenen Glaspavillon zu mieten und dort einen Jahresbetrieb zu eröffnen. 1931 wurde der ehemalige Kuoni-Lehrling Hermann Bleher auf den ebenso schwierigen wie wichtigen Nizza-Posten gesetzt. Mit dem ihm eigenen diplomatischen Geschick hielt er während des ganzen Zweiten Weltkriegs die Dienste von Kuoni Nizza aufrecht, obwohl er während Jahren keinen direkten Kontakt mit der Zentrale mehr hatte und nicht einmal eine Korrespondenz möglich war.

## Wachsende Nervosität in Italien und Frankreich

Zwischen 1932 und 1936 spiegelte sich die verschlechterte weltpolitische Lage im Geschäftsgang des inzwischen international tätigen Reiseunternehmens. Die verheissungsvoll gestartete italienische Filiale in San Remo begann schon 1928 zu lahmen, als Hotel-Concierges, Bankbeamte und andere Exponenten des Tourismus vom erstarkenden faschistischen Regime die klare Weisung erhielten, die Beziehungen mit ausländischen Reiseagenturen abzubrechen. Auch in Frankreich, wo in den frühen dreissiger Jahren die sozialistische Regierung von Léon Blum herrschte, wurden Diskriminierungen eingeführt. Auf zehn französische Angestellte wurde den Firmen noch ein Ausländer bewilligt. Zugleich veränderten sich die Konsumgewohnheiten. Ursprünglich war die Riviera eine klassische Winter-Destination für Wärme suchende ältere Herrschaften gewesen. Jetzt verschob sich das Schwergewicht auf den Sommertourismus und auf ein deutlich jüngeres Publikum.

Alfred Kuoni sah sein risikoloses Geschäft mit den Riviera-Filialen einbrechen, traute aber auch dem Potenzial in den schweizerischen Kurorten nicht recht. Kurzerhand ent-

Der Bergbau-Milliardär Daniel Jackling (oben) unternahm 1929 mit Kuoni-Reiseleiter Fred N. Wagner (unten) eine mehrmonatige Luxus-Reise durch Europa, den Nahen Osten und Afrika.

## Ein Milliardär reist durch Europa

«Allright», sprach Daniel Jackling. «Tun Sie, was Sie für gut finden!» Dann stellte er einen Check über eine Million Dollar aus und übergab ihn Fred Norbert Wagner. Der hünenhafte Schweizer aus Winterthur, damals 46 Jahre alt, erinnert sich, dass er «eine glutheisse Welle brennender Verantwortung durchs ganze Geäder strömen fühlte». Daniel Jackling wollte das Jahr 1929, in dem er seinen 60. Geburtstag feierte, zusammen mit seiner Familie mit einer grossen Europa- und Afrikareise verbringen:

Time-out nach der Art der Milliardäre! Jackling hatte sich vom Minenarbeiter und Bergbau-Lehrer zum Erneuerer und Beherrscher des amerikanischen Kupferbergbaus emporgeschwungen. Touristen wie ihn gab es vor- und nachher in Europa kaum wieder; Reiseleiter wie Fred N. Wagner auch nicht. Der war zunächst für Cook & Sons, später jahrelang auch für Kuoni unterwegs. Er hat seine frühen Erinnerungen in einem vielbeachteten Buch zusammengefasst (Fred N. Wagner: Grosse Welt und kleine Menschen, Zürich 1942).

«Zuallererst mietete ich drei grosse vierzig-pferdige neue Renault-Wagen und suchte drei ausgezeichnete Lenker aus, drei ehemalige Offiziere aus dem Weltkrieg, prächtige Kerle, die wir bald nur noch ‹die drei Musketiere› nannten. Auf diese Weise machten wir uns unabhängig von Bahnlinien und Fahrplänen, konnten uns bewegen, wohin wir wollten, anhalten, wann und wo wir wollten, waren Herren der Richtung und der Stunde.»

Daniel Jackling war ein Napoleon-Fan und bestand darauf, jeden Ort und jede Spur des Korsen zu verfolgen. Er reiste mit kleinem Gefolge: Gattin, Zofe, Butler sowie Schwager und Schwägerin und deren zwei Kindern. In der Kathedrale von Chartres dankte er dem Priester, der die Führung übernahm, indem er ihm 20 000 Francs schenkte.

Meist mit aufgeschlagenem Verdeck ging die frühsommerliche Fahrt nach Österreich.

«Mr. Jackling war kein Rekordler», erinnert sich Wagner, «er war ein Geniesser, einer, der die Sonderreize jeder Landschaft zu schauen und zu schätzen wusste und der noch die Kunst des tiefen Atmens verstand.» Der ewig gleichen Hotelkost überdrüssig, liess er sich von Fred Wagner in Paris zu Schweinsfüsschen und im

1936 eröffnete Kuoni in Basel eine grosse Stadtfiliale, um die wegen der Krise und des absehbaren Krieges drohenden Verluste in den in- und ausländischen Saisonkurorten auszugleichen.

Simmental zu frischen Forellen mit Omeletts verleiten.

«E chli öppis z ässe wettemer; die Lüt hei Hunger.» Die Amerikaner guckten mich gross an, und Bill wollte wissen, wie manche Sprache man eigentlich in der Schweiz rede. Gar nicht lange dauerte es, und die Wirtin trug uns in einer blitzsauberen Schürze ein eilig zubereitetes Mittagsmahl auf, bestehend aus Bachforelle, wunderlieblich duftenden Omeletten und frischem grünem Salat, und alles in geradezu unvorstellbaren Mengen. Ein allgemeines Schnuppern hob an, und auf die Gesichter legte sich der liebliche Glanz einer schönen Zufriedenheit.» Mr. Jackling versicherte, als er sich den Mund wischte, so herrlich habe er seit vielen Jahren nicht mehr gegessen und beharrte darauf, dass ich doch ja der Frau Wirtin seine Zufriedenheit zu wissen gebe. «Die Lüt sy de z'fride gsi», sagte ich. «Mir gä's, wie mer's cheu», lautete die knappe Antwort der Wirtin.

Die Herrschaften reisten weiter nach Österreich und Prag. Im Sommer fuhr Mr. Jackling nach Kiel, um in der Vulkan-Werft seine neue Yacht abzuholen, die von einer zwanzigköpfigen skandinavischen Mannschaft bedient wurde. Hier stiessen auch amerikanische Freunde der Familie zu der Reisegesellschaft, die sich zur Jungfernfahrt in die Fjorde aufmachte. Im September war man in Schottland zur Birkhuhnjagd – für zwanzig Tage. Zur Feier des runden Geburtstags marschierten die Dudelsackbläser im Kilt auf, und das ganze Dorf sang «Happy Birthday». Die Spende des Jubilars war dergestalt, dass der Bürgermeister Mr. Jackling einlud, auch seinen nächsten Geburtstag wieder in Schottland zu feiern.

Auf dem Landweg ging es durch Frankreich und Spanien südwärts, wo die Yacht wartete und die ganze Gesellschaft samt den drei Renault-Wagen nach Casablanca brachte. Zurück gings an die Riviera, von dort nach Genua und anschliessend, im frühen Winter, nach Zypern, der Türkei und Ägypten. Über den Sudan erreichte die Gesellschaft schliesslich Nairobi, wo eine Grosswildjagd fällig wurde, bevor die Reise in Südafrika ihren vorläufigen Abschluss fand. Mr. Jackling wollte unbedingt die Insel St. Helena besuchen, auf der Napoleon geendet hatte.

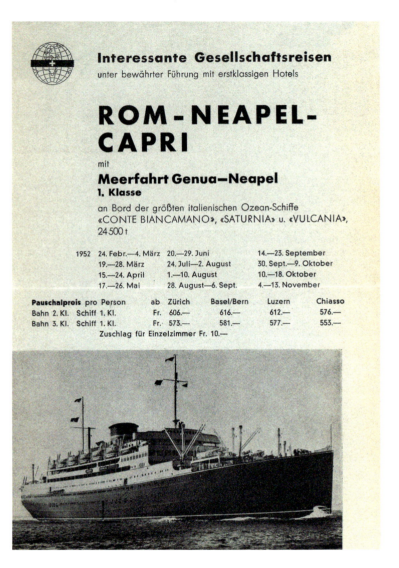

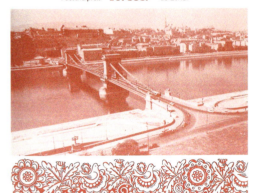

Diese Prospekte doku-
mentieren die Anfänge des
Tour Operatings. Der Reiseveranstalter nahm dem
Touristen bürokratische
Umtriebe, Qualitätssorgen
und Sprachschwierig-
keiten ab.

schied er sich für die weitere Erschliessung des Schweizer Marktes durch neue Stadt-
filialen. So entstand in Basel 1936 die erste Kuoni-Niederlassung in Verbindung mit der
Eidgenössischen Bank. Als sich diese aus dem Markt verabschiedete, behielt Kuoni die
Räumlichkeiten an der Gerbergasse.

In diese frühe Zeit fielen auch die ersten Ansätze des Tour Operatings. Zusätzlich
zur angestammten Tätigkeit, der Organisation von Einzelreisen und gelegentlichen
Vereinsreisen, entwickelte sich Kuoni zum Spezialisten für Zugsreisen nach Paris,
Wien/Budapest sowie Rom/Neapel. Schweizer Touristen waren als Devisenbringer willkommen. Für Kuoni stellte sich der Erfolg im Wechselspiel von Outbound und Incoming ein. Kuoni brachte Reisende in die Zielgebiete – und erfüllte deren Wünsche dort
in eigenen Filialen, zugleich besorgte er aber auch Reisegeschäfte für die lokale Kundschaft.

Der grosse Erfolg der ersten Reiseangebote bewies, dass es einen veritablen Hunger
nach Auslandreisen gab und dass die Einzelreisenden im Wirrwarr der Devisen- und
Passvorschriften eine professionelle Hilfe benötigten, die eben nur das Reisebüro bieten
konnte. Die Kuoni-Organisation konnte diesen Markt früher als andere erschliessen,

Firmengründer Alfred Kuoni (1874–1943), aufgenommen kurz vor seinem überraschenden Tod.

nicht zuletzt dank ihrer seit dem Ende des Ersten Weltkriegs erworbenen relativen Finanzkraft. Jedenfalls war das Unternehmen trotz Wirtschaftskrise stark genug, um 1934 eine unabhängige Personalfürsorgestiftung zu gründen. Diese war zunächst nur als Hilfe für besondere Notfälle gedacht; später wurde sie zu einer eigentlichen betrieblichen Altersvorsorge ausgebaut, lange bevor die meisten anderen Unternehmen der Branche dem Beispiel folgten.

Alfred Kuoni, inzwischen an der Schwelle seines sechsten Jahrzehnts angelangt, hatte zunehmend gesundheitliche Probleme und begann sich aus dem Geschäft zurückzuziehen. Immer mehr Arbeiten übertrug er Harry Hugentobler. Schliesslich verlegte er seinen Wohnsitz nach St. Moritz. 1939, als der Zweite Weltkrieg ausbrach, wurde seine erstarkte Firma nicht mehr so unvorbereitet getroffen wie 25 Jahre zuvor. Erneut stellte sich die Beschäftigungsfrage für Angestellte, die nicht in den Militärdienst einrücken mussten. Hugentobler hatte vorgesorgt. Er hatte Beziehungen zu den Rationierungsstellen in der Stadt Zürich, die gezwungen waren, in grosser Eile eine riesige Organisation für die Lebensmittelzuteilung aufzubauen. Harry Hugentobler transferierte zahlreiche Kuoni-Angestellte dorthin, die im Reisebüro nicht mehr gebraucht wurden. Das Reisebüro selbst wurde mit einem Minimalbestand weiter geführt und konzentrierte sich wieder auf die wenig rentablen Inlandreisen.

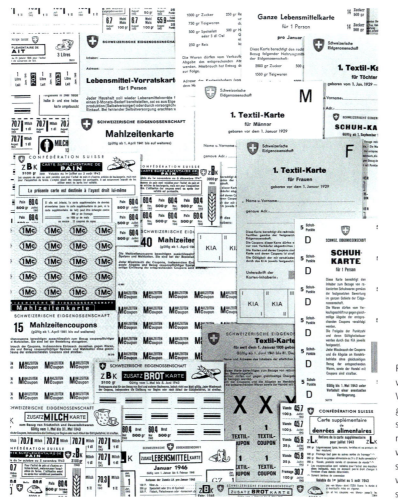

Rationierungskarten während des Zweiten Weltkriegs. Kuoni-Angestellte, die im praktisch stillgelegten Reisebüro nicht mehr gebraucht wurden, fanden Beschäftigung in den kriegswirtschaftlichen Amtsstellen.

Hermann Bleher
(1905–1990) steuerte
die Kuoni-Filiale in
Nizza umsichtig durch
alle Kriegswirren.

«Wir begannen in der Speditionsabteilung und füllten tagelang Couverts ab», erinnert sich Melch Frei, der 1940 als kaufmännischer Lehrling bei Kuoni in Zürich anfing. «Jedes Bahnbillett füllten wir handschriftlich aus. Nur für die gängigen Strecken waren die Tickets vorgedruckt. Jeden Monat musste man auf riesigen Bögen die Abrechnungen handschriftlich eintragen, und alles musste auf den Rappen stimmen. Es gab durchaus Zeiten, da der Verkehr auch mit Deutschland trotz des Krieges ziemlich beträchtlich war, vor allem wegen der Geschäftsleute, die mit Visa reisten. Die Herren von den Banken, Versicherungen und den grossen Industriebetrieben waren fleissig unterwegs. Immer, wenn grosse Luftangriffe geflogen wurden, wurde die Reisetätigkeit für eine Weile unterbrochen.»

Reihenweise wurden jetzt die eilig eröffneten Auslandfilialen mangels Nachfrage wieder geschlossen: Cannes, Juan-les-Pins, Antibes und andere, während Nizza bestehen blieb. Diese Station konnte sich halten, weil der Schweizer Chef Hermann Bleher nebenamtlich das Schweizer Konsulat besorgte und Geschäfte mit den zahlreichen Emigranten

Gottlieb Duttweiler
(1888–1962), Gründer
von Migros und Hotel-
plan.

## Hotelplan: Expansion nach unten

Solange eine Ägyptenreise mehr als das Jahresgehalt eines Arbeiters kostete, hatte Kuoni keine andere Wahl, als sich auf das Segment der kaufkräftigen Kunden im oberen Bürgertum zu konzentrieren. Der frühe Markteintritt zeigte die Richtung an; ausserdem hinderten Weltwirtschaftskrise und Arbeitslosigkeit die Masse der Normalverdiener an der Entdeckung der Welt. Einer, der sich mit dieser Gleichung nicht abfinden wollte, war der Kaufmann Gottlieb Duttweiler (1888–1962). 1925 gründete er die Migros, die in wenigen Jahren derart in die Breite und in die Tiefe wuchs, dass sie am Vorabend des Zweiten Weltkriegs eine gewichtige und mit Sicherheit die innovativste Kraft im Schweizer Detailhandel war. Die Politik, in die Duttweiler 1935 «aus Notwehr» eintrat, wie er zu sagen pflegte, hinderte seine junge und erfolgreiche Migros an der weiteren Expansion. Die von Arbeitslosigkeit und Kaufkraftschwäche eingeschüchterte bürgerlich-gewerbliche Koalition setzte auf dem Wege der Notverordnungen ein verfassungswidriges Filialeröffnungsverbot durch. Nun brannte der Tatmensch Duttweiler darauf, sein Erfolgsprinzip in anderen Branchen anzuwenden: Senke die Preise, dann steigt der Umsatz! Warum sollte diese Regel nicht auch für Angebote gelten, an die der Normalverbraucher in schlechten Zeiten kaum zu denken wagte, zum Beispiel für Hotelferien?

Wie immer, wenn er ein neues kommerzielles Projekt anpackte, brauchte Gottlieb Duttweiler einen ideologischen Überbau. Er schrieb: «Im Hintergrund steht der Gedanke des Sichtreffens der verschiedenen Nationalitäten auf Schweizerboden. Wenn das auch nur ein wenig gegenseitiges Verstehen mit sich bringen wird, so ist dieses Wenige doch sehr wertvoll in einer Zeit der tödlichen Spannung.»

Das traf genau den Zeitgeist. Wer in schlechten Zeiten die Menschen bei ihren Träumen abholt und ihre unterdrückten Wünsche erfüllt, gewinnt die Herzen. Das hatten – unter ganz anderen Vorzeichen – auch die faschistischen Diktatoren in Deutschland und Italien gemerkt. Hitler gründete im Schosse der «Deutschen Arbeitsfront» die NS-Gemeinschaft «Kraft durch Freude». Sie wurde die beliebteste Einrichtung des Regimes, weil sie mit einem umfangreichen Freizeitangebot auch Reisen anbot. Bis 1939 brachte sie es auf 43 Millionen verkaufte Arrangements, davon rund sieben Millionen Fern- und Hochseereisen. Dasselbe tat Benito Mussolini in Italien mit «Dopolavoro», das sich zunächst auf die Popularisierung von Radio, Kino und Theater spezialisierte und später bis zu drei Millionen Italienern jährlich zu preisgünstigen Ferien- und Freizeiterlebnissen verhalf.

Am 1. Juni 1935, als die Schweizer Hotellerie auf dem Höhepunkt der Krise gerade noch etwa zu dreissig Prozent ausgelastet war, brachte machte, die aus dem freien Frankreich über Portugal nach Amerika zu flüchten bestrebt waren. Es spielte für die Emigranten eine grosse Rolle, dass Kuoni eine schweizerische Firma war. Ihr vertrauten sie. Auch von der Schweiz aus konnten Passagen über Lissabon nach USA gebucht werden, sogar Flugtickets mit dem PanAm-Clipper nach New York. Hatte Hermann Bleher Beziehungen zu professionellen Fluchthelfern oder zur Résistance? Möglich, aber er hat darüber nie gesprochen, und in den Kuoni-Akten sind natürlich keine Hinweise darauf zu finden.

## Dramen am Schalter

An den Kuoni-Schaltern spielte sich damals manches Drama ab. So erinnert man sich an eine ungarische Gräfin, die eines Tages am Zürcher Bahnhofplatz in einem alten Pelz auftrat und ein in Zeitungspapier gewickeltes Bündel mitbrachte: lauter teuren, alten Juwelenschmuck aus der Zeit der österreichisch-ungarischen Doppelmonarchie. Sie

Duttweiler 126 Gäste aus der deutschen Schweiz nach Lugano. Eine Woche Aufenthalt einschliesslich Reise, Vollpension und Generalabonnement für Schiffe, Bergbahnen und Strandbad kostete 65 Franken. Sechs Wochen später trafen die ersten «Hopla-Gäste», wie sie im Volksmund genannt wurden, aus Grossbritannien und Holland ein. Hotelplan war Duttweilers erstes genossenschaftliches Projekt. Das Kapital zeichneten nicht in erster Linie bedrängte Hoteliers, sondern Konsumenten – und arbeitslose Hotelangestellte. Bis 1939 erzielte Hotelplan rund dreissig Millionen Franken Umsatz. 1939, als der Kriegsausbruch das junge Unternehmen zurückwarf, aber nicht zum Untergang brachte, waren 800 Partnerbetriebe angeschlossen. In der Nachkriegszeit stieg Hotelplan hinter Kuoni zur zweitgrössten international operierenden Schweizer Reiseorganisation auf. Nach der Übernahme von Interhome wurde Hotelplan europäischer Marktleader in der Vermittlung von Ferienhäusern und -wohnungen.

Als der Schweizer Politiker und Sozialreformer Gottlieb Duttweiler seinen 70. Geburtstag feierte (oben links), war Hotelplan längst ein starker und respektierter Konkurrent von Kuoni. Das Plakat (oben rechts) stammt aus der Gründerzeit und spiegelt die beiden Grundideen des zunächst genossenschaftlich organisierten Unternehmens: Popularisierung und Konzentration auf schweizerische Ferienziele.

## Das Glück der Bahn, die Misere der Hotellerie

Kriegswirtschaft während des Zweiten Weltkriegs war die Verwaltung des Mangels – ein hoch differenziertes System und eine eindrückliche organisatorische Leistung. Der Kleinstaat war eingeschlossen vom Machtbereich des grossen nördlichen Nachbarn und dessen nationalsozialistischem Unrechtssystem. Die Menschen in der Schweiz mussten zusammenrücken und auf manche gewohnten Freiheiten verzichten. Der Gebrauch privater Motorfahrzeuge war praktisch ausgeschlossen. Ausser für Ärzte und für lebenswichtige Versorgungsbetriebe gab es weder Treibstoff noch Reifen. Auf den Bauernhöfen erschienen Polizisten, um die Hühner und die Schweine zu zählen. Verboten war die Abgabe warmer Speisen nach 21 Uhr ebenso wie der Verkauf von Mehlsieben, womit die Verwendung von hellem Mehl verhindert werden sollte.

Die offizielle Schweiz hatte aus den Fehlern des Ersten Weltkriegs gelernt, die mit zum Generalstreik und zur tiefen sozialen Zerrissenheit des Volkes geführt hatten. Damals konnte, wer Geld hatte, teuer gewordene Ware hamstern, während die normal verdienenden Männer, die als Soldaten Aktivdienst leisteten, genau wussten, dass ihre Familien zuhause darbten.

Es fehlte damals sowohl eine Erwerbsersatzordnung für die Armeeangehörigen wie ein gerechtes Verteilungssystem für die verknappten Lebensmittel. Als der Krieg 1939 ausbrach, war die Schweiz militärisch zwar nur mangelhaft gerüstet. Aber das kriegswirtschaftliche System war einsatzbereit. Es bestand in einer umfassenden, weitgehend zentralistischen Steuerung von Produktion, Verteilung und Verbrauch aller lebenswichtigen Güter, besonders der importierten. Erstaunlich sind der enorme Differenzierungsgrad und die Detailliertheit der Vorschriften. In enger Zusammenarbeit mit den Verbänden vertiefte sich die Bürokratie in die Eigenheiten der Branchen und regelte alle erdenklichen Sondersituationen. Wo immer die Obrigkeit eine Überschneidung zwischen gewerblicher Notwendigkeit und unerwünschtem privatem Komfort witterte, griff sie ein. Innert kürzester Zeit wurde über alle Branchen und Betriebe der schweizerischen Wirtschaft ein fein gesponnenes Netz von staatlichen Lenkungsvorschriften gelegt – und alles ohne schnelle Nachrichtenmittel und ohne elektronische Datenverarbeitung, wenn man von den ersten Hollerith-Maschinen absieht.

Nichts wäre aber falscher als der Eindruck, der Krieg habe in der Schweiz alle Wirtschaftszweige gelähmt oder zurückgeworfen. Der Bahnverkehr zum Beispiel verdoppelte sich beinahe gegenüber den Vorkriegsjahren, denn der Autoverkehr lag ja darnieder. Die Bundesbahnen erzielten hohe Überschüsse und konnten rückständige Abschreibungen nachholen. Die frühe und umfassende Elektrifizierung des Streckennetzes zahlte sich aus; das Land war nicht mehr abhängig von ausländischen Kohlelieferungen. Soweit die Knappheit an Schmiermitteln dennoch Einschränkungen beim Fahrplan erzwang, erhöhte dies die Auslastung der Züge und damit die Rentabilität. Die ebenfalls profitierenden Privatbahnen nützten die gute Zeit für umfassende Bilanzbereinigungen.

Während die Bundesbahnen ein grosses Investitionsprogramm auslösten, stockte der Ausbau des Strassennetzes. Die Kantone litten unter dem Einbruch der Einnahmen aus Motorfahrzeugsteuern und Benzinzollanteil. Der Luftverkehr schrumpfte stark. Bemerkenswert war immerhin, dass dennoch schon am ersten Kurs über Fremdenverkehrsfragen

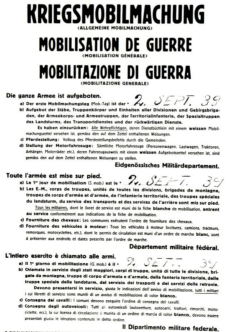

Die Kriegsmobilmachung von 1939 mobilisierte eine Welle des Patriotismus. Im Gegensatz zum Ersten Weltkrieg war das Bewusstsein für die gerechte Verteilung der knapp gewordenen Lebens- und Betriebsmittel geschärft, wie starke Kampagnen gegen den Schwarzhandel bewiesen (Plakat oben).

an der damaligen Handelshochschule St. Gallen im Mai 1942 die Frage eines schweizerischen «Zentralflughafens» aufgeworfen wurde. Die Hotellerie, schon in den vorangegangenen krisenhaften dreissiger Jahren geplagt, litt stark. 60 Prozent der Logiernächte waren von Ausländern gebucht worden. 1941 wurden noch elf Millionen Logiernächte gezählt; in den guten «Konjunkturjahren» 1928 bis 1930 waren es 23 Millionen gewesen. Der Einnahmenausfall war noch bedeutender als der Frequenzrückgang, weil ein ruinöser Preiswettbewerb einsetzte. Der Sekretär des Schweizerischen Hotelliervereins beklagte, «dass man in bescheideneren Häusern für eine Flasche Wein manchmal ebenso viel bezahlen muss wie für die ganze Tagespension». Die Branche forderte – teilweise mit Erfolg – staatliche Zwangsmassnahmen: die Allgemein-Verbindlicherklärung von Mindestpreisen, den Ausbau des Hotelbauverbots, Verbote für privates Zimmervermieten und staatliche Beihilfen bei der Stilllegung von Hotels. Die Kriegswirtschaft warf die Schweizer auf ihre eigenen Ressourcen zurück, und als solche wurden auch die Berge und die Ferienregionen des Landes verstanden. So lag es denn ganz auf der von der Landesausstellung 1939 vorgespurten Linie, wenn Dr. Raphael Cottier, Direktor des Eidgenössischen Amtes für Verkehr, am Ende seines Referats am Fremdenverkehrs-Kurs in St. Gallen die Inland-Ferien zur patriotischen Pflicht erklärte: «Nicht das Vergnügen darf das Leitmotiv unserer Ferien sein, sondern das Ziel muss sein: körperliche Erholung, geistige Auffrischung und seelische Stärkung in lebendiger Verbindung mit der Natur. Fürwahr, ein Aufenthalt in unseren Alpen und an unseren Seen, selbst in Kriegszeiten, ist nicht nur Dienst an uns selbst, Dienst an unsern Mitmenschen, er ist noch mehr, er ist sogar Dienst am Vaterland!»

Auch im Tourismus warf der Krieg die Schweiz auf ihre eigenen Ressourcen zurück. Ferien im eigenen Land waren Zwang und patriotische Pflicht zugleich.

Vor dem heutigen Firmensitz der Gebr. Kuoni AG Chur. Die aufgeräumte Gruppe ist der «30er Klub» von Kuoni – alles Angestellte mit mindestens dreissig Dienstjahren. Sie wurden an einer ihrer Generalversammlungen von Mitgliedern der Churer Familie Kuoni auf das freundlichste willkommen geheissen.

## Getrennte Wege

Unter dem Namen Kuoni treten seit 1984 auch verschiedene Firmen in der Speditions- und Logistik-Branche auf, die alle ihren Ursprung im «Karlihof» zu Chur haben. Im Jubiläumsjahr 2006 bestehen noch zwei Transport- und Logistikunternehmen unter dem Namen Kuoni, die aber weder miteinander noch mit dem Reisekonzern Kuoni wirtschaftlich oder juristisch verbunden sind.

Das Reisebüro Kuoni ging aus dem Zürcher Transportunternehmen hervor, das den Brüdern Hermann, Simon, Christian und Alfred Kuoni gehörte und aus dem Alfred 1912 mit seinem Reisebüro ausschied. Die Zürcher Spedition gehörte ursprünglich einer Familie Schneebeli, bei der Hermann Kuoni als Angestellter angefangen hatte. Später wurde die Firma unter dem Namen «Gebr. Kuoni Transporte AG Zürich» als stadtbekannter Cammionneur zu einem Begriff, aber auch als Spezialist für internationale Transporte, Luftfracht und Umzüge. Erst 1997 wurde das damals etwa hundert Mitarbeiter beschäftigende Unternehmen in familienfremde Hand verkauft. Käufer war der mittelständische Logistik-Unternehmer Walter Rhyner, der mit Zeitungstransporten angefangen und später das renommierte, auf Umzüge spezialisierte Unter-

nehmen Hofmann in Zürich übernommen hatte. Anschliessend wurde die Umzugssparte operativ mit Hofmann zusammengelegt und später weiter veräussert. Die Abteilungen für internationalen Transporte samt Luftfracht wurden nach Pratteln bei Basel ausgelagert und werden seit 2001 von dort aus unter dem Namen Kuoni Transport und Logistik AG erfolgreich betrieben.

Das Kuoni-Stammhaus in Chur – tätig in Transport, Umzügen, Lagerhausgeschäft sowie im Gas- und Salzhandel – ging 1984 an die Calanda-Bräu über, einen Grosskunden. 1993 wurde es ein Teil der international tätigen Planzer-Logistikgruppe, tritt aber unverändert unter der Marke Kuoni auf. Für die einzelnen «Kuonis» im Transportgewerbe, die miteinander nichts zu tun haben, entstanden bisweilen verwirrliche Situationen, die aber hingenommen wurden, weil die Werthaltigkeit des international bekannten Markennamens für alle ein augenfälliger Vorteil bleibt.

wollte nach Amerika und hatte kein Geld mehr. Der damalige Angestellte erinnert sich nicht mehr an die Art der Erledigung des Geschäfts. «Vermutlich haben wir ihr einen Tipp gegeben, wo sie den Schmuck verkaufen konnte.»

Joe Hofstetter, der im Frühjahr 1943 seine kaufmännische Lehre bei Kuoni antrat, hat beobachtet, dass am Passagen-Schalter, wo die Schiffskarten verkauft wurden, jüdische Kundschaft häufig und die Trinkgelder besonders fett gewesen seien. Hinter vorgehaltener Hand erzählten sich die Kuoni-Angestellten, ein verzweifelter Kunde habe einem der Herren am Schalter für eine Schiffspassage nach Amerika sogar seine Villa zu einem Schleuderpreis verkauft. Ob diese Geschichte mehr gewesen ist als eine Büro-Wandersage, lässt Hofstetter vorsichtigerweise offen.

## Manchmal wurden auch Erdbeeren verkauft

Bester Kunde für Bahnbilletts war zu Kriegszeiten die deutsche Wehrmacht, vertreten durch DER und Mitropa, die bei Kuoni sämtliche Fahrausweise für die deutschen Soldaten kauften, die in den vier reichseigenen Lungenheilstätten in Davos kuriert wurden. «Wir stellten hunderte solcher Fahrkarten aus», erinnert sich Joe Hofstetter, der damals noch bieder Josef hiess und später ein berühmter Kuoni-Reiseleiter wurde: «Wenn Schlafwagen dabei war – was eher selten war, wahrscheinlich nur für Offiziere und Parteifunktionäre – lief die Bestellung über Mitropa Berlin.» Trotz dieses intensiven Deutschland-Geschäfts gibt es keine Anzeichen dafür, dass Kuoni nach dem Krieg auf die schwarze Liste der Alliierten gekommen wäre, wie dies anderen Reisebüros auf dem Platz Zürich geschah.

Erneut versuchte auch Harry Hugentobler, durch Nebengeschäfte zusätzlichen Ertrag zu generieren. Einige winzige Büros im Obergeschoss am Bahnhofplatz waren untervermietet – nicht nur an honorige Geschäftsleute, sondern auch an windige Schieber, etwa an einen Polen, der parfümierte Zigaretten rauchte und seine geschäftlichen Treffen immer im Garten des Hotels Baur au Lac abhielt, wo jeden Nachmittag Tanztee war. Bei Kuoni konnte man zeitweise am Reisebüroschalter Liebesgabenpakete für Freunde und Verwandte in Deutschland bestellen: Kaffee, Schokolade, Bouillon und andere Raritäten – dies in verschiedenen Preiskategorien. Im ersten Stock am Bahnhofplatz sass in einem winzigen Büro ein Herr S., der auf eigene Rechnung für eine Firma reiste, die Geschenkpakete verkaufte und die Kuoni gehörte, ohne dass dies nach aussen offengelegt wurde. Zeitgenossen vermuten, dass der Handel nie richtig in Gang gekommen war und mit der Zeit als politisch anrüchig galt, weil man eine Kollaboration mit den Nazis argwöhnen konnte. Eine Zeit lang hat Alfred Kuoni sogar versucht, biorhythmische Tabellen zu verkaufen. Ein andermal wurde die exzellente Geschäftslage ausgenützt, um frische Walliser Erdbeeren anzubieten. In der Not frisst der Teufel Fliegen ...

Trotz des Krieges war der Geldwechsel ein wichtiges Geschäft. Die zentrale Lage, die langen Öffnungszeiten und eine gut geschmierte Beziehungsmaschinerie verhalfen zu guten Frequenzen. Besonders eng war die Zusammenarbeit mit den Concierges und Portiers der umliegenden Hotels, die ihre Gäste zum Geldwechseln zu Kuoni schickten. Kommissionsumsätze erbrachten auch die Visumsgebühren. Alle europäischen Länder verlangten Visa, und Kuoni durfte die Taxen einfachheitshalber gleich einziehen. Am

Change-Schalter wurden auch Sporttoto-Wettscheine und Lose verkauft. Neben den üblichen Losen der Landeslotterie gab es zeitweise ein Beteiligungssystem. Ein Los wurde in fünf Anteile aufgeteilt; die Lehrlinge mussten in stundenlanger Arbeit von Hand die Namen der Beteiligten auf rote Begleitscheine schreiben.

Der ehemalige Bankbeamte Hugentobler versuchte es auch mit Devisengeschäften und geriet damit prompt in Verlegenheit. Was er den «Valoren-Handel» nannte, war ein vermeintlich lukratives Geldwechselgeschäft, vermutlich ausserhalb der eng gezogenen Grenzen der damaligen Devisenbestimmungen: «Eines Tages tauchte plötzlich die Schwierigkeit auf, dass ein Kontrahent den Betrag von 80 000 Franken in Lugano nicht

## Die Kunst, zu überleben

Nizza war das einzige Kuoni-Auslandbüro, das während des ganzen Zweiten Weltkriegs in Betrieb blieb. Der Mann, der das zustande brachte, war Hermann Bleher (geb. 1905). Nach der kaufmännischen Lehre bei Kuoni (1922–24) arbeitete er mehr als sechs Jahre lang als Springer und «Trouble shooter» in zahlreichen in- und ausländischen Filialen, ehe er sich 1933 endgültig in Nizza niederliess. Das wichtigste Geschäft war damals die Organisation von Landausflügen für die Gäste der mondänen Kreuzfahrtschiffe.
Auch während der deutschen Besatzung blieb Nizza noch lange eins der wenigen Schlupflöcher, durch das Verfolgte dem Nazi-Regime nach Spanien und Portugal und weiter nach Nord- oder Lateinamerika entkommen konnten.
Während des Krieges zog die Schweiz ihren Berufskonsul für die Côte d'Azur zurück; an seine Stelle trat Hermann Bleher als Konsularagent. Er besass zwar keine diplomatische Immunität, verstand es aber, sich Freiraum zu verschaffen. Die Schweiz wirkte an der Riviera damals als Schutzmacht für die Bürger von nicht weniger

als sechzehn Staaten, darunter der direkten Kriegsgegner USA und Grossbritannien.
Der Alltag in der Besatzungszeit war hart. Es herrschte Lebensmittelmangel. Oft fuhr das Ehepaar Bleher mit den Fahrrädern aufs Land, um bei den Bauern Gemüse und Fleisch zu besorgen. Der alte Peugeot stand aufgebockt in der Garage. Benzin war Mangelware. Hermann Bleher hatte die Räder demontiert und gut versteckt. Als ein deutscher Trupp das Auto beschlagnahmen wollte, erzählte er den Soldaten, die früheren italienischen Besatzer hätten die Räder gestohlen. Der Requisition seines Hauses, das in gefährlicher Nähe eines deutschen Militärspitals lag, entging Bleher, indem er den Chefarzt resolut auf seine konsularische Funktion hinwies. Da beschlagnahmte er ein Nachbarhaus. Krieg war Krieg.
Zu den Kindheitserinnerungen von Blehers Sohn Roger gehört unauslöschlich das Bild der beiden Résistance-Kämpfer, welche die Deutschen an den Laternenpfählen vor den Galeries Lafayette, an der belebtesten Geschäftsstrasse von Nizza, aufgeknüpft hatten und zur Abschreckung während eines ganzen Samstags hängen liessen.
Als die schlimme Zeit vorbei war, erzählte Hermann Bleher wenig. Sein Sohn Roger fand einmal, unter dem Cheminée-Holz versteckt, einen Jutesack mit Goldbarren. Sie gehörten einem jüdischen Flüchtling, der sie Bleher anvertraut hatte, ehe er nach USA fuhr. Nach dem Krieg kam er zurück, bedankte sich knapp und nahm das Gold mit. Roger Bleher, der Sohn, vermutet, es habe noch mehr solcher Fälle diskreter Fluchthilfe gegeben.
Oft gab es monatelang keine Verbindung mit der Kuoni-Zentrale in Zürich. Bleher schaffte es,

«Kuonis Blue Hostesses» waren die Betreuerinnen der Teilnehmer des ASTA-Weltkongresses von 1948 in Nizza. Mit diesem sympathischen und für damalige Zeiten Aufsehen erregenden Auftritt festigte Filialdirektor Hermann Bleher in Nizza Kuonis Schlüsselposition im lohnenden Incoming-Geschäft mit amerikanischen Touristen.

zur Auszahlung brachte. Es blieb mir nichts anderes übrig, als sofort nach Lugano zu reisen und mich in den Räumlichkeiten des kleinen Bankhauses T. festzusetzen mit der Erklärung, ich würde nicht abreisen, bevor der Betrag erlegt sei, oder aber zu unserem Anwalt gehen, um das Nötige vorzukehren. Meine Beharrlichkeit war nach verschiedenen Stunden des Wartens schliesslich von Erfolg gekrönt, und meine Heimreise verlief nervenberuhigend und in friedlichem Geiste. Die Bank schloss ein halbes Jahr später ihre Pforten für immer. Die Folge dieser aufregenden Erfahrung war jedoch, dass ich künftig auf solche Kriegsgeschäfte verzichtete, auch wenn dies eine finanzielle Einbusse bedeutete. Alle Bemühungen, neue und weniger riskante Geschäfte aufzuziehen, schei-

sein Büro aus eigener Kraft über die Runden zu bringen; aus Zürich konnte und musste nie Geld nach Nizza geschickt werden. Der Kuoni-Repräsentant war einer der bekanntesten Schweizer an der Côte d'Azur. Er präsidierte die Auslandschweizerorganisation und organisierte die Lebensmittelhilfe; vor allem zu Weihnachten bewarben sich Dutzende um die Lebensmittelpakete mit Ovomaltine, Schokolade und Suppenwürfeln. Nach dem Krieg leitete Hermann Bleher einen beeindruckenden Aufbau der Kuoni-Niederlassung in Nizza, zunächst als wichtige Incoming-Station für die ganze Riviera. Er war als Rotarier und Freimaurer, aber auch als Vizepräsident des amerikanischen Clubs eine stadtbekannte Persönlichkeit und trat früh der ASTA (American Society of Travel Agents) bei. Damit sicherte er Kuoni früh die Schlüsselposition für das lohnende Incoming-Geschäft mit den

amerikanischen Gästen. 1948 festigte er diese Beziehungen, als es ihm gelang, den ASTA-Weltkongress nach Nizza zu bringen. Zu diesem Anlass rekrutierte er einen Trupp hübsch uniformierter Kuoni-Hostessen, die er mit Motorrollern ausrüstete.

Hermann Bleher diente Kuoni während fast 65 Jahren, zuletzt als Verwaltungsrat der französischen Tochtergesellschaft. In den 50er Jahren gehörte er auch dem Verwaltungsrat des Stammhauses an und stand in der engsten Wahl als Konzernleiter und Nachfolger von Harry Hugentobler. Dieser entschied sich dann aber für Jack Bolli, was Hermann Bleher nur kurz betrübte. Sein Sohn ist davon überzeugt, dass es ihm lieber war, in Nizza bleiben zu können. Dort starb Hermann Bleher mit 85 Jahren.

Schicksale im Spiegel
des Handelsregisters:
Nach seinem Tod wurde
Alfred Kuoni als «aus-
geschieden» vermerkt
und die Nachfolge durch
Harry Hugentobler
eingetragen.

*(Handwritten Handelsregister entry)*

Schicksale im Spiegel des Handelsregisters: Nach seinem Tod wurde Alfred Kuoni als «ausgeschieden» vermerkt und die Nachfolge durch Harry Hugentobler eingetragen.

terten, und unsere Betriebe in Zürich, Basel und Lausanne überdauerten den Krieg mit mehr oder weniger grossen Defiziten, die durch Beiträge aus dem Fürsorgefonds erträglich gestaltet wurden.»

## Diskret deckte der Patron die Verluste

Mit anderen Worten: Die Geschäfte gingen schlecht, die Zahlen waren rot. Schon am 27. Januar 1940 protokollierte der Verwaltungsrat der «Reisebureau A. Kuoni Aktiengesellschaft», bestehend aus Alfred Kuoni und Harry Hugentobler, eine Ergänzung des Stiftungsreglements des Personalfürsorgefonds. Diese lautete wörtlich: «In ausserordentlichen Zeiten, wie z.B. in schweren Krisenzeiten, bei einer ganzen oder teilweisen Mobilisation der schweizerischen Armee oder bei Kriegsgefahr, ist der Stiftungsrat berechtigt, mit Zustimmung der Aufsichtsbehörde das Stiftungskapital auch zur Bezahlung des Salärs der Angestellten der Reisebüro A. Kuoni Aktiengesellschaft zu verwenden.» Das geschah in der Folge jedes Jahr. Schon im März 1940 zahlte der Fürsorgefonds erstmals 12 000 Franken an die Lohnkosten. Gemäss einem Protokoll des Verwaltungsrates war es nur mit dieser Hilfe möglich, «ungeachtet der überaus schweren Umstände unsere übrigen Betriebe offen zu halten und unseren langjährigen, treuen Mitarbeitern auch weiterhin eine Existenz zu bieten». Zwei Tage vor der Kriegsweihnacht 1940 vermerkte das Verwaltungsratsprotokoll diskret, dass der Fürsorgefonds «trotz der vorerwähnten Entnahme in seinem Bestande keine Reduktion erfahren hat, indem unser verehrter Präsident Herr A. Kuoni aus privaten Mitteln in hochherziger Weise dem Fonds eine substanzielle Zuweisung zukommen liess.» Die Jahresrechnung 1939/40 – das Geschäftsjahr endete damals am 30. November – zeigte einen Verlust von Fr. 28 996.67, wovon Fr. 21 800.– aus dem Fürsorgefonds bezahlt wurden. Die Reserven der Firma Kuoni wurden in der Bilanz damals mit Fr. 84 259.32 ausgewiesen.

Wie schlecht es Kuoni während des Krieges ging, steht auch im Geschäftsbericht für 1943/44, als der Verlust sogar auf über 41 000 Franken stieg, was erneute Zuwendungen durch die Besitzer auslöste. Einzelne Geschäftssparten wie die wichtige Übersee-Abteilung standen auf null; etwas Umsatz wurde nur noch im Inlandverkehr gemacht. Im Geschäftsbericht wurde sodann «das Scheitern aller Bemühungen um Ersatzgeschäfte» beklagt. Am Ende des letzten Kriegsjahres 1945 wies Kuoni Schweiz eine Bilanzsumme von 322 000 und immerhin wieder einen bescheidenen Gewinn von 3100 Franken aus.

Am 19. November 1943 erlitt Alfred Kuoni am Mittagstisch in der «Chässtube» an der Löwenstrasse einen Hirnschlag. Zwei Tage später starb er im Spital, ohne das Bewusstsein wieder erlangt zu haben. Trotz der vorangegangenen Warnzeichen war dieser plötzliche Tod im Alter von 69 Jahren ein schlimmes Schockerlebnis nicht nur für die Familie, sondern auch für die ganze Firma. Alfred Kuoni hinterliess eine Witwe, die zeitlebens nie im Reisebürogeschäft tätig gewesen war, sowie einen inzwischen dreissig Jahre alten Sohn, der keine Neigung zur kaufmännischen Laufbahn zeigte.

Alfred Kuoni II. hatte sich nach literarischen Studien als Sprachlehrer betätigt und wirkte als Übersetzer und Lektor. In das väterliche Geschäft einzutreten war für ihn nie ein ernsthaftes Thema gewesen. Um die Zukunft des Unternehmens zu sichern, begann der Geschäftsführer und Minderheitsaktionär Harry Hugentobler ernsthaft über Alternativen zum üblichen dynastischen Weg nachzudenken. Hugentobler sagt in seinen Lebenserinnerungen, damals sei in ihm der Gedanke an eine Stiftung als konsolidierendes und sicherndes Element gewachsen. Verwirklicht wurde diese Idee freilich erst vierzehn Jahre nach dem Tod des Firmengründers Alfred Kuoni I.

## Mit dem Geburtsschein an die Grenze

Eine der ersten «Gesellschaftsreisen» nach Kriegsende führte eine Kuoni-Gruppe von 120 Reisenden per Bahn nach Venedig. Als Hilfsreiseleiter war Josef («Joe») Hofstetter dabei, der gerade seine kaufmännische Lehre bei Kuoni abgeschlossen hatte.

«Gut die Hälfte der Reisenden besass einen Reisepass oder eine gültige blaue Identitätskarte, die anderen hatten ihren Geburtsschein als Ausweis mitgenommen, was uns vom italienischen Konsulat in Zürich empfohlen worden war. Doch da war offensichtlich ein Knopf in der Leitung zwischen Rom, Zürich und Chiasso. Als Personalausweis für Kollektivpass-Benützer war nur ein offizielles Dokument mit Foto zulässig. Mit anderen Worten: Die Pass- und Legi-Besitzer konnten ohne weiteres die Grenze passieren. Geburtsscheine aber waren ungültig.

Offen gestanden, ich hätte an diesem Punkt die Flinte ins Korn geworfen. Aber zum Glück hatte mein Chef, der mitgekommen war, die besseren Nerven und viel Erfahrung mit sturen Bürokraten. Als er sah, dass alles Bitten und auch die diskret angetönte mögliche «Hilfe für die Witwen- und Waisenkasse» nichts nützten, nahm er die Hilfe der Schweizer Grenzwächter in Anspruch, die uns vorschlugen, Fotos auf die Geburtsscheine zu kleben. Als die Italiener diese Lösung akzeptierten, galt es nun nur noch, die Fotos zu machen. Automaten gab es damals noch keine. Also trommelten wir – es war Karfreitagmorgen – einen Fotografen aus dem Bett. Er machte schnell ein Gruppenfoto, entwickelte den Film und fertigte eine Vergrösserung an. Wir schnitten die einzelnen Köpfe aus und klebten sie auf die Dokumente. Zurück zum Zoll, aber der Kampf mit der italienischen Bürokratie war noch nicht gewonnen. Nun verlangten sie die Beglaubigung der Fotos durch eine schweizerische Behörde. Die Schweizer Grenzwächter waren so freundlich und drückten ihren schönsten Stempel auf die Geburtsscheine. Mittlerweile war es Mittag geworden. Der Rest der Gruppe hatte sechs Stunden auf uns gewartet, und alle waren sich einig: Der Fehler lag bei Kuoni!»

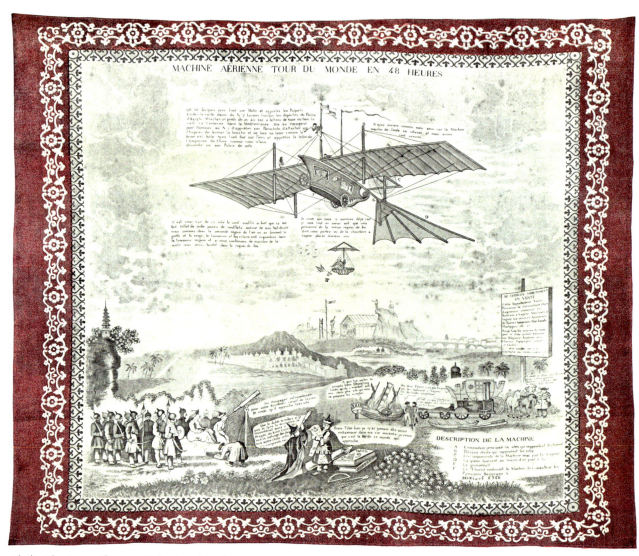

Als die Schweiz vom Fliegen erst träumte, entstand
dieses Taschentuch im Kanton Bern: Luftreise-Phantasie
über das Dampfflugzeug von William Henson (1840).

# Vom romantischen Abenteuer zur globalisierten Grossindustrie

Von «Ad Astra» bis «Edelweiss»: Marksteine der Schweizer Verkehrsfliegerei
und wie Kuoni dabei in Erscheinung trat

«Ausgerechnet heute volle Ladung», sagte der Flugleiter. «Vier Passagiere für Stuttgart.
Bei diesem Wetter kannst du doch nicht abhauen?»

«Wir müssen die nächsten Meldungen abwarten», sagte ich. «In einer Stunde wird es
wohl besser sein.» Kleine Seen stauten sich um die Holzbaracken. Es plätscherte aus den
Dachrinnen. Ich hielt die Wetterkarte in Händen: Zweihundert – hundert – fünfzig
Meter Wolkenhöhe verzeichneten die Beobachtungsstationen. Regen überall. Ich holte
mir den Kartenroller aus der Maschine und setzte mich damit abseits. Punkt für Punkt
und Kilometer für Kilometer verfolgte ich noch einmal die rot gestrichelten Windun-
gen der Schlechtwetterroute. Ich wusste, es würde meine Feuertaufe werden, heute.

Die wartenden Passagiere sassen im winzig kleinen Warteraum. Oft standen sie auf, gingen ein paar Schritte, schauten unter der Türe in den strömenden Regen hinaus, setzten
sich wieder hin. Sie wollten vom Flugleiter das und jenes wissen, und ob wir denn heute
auch wirklich noch fliegen würden. Sie schienen alle etwas ungeduldig, etwas erregt und
gespannt. Einer war dabei, mit schwarzer Mähne und Einglas im Auge, der fragte mich,
als ich hinzutrat, wie lange ich denn schon fliege? Und über das Flugzeug und den
Motor wollte er noch manches wissen. Seine Blicke hatten etwas Suchendes, Fragendes,
als müsse er aufkeimende Angst überwinden.

Die neuen Wettermeldungen waren etwas besser, da und dort hatte sich die Wolkenhöhe um fünfzig oder hundert Meter verändert. Noch meldeten alle Stationen Regen.
Wir beschlossen zu starten.»

Flughafen-Szene um
1932 in Dübendorf. Hier
entstand der erste zivile
Flugplatz der Schweiz.

In Dübendorf war der Gepäckverlad vor internationalen Flügen noch Schwerarbeit und jeder Start ein Ereignis. Unten. Walter Ackermann, Pilot und Literat (1903–1939).

Dieser Bericht des Schweizer Piloten und Schriftstellers Walter Ackermann stammt aus dem Jahre 1934, dem dritten Jahr nach der Gründung der Swissair, die aus der Fusion der Zürcher Fluggesellschaft «Ad Astra Aero» und der Basler «Balair» hervorgegangen war. Walter Ackermann, geboren 1903, verkörperte in der Zwischenkriegszeit den heroischen, noch von einer Aura des Pionierhaften umwehten Typus des Schweizer Verkehrsfliegers: mutig den Elementen trotzend und immer gern bereit, in viel gelesenen Jugend- und Sachbüchern seinen gefährlichen Beruf zu erklären. 1939 kam Walter Ackermann bei einem Flugzeugabsturz in der Nähe von Konstanz ums Leben.

## Zögerlicher Auftakt: Geldsammlung für Militärfliegerei

Wie in ganz Europa war auch in der Schweiz die Militärfliegerei der zivilen Aviatik vorausgeeilt. Um 1910 waren die ersten «Aeroplane» in den Manövern der französischen Armee in Erscheinung getreten. Im lybischen Krieg von 1911/12 setzten die Italiener neben den bereits gebräuchlichen Luftschiffen erstmals in der Geschichte bewaffnete Flugzeuge ein. Ab 1912 organisierten die Staaten Europas ihre Militäraviatik, der zunächst der Rang einer teuren Hilfswaffe mit ausgeprägtem Experimentalcharakter zukam. Als die politische Hitze stieg und Europa langsam aber sicher auf den Ersten Weltkrieg zuging, war die Militäraviatik in der Schweiz erst in fortschrittlichen Offi-

Géo Chavez (1887–1910) überflog als Erster die Alpen bei Brig/Simplon, stürzte aber bei der Landung tödlich ab.

zierskreisen ein Thema. Die enorme fliegerische Aufrüstung in Frankreich machte namentlich in der Westschweiz grossen Eindruck, doch die damals massgebenden Deutschschweizer Offiziere, allen voran der nachmalige General Ulrich Wille, lehnten die Neuerung ab. Einmal mehr wurde argumentiert, ausländische Erfahrungen gälten nicht für die Schweiz; in unserem gebirgigen Land habe die Fliegerei kaum eine Chance. Dies, obwohl der Peruaner Géo Chavez mit seinem Erstflug über die Alpen im September 1910 solche Gewissheiten früh erschüttert hatte.

Erste militäraviatische Experimente wurden aus Angst vor zu hohen Kosten nur zögernd bewilligt. 1911 kommandierte das Militärdepartement einen jungen Offizier nach Berlin ab «zum Studium der Lenkluftschifffahrt und zur Erwerbung des Luftschifferpatents.» Unabhängig davon experimentierten einzelne Offiziere auf eigene Kosten. Kavallerie-Oberleutnant Le Coultre setzte in den Herbstmanövern des 1. Armeekorps von 1911 das Flugzeug als Aufklärungsmittel ein. Im Übrigen blieb es bei Anekdoten, etwa von den drei Schweizern, die in bulgarischen bzw. serbischen Diensten als Militärflieger am Balkankrieg von 1912 teilnahmen.

1913 begann die Schweizerische Offiziersgesellschaft Geld zu sammeln für die schweizerische Militärfliegerei. 1,7 Millionen Franken kamen zusammen. Im Frühjahr 1914 beschloss der Bundesrat die Anschaffung von sechs LVG-Doppeldeckern und die Aufstellung eines schweizerischen Militärfliegergeschwaders mit je sechs Piloten und Beobachtern und 32 Mann Bodenpersonal. Doch noch bevor die Deutschen die bestellten Flugzeuge liefern konnten, brach der Erste Weltkrieg aus. Als Hauptmann Theodor Real am 31. Juli 1914 seinen Posten als erster Kommandant der Schweizer Fliegertruppen antrat, notierte er: «Ein Bogen weisses Papier, ein Bleistift und ganz oben im Ostflügel des Bundeshauses ein kleines, ruhiges Zimmer zu meiner Verfügung: Das war die

Theodor Real (1881–1971) trat 1914 seinen Posten als erster Kommandant der Schweizer Fliegertruppen an. Die Postkarte (rechts), die zwecks Spendensammlung für die Militärfliegerei entstanden war, drückte allegorisch die Kampfbereitschaft des Kleinstaats aus.

Plakat für die Geld-
sammlung zugunsten der
Militäraviatik (1913).

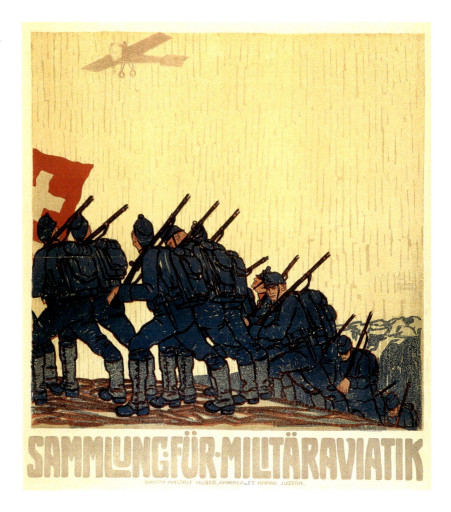

Ausgangssituation für unsere Militäraviatik. Ich stand im wahren Sinne des Wortes vor dem Nichts.» Als erstes Fluggerät dienten vier ausländische Maschinen, die Real an der Landesausstellung beschlagnahmen liess.

## Akrobaten, Selbstmordkandidaten, Lokalpatrioten ...

Erich Tilgenkamp, der Chronist der Schweizer Luftfahrt, fasst zusammen: «Der Krieg wandelte die Akrobaten und Selbstmordkandidaten der Jahre 1910–1914 plötzlich in ‹Helden der Luft›. Tausenden und Abertausenden gab er die grosse Chance ihres Lebens: Man brauchte sich nur zur Fliegertruppe zu melden, und was eben noch unerreichbares Ideal schien, wurde im Handumdrehen Wirklichkeit.» Nach 1918 profitierte die zivile Luftfahrt von dem gewaltigen technischen und industriellen Schub, den der Krieg der Aviatik verliehen hatte. Trotz ihrer Niederlage wurden die Deutschen mit ihrer überlegenen Technik Marktführer bei der Etablierung der ersten Fluggesellschaften. Anfang 1919, als Frankreich und Grossbritannien sich noch mit Postflügen begnügten, erhielt die 1917 gegründete «Deutsche Luftreederei» die Bewilligung für Linienflüge. Mit notdürftig umgebauten Kriegsflugzeugen nahm sie die ersten Strecken in Betrieb. Wenige Monate später kam es zur Gründung der «International Air Traffic Association» (Vorgängerin der 1945 gegründeten IATA).

Die ersten zivilen Flugbewegungen in der Schweiz fanden ab Januar 1919 statt, als ein Militärflugzeug zwischen Dübendorf und Kirchlindach bei Bern Post zu befördern begann. Schon nach wenigen Wochen wurde der Dienst bis nach Lausanne ausgedehnt. Es wurde eine Zuschlagstaxe von 50 Rappen erhoben und die erste schweizerische Flugpostmarke geschaffen. Major Arnold Isler, der damalige Kommandant der Fliegertruppe, der diesen Dienst ziemlich eigenmächtig eingeführt hatte und – nach den ersten, philatelistisch bedingten Anstürmen – über die schwachen Frequenzen der zivilen Briefpost klagte, führte ab Sommer 1919 auch Passagierflüge ein. Gegen Jahresende wurde der Versuch abgebrochen. Von Mai bis Oktober waren nur gerade 20 348 Briefe und 246 Passagiere befördert worden.

Oben links: Im August 1914 mobilisierte das erste schweizerische Militärflieger-Korps 20 Mann einschliesslich Beobacher und Mechaniker. Oben rechts: Nach Kriegsende wurden die im Militär gewonnenen Erfahrungen zivil ausgewertet, u.a. für Postflüge. Das Bild zeigt Vorbereitungen für den ersten Luftpostflug Zürich–Bern von 1919. Erste Flugpostmarken wurden herausgegeben (unten).

Swissair CH-157
(Fokker FVIIa) auf dem
St. Moritzersee (1927).

So bescheiden waren die Anfänge der schweizerischen Zivilfliegerei, die zunächst von
der Hoffnung einzelner Lokalmatadoren auf Vorteile im Standortwettbewerb der
Kurorte und der Städte lebte. Da und dort flackerten, gefördert von regionalen Wirt-
schaftskreisen, fliegerische Initiativen auf. 1919 wollten St. Moritzer Hoteliers eine
Fluglinie zwischen Zürich und dem Engadin einrichten, wurden aber von den damals
zuständigen militärischen Autoritäten abgewiesen, weil diese befürchteten, der Flugverkehr würde den Schmuggel fördern. Im gleichen Jahr wurde die «Comte, Mittelholzer
& Co. Luftbilderverlagsanstalt und Passagierflüge» gegründet. Damit war erstmals ein
grosser Name in der Welt: Walter Mittelholzer (1884–1937). Er und Oskar Bider waren
die bekanntesten schweizerischen Flugpioniere; zu den eher im Hintergrund stehenden
bedeutenden Persönlichkeiten zählten aber auch Balz Zimmermann, später der ETH-
Professor Eduard Amstutz und viele andere.

Oben: Flugpionier Walter
Mittelholzer (1884–1937);
Unten links: Flugpionier
Oskar Bider (1891–1919).
Er starb bei einem Absturz
nahe Dübendorf.

Bider (1891–1919) überflog als Erster die Pyrenäen und absolvierte zahlreiche weitere Rekord- und Erstflüge, so den ersten Schweizer Postflug von Basel nach Liestal (1913) und den ersten Alpenflug mit Passagier (1914). Kurz vor seinem tödlichen Unfall bei Dübendorf, der einen nationalen Trauertag auslöste, verfasste Oskar Bider die Gründungsurkunde für das Initiativkomitee einer Lufttourismus-Gesellschaft, aus der später die Ad Astra Aero AG hervorgehen sollte.

## Gefährliche Abenteuer, hohe Verluste

Walter Mittelholzer waren fünfzehn Lebensjahre mehr gegönnt als Oskar Bider. Er lernte 1917 bei Alfred Comte fliegen und wandte sich ab 1919 der kommerziellen Luftfahrt zu, was 1920 zur Gründung der Ad Astra Aero AG führte. 1922 überlebte Mittelholzer schwer verletzt einen Absturz in den Glarner Alpen. 1923 nahm er als Fotograf an der Junkers-Hilfsexpedition für den vermissten Polarforscher Roald Amundsen teil. 1924/25 pilotierte er im Auftrag des Schahs von Persien einen Junkers-Ganzmetall-Eindecker in 42 Flugstunden von Zürich zum Persischen Golf. Anlässlich seiner Afrikareise von Alexandria bis Kapstadt errang Mittelholzer den Dauer- und den Distanzflugrekord; 1929 überflog er den Kilimandscharo. Weitere Afrikaflüge und eine Expedition in die Antarktis festigten Mittelholzers Popularität. Es schien, als trage er mit seinen Flugzeugen in einer Zeit der materiellen und geografischen Enge die Träume von hunderttausenden von Schweizern hinaus in die noch unbekannte Welt. Dass er nicht im Flugzeug, sondern auf einer Klettertour zu Tode kam, war bittere Ironie des Schicksals.
1920 schlossen sich die drei Gesellschaften «Ad Astra», die auf Flugtage und Flugsport konzentrierte «Aero-Gesellschaft» und die «Avion-Tourisme» aus Genf zur «Schweizerischen Luftverkehrs A.-G. Ad Astra-Aero Avion Tourisme S.A.» zusammen. Die vereinigten Firmen besassen sechzehn Maschinen, vorwiegend Flugboote, und eine Wasser-

Oben: Walter Mittelholzer in Spitzbergen; rechts: Mittelholzers berühmter Flug nach Persien. Hier befindet er sich mit der Junkers F13 über Teheran (1924/25).

Mittelholzers Fokker
FVII beim Kilimandscharo-
Flug (1929).

flugstation vor Tiefenbrunnen am Zürichsee. Statt der den Aktionären versprochenen
Rendite von 12 Prozent auf das Aktienkapital resultierte nach dem ersten Geschäftsjahr
ein Verlust von 70 Prozent nebst zwei Abstürzen. Erstmals förderte der Bund damals die
Luftfahrt, indem er der «Ad Astra» für jeden Militärpiloten, der mindestens acht Flug-
stunden im Monat leistete, eine Beihilfe von 200 Franken ausrichtete. Wirklich rentabel
waren nur Mittelholzers Fotoflüge. 1922 wurde die «Ad Astra» erstmals saniert. Reiche
Zürcher Industrielle wie der Seidenfabrikant Edward Schwarzenbach schossen neues
Geld ein. Dank einer Partnerschaft mit der deutschen «Junkers»-Gesellschaft wurde im
Juni 1922 endlich der erste internationale Kursflug auf der Linie Genf–Zürich–Nürn-

Die Wasserflugstation
Zürich-Tiefenbrunnen mit
einem Flugboot Macchi
M 18.

# FLUGPLAN 1924
## für die mit Junkers-Flugzeugen betriebenen Strecken.

## TRANS-EUROPA-UNION
### Werktäglich in Betrieb.

Betriebsgemeinschaft der Ad Astra Aéro A.-G. Zürich, Rumpler Luftverkehr A.-G., München,
Aero-Lloyd A.-G. Berlin, Österreichische Luftverkehrs-A.-G., Wien, Aéroexpreß R.-T., Budapest,
Bayerischer Luftlloyd G. m. b. H. München, Junkers-Luftverkehr, Dessau-Berlin.

Genf—Zürich—München—Wien—Budapest.     Frankfurt a. M.—Nürnberg-Fürth—München.

| 11.45 | . . . . | . . . . | . . . . | ab | Genf | an | | . . . . | . . . . | . . . . | 13.30 |
| 13.45 | . . . . | . . . . | . . . . | an | Zürich | ab | | . . . . | . . . . | . . . . | 11.30 |
| 14.15 | 9.45 | . . . . | . . . . | ab | Zürich | an | | . . . . | . . . . | 14.45 | 11.00 |
| 16.30 | 12.00 | . . . . | . . . . | an | München | ab | | . . . . | . . . . | 12.30 | 8.45 |
| . . . . | 13.00 | . . . . | . . . . | ab | München | an | | . . . . | . . . . | 12.00 | . . . . |
| . . . . | 14.30 | . . . . | . . . . | an | Nürnberg-Fürth | ab | | . . . . | . . . . | 10.40 | . . . . |
| . . . . | 14.45 | . . . . | . . . . | ab | Nürnberg-Fürth | an | | . . . . | . . . . | 10.15 | . . . . |
| . . . . | 16.30 | . . . . | . . . . | an | Frankfurt | ab | | . . . . | . . . . | 8.30 | . . . . |
| . . . . | 12.30 | 9.00 | . . . . | ab | München | an | | . . . . | 15.00 | 11.45 | . . . . |
| . . . . | 15.30 | 12.00 | . . . . | an | Wien | ab | | . . . . | 11.45 | 8.30 | . . . . |
| . . . . | . . . . | 13.00 | 17.00 | ab | Wien | an | | 9.30 | 10.45 | . . . . | . . . . |
| . . . . | . . . . | 15.00 | 19.00 | an | Budapest | ab | | 7.30 | 8.45 | . . . . | . . . . |

Eisenbahnanschluß (Schlafwagen):  7 30  ↓ ab München Hptbhf. an ↑ 7 39
                                  7 30  ↑ an Berlin Anh. Bhf. ab ↓ 7 10

### Flugpreise:

Genf—Zürich . . . schw. frcs. 50.—    G.-M. 40.—
Zürich—München . schw. frcs. 75.—    G.-M. 60.—
München—Wien . . schw. frcs. 87.50   G.-M. 70.—
                                      östr. Kronen 1 000 000.—
Wien—Budapest . . schw. frcs. 35.—   G.-M. 28.—
                                      östr. Kronen 400 000.—
München—Fürth . . . . . . . . . .    G.-M. 30.—
Fürth—Frankfurt . . . . . . . . . .  G.-M. 40.—

### Frachtpreise:

Als Frachtpreis pro kg ist ¹/₃₀ des Flugpreises für
die betreffende Strecke festgesetzt.

### Gepäckpreise:

Bis 10 kg Freigepäck. Jedes weitere kg bis zum
Gesamtgewicht von 20 kg je ¹/₃₀ des Personenflug-
preises. Mitnahme von mehr als 20 kg Gepäck kann
nur nach vorheriger Rücksprache mit der Flugleitung
nach Maßgabe des verfügbaren Raumes erfolgen.
Ueber 20 kg Gepäck pro kg doppelter Preis.

### Telegrammadressen
### der Luftverkehrsgesellschaften:

Adastra Zürich. Aeroexpreß Budapest. Austroflug Wien.
Junkersflug München. Junkersluft Berlin. Luftverkehr
Dessau.
                                              217510

Oben: die Fokker-Flotte
der Balair (ca. 1925);
unten: Dornier-Merkur
der Ad Astra (ca. 1929).

Noch wurde der Flugplan wenig konsultiert; die Auslastung des ersten internationalen Kursflugs aus der Schweiz betrug nur zehn Prozent.

berg möglich. Die «Flugsaison» dauerte nur vier Monate, und in dieser Zeit benutzten gerade mal 122 zahlende Passagiere das Angebot, was einer Sitzauslastung von zehn Prozent entsprach. Mit der langsamen Erweiterung des Streckennetzes besserte sich auch die Ertragslage. Da die zürcherisch dominierte «Ad Astra» nicht aus den Verlusten heraus kam, fürchteten einige Basler Geschäftsleute um die Zukunft des Flugverkehrs in der Schweiz und gründeten 1925 die «Basler Luftverkehrs A.-G. Balair». Auch sie verlor zunächst Geld, konnte aber 1927, wie ihre Zürcher Konkurrentin, erstmals einen bescheidenen Gewinn schreiben. Inzwischen hatte die Zahl der in der Schweiz versandten und empfangenen Luftpostbriefe bereits 1,2 Millionen Stück pro Jahr überschritten. 1928 eröffnete die «Ad Astra» die Strecke Zürich–Berlin.

## «Immer musst Du wie ein Luchs aufpassen!»

Der Schriftsteller und Pilot Walter Ackermann schilderte die Tücken und die Faszination des Fliegens mit der «Dornier-Merkur» auf dieser Strecke so: «Am meisten macht der Thüringerwald zu schaffen, dieses vierzig Kilometer breite Waldgebirge, das quer über der Strecke liegt. Da gibt es zwei Schlechtwetter-Passagen, eine östliche und eine westliche. (...) Du darfst Dir nun nicht vorstellen, es liessen sich diese beiden Routen wie einer Heerstrasse entlang fliegen. Es gibt sehr enge und sehr höckerige Stellen in diesen Pässen, und immer musst Du wie ein Luchs aufpassen, dass Du ins richtige Tal einbiegst, die richtige Strasse erwischst, der richtigen Eisenbahnlinie anhängst. Es gibt da Ecken, wo Du bei fünfzig Metern Wolkenhöhe das Gruseln lernen kannst.»

Die Popularität der Flugpioniere Mittelholzer und Ackermann liess sich auch in politische Erfolge ummünzen. 1928 nahmen die Stimmbürger der Stadt Zürich einen Kredit zur Förderung des Luftverkehrs an, und die Berner bewilligten den Kauf von 30 Hektaren Land im Belpmoos für einen bundesstädtischen Flugplatz. Ausgerechnet in dieses Jahr 1928, in dem sich die Fluggesellschaften erstmals politisch etablieren und finanziell konsolidieren konnten, fiel der erste ernsthafte Crash. Die Junkers F-13 stürzte auf dem Flug von Frankfurt über Stuttgart nach Zürich ab. Der Pilot und drei Passagiere wurden verletzt. Im gleichen Jahr wurde die Flugsaison bis Mitte November erstreckt und schon ab Mitte Februar wieder aufgenommen. Zu dieser Zeit waren die Städte Basel und Zürich, was die Anzahl von Linien-Passagieren pro 100 000 Einwohner betraf, die flugfreudigsten in ganz Europa. Der grösste Flughafen der Schweiz war Dübendorf, aber die Zivilluftfahrt wurde vom dort dominierenden Militär nur knapp geduldet. Reibereien und Schikanen seien an der Tagesordnung gewesen, heisst es in zeitgenössischen Berichten. Die Zürcher Regierung wollte Abhilfe schaffen und legte im September 1930 ein Kreditbegehren von 3,6 Millionen für einen Zivilflughafen vor. Doch das Volk sagte nein.

## Notgründung Swissair verschaffte sich Respekt

Als das Eidgenössische Luftamt den Fluggesellschaften Balair und Ad Astra für 1931 eine zehnprozentige Kürzung der Subventionen ankündigte, beschlossen die beiden Gesellschaften die Fusion. Die Aktien der beiden Gesellschaften wurden im Verhältnis 1:1 bewertet und das Kapital um 300 000 Franken erhöht. So wurde im März 1931, rückwirkend auf Neujahr, die Gründung der Swissair beschlossen. Ihre Flotte umfasste dreizehn Maschinen mit zusammen 86 Passagierplätzen: acht dreimotorige Fokker F-VIIb, zwei Dornier-Merkur und je eine Fokker F-VIIa, eine Messerschmitt M-18.d und ein Fotoflugzeug vom Typ Comte AC-4. Von den 64 Angestellten der Swissair im Gründungsjahr waren zehn Piloten. Zwei grundverschiedene, aber gut harmonierende Persönlichkeiten standen an der Spitze: Walter Mittelholzer, der charismatische Pilot, Schriftsteller und Fotograf, und Balz Zimmermann, der Unternehmer und Organisator. Schon ein Jahr später verschaffte sich die Swissair Respekt in der europäischen Luftver-

Oben: Balz Zimmermann (1895–1937), Organisator und unternehmerischer Motor der Swissair.
Unten links: Fokker F VII-Flotte der Swissair (1931).
Unten rechts:Messerschmitt M-18d.

Von oben: Comte
AC-4 der Swissair;
Lockheed Orion;
Curtiss-Condor.

kehrsszene, als sie die Anschaffung von zwei schnellen amerikanischen Lockheed-Orion-Maschinen (Reisegeschwindigkeit 170 km/h) beschloss. In Erwartung von Flugpost und Fracht wurde die auf sechs Personen ausgelegte Passagierkabine auf vier Plätze reduziert. 1934 kaufte die Swissair mit der Curtiss-Condor ein grösseres zweimotoriges Flugzeug, das schon fünfzehn Passagieren Platz bot. Im gleichen Jahr stürzte die Maschine bei Tuttlingen ab. Neun Passagiere und drei Besatzungsmitglieder kamen ums Leben. Als Unfallursache wurde Materialermüdung an einem der beiden rechten Flügel ermittelt. 1935 folgte die Douglas DC-2, mit der die Swissair zum Ganzjahresverkehr überging.

1937 war ein schwarzes Jahr für die Swissair. Kurz nacheinander starben Walter Mittelholzer bei einem Bergunfall in der Steiermark und Balz Zimmermann an einer Infek-

1934 nahm die Swissair den Linienverkehr nach London auf.

Kinder vor einem
«Keuchhustenflug».
Die Höhenluft sollte sie
von ihrer Krankheit
befreien.

tion. Der heraufziehende Weltkrieg ersparte den eilends eingesetzten Nachfolgern die Bewährungsprobe. Während des Zweiten Weltkriegs war der Flugbetrieb stark eingeschränkt. Bis 1940 wurden – teilweise ab Locarno – noch Rom, Barcelona und München angeflogen. Mit Unterbrüchen wurden während des ganzen Kriegs Flüge nach Berlin und Stuttgart durchgeführt, teilweise trotz heftiger Bombardements. In Stuttgart wurde ein Swissair-Flugzeug am Boden durch alliierte Bomben zerstört. Einen Kern ihres technischen Betriebs hielt die Swissair mit Instandhaltungsaufträgen der Luftwaffe über Wasser.

Eduard Amstutz, Professor für Flugzeugstatik und Flugzeugbau an der Eidgenössischen Technischen Hochschule Zürich, wurde mitten im Krieg vom Bundesrat zum nebenamtlichen «Delegierten für Zivile Luftfahrt» bestimmt. Es scheint, als habe die Politik geahnt oder vorausgesehen, dass der Krieg erneut einen Technologieschub für die zivile Fliegerei auslösen würde, wie dies schon einmal der Fall gewesen war. Als dringendste Aufgabe erkannte Prof. Amstutz den Bau von tauglichen Flughäfen.

Schon 1946 wurde im Kanton Zürich zwar öffentlich behauptet, das Fliegen habe «aufgehört, ein Vorrecht einzelner zu sein.» Aber das war, höflich ausgedrückt, eine prophe-

Sondermarken der
Pro Aero (1938–1946).

Hans Erni schuf dieses
Schulwandbild, das den
Querschnitt durch ein
Transportflugzeug zeigt.

tische Vorwegnahme späterer Verhältnisse und, weniger höflich gesagt, politisch motivierte Schönfärberei. Zwar war das Fliegen erfunden, und auf dem Militärflugplatz von
Dübendorf konnten schon in der Zwischenkriegszeit Flugzeuge starten und landen.
Noch beschäftigte sich die Fachwelt aber mit Fragestellungen, die aus heutiger Sicht
merkwürdig anmuten, beim damaligen Stand der Technik aber logisch waren. Prof.
Amstutz argumentierte ausführlich für das «Landflugzeug» und gegen das «Flugboot»,
das damals noch als Alternative gehandelt wurde, weil es schliesslich keine Pisten
brauchte. Die Technik, die den Langstreckenbombern zugrunde lag, schuf nach dem
Krieg die Möglichkeit, Langstreckenflugzeuge zu bauen, deren Motoren stark genug
waren, um auf vernünftigen Pistenlängen zu starten und eine ausreichende Reichweite
sowie die nötige Zuverlässigkeit für Atlantikflüge zu garantieren. Zunächst waren Was-
serflugzeuge als Alternative gebaut worden, weil sie keine Pisten brauchten. Prof. Amstutz glaubte fest daran, dass die Entwicklung nach dem Krieg zu den Langstrecken-
Landflugzeugen umschwenken würde. Seine Botschaft lautete folglich: «Zürich braucht
einen Grossverkehrsflugplatz.»

## Die Anfänge in Kloten: Vision, Versuch und Irrtum

Die politischen Weichen hatte die Kantonsregierung von Zürich schon 1943 gestellt.
Nachdem der Bund den Benützungsvertrag für den Militärflugplatz Dübendorf gekündigt hatte, versprach Regierungsrat Paul Corrodi 1943 dem Kantonsparlament, der
Kanton Zürich werde «für die Nachkriegszeit einen Flugplatz mit maximaler Leistungs-
kraft bereithalten». Die volkswirtschaftlichen Argumente lauteten nicht wesentlich anders als in den folgenden fünfzig Jahren, wann immer über den Ausbau des Flughafens

debattiert und entschieden wurde: volkswirtschaftliche Bedeutung der Anbindung an das interkontinentale Liniennetz, Bewahrung der Spitzenposition des Wirtschaftsstandorts Zürich.

Als Flughafengelände kam einzig die Moorlandschaft zwischen Kloten und Oberglatt in Frage, die als Zielgebiet des Artillerieschiessplatzes Kloten-Bülach diente. Dort musste jedesmal der Schiessbetrieb eingestellt werden, wenn ein Flugzeug in Richtung Dübendorf einschwenkte. Nach langwierigen Abtretungsverhandlungen und auf massiven Druck der Zürcher Kantonsregierung willigte schliesslich der Bund in eine grosszügige Lösung ein. Im Juni 1945, gerade sechs Wochen nach dem Ende des Zweiten Weltkriegs, verabschiedeten die eidgenössischen Räte den dringlichen Bundesbeschluss über den Ausbau der Zivilflugplätze. Zürich, Basel und Genf wurden mit Ausbaubeiträgen bedacht und Zürich zum interkontinentalen Flughafen bestimmt. Schon ein Jahr später hatten die Stimmbürger des Kantons Zürich über eine Bauvorlage in der damals astronomischen Höhe von 36,8 Millionen Franken zu befinden. Die Sozialdemokraten waren im Parlament dagegen gewesen, auch die Haltung vieler Bauern war unsicher. Doch die heftige Lobby-Arbeit auf allen Ebenen zeigte Wirkung. Mit 105 703 Ja gegen nur

Schon damals ein Appell an die Weltoffenheit: Das Ja-Plakat für die erste Zürcher Flughafenabstimmung von 1946 war erfolgreich.

29 372 Nein wurde die Vorlage angenommen. Das so überzeugend genehmigte Projekt hatte nur einen Mangel: Es wurde nie ausgeführt.

Vorgesehen war nämlich noch eine mit Kies unterkofferte Rasenpiste, damit den Piloten bei schlechten Sicht- und Windverhältnissen genug seitlicher Sicherheitsraum verblieb. Aber die internationale Zivilluftfahrtsorganisation zwang die Zürcher zum Bau von Hartbelagspisten. Dies brachte eine Bauverzögerung um mehrere Jahre, half aber eine monumentale Fehlinvestition vermeiden. Natürlich wurde alles massiv teurer. Die Gesamtkosten, die von Bund und Kanton Zürich getragen wurden, stiegen schliesslich auf 112,5 Millionen. Auch diese Kröte wurde im Mai 1950 vom Stimmvolk geschluckt, wenn auch mit einem deutlich knapperen Stimmenverhältnis als vier Jahre zuvor. Im Juni 1948 konnte die Westpiste, ein halbes Jahr später auch die Blindlandepiste dem Verkehr übergeben werden. Zürichs Tor zur Welt war offen.

## Die Postkutschenzeit des Flugverkehrs

Noch war es die Postkutschenzeit des Flugverkehrs. In behelfsmässigen Baracken wurden die Passagiere abgefertigt. Auch in Kloten wurde das Gepäck weiterhin auf Bahnhofswaagen gewogen, die Etiketten von Hand und die Passagierlisten auf der Maschine mit zehn Durchschlägen geschrieben. Die Mitarbeiter der Swissair-Bodenorganisation konnten in der Mittagspause in der Umgebung Pilze sammeln. Der erste Flughof mit dem heutigen Terminal A wurde erst 1953 eröffnet. Schon in diesem Jahr erreichte der Flughafen mit 417 000 Passagieren annähernd seine damalige technische Kapazitätsgrenze, die bei 500 000 Passagieren lag.

In den ersten Nachkriegsjahren durchlitt die Swissair eine Führungskrise, die den verspäteten Einstieg in den Nordatlantik-Markt und eine zunächst mangelhafte Erschliessung der USA zur Folge hatte. Erst 1950, als der ehemalige SBB-Kreisdirektor und

Bau des Flughafens Kloten (Stand Oktober 1946).

Der neu gebaute Flughafen Kloten mit Barackenbauten (1948/49). Einweihung. Unten: Transitschalter (1953), Flughafenbüro (1953).

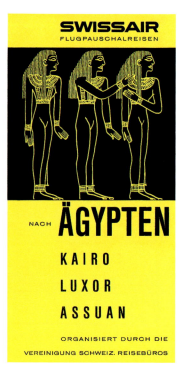

Dr. Walter Berchtold
(1906–1986), Direktions-
präsident der Swissair,
trieb die Erweiterung des
Streckennetzes voran,
und Kuoni nutzte sie mit
neuen Angeboten.

NZZ-Redaktor Dr. Walter Berchtold an die Spitze der Gesellschaft trat, konnte die Fluggesellschaft die sich anbahnende Hochkonjunktur ausnützen. 1954 eröffnete die Swissair den Liniendienst nach Brasilien, 1957 folgte die Fernoststrecke bis Tokio. Fortan verging kein Jahr ohne Erweiterung des Streckennetzes. 1960 stiess die Swissair nach Osteuropa, 1962 nach Afrika vor.

Auf dem Swissair-Streckennetz dominierte der individuelle Reise- und der Geschäftsreiseverkehr. Einzelpauschalreisen, ob mit Bahn oder Flugzeug, wurden damals noch einzeln zusammengestellt und verkauft. Schon 1952 hatte die International Air Transport Association (IATA), das Kartell der Fluggesellschaften, zum ersten Mal sogenannte IT-Tarife (Inclusive Tours) publiziert. Diese lagen weit unter den normalen Ansätzen für Tickets und wurden dem Publikum nicht bekannt gemacht. Voraussetzung für den Verkauf war die Komposition einer Pauschalreise, bestehend aus Flug, Hotel und anderen touristischen Leistungen. Die Vorschrift lautete, dass der Gesamtpreis des Arrangements mindestens so hoch sein musste wie der publizierte Flugtarif nach dem jeweiligen Bestimmungsort. Ferner wurde vorgeschrieben, dass das Reisebüro für jedes Angebot einen gesonderten Prospekt zu drucken hatte.

## Kartellpreise erlaubten hohe Margen

Dieser IT-Tarif half den Fluggesellschaften die Flüge auslasten und versprach den Reisebüros erhöhte Frequenzen und zugleich Margen bis zu dreissig Prozent – ein verlockendes Geschäft also! Kuoni gründete sofort eine IT-Abteilung unter der Leitung von Michel Tondeur. Es war die Zeit der tastenden Versuche, bei denen Kuoni immer wieder durch Risikofreude hervortrat. Schon im Winter 1950/51 hatte Kuoni erste Experimente mit Ostafrika-Reisen unternommen. Als der berühmte Schweizer Reiseleiter Fred Norbert Wagner von seinem langjährigen Arbeitgeber Cook in London ausgemustert wurde, mobilisierte er als freier Mitarbeiter für Kuoni seine phänomenalen Beziehungen und richtete die ersten Ostafrika-Reisen aus. Im Winter 1950/51 brachen vier Gruppen mit je dreissig Personen auf, im folgenden Winter waren es sogar sechs Gruppen. Jeder Teilnehmer zahlte 9000 Franken. Dann aber war das Potenzial erschöpft. Als für 1952/53 keine einzige Buchung vorlag, charterte Kuoni bei einer schwedischen Gesellschaft ein Flugzeug und konnte so den Reisepreis auf 3900 Franken drücken. Innert weniger als drei Wochen war das gesamte Angebot ausverkauft.

1959 wurde Zürich–Nairobi mit Zwischenlandungen in Rom, Alexandria und Addis Abeba als erste eigentliche Charterkette aufgelegt; es flog die britische Fluggesellschaft Overseas National mit einer viermotorigen Maschine des Typs Argonaut. Der Flug dauerte 17 Stunden, beim Überflug des Äquators gab es Champagner. Die Maschine hatte 84 Sitzplätze und eine Einheitsklasse. Mit grossem Erfolg wurden zwischen November und März zweiwöchige Programme mit Parksafaris verkauft. Im gleichen Jahr testete Kuoni den Markt Südamerika mit einem Sonderflug der Balair nach Rio; in der DC-4 sassen 45 zufriedene Passagiere aus der Schweiz und zwei aus Deutschland.

Aber noch wirkten im populären Ferientourismus die trotz IT-Tarifen hohen Flugpreise als Wachstumsbarrieren. Erst ab 1960 wurde für Kuonis Ferienreise-Geschäft das Flugzeug nach und nach wichtiger als die Bahn. Zunächst suchte Kuoni die Zusammenarbeit

Ende der 50er Jahre unternahm Kuoni erste Versuche mit Charter-Angeboten, indem er sich bei der deutschen Gesellschaft Aeropa einklinkte.

mit deutschen Partnern. Im Langstreckengeschäft war es die Reiseorganisation des Allgemeinen Deutschen Automobil-Clubs (ADAC). Daneben klinkte man sich in die Ferienflug-Ketten der Fluggesellschaft Aeropa ein, die dem deutschen Veranstalter Kruckenberg gehörte. Hier zeigten sich innerhalb der wachsenden Verkehrsfliegerei die Umrisse eines neuen, gewaltigen Geschäftsfelds, das neue Ferienziele für Millionen von Europäern öffnen und deren Reisegewohnheiten umwälzen sollte: Charterflüge!

## Charterflüge bauten neue Massenmärkte auf

Die plötzliche Möglichkeit, neue Kundenschichten und damit Massenmärkte zu erschliessen, katapultierte das Ferienreisegeschäft von der gewerblichen in die industrielle Dimension. Mit den Charterflügen wurden erstmals Destinationsmärkte aufgebaut. Kern des Angebots war immer der Flug; am Anfang des Geschäftsprozesses stand der Einkauf der Flugleistung. Dann wurden die Gesamtkosten kalkuliert und die Marktfähigkeit des entstehenden Angebots beurteilt. Kuoni startete seine eigenen Charterflugketten mit Mallorca, Costa Brava und Costa del Sol. Die erste eigene aussereuropäische Ketten-Destinationen war Tunesien im Jahre 1964. Das Angebot von zwei Wochen Pauschalferien für 666 Franken galt damals als schlechthin sensationell.
Im Winter 1965/66 wurde als Weltneuheit eine wöchentliche Rotation nach Bangkok gestartet, die mit einer DC-6B der Balair geflogen wurde. Das Angebot betrug 85 Plätze. Verkauft wurde es in ganz Europa, insbesondere in Frankreich und Italien, wo Kuoni eigene Verkaufsstellen besass. Die Reise dauerte insgesamt 60 Stunden und erforderte Zwischenlandungen in Damaskus, Karachi, New Delhi und Rangoon. Auf dem Rückflug wurde Bombay angeflogen. In Indien oder Burma konnten die Reisenden für

SWISSAIR
AERO LINGUS
AEROFLOT
AERO-TOPOGRAFICA
AIR FRANCE
AIR INDIA
ALITALIA
AUSTRIAN AIRLINES
AVIACO
BEA
BOAC
CESKOSLOVENSKE
AEROLINIE (CSA)
DEUTSCHE LUFTHANSA
EAGLE AIRWAYS
EL AL
FINNAIR
IBERIA
JUGOSLOVENSKI
AERO-TRANSPORT (JAT)
ICELANDAIR
KLM
LOFTLEIDIR
ICELANDIC AIRLINES
LOT
LUFTHANSA
MALEV
MIDDLE EAST AIRLINES
MISRAIR
OLYMPIC AIRWAYS
PAA
PANAIR DO BRAZIL
ROYAL AIR MAROC
SABENA
SAS
TABSO
TAROM
TRANSPORTES AEREOS
PORTUGUESES (TAP)
TWA

1961

FLUG
PAUSCHALREISEN
FÜR
EINZEL
REISENDE

VOYAGES KUONI
REISEBUREAU KUONI
KUONI'S TOURIST OFFICE

Erste Versuche, den
Charter-Boom vorweg-
zunehmen, startete Kuoni
1961 unter dem Motto
«Flug-Pauschalreisen
für Einzelreisende».

eine Woche unterbrechen. Eine Sonderanstrengung widmeten Kuoni und Balair der
Weltausstellung von 1970 in Osaka. Es wurden im Wochentakt 27 Flüge via Bangkok
und Hongkong nach Tokio/Osaka angeboten – und wiederum im Baukastensystem Ferien an den Zwischenstationen, darunter als grosse Sensation erstmals Kambodscha.
Früher als alle anderen Touristen sollten Kuoni-Gäste die Tempelanlagen von Angkor
Wat besichtigen können, doch fiel der erste Anflug mit dem Aufstand der Roten Khmer
zusammen, worauf das Land für viele Jahre von der touristischen Weltkarte verschwand.
Zeitgleich wurden, wenn zunächst auch auf der Schiene der Linienflüge und mit anderen Tarif-Tricks, die das IATA-Monopol aushöhlten, die ersten billigen Städteflüge lanciert. Die Menschen, die damals mehrheitlich die Welt noch nicht kannten, entdeckten
willig und gern immer neue Destinationen. Zugleich gewöhnten sie sich ans Reisen und
ans Fliegen. Innert weniger Jahre entstanden in ganz Europa riesige neue Reisemärkte.
Zehn Jahre später, in der Mitte der siebziger Jahre, reisten jährlich schon etwa 600 000
Feriengäste als Pauschaltouristen ab Schweizer Flughäfen ins Ausland!

## Das dritte Leben der Balair

Ende der fünfziger Jahre beschloss die Swissair, aktiv in den neuen Charterflugmarkt
einzusteigen. Zu diesem Zweck belebte sie zum dritten Mal einen traditionsreichen
Namen wieder, der schon 1931, bei der Gründung der nationalen Schweizer Fluglinie,
den Basler Beitrag gekennzeichnet hatte: Balair.
1948 war unter dem altbekannten Namen erneut eine «Flugschule und Flugplatzgenos-
senschaft» der Basler Sektion des Aero-Clubs der Schweiz entstanden, die 1953 in eine
Aktiengesellschaft umgewandelt wurde. Als regionales «aviatisches Warenhaus» hielt
sich diese zweite Balair zunächst mit Taxi- und Rundflügen, Fotoflügen, Pilotenschu-
lung und Schädlingsbekämpfung (in Zusammenarbeit mit dem Chemiekonzern Geigy)
in der Luft. Ins Chartergeschäft stieg die Balair im Juni 1957 noch als unabhängige Basler Gesellschaft ein und «ohne dass allzuviel Zeit für Vorbereitungen hätte aufgewendet
werden können», wie sie im Jahresbericht offenherzig zugab. «Die Aufnahme erfolgte

jahreszeitlich denkbar spät und deshalb ohne weitreichende Planungsarbeiten.» Offen-kundig war es darum gegangen, den entstehenden neuen Markt vor anderen Konkur-renten zu besetzen. Geflogen wurde mit einer zweimotorigen Vickers Viking mit 36 Sitzplätzen, für deren Anschaffung eine Kapitalerhöhung notwendig war. Verwaltungs-ratspräsident der Balair war der nachmalige Bundesrat Hans Peter Tschudi, damals Regierungsrat des Kantons Basel-Stadt, und im 15-köpfigen Verwaltungsrat sass die ver-sammelte Basler Polit- und Wirtschaftsprominenz.

Schon im ersten Betriebsjahr flogen über 15 000 Charter-Passagiere mit Balair, was die Verantwortlichen schon nach kurzer Zeit zur Anschaffung einer zweiten Vickers Viking ermutigte. 1959 beteiligte sich die Swissair zunächst mit 40 Prozent am Aktienkapital der Balair und verkaufte der so gestärkten Gesellschaft gleich noch zwei gebrauchte DC-4. Für Langstrecken wurde die erste Schweizer Charterfluggesellschaft reif, als sie zwei 89-plätzige DC-6B einsetzte – ein Quantensprung, denn das waren die ersten Schweizer Chartermaschinen mit Druckkabinen. Balair flog damit die ersten Fernost-Routen. Die Balair arbeitete seit damals auch operativ eng mit der Swissair zusammen und diversifizierte ins Gebiet der Hilfsflüge in den Krisengebieten Afrikas und des Nahen Ostens für die UNO und das Internationale Komitee vom Roten Kreuz. Früh bot die Balair auf afrikanischen Märkten auch die rentablen Pilgerflüge nach Djeddah an. 1968 trat sie mit der Miete einer Coronado von der Swissair ins Düsenzeitalter ein, zwei Jahre später kaufte sie ihre erste DC-9-33. 1971 folgte eine DC-8-55, im Jahr dar-auf die «gestreckte» DC-8-63 und 1976 nochmals eine DC-8-62, was auch die Inten-sivierung des Fracht-Charterverkehrs erlaubte.

Oben: Coronado;
unten: DC-8-62.

# Balair und Kuoni: Krieg und Frieden ...

Balair war ein fliegerischer Bazar, bis der Einstieg ins Chartergeschäft begann. 1959 wurden zwei DC-4 in Dienst gestellt, die vorwiegend im Fernen Osten trampten und ihre Betriebskosten mit Sonderflügen für Schiffsbesatzungen, chinesisches Küchenpersonal für Londoner Restaurants sowie für koreanische Nonnen verdienten, die in deutschen Spitälern arbeiten wollten.

Damals dauerten die Flüge von Hongkong nach Ostende etwa fünfzig Stunden. Von dort wurden die chinesischen Köche per Fähre und Bahn nach England geschickt, denn die Balair war in einem Land eingeflaggt, das nicht zum Commonwealth gehörte, und durfte deshalb keine Direktflüge zwischen einer Kronkolonie und dem Mutterland durchführen.

In dieser Pionierzeit trat Hansruedi Graber (geb. 1935) bei der Balair ein. Während 28 Jahren leitete er deren Verkauf und Marketing. «Ich kam von der Swissair – und dies zu einer Zeit, da wir als junge Leute noch Uniform tragen mussten und dies gerne taten, weil man dann gratis im Tram fahren konnte.»

Um im entstehenden Ferienflugmarkt regelmässige und nachhaltige Frequenzen aufzubauen, brauchten Hansruedi Graber und sein damaliger Chef Otto Gersbach einen Pionierkunden unter den grossen Schweizer Reisebüros. «Damals, zu Beginn der 60er Jahre, war Kuoni zwar ein Laden mit guten Leuten, aber Danzas mit 50 Filialen, Wagons-Lits und Amexco war grösser und international besser vernetzt. Ich war bei einem dieser Grossen und versuchte Feriencharter nach Griechenland und Mallorca zu verkaufen. Der dortige Chef sagte: Hervorragende Idee, das machen wir vielleicht, aber ich muss jetzt nach Hawaii und dann auf eine Kreuzfahrt und dann an einen Kongress. In einem halben Jahr können wir reden. So dynamisch war einer der Marktführer damals! Bei Kuoni ging das schneller. Nach dem Meeting mit Hans Ruedi Egli und Walter Hollenweger war der abendliche Drink mit Jack Bolli in der Bar des Hotels «St. Gotthard» an der Bahnhofstrasse obligatorisch.

‹Was kosten Deine komischen Flüge?› hat Jack nach dem ersten Schluck gefragt.

‹Eine Million wirst Du schon riskieren müssen›, gab ich zur Antwort.

Bolli blickte kurz seine Mitarbeiter an. Die nickten. Dann sagte er: ‹Bisch en fräche Siech. Aber wir machen das!›»

Jack Bolli muss gespürt haben, dass damals die Weichen gestellt wurden für die Zukunft der Schweizer Reiseindustrie. Es war die Geburtsstunde der Kurzstrecken-Charter und des populären Ferientourismus namentlich nach den Mittelmeer-Destinationen. Das Fazit des Branchenkenners Graber, über vier Jahrzehnte später: «Der Charter machte das Reisen dramatisch günstiger und damit für hunderttausende von Normalverdienern überhaupt erst erreichbar – und dies gerade in einer Zeit, da der erste Konsumhunger nach dem Krieg gestillt war und die Ferien der Arbeitnehmer länger wurden. Wer damals als Erster den Mut hatte, Geld zu riskieren, konnte einen völlig neuen Markt besetzen.» Kuoni hatte mit den meisten Charter-Angeboten auf Anhieb einen gewaltigen Erfolg und wurde innert wenigen Jahren die Nummer 1 im Schweizer Reisegeschäft. Daran konnte der Manager der Konkurrenz nichts mehr ändern, obwohl er inzwischen aus Hawaii und von der langen Kreuzfahrt zurück war...

Von links: Hans Ruedi Egli, Marketing-Direktor bei Kuoni und Chef Operation Mario Santi; Walter Hollenweger, Direktor des Touroperating («Charter-Holi»), Kuoni-Generaldirektor Jack Bolli.

Das Gespann Kuoni-Balair funktionierte bald wie ein altes Ehepaar: Sie stritten sich ständig, aber sie kamen nicht voneinander los, weil jeder wusste, dass er den anderen brauchte und eigentlich auch mochte. Um die Flugzeuge zu füllen, reichte die Kapazität der Kuoni-eigenen Verkaufsorganisation nicht aus. Also musste der Pionier auch markenneutrale Charter-Angebote auflegen, die er anderen Reisebüros gegen Kommission anbieten konnte. Umso wichtiger war, dass Balair ein eigenes Marketing betrieb und bestrebt war, seine mit dem guten Swissair-Image unterfütterte Marke bekannt zu machen – auch als Kontrast zu den ausländischen Chartergesellschaften, die nach verschiedenen Unfällen punkto Sicherheit nicht den besten Ruf genossen.

Die Spirale begann in die richtige Richtung zu drehen. Die Balair, die wegen ihrer engen Verbindung mit Swissair teurer produzierte, hatte keine andere Wahl, als sich durch klar bessere Leistungen von anderen zu unterscheiden. Das passte zur Geschäftspolitik von Kuoni, die auch nicht darauf angelegt war, über den Preis Marktanteile zu holen. So führte Balair Sitzplatzkarten ein, die das früher übliche «Rennen» der Passagiere über den Tarmac überflüssig machten. Warmes Essen mit Menukarten und ein gepflegter Barbox-Verkauf waren noch nicht selbstverständlich. Schon 1967 investierte Balair in Markenpflege, etwa durch eine Bordzeitung und durch Werbeaussagen wie «Gründlich, fründlich, pünktlich» oder «Schwyzerdütsch vo Züri uf Los Angeles und au wieder zrugg». Kleinaktionäre wurden besonders gepflegt, die Balair-Aktie als Volksaktie positioniert.

Die Leute fanden nicht nur Geschmack an den preisgünstigen Ferien-Flugreisen. Sie wollten auch mit der Gesellschaft mit dem Schweizerkreuz, mit «ihrer» Balair fliegen – worauf sie häufig automatisch Kuoni-Kunden wurden, entweder direkt über eine der Kuoni-Filialen oder dann eben über ein Reisebüro, das keine andere Wahl hatte, als sich bei Kuoni einzudecken.

Gestritten haben sich Kuoni und Balair immer wieder nicht nur über Preise und Auslastungsraten, sondern vor allem über Konkurrenzverbote. Denn Hotelplan und andere waren natürlich auch auf den Geschmack gekommen, und Balair flog noch so gern auch für sie, was Kuonis Walter Hollenweger nicht gefallen konnte. Er wurde in der Branche bald «Charter-Holi» genannt und hielt die Balair laufend mit neuen Forderungen auf Trab. Nicht zuletzt auf seinen Druck hin entschloss sich Balair schon 1968 zur Beschaffung der neuen Convair-Coronado. Von 1967 bis 1970 verdiente Balair viel Geld mit Hilfsflügen im Biafra-Krieg für das Internationale Komitee vom Roten Kreuz und die International Joint Church Aid. Mit diesem Geld kaufte sie ihre erste DC-9 – gegen Barzahlung.

Die Spirale drehte sich weiter. Zeitweise brachte Kuoni bis zu vierzig Prozent des Balair-Umsatzes. Realisten wie Hansruedi Graber warnten intern vor der Gefahr einer zu grossen Abhängigkeit. Doch Jahr für Jahr wurden neue Spitzenwerte erreicht und immer wieder neue Ideen gemeinsam realisiert. Mitte der 80er Jahre stiess vorübergehend der Hotel- und Restaurantkonzern Mövenpick, der sich in Ägypten etabliert hatte, als dritter zum Team. Die Ferien- und Kulturreisen nach Luxor wurden zu einer Erfolgsgeschichte.

Konfliktreich verlief dagegen die Geschichte der ostafrikanischen Charter-Destinationen, als neue Anbieter, am frühesten die Spezialisten African Safari Club (mit eigener Fluglinie) und Privat Safaris, die Kuoni-Marktanteile erfolgreich angriffen. Kuoni wollte die Konkurrenten von den Balair-Charterflügen aussperren, ohne aber gleichzeitig für die leer bleibenden Plätze zu bezahlen. Hansruedi Graber: «Da haben wir manchmal richtig Streit bekommen, nicht selten auch um Kleinigkeiten. In guten Zeiten zahlte Kuoni extra, damit wir seinen Kunden – und nur ihnen – Champagner servierten. In schlechten Zeiten haben wir um den Preis des Streichkäses auf dem Frühstückstablett oder um einen zusätzlichen Kaugummi gefeilscht. Wir mussten das schliesslich immer etwa mit 200 000 multiplizieren.»

Je grösser die Flugzeuge wurden, desto stärker war der Charterflieger gefordert mit dem Erfinden neuer Charter- und Teilcharter-Modelle. Da gab es Festbuchungen mit Optionen auf die leeren Sitze und progressiven Preisen je nach Buchungserfolg. Nicht selten wurden die Auslandzubringer subventioniert oder Werbe- und Katalogbeiträge geleistet, von denen die Konkurrenz nichts wissen sollte. Aber je grösser die Branche wurde, desto häufiger wechselten die Angestellten vom einen Reisebüro zum andern, und es dauerte nicht lange, bis fast alle von allen fast alles wussten…

## Swissair übernimmt Balair und steigt bei Kuoni ein

Der starke Flottenausbau machte eine wesentliche Verstärkung der Kapitalbasis des Unternehmens nötig. Als 1972 das Aktienkapitel auf 32 Millionen Franken aufgestockt wurde, übernahm die Swissair die Mehrheit an der Balair. Im gleichen Jahr stieg die nationale Fluglinie auch als Minderheitsaktionärin bei Kuoni ein. Zufall oder Strategie? Swissair freute sich zunächst über die Balair als guten Kunden in den Bereichen Flugzeugunterhalt, Abfertigung und Bordverpflegung. Von jedem Umsatzfranken der Balair gingen etwa 50 Rappen an die Swissair. Die Balair-Leute beschwerten sich in der Folge immer wieder, sie müssten der Mutter höhere Preise zahlen als anderen Anbietern und damit eine vorgezogene Gewinnabschöpfung finanzieren.

Dass die Swissair damals mit einem Zangengriff mit Balair und Kuoni den Schweizer Ferienmarkt unter Kontrolle bringen wollte, ist zumindest eine plausible Hypothese. Gestützt wird sie durch die Tatsache, dass sogleich eine «Marktkoordinationsgruppe» zwischen Swissair, Balair und Kuoni etabliert wurde, die laufend Kapazitäten ausglich. Kuoni-Kaderleute erinnern sich, dass Swissair, damals kapital- und stimmenmässig erst Minderheitsaktionär, Kuoni vorschreiben wollte, «ein Konzernverhalten zu etablieren» und mindestens 40 Prozent seines Flugumsatzes mit Swissair zu tätigen. Bezeichnenderweise wurde aber der mit Balair getätigte Kuoni-Umsatz nicht in diese Quote eingerechnet.

Je innovativer Kuoni im Markt war mit der Erfindung neuer Charterdestinationen – mal wurde Antigua getestet, mal Recife in Brasilien, dann mit grossem Erfolg Colombo/ Malediven –, desto unmöglicher wurde die Erreichung dieses Ziels. Denn unter erfolgreichen Charterangeboten litt immer der Linienflug-Umsatz, weil viele Kunden auf die direkten und erst noch preisgünstigeren Charterflüge umstiegen. Zum anderen lehnten sich die Kuoni-Leute vehement gegen die Zumutung auf, bei Linienflug-Arrangements wenn immer möglich nur noch Swissair einzusetzen. Das Streckennetz der Swissair war damals nicht gross genug für solche Ansprüche. So hatte Kuoni für seine Südamerika-Pauschalreisen eine sehr gut funktionierende Zusammenarbeit mit Lufthansa, während Swissair nur gerade Rio de Janeiro bediente.

Zugleich wurde über die Jahre hinweg die Balair immer näher an die Swissair herangeführt. Dass sich seit dem Ende der 80er Jahre ausserdem die zur Swissair-Tochter mutierte Crossair stark um den Chartermarkt bemühte, machte die Lage der Balair auch nicht einfacher. Der Charter-Markt in der Schweiz war immer turbulent gewesen und hatte – wie schon in den Anfängen der Fliegerei in der Schweiz – den Ehrgeiz und die Eifersucht von regionalen Promotoren beflügelt, die Fliegerei als Standortvorteil zu bewirtschaften. Schon in den 60er Jahren war die in Basel beheimatete Globe-Air nach einem viel versprechenden Start gescheitert. Äusserlich wurde der Zusammenbruch mit dem verheerenden Absturz in Nikosia in Zusammenhang gebracht. Fachleute schrieben das Scheitern aber eher fehlender Kontrolle und der zu riskanten Eigenverkaufsstrategie zu. In Genf wurde die SATA gegründet, doch auch sie konnte Management-Fehler ebenso wenig verkraften wie ihren Crash auf Madeira. Bei schwierigen Sichtverhältnissen stürzte eine Caravelle im Landeanflug auf Funchal ins Meer. 32 Menschen starben. Die SATA ging unter, doch noch im gleichen Jahr wurde in Genf mit der CTA eine neue

Chartergesellschaft gegründet, an der – wegen massivem politischem Druck aus der Westschweiz, vor allem des Flughafenkantons Genf – die Swissair sogar die Aktien-mehrheit übernahm. 1992 wurde die Balair mit der erfolgreichen Genfer CTA (Compagnie des Transports Aériens) fusioniert und in Genf angesiedelt, was die Balair und deren Mitarbeiter brüskierte.

## Angriffe auf Marktleader Kuoni

Im Hintergrund schwelte in all den Jahren ein Pilotenstreit, denn die Balair-Lang-strecken wurden von Swissair-Piloten geflogen, während die Kurzstrecken-Charter von Balair-Piloten mit niedrigerem Salär bedient wurden. Der Konflikt war unvermeidlich. Die höheren Kosten der Swissair-Langstreckenpiloten verminderten – in Verbindung mit den hohen Tarifen für Operating, Maintenance und Catering – die Wettbewerbs-fähigkeit der Balair/CTA. Deren Führung schlug 1994 vor, ein eigenes Langstrecken-Pilotenkorps aufzubauen, um in die schwarzen Zahlen zurückzukehren. Doch die dama-lige Swissair-Führung unter Hannes Goetz und Otto Loepfe konnte oder wollte den Konflikt nicht offensiv lösen. Sie beschloss stattdessen kurzerhand, die Firma aufzulösen und die Charterfunktionen innerhalb des Swissair-Konzerns neu zu verteilen: Kurz-strecken an Crossair, Langstrecken an Swissair. Per Ende des Sommerflugplans 1995 wurde die Balair/CTA liquidiert: ein Abbau trotz Markterfolg! Fünfhundert Angestellte, die entlassen (und zum Teil gleich wieder angestellt) wurden, verstanden die Welt nicht mehr.

Otto Loepfe

Konsterniert war auch Kuoni, der beste Kunde der Chartergesellschaft. In fliegender Eile verfertigte eine interne Arbeitsgruppe fünf Szenarien zur Frage «wie weiter?». Längst musste Kuoni immer angestrengter seine Leaderstellung auf dem auf Charter-flüge gegründeten Ferienreisemarkt gegen Angreifer von links, rechts und vor allem von unten verteidigen – was nicht überall mit gleich viel Erfolg gelang.

Schon 1988, als Jack Bolli als Unternehmensleiter zurücktrat, hatte Kuoni in vielen we-sentlichen Teilen des damals noch dominierenden Schweizer Reisemarktes die einstige Leaderstellung eingebüsst. Bei den Mittelmeerdestinationen hatten Hotelplan und Esco mächtig aufgeholt, Privat Safaris war Marktleader für Ostafrika geworden, Travac rollte das USA-Geschäft auf, und clevere kleinere Anbieter (etwa Stohler für Mauritius oder Baumeler für Wanderferien) besetzten geräumige Nischen. Das alles hatte nach und nach zu einer massiven Gewichtsverschiebung auf dem Chartermarkt geführt. Begehrte Slots – namentlich viele Abflugtermine an den Wochenenden – gingen an die Konkur-renz über.

## Von «Venus» zu «Edelweiss»

1992 – inzwischen hatte Hans Lerch die Leitung des Tour Operatings bei Kuoni über-nommen – suchte der einstige Marktleader in ganz Europa nach Charter-Alternativen, während sein langjähriger engster Partner Balair vorwiegend mit sich selbst beschäftigt war. Um an die begehrten Wochenend-Flugtermine zu kommen, tat sich Kuoni schliess-lich mit der unterbeschäftigten griechischen Chartergesellschaft «Venus» zusammen und setzte damit die Balair erfolgreich unter Druck. Zugleich stellte er mit Hilfe der massiv gedrückten «Venus»-Flugpreise das preisgünstige Helvetic-Programm neu auf und eroberte damit Marktanteile zurück. Innert weniger als zwei Jahren war Kuoni wieder so weit erstarkt, dass er den opportunistischen Chartergesellschaften wie einst in den siebziger und achtziger Jahren Bedingungen stellen konnte.

Um das Helvetic-Konzept preislich wettbewerbsfähig zu halten, war Kuoni dringend auf dauerhaft günstige Charterflüge angewiesen. Das Problem war nur: Partner «Venus» trieb die Preis-Flexibilität so weit, dass er in eine finanzielle Schieflage geriet. Im Sommer 1995 machte sich Kuoni ernsthaft Sorgen um seine Charterflüge in den Herbstferien, der reise-intensivsten Zeit des Jahres. «Venus» hatte trotz hoher Zuschüsse aus der Kuoni-Kasse ständig Liquiditätsprobleme und Schulden bei Unterhalts- und Verpflegungsbetrieben. Kuonis Tour Operators rechneten ernsthaft damit, dass irgendwann einmal eine «Venus»-Maschine wegen unbezahlter Gebühren oder Treibstoffrechnungen zurückgehalten würde.

Moritz Suter

Dieweil waren da die verlässlichen und bestens bekannten Balair/CTA-Leute, die, das nahe Ende ihrer Gesellschaft vor Augen, offen waren für eine neue Chance. Alarm herrschte bei Kuoni, als sich zudem abzeichnete, dass Crossair-Chef Moritz Suter, der im Swissair-Konzern die Kurzstrecken-Charter übernehmen sollte, den bisherigen mengenbedingten Preisvorteil von Kuoni von zehn auf drei Prozent zu kürzen gedachte. Das Problem des einen konnte das Problem des anderen lösen. Die Lösung hiess Edelweiss. Unter der Regie des bewährten und in der ganzen Flugbranche hoch angesehenen Balair/CTA-Operationschefs, des früheren Swissair-Chefpiloten und Ausbildungschefs Niklaus («Nik») Grob, wurde innert weniger als einem halben Jahr eine neue Charterfluglinie aus dem Boden gestampft. Kuoni übernahm in einem ersten Schritt 33 Prozent des Aktienkapitals, denn eigentlich war die vertikale Integration, d.h. die Ergänzung des Reisebürokonzerns um eigene Transport- und Beherbergungskapazitäten damals kein Unternehmensziel. Zweiter Hauptaktionär war der vorübergehend wieder zu Kräften gekommene griechische Eigentümer der «Venus». Nik Grob belehnte unter anderem sein Einfamilienhaus, um sich ebenfalls beteiligen zu können.

Oben: Airbus A 320;
rechts: Airbus A 330.

Sieben Jahre später war Edelweiss eine stabile Firma mit 200 Mitarbeitenden und über 200 Millionen Franken Jahresumsatz – und zu hundert Prozent in Kuoni-Besitz. Seit 1999 fliegt die Gesellschaft die modernste Flotte: drei Airbusse des Typs A320-200, seit November 2000 ausserdem ein Langstreckenflugzeug A330-200. Das Streckennetz umfasst neben dem Mittelmeerraum, den Kanaren und dem Roten Meer auch Florida/Karibik, Brasilien, Thailand, die Malediven und Ostafrika.

## Wachstum fast ohne Grenzen

417 000 Flugpassagiere zählte der Flughafen Zürich-Kloten im Eröffnungsjahr 1953. 49 Jahre später, im Jahre 2002, waren es 22,6 Millionen – das 54-fache! Das jährliche Wachstum betrug 5 bis 8,4 Prozent. Dies ist die Schlüsselzahl, aus der sich auch die Entwicklungsspanne des Unternehmens Kuoni ableiten lässt, vor allem aber das gewaltige Wachstumspotenzial, das in der zweiten Hälfte des 20. Jahrhunderts im Reise- und Touristikmarkt freigesetzt wurde. Kuoni war zu Beginn dieser Entwicklung, in den ersten Nachkriegsjahren, noch ein ähnlich nettes, provinzielles Kleinunternehmen wie die Swissair, wo die Gepäcketiketten noch von Hand beschriftet wurden. Aus dem Reisebüro, das u.a. mit dem Verkauf von Theaterkarten und mit Geldwechsel auf Ausflugsschiffen einen Umsatz von 853 000 Franken erzielte (1947), wurde im gleichen halben Jahrhundert ein internationaler Reisekonzern. 1965 setzte Kuoni Schweiz 87 Millionen Franken um. Dazu kamen 23 Millionen in Europa – «Konzernumsatz» total 110 Millionen! Im Jahre 2004 wurden weltweit 3,581 Milliarden Franken umgesetzt.

Wer an diesen Markt glaubte und früh genug zur Stelle war, konnte in der Reisebranche eine Goldgrube anbaggern. Und viele versuchten es. Sie nützten eine Eigenheit dieses Geschäfts aus, die in all den Jahren zu ungewöhnlich zahlreichen Existenzgründungen beigetragen hat: Der Markteintritt ist relativ günstig, weil die Anfangsinvestitionen überblickbar sind und weil dank den unternehmerfreundlichen Zahlungsmodalitäten die Kunden mit ihren Vorauszahlungen den Löwenanteil der Unternehmensfinanzierung besorgen.

## Das Reisebüro im Kinderzimmer

Die Tochter eines typischen mittelständischen Reisebüro-Gründers erzählte im Frühjahr 2003 aus den Anfängen eines Konkurrenzunternehmens und von der Hektik der damaligen Gründerzeit: «In den Anfängen hat mein Vater unsere kleine Drei-Zimmer-Genossenschaftswohnung an der Paradieshofstrasse in Basel zum Büro umfunktioniert. Im Keller stand eine Umdruckmaschine, mit der er die ersten Reiseangebote in Zettelform produzierte, in meinem Kinderzimmer hatte die Sekretärin ihren Schreibtisch, er selber stellte sein Pult mitten in den Korridor. Auch Besucher, die mit dem Reisegeschäft nichts zu tun hatten, wurden sanft zur Mithilfe aufgefordert, etwa beim Zusammentragen der verschiedenen Zettel mit den Ferienangeboten.» In den Anfängen des Charterflugverkehrs gingen die Piloten bei der Familie des Unternehmers ein und aus; manche übernachteten sogar dort. Aus dem Unternehmen in der engen kleinen Wohnung wurde übrigens Esco (European Study and Contact Travels). Aus dieser als Studentenaustausch- und Reiseorganisation angelegten Gründung entwickelte sich ein respektierter und ausdauernder Kuoni-Konkurrent, der 1960 an den Hotelplan überging. Das Wachstum war fast grenzenlos, denn alles passte zusammen: Die Charterflüge dampften die Reisepreise ein. Die Ferien der meisten Arbeitnehmer wurden länger, die Flugzeuge immer grösser und die Preise mit jeder Flottenerneuerung noch günstiger. Das Angebot wurde vielfältiger, denn überall in der Welt wurden neue touristische Destinationen erschlossen, aber auch neue Reise- und Ferienformen erfunden: Städteflüge, Kurzreisen, Zweit- und Drittferien. Selbst dramatische Rückschläge wie Flugzeugentführungen und Attentate vermochten die Reiselust nur temporär zu dämpfen.

Umso brutaler wurde die weltweite Airline- und Tourismus-Industrie durch die Folgen der Terroranschläge vom 11. September 2001 getroffen. Dieser Angriff leitete die schärfste und am längsten dauernde Rezession der Branche seit deren Bestehen ein. Später verstärkten die Lungenseuche SARS im Fernen Osten und der Irak-Krieg von 2003 diesen Einbruch noch. Die Schweiz wurde von den Folgen dieses weltgeschichtlichen Einschnitts besonders schwer getroffen. Ausgerechnet das Unternehmen, dessen Flugzeuge auf ihren Heckflossen mit dem Landeswappen auch das Selbstbewusstsein des Kleinstaats in die Welt getragen hatte, wurde im 71. Jahr seines Bestehens zu Boden gezwungen und liquidiert. Das Ende der Swissair – ein Amalgam aus historischem Schicksal und monumentalem unternehmerischem Versagen – wurde als kollektive Demütigung erlebt.

## Aufstieg und Fall der Swissair

Der Zweite Weltkrieg hatte den Luftverkehr gelähmt, aber die Technik des Flugzeugbaus beschleunigt und deren Kapazitäten vervielfacht. In den ersten Friedensjahren nahm die Wachstumskurve der Swissair zunächst einen verhaltenen Verlauf. 1948 begann sie mit dem Linienverkehr nach Südamerika, ein Jahr später mit demjenigen nach USA. Als der ehemalige Wirtschaftsredaktor und SBB-Kreisdirektor Walter Berchtold 1950 die operative Leitung der Fluggesellschaft übernahm, war diese gerade knapp am Konkurs vorbei geschrammt. Es kam zu einer ersten Stützungsaktion durch den Bund, indem mit öffentlichen Geldern zwei neue Langstreckenflugzeuge des Typs DC-6B angeschafft wurden. Die eidgenössischen Räte hatten die Kredite bewilligt, um die Swissair aus der Krise zu führen. Diese Kredite wurden später auf Heller und Pfennig zurückbezahlt. Mit ihren bisher verwendeten und nicht mit Druckkabinen ausgestatteten DC-4 war sie nicht mehr konkurrenzfähig gewesen. Berchtold verpasste der sanierten Gesellschaft eine zeitgemässe Organisationsstruktur und machte die Swissair auch international vorzeig- und vergleichbar, indem er konsequent die sich anbahnenden internationalen Standards der entstehenden Flugindustrie übernahm. 1957 flog die Swissair erstmals nach dem Fernen Osten.

Das Wachstum der Swissair stand fortan nicht mehr im Verhältnis zur kleinen Schweiz und zum bescheidenen Heimmarkt der Gesellschaft. Sie gewann in der internationalen Airline-Szene zunehmend an Respekt und Gewicht, zuerst, als sie 1957 zusammen mit der SAS die ersten Mittelstrecken-Düsenflugzeuge vom Typ Convair 880 (später 990) bestellte und in enger Zusammenarbeit mit dem Herstellerwerk in einer technischen

Flugpostmarke zur Eröffnung der Swissair-Strecke Schweiz–USA (1947).

Armin Baltensweiler

Parforceleistung die Maschinen umbaute, die zunächst die versprochenen Leistungen nicht erreichten. 1971 wurde anstelle von Berchtold der Ingenieur Armin Baltensweiler Unternehmensleiter. Die damals stark technisch orientierte Swissair wurde zum gefürchteten Pionierkunden der Flugzeugindustrie. «Die Swissair befand sich mit ihrem ‹technokratischen›, flottenorientierten Ansatz in bester Gesellschaft», schreibt der Aviatik-Experte Sepp Moser. «Ökonomisch kamen die Düsenflugzeuge nämlich mehrere Jahre zu früh, hatten die Fluggesellschaften doch erst kurz vorher eine neue Generation von Hochleistungspropellerflugzeugen (Douglas DC 7C, Lockheed 1649 Starliner, Bristol Britannia, Lockheed 188 Electra) in Betrieb genommen, die 1960 noch bei weitem nicht amortisiert waren.» Der Einstieg ins Düsenzeitalter geschah nicht zuletzt unter dem Druck der technischen Entwicklung, die von Boeing und Douglas ausging. Die Einführung der Düsenflugzeuge (Douglas DC-8 und Boeing 707) bewirkte nicht nur fundamental verbesserte wirtschaftliche Bedingungen, sondern auch eine massive Kapazitätsausweitung und damit eine zunehmende Unterminierung des von der IATA verordneten Tarifkartells. Die Einführung der preisgünstigen Economy-Klasse war die erste konkrete Folge. Zunehmend geriet der Protektionismus, der immer ein Kennzeichen der Zivilluftfahrt gewesen war, unter Druck.

## Wie eine Rolex am Handgelenk...

Die Swissair profilierte sich mit einer konsequenten Qualitäts- und Dienstleistungsstrategie und investierte stark in den Komfort, was ihr die Sympathie der voll zahlenden Fluggäste in aller Welt eintrug und die Grundlage für den Weltruf der schweizerischen Fluggesellschaft bildete. Der Swissair-Biograf Urs von Schroeder schreibt: «Am Ende der sechziger Jahre gehörte die Swissair zwar nicht zu den grössten Airlines der Welt, aber immerhin zur Gruppe der ersten 25 und hatte sich einen hervorragenden Namen als Prestige-Carrier erworben. Mit ihr statt mit der eigenen nationalen Gesellschaft zu fliegen, galt in vielen Ländern als ebenso chic wie eine Rolex oder eine IWC am Arm zu tragen und in St. Moritz oder Gstaad die Ferien zu verbringen.»

Die siebziger Jahre verbrachte die Swissair in Hochform – solide finanziert, ständig expandierend, Geld verdienend. Sepp Moser: «Die Swissair war unzweifelhaft eine der besten Fluggesellschaften der Welt, vielleicht sogar die beste überhaupt. Wann der Niedergang genau einsetzte, ist praktisch nicht festzustellen. Sicher ist nur: Irgendwann um das Jahr 1980 trat ganz unmerklich die Trendwende ein.»

Aber noch stand ein neuer Entwicklungssprung bevor. 1967 bestellte die Swissair die ersten zwei Jumbo-Jets vom Typ Boeing-747-257, die 1971 übernommen wurden. Das Sitzplatzangebot, das nun zu vermarkten war, stieg mit einem Schlag um 50 Prozent. Flughäfen und Werftanlagen mussten erweitert, Transportmittel und Hotelkapazitäten in aller Welt hochgefahren werden. Als zweites Standbein auf den Langstrecken baute die Swissair eine Flotte aus DC-10 auf; ab 1972 wurden nach und nach deren elf in Dienst gestellt. Oft war Swissair der «launching carrier» neuer Flugzeugtypen, der Pionierkunde, der viele zusätzliche Risiken trug, aber auch die Früchte früher erntete als andere. 1979 bestellte Armin Baltensweiler die ersten zehn Airbusse A310, das neue Grossraumflugzeug für Kurz- und Mittelstrecken. In der internationalen Luftfahrt-

Die Grossraumflugzeuge
eröffneten das Zeitalter
des Massen-Flugverkehrs.
Links: Boeing 747; unten:
DC-10.

industrie galt diese Bestellung als Besiegelung der Glaubwürdigkeit des Airbus-Konzepts. 1991 landete die erste von zwölf MD-11, das Nachfolgemodell der DC-10, in Genf. Für die Europaflotte wurden 29 Maschinen aus der A320er Familie von Airbus bestellt – mit 2,35 Milliarden Franken der grösste Flugzeugeinkauf in der Geschichte der Swissair.

Alle diese Entscheide spiegeln die über Jahrzehnte hinweg verfolgte Expansionspolitik im explodierenden globalen Transportmarkt. Laufend erweiterte die Swissair ihr Streckennetz. Ein Meilenstein war der Schritt nach China. Als erste westliche Gesellschaft durfte sie ab 1975 mit Beijing und Shanghai gleich zwei Destinationen bedienen. Nach der erfolgreichen Einführung des Grossraumjets auf dem Nordatlantik kamen neue Strecken dazu: Hongkong, Nairobi, Johannesburg, Lagos, Accra … In den 80er und frühen 90er Jahren wurden Atlanta, Los Angeles, Delhi, Washington und Osaka erschlossen.

## Neue «Völkerwanderung» dank Jumbo-Jet

Die Grossraumflugzeuge erhöhten die Kapazitäten und senkten die Produktionskosten, was auf die Flugpreise durchschlug. Dadurch wurden auch interkontinentale Reisen für Millionen von Normalverdienern möglich. In dieser «neuen Völkerwanderung» wurde die Swissair zum stärksten Treiber des schweizerischen Tourismus. So waren denn die siebziger Jahre die Zeit, da in Weltstädten wie London, New York, Tokio und Buenos Aires «Swiss Centers» als Gemeinschaftsunternehmen von Swissair und der Schweizerischen Verkehrszentrale (heute Schweiz Tourismus) eröffnet wurden.

Mit der enormen Marktausweitung ging die Deregulierung und Liberalisierung des Luftverkehrs einher. Präsident Jimmy Carter betrieb ab 1978 eine radikale Deregulierungspolitik, die in Europa zunächst nicht verstanden wurde. Unter dem Motto «Open Skies» wurde der Luftverkehr in den USA zum Prüffeld einer neuen Konsumentenpolitik bei höchster medialer Aufmerksamkeit erhoben. Zunächst wurde der inneramerikanische Flugverkehr liberalisiert und damit dramatisch verbilligt. Dann steigerten die USA den Liberalisierungsdruck, wann immer Luftverkehrsabkommen mit anderen Ländern zur Erneuerung fällig wurden. Fälle wie der des 1982 gescheiterten Preisbrechers Freddie Laker hielten die Diskussion am Laufen. Die Premium-Airline Swissair erfasste die Tragweite dieser Entwicklung nicht und glaubte, weiterhin eine Nischen-Strategie verfolgen zu können. Sie hielt streng an ihrem Zweiklassen-System fest und half sich zunächst mit einer bewusst konservativen Tarifpolitik bei ständiger Qualitäts-Optimierung, was auch im ständigen Auf und Ab von Angebot und Nachfrage in den launenhaften und saisonalen Märkten die Durchschnittserträge hoch hielt. Während das IATA-Kartell umgewälzt und geschwächt wurde, begannen die Gesellschaften, die sich im Taumel von «Open Sky» auf den brutalen Preiswettbewerb einliessen, zu trudeln. Die Swissair blieb verschont – und wurde doch getroffen, weil sie endgültig in den Ruf einer «Airline für Snobs» geriet. Vor allem die hohen Europa-Tarife gerieten unter den Druck der Kritik. Die Entwicklungen in den USA wurden verdrängt. Legendär ist der Ausspruch, der einem der höchsten Swissair-Repräsentanten zugeschrieben wurde: «Diesen Jimmy Carter würde ich nicht einmal als Kofferträger einstellen.»

Ein wahrscheinlich entscheidender Rückschlag für die Swissair war das Nein des Schweizer Volkes zur EWR-Vorlage am 6. Dezember 1992. Während sich die ganze Europäische Gemeinschaft (EG) zu einem einzigen freien Luftverkehrs-Markt vereinigen würde, wurde die Schweiz mit ihrer Swissair auf den mühsamen Weg der bilateralen Verträge verwiesen. Sofort begannen die europäischen Konkurrenten in der Schweiz aggressiv um Passagiere zu werben. Die ersten 199-Franken-Angebote nach London, Paris und Amsterdam tauchten auf.

Der Kampf um Marktanteile wurde vor allem mit den elektronischen Reservationssystemen und den Loyalitätsprogrammen für Vielflieger geführt. Ihre finanzielle Sicherheit suchte und fand die Swissair zunehmend mit Engagements in artverwandten Branchen, die mit Reisen, Luftverkehr, Gütertransport, Hotellerie, Gastgewerbe, technischem Unterhalt, Catering und Taxfree-Handel zusammenhingen. Bei diesen Diversifikationen kam es auch zu Misserfolgen und Verlustgeschäften. So scheiterte der Aufbau einer internationalen Hotelkette unter der Marke Swissôtel (anfänglich zusammen mit Nestlé) am Problem der kritischen Grösse. Eine internationale Gesellschaft für Golfresidenzen namens Euroactivide wurde zum jahrelangen Albtraum und zu einem Millionengrab. Zu Beginn der 90er Jahre wurde die Swissair Beteiligungen AG (SBAG) in einer grossen Anstrengung reorganisiert und saniert. Der Mann, der diesen «Gemischtwarenladen» zu einem hoch rentablen zweiten Standbein des Swissair-Konzerns machte, war Philippe Bruggisser.

## Allianzen statt Fusionen

Je spürbarer die Folgen der europäischen Einigung für die Airline der isolierten Schweiz wurde, desto stärker wuchs ihre Neigung zu Allianzen. Da trotz der Liberalisierung der grösste Teil des Weltflugverkehrs immer noch aufgrund bilateraler Verkehrsabkommen geregelt wurde, die den beteiligten Airlines eine Nationalität vorschrieben, waren Fusionen – so sinnvoll sie wirtschaftlich gewesen wären – in vielen Fällen nicht möglich. Denn dann hätten die Beteiligten ihre Nationalität und damit Verkehrsrechte verloren. 1993 begannen die Gespräche mit SAS, KLM und AUA, die schliesslich zum Fusionsprojekt «Alcazar» führten, was ein Konsortium der Airlines von sechs europäischen Staaten werden sollte. Als der Geheimplan bekannt wurde, brach nicht nur in der Schweizer Öffentlichkeit ein Sturm der Entrüstung los. Gewerkschaften fürchteten um ihren Einfluss, in der Schweiz wurden patriotische Gefühle mobilisiert, die alleweil mit dem Begriff Swissair verbunden waren. Dann begann der Streit um die Bewertungen, der aber beigelegt werden konnte. Nach der Darstellung eines damaligen Swissair-Insiders scheiterte das Projekt am US-Partner. Als sich eine Trennung der KLM von Northwest abzeichnete, sicherten US-Regierungsstellen der KLM sowohl «open sky» wie auch «antitrust immunity» zu, bedeutende Marktvorteile gegenüber europäischen Konkurrenten. Dies und die Ungewissheit der Chancen von «Alcazar», möglicherweise auch persönliche Differenzen, mögen die KLM und die holländische Regierung dazu geführt haben, den Alleingang zu wagen.

Im Mai 1995 kam es zum Schulterschluss mit der belgischen Fluggesellschaft Sabena. Die Swissair übernahm 49,5 Prozent ihres Aktienkapitals und eine Option auf weitere

12,7 Prozent. Durch die Verbindung mit der hoch verschuldeten und chronisch defizitären Airline hoffte die Swissair auf vermehrte Bewegungsfreiheit im EU-Raum. Diese Übernahme wird nachträglich als Vorbote der «Hunter-Strategie» aufgefasst, die zum Untergang der Swissair beitragen sollte. Darunter verstand man ein neues Allianz-System unter Swissair-Führung. In der Folge sammelte die Swissair massgebliche Beteiligungen an verschiedensten Fluggesellschaften: neben der Sabena handelte es sich um die portugiesische TAP, die italienischen Charterer Air Europe und Volare, die polnische LOT, die südafrikanische SAA, die französischen Gesellschaften AOM, Air Liberté, Air Littoral usw.

Schon 1994 hatte sie sich ausserdem am sanierungsbedürftigen deutschen Touristikkonzern LTU mit dessen Fluggesellschaft beteiligt, womit der Grund gelegt sein sollte zu einem Verbund von Ferien-Airlines, in den die Swissair auch ihre Balair/CTA einbringen wollte. Ihr wurde dann freilich schon bald ein unrühmliches Ende bereitet, indem sie aufgelöst wurde und ihre Aufgaben teils an die Swissair, teils an die Crossair übergingen, was dann zur «Edelweiss» unter der Regie von Kuoni führte. Im gleichen Jahr 1995 gab sich die Swissair, damals eine der dreissig grössten Fluggesellschaften der Welt, eine neue Konzernstruktur und den neuen Namen SAirGroup. Doch an der Schwelle zum 21. Jahrhundert ging der selbstbewussten und eroberungslustigen Swissair der Treibstoff aus. Die Verluste im Flugbetrieb erreichten im Jahr 2000 die Milliardengrenze; die hervorragenden Ergebnisse der stark gewachsenen Nichtflug-Bereiche, z.B. Gate Gourmet (Catering) und Nuance (Dutyfree-Handel) vermochten diese nicht auszugleichen. Noch immer führte das Management unter Philippe Bruggisser Gespräche mit neuen möglichen Kooperationspartnern; herumgeboten wurden Namen wie Malev, Malaysian, Air Lingus und andere. Unterdessen hatte sich der Dollar massiv verteuert, allein in den Jahren 1999 und 2000 um insgesamt 17 Prozent. In der gleichen Zeit stiegen die Treibstoffpreise um 124 Prozent. Die Swissair blutete aus, aber das Top-Management rannte immer noch der Hoffnung nach, die Konsolidierung sei zu schaffen und trotz angespannter Bilanz zu finanzieren.

Im Januar 2001 verlor der Verwaltungsrat die Geduld und das Vertrauen zu Philippe Bruggisser; er wurde Knall auf Fall entlassen. Die Konzernleitung übernahm ad interim Verwaltungsratspräsident Eric Honegger; Leiter des Bereichs SAirLines (der Fluggesellschaften im Gesamtkonzern SAir Group) wurde Crossair-Gründer und «enfant terrible» Moritz Suter, der aber schon nach 44 Tagen entnervt wieder aufgab. Schliesslich wurde am 15. März 2001 der Nestlé-Finanzchef Mario Corti zum neuen Präsidenten und Delegierten des Verwaltungsrates gewählt. Die Medien sprachen von einem «Glücksfall». Corti beschrieb die Probleme der Swissair als «schwierig, aber lösbar». Zwei Wochen später musste er den schlimmsten Konzernabschluss aller Zeiten präsentieren: 2,9 Milliarden Franken Verlust zufolge brutaler Wertberichtigungen auf den Verlust bringenden Beteiligungen. Zu dieser Zeit flossen allein für die laufenden Verluste der französischen Gesellschaften AOM/Air Liberté/Air Littoral monatlich 80 Millionen Franken ab. Auch die Sabena blutete aus; im Verlauf des Sommers einigte sich die Swissair nach druckvollen Verhandlungen mit dem belgischen Staat auf einen geordneten Ausstieg, was die Swissair nochmals 450 Millionen kostete. Um all das zu finanzieren, begann die Swissair ihr Tafelsilber zu veräussern. Innert 18 Monaten sollten so

4,5 Milliarden Franken freigespielt werden. Die Swissair kämpfte ums Überleben. Dann kam der 11. September 2001.

## Dramatischer Einbruch – Milliardenverluste

Innert Tagen veränderte sich die internationale Zivilluftfahrt von Grund auf. Sicherheitskontrollen, die man bis jetzt nur bei Israel-Flügen gekannt hatte, wurden die Norm; aus den Toilettenbeuteln der Reisenden wurden Nagelscheren konfisziert. Mitten in der ertragreichsten Periode des Jahres brachen die Frequenzen der Fluglinien in der ganzen Welt dramatisch ein. Zu Dutzenden wurden Verkehrsflugzeuge eingemottet, die ersten Airlines in USA und Australien meldeten Konkurs an. Zehntausende von Stellen wurden abgebaut. Die Zivilluftfahrt befand sich in einer Todesspirale – und die Swissair auch. Beteiligungsperlen wie Nuance, Swissport oder Gate Gourmet waren über Nacht nur noch einen Bruchteil wert. Der 11. September hatte die Bilanz der Swissair um, grob geschätzt, vier Milliarden Franken verschlechtert. Innert wenigen Wochen drohte die Zahlungsunfähigkeit. Die Kapazitäten, namentlich im Langstreckenverkehr, wurden um insgesamt 25 Prozent heruntergefahren, Flugzeuge abgestossen und Personal abgebaut. Die Aktie der Swissair ging in den freien Fall über. Am Jahresanfang hatte sie noch 250, am Ende des Sommers noch 140 Franken gekostet, Ende September waren es noch 45. Mario Corti sprach bei Bundesrat Kaspar Villiger, dem eidgenössischen Finanzminister, vor. Innert Tagen wurde eine schon länger bestehende Restrukturierungs-Idee in einen konkreten Plan umgegossen. Er beruhte auf einer Zusammenlegung von Swissair und Crossair und einer Rekapitalisierung mit Bundeshilfe. Unter der Leitung des früheren Industriellen und Spitzenpolitikers Ulrich Bremi trat eine Arbeitsgruppe aus Politik und Wirtschaft zusammen, die Rettungskolonne für die weidwunde Swissair. Es war ein nationaler Schock, als Mario Corti in der Diskussionssendung «Arena» des Schweizer Fernsehens bekannt gab, die Oktober-Löhne für das Swissair-Personal seien nicht mehr gesichert. Am 1. Oktober kündigte Mario Corti für SAirGroup, für SAirlinesLines, Swissair und für Flightlease die Nachlassstundung an. Am 4. Oktober wurde sie effektiv beantragt. Die 70-Prozent-Beteiligung an der Crossair wurde an die UBS und die Credit Suisse verkauft. Ab 28. Oktober sollte die Crossair Teile des Swissair-Flugbetriebs übernehmen. Die Tochter schickte sich an, mit Bankenhilfe ihre ungeliebte Mutter zu schlucken.

## Geldnot, Panik, Grounding

Kaum war die Nachricht von der faktischen Pleite der Swissair auf dem Markt, standen die Gläubiger vor der Tür. Der Liquiditätsbedarf stieg explosionsartig. Die ersten Flugzeuge wurden auf fremden Flughäfen zurückgehalten, bis Start- und Landegebühren bezahlt waren. Die Treibstoffgesellschaften wollten nur noch gegen Barzahlung liefern. Das Klotener Elektrizitätswerk drohte mit der Sperrung der Stromzufuhr, wenn keine Vorauszahlung geleistet werde. Vor dem geschlossenen Schalter der Personaldepositenkasse im Swissair-Hauptquartier Balsberg stand eine lange Schlange empörter Mitarbeiter, die ihre Sparguthaben abheben wollte. Aber es gab nur noch 5000 Franken pro

Links: Aufgeschreckte Swissair-Mitarbeiter stehen Schlange vor dem Schalter der Personalkasse, um ihre Sparguthaben in Sicherheit zu bringen. Unten: 2. Oktober 2001, 16.15 Uhr, Flughafen Zürich-Kloten: Die Anzeigetafeln springen von «verspätet» auf «annulliert». Swissair ist gegroundet.

Kopf. Einzelne Mitarbeiter verloren die Nerven, drohten mit Schiessereien oder Selbstmord. Die Liquidität der Swissair war erschöpft.

Über die Gründe der Swissair-Pleite sind später mehrere Bücher geschrieben und ein Film gedreht worden, der in der Schweiz mehr Zuschauer fand als «Titanic». Am 2. Oktober 2001 um 16.15 Uhr begannen die Buchstaben auf den Anzeigetafeln in den Terminals des Flughafens Zürich zu rasseln; die Anzeigen sprangen von «verspätet» auf «annulliert». Das Undenkbare war Tatsache. Die Swissair war in ihrem 70. Betriebsjahr zur Betriebseinstellung gezwungen. Allein auf dem Zürcher Flughafen strandeten rund 19 000 Swissair-Passagiere. Seither gehört das Wort «Grounding» zum Wortschatz der Schweizerinnen und Schweizer. Am späten Abend trafen bei der Swissair die so dringend benötigten 250 Millionen Franken, die Zahlung für die verkauften Crossair-Aktien, ein. Der Gewerkschaftsfunktionär Daniel Vischer brachte die damals herrschenden bitteren Gefühle der entgeisterten Swissair-Mitarbeiter und der Schweizer Öffentlichkeit auf den Punkt: «Das ist ein Putsch der UBS und der Crossair gegen Zürich und die alte Swissair-Führung und eine gewollte Aktion!» Wie gelähmt blickte vor allem die Region Zürich auf das Geschehen. Etwa 93 000 Arbeitsplätze waren hier direkt und indirekt vom Flughafen abhängig, dessen jährliche Wertschöpfung in wissenschaftlichen Studien auf neun Milliarden Franken beziffert wurde.

Der Rest ist Geschichte: Der Bund sicherte mit einer Sofortzahlung von 450 Millionen Franken den Swissair-Flugbetrieb bis Ende Oktober. Später wurden für die Neugründung der Nachfolge-Gesellschaft Swiss vier Milliarden Franken aufgebracht, der grössere Teil von der Wirtschaft und den Banken, 1,4 Milliarden von Bund und Kantonen bereitgestellt. Dieser Schritt blieb ordnungspolitisch umstritten, wurde aber mehrheitlich als konstruktiver Schulterschluss von Politik und Wirtschaft im Interesse des Landes gewertet. Hinter vorgehaltener Hand vertraten einflussreiche Realpolitiker die Meinung, der Preis der staatlichen Beteiligung an der Swiss sei überblickbarer (und

... und auch das Swissair-Personal geht unter Protest auf die Strasse. Aber das Ende der einst stolzen Schweizer Fluglinie ist besiegelt.

günstiger) gewesen als die Unterstützung von wohl mehreren zehntausend Arbeitslosen samt den unberechenbaren Sekundärfolgen.

Ob das Experiment Swiss marktfähig sein wird, ist auch nach deren Übernahme durch die Lufthansa im März 2005 noch offen. Hundert Jahre nach dem ersten Flug der Gebrüder Wright steht fest: Die Fliegerei hat die Lebensqualität von hunderten von Millionen Menschen auf dem ganzen Erdball verändert, hat ihre Welten erweitert und ist zum Treiber einer der mächtigsten Dienstleistungs-Industrien der Weltwirtschaft geworden.

Tour Operators wie Kuoni hängen von der Leistungsfähigkeit der Airlines ab – und sind deshalb mehr denn je bestrebt, nicht von einzelnen Gesellschaften abhängig zu werden. Härte, List, Verhandlungsgeschick, Fantasie und schnelle Reaktion im ewigen Poker zwischen Fluganbietern und Tour Operators entscheiden über den unternehmerischen Erfolg auf beiden Seiten.

Der Zürcher Bahnhofplatz um 1954. Im Eckhaus rechts
befindet sich der Hauptsitz von Kuoni. Das zentral
gelegene Reisebüro ist als Vorverkaufsstelle und Theaterkasse ein urbaner Treffpunkt.

# Aus dem kleinen Leben in die grosse Welt

Kuoni entwickelt sich vom schweizerischen Reisebüro
zum internationalen Touristik-Konzern

Noch hatten die meisten Schweizerinnen und Schweizer, wenn sie starben, das Meer nie gesehen. Die Menschen lebten bescheiden und im engen Umkreis. Gekocht wurde, was die Dorfläden anboten und was im Garten wuchs. Zweimal im Jahr fuhr die Mutter in die Stadt, um Stoff und Garn zu kaufen, denn die Kleider für die Kinder nähte sie selbst. Und Ferien machte die Schweizer Durchschnittsfamilie nur ausnahmsweise: wenn nicht in Tagesabschnitten bei verwandten Bauern, dann in Familienpensionen in Beatenberg oder Amden. Das mit dem Zeltplatz in Tenero kam etwas später. Die Schweizer Familie hatte in den frühen fünfziger Jahren noch kein Auto; ihr alltägliches Verkehrsmittel war das Fahrrad. Die Zahl der Autos stieg zwar von Jahr zu Jahr. 1955 hatte sie 327 000 erreicht – fünfmal mehr als bei Kriegsende 1945, aber weniger als ein Zehntel des Bestandes von 2006. Das Schweizer Nationalstrassennetz existierte erst auf dem Papier – damals, in den frühen fünfziger Jahren.

Es war ein kleines Leben in einer kleinen Welt. Ein Bundesbeamter verdiente brutto knapp tausend, ein Arbeiter zwischen vier- und sechshundert Franken. Ein guter Konfektionsanzug kostete hundert Franken. Die Mehrheit der Familien musste mit einem

Schweizer Alltag in den
fünfziger Jahren. Im
Einzelhandel dominierten
noch die kleinen Läden,
im Strassenverkehr die
Fahrräder.

Am Ende der fünfziger Jahre wurde mit den Volksentscheiden für den Nationalstrassenbau die Grundlage für die private Mobilität gelegt.

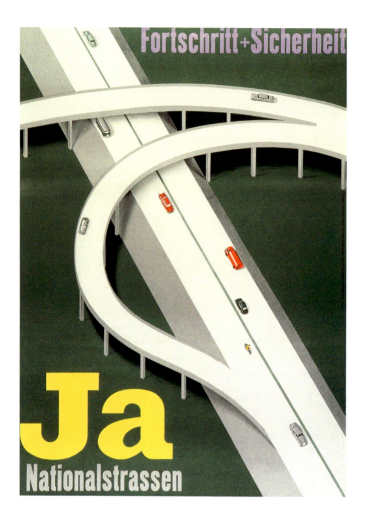

einzigen Lohn auskommen, denn die meisten Frauen und Mütter waren auf den Haushalt festgelegt. Gemäss den regelmässigen Erhebungen des damaligen Bundesamtes für Industrie, Gewerbe und Arbeit (BIGA) gab eine Arbeiterfamilie zu Beginn der fünfziger Jahre zwischen 500 und 1000 Franken jährlich für Bildung und Erholung aus. Die Hochkonjunktur zeichnete sich zwar deutlich ab, schlug jedoch nicht auf die Löhne durch, weil es noch genügend Arbeitskräfte gab. Erst der Koreakrieg hatte die nach 1945 zunächst herrschende wirtschaftliche Ungewissheit beendet. Exportwirtschaft, Import- und Detailhandel wuchsen Jahr für Jahr mit zweistelligen Raten, weil ihre Produkte und Dienstleistungen nach und nach auch für Normalverdiener erschwinglich wurden. Bei den Auslandreisen war dies noch nicht der Fall. Einige Preisbeispiele: 7 Tage französische Riviera kosteten bei Kuoni 350 Franken (1951), 16 Tage Ägypten 2600 Franken (1953) und 30 Tage Indien 7650 Franken (1954).

Noch immer holte die Aktivdienst-Generation – bescheiden und im schicklichen Rahmen – nach, was sie unter dem strengen Diktat der Kriegswirtschaft an Konsum und Lebensgenuss hatte entbehren müssen. Es war die grosse Zeit der tatkräftigen Unternehmer, die nicht nur mit dem richtigen Jahrgang gesegnet waren, sondern auch mit dem Spürsinn, die Erfolg versprechenden Branchen und Standorte rechtzeitig zu besetzen. Ueli Prager gründete Mövenpick. Walter Haefner, Emil Frey und Hugo Erb bauten ihre Auto-Imperien auf. Gottlieb Duttweiler führte als Erster die Selbstbe-

Die Restaurantkette Mövenpick demokratisierte in den 50er Jahren den Genuss, und die Migros richtete die ersten Selbstbedienungsläden ein.

dienung im Detailhandel ein. Beim Zürcher Kunsthaus wurde ein Laden für Motorradbekleidung eröffnet, aus dem ein internationaler Bekleidungskonzern entstand: Charles Vögele. Aber noch entfiel – auf heutigen Geldwert umgerechnet – der Umsatz eines Grossverteilers auf eine Handelsform, die der heutige Mensch nur noch vom Hörensagen kennt. 1950 waren in der Schweiz noch 6500 Hausierer unterwegs.

## Reisen – ein nachgeholter Genuss

In der Hierarchie der nachgeholten Genüsse standen Essen und Trinken zuoberst; es folgten das schönere Wohnen, die Motorisierung – und damit auch die Verlockung, die zuvor verschlossene Welt ausserhalb der Landesgrenzen zu entdecken. Reisen um des Vergnügens und der Erholung willen wurde zu einem der grossen Themen im Lebensstil der fünfziger Jahre. Auch bei Kuoni, im Eckhaus am Zürcher Bahnhofplatz, stiegen die Frequenzen.

Noch herrschte im getäferten Raum mit den vielen farbigen Hotelplakaten die alte Hierarchie. Das grösste Ansehen genossen wie in den mageren ersten Nachkriegsjahren die Herren von der «Passage». Sie kümmerten sich um das Übersee- und Auswanderungsgeschäft, das nach wie vor der wichtigste Umsatzträger war. Kuoni war gemäss einem aus dem Jahr 1888 stammenden Gesetz als Auswanderungsagentur konzessioniert. Die Leiter der Passageabteilungen mussten sich über einen guten Leumund ausweisen und in Bern eine Prüfung ablegen, in der vor allem geografische Fragen gestellt wurden. In ein grosses Auswandererbuch wurden die Personalien der Kunden eingetragen; sie mussten allmonatlich dem Bundesamt für Industrie, Gewerbe und Arbeit (BIGA) nach Bern gemeldet werden. Auch die Filialleiter in der Schweiz hatten eine Prüfung abzulegen und wurden zu «Unteragenten» ernannt.

An die Stelle von Albert Huber, dem Weggefährten von Firmengründer Alfred Kuoni, trat der junge Jack Bolli. Mit zum Team, das sich nicht nur vor den Kunden respektvoll siezte, gehörten der sprachbegabte Bündner Christian Möhr und Hans Ruedi Egli, der spätere Generaldirektor. Die Herren waren immer dunkel gekleidet und erhoben sich

Unten: Chef und Mitarbeiter: Jack Bolli (links) und Hans Imholz an einem Personalanlass 1958 in Zürich.

Oben: Christian Möhr;
unten Hans Ruedi Egli.
Grosses Bild: Harry
Hugentobler, dem Ver-
trauten und Nachfolger
des Firmengründers,
wurde an einem
Personalabend 1958
eine Krone aufgesetzt.

schnell von ihren Sitzen, wenn ein Kunde den Raum betrat. Hinter den Korpussen, mit einer verglasten Trennwand vom Schalterbetrieb abgetrennt, sass auf leicht erhöhtem Posten an einem kleinen Schreibtisch Firmenchef Harry Hugentobler und beobachtete das Geschehen im kleinen Geschäft wie aus einem Adlerhorst. Wenn ein Angestellter am Telefonieren war und ein Kunde wartete, pflegte er mit seinem Siegelring ungeduldig auf die Marmorplatte des Schaltertresens zu klopfen. Da wusste jeder Angestellte: Der Chef ist ungeduldig. Ihm wäre es aber nie eingefallen, sich selbst um den Kunden zu kümmern; alle Zeitgenossen bestätigen übereinstimmend, dass er sich das fachlich nicht zugetraut hätte. Er war lieber Organisator und Kontrollorgan im Hintergrund, bewehrt mit einem legendären Sinn für kostensparende Details. Hugentobler bückte sich nach jeder Büroklammer und bestand darauf, dass die Umschläge von eingegangenen Briefen aufgeschnitten und als Konzeptpapier wieder verwendet wurden. Berühmt war sein Tick, in jedem Raum das Licht zu löschen, sobald der Tag seiner Meinung nach hell genug war. «Tönd's mer spare!», pflegte er dabei zu sagen. Kaffeepausen während der Arbeitszeit wurden nicht geduldet. Die jüngeren Angestellten entwickelten eine nicht geringe Fertigkeit, sich unbemerkt zu verdrücken, wenn sie tagsüber ihre Freundinnen treffen wollten. Mitten im Verkaufsraum befanden sich auch die Telefonzentrale sowie eine Kabine für den Verkauf der Theater-Tickets.

Am zweiten grossen Korpus, dem «Europa-Schalter», wurde das übliche Tagesgeschäft abgewickelt: Bahnbilletts, Hotelreservationen, Pauschalreisen in Europa – und die ersten Pauschal-Arrangements nach Ägypten oder Kenia. Reisen war noch immer das Privileg der begüterten Kreise, und Kuoni war deren traditionelles Vertrauenshaus für alles Organisatorische. Eine Kenia-Safari konnte ohne weiteres 10 000 Franken und mehr kosten.

## Das Reisebüro als städtischer Treffpunkt

Nach wie vor gehörten zu Kuonis Tagesgeschäft auch die Theaterkasse an einem separaten, verglasten Schalter beim Eingang und der Verkauf von Bahnbilletts. Auch hier herrschte scharfe Konkurrenz, wie eine Stichprobe in der Zürcher Agenda vom März

1951 zeigt. Wenn im Hallenstadion Kübler/Koblet um den Forsanose-Preis spurteten, musste man den Vorverkauf bei Danzas gegenüber benützen, dem damals schärfsten Wettbewerber von Kuoni. Im Casino Aussersihl trat der Komiker Fredy Scheim täglich im Lustspiel «Prof. Dr. Horoskopus Spinelli» auf. Er machte den Vorverkauf selber und lockte dafür mit niedrigen Eintrittspreisen zwischen Fr. 2.20 und 4.40. Bis zu Fr. 7.70 konnte anlegen, wer bei Kuoni «Kalanag und Gloria – Europas grösste und schönste Zauber-Revue» mit vierzig Mitwirkenden und Orchester buchte ...

Das Tagesgeschäft lief gut, die Rappenbeträge aus den Vorverkaufs-Kommissionen summierten sich und halfen die hohen Miet- und Betriebskosten decken. Immer am Monatsende, von Oktober bis April, wurden die Vorverkaufs-Kontingente für die Aufführungen des folgenden Monats freigegeben. Da standen die Käufer manchmal in Schlangen, die bis zum Eingang des benachbarten Hotels Schweizerhof reichten.

Die verkehrsgünstige Ecklage am Bahnhofplatz war auch ein erstklassiger Werbeträger für das Reisebüro. Kuoni am Bahnhofplatz wurde zum geläufigen städtischen Treff-

Gleiche Stelle, aber ein Zeitsprung von etwa 35 Jahren: 1946 sah die Fassade des Kuoni-Hauptsitzes am Bahnhofplatz wie ein grosses, dicht besetztes Schaufenster aus (oben). In den 80er Jahren strahlte sie sachliche Vornehmheit aus (unten).

Fred Bossard, einer der
weitest gereisten Kuoni-
Reiseleiter, und sein
legendärer Koffer.

# «Vous connaissez Paris, Monsieur...»

### Fred Bossard hat 275 Kuoni-Reisen geleitet

Eigentlich wollte er nur einen Onkel besuchen,
der in Paris lebte. Also bewarb sich der junge
Kuoni-Schalterangestellte Fred Bossard im Frühjahr 1951 um eine Reiseleitung. «Ich sprach
leidlich Französisch, aber alles über die Stadt
musste ich anhand von Fremdenführern und
Stadtplänen auswendig lernen.» Auf der Fahrt
vom Gare de l'Est zum Boulevard Montparnasse,
wo unser Hotel lag, stimmte meine Strassenein-
teilung plötzlich nicht mehr. Ich fragte den
Chauffeur, warum er einen Umweg fahre. Da
antwortete er: «Ah, vous connaissez Paris assez
bien, Monsieur!» Da sei eben eine Umleitung...
Als die Gäste schlummerten, erkundete der junge
Reiseleiter bis ein Uhr früh das Metro-System.
Am nächsten Nachmittag, nach der von einem
lokalen Führer bestrittenen Stadtrundfahrt,
lud er Freiwillige aus seiner Gruppe zu einer
Führung in den Pariser Untergrund ein. Auf der
Heimfahrt hörte der junge Mann mehrmals:
«Herr Bossard, man hat schon gemerkt, dass Sie
Paris kennen wie Ihren Hosensack!»
Das war der Anfang einer klassischen Kuoni-
Reiseleiterkarriere, die mehr als 25 Jahre und
275 Gruppenreisen in alle Welt umfasste.
Fred Bossard, geboren 1924, schwört mit seinen
80 Jahren: «Ich bin vom Reisen noch immer
begeistert wie am ersten Tag. Das ist das
Wichtigste an diesem Beruf. Zweitens: Man
muss die Menschen gern haben, so, wie sie sind
– und man muss einstecken können. Ich habe
mir immer gesagt: Für die Leute bist du ‹der Herr
Kuoni›, sie haben niemand anderen, an dem sie
ihren Ärger auslassen können, hinter dem oft
Unsicherheit steht.»
Fred Bossard begleitete die ersten Kuoni-
Gruppenreisen nach Ostafrika (1956) und – un-
vergesslich! – die Weltreise des Zürcher Grasshoppers-Clubs von 1954. In 54 Tagen absolvierte
die Fussballer-Generation von Robert Ballaman,
Hannes Schmidhauser, Roger Vonlanthen und
Thommy Preiss 21 Spiele in den USA, Mexiko,
Südamerika und Fernost und gewann deren
18. «Verwirrung herrschte in Djakarta», erinnert
sich der Reiseleiter, «als ich mit einer grossen
Gruppe lebender Menschen am Flughafen-
schalter eintraf. Aufgrund der telegrafischen
Buchung für ‹Grasshoppers› hatten sich die
Leute auf einen Frachtflug mit Heuschrecken

vorbereitet, die dort als Delikatesse gelten.»
In den späten 50er und frühen 60er Jahren,
als ein Arbeiter weniger als 1000 Franken im
Monat verdiente, kostete eine 30-tägige Ost-
afrika-Safari bis zu 15 000 Franken. Da war
individueller Service oberstes Gebot. «Ich hatte
bald mein eigenes Stammpublikum und wurde
im Bekanntenkreis empfohlen. Immer wieder
musste ich mich an Wochenenden bei Kunden
zum Tee einfinden, die mich kennen lernen
wollten, bevor sie die Reise buchten.» In den
60er und 70er Jahren beschäftigte Kuoni bis zu
150 Reiseleiter, davon etwa einen Drittel fest
über das ganze Jahr, die anderen saisonal oder
auf Tagesbasis. Ihre Reiserapporte waren die
wichtigsten Führungsmittel für Jack Bolli und
seine Manager. Sie waren detailliert bis zum Sitz-
komfort der Flughafenbusse. Der persönliche
Kundenstamm der Profi-Reiseleiter war überaus
wichtig, wie der langjährige Generaldirektor Kurt
Heiniger bestätigt. «Persönlichkeiten wie Fred
Bossard konnten einfach ihre Stammkunden anrufen, und schon war wieder eine Zwanziger-
Gruppe beisammen. Darüber waren wir oft froh,
vor allem, wenn wir bei Kettenarrangements
flaue Daten auffüllen mussten.»
Kuoni war die erste Firma in der Branche, die
ihre Reiseleiter systematisch ausbildete. Kenntnisse der Sprachen und der Destinationen
wurden vorausgesetzt; trainiert wurde jedoch
Reisetechnik, Psychologie und Gruppendynamik.
Kuoni hat, so Heiniger, damals immer darauf
geachtet, dass ein Reiseleiter unter normalen
Umständen höchstens dreissig Gäste zu betreuen
hatte. «Ich hätte diesen Job nicht dauernd
machen wollen», erinnert sich der Reise-Profi,
der gelegentlich auch als Reiseleiter gearbeitet
hat. «Als die Leute noch nicht so sprach- und
reisegewandt waren, musste man für alles sorgen
und an alles denken: Speisekarten übersetzen,
beim Bestellen und beim Zahlen helfen, Geld
wechseln. Und wenn die Teilnehmer assen oder
schliefen, haben wir Abrechnungen geschrieben
oder uns auf den nächsten Tag vorbereitet.»
Was macht ein Reiseleiter, wenn ihm in den
Tempelanlagen von Angkor Wat ein Teilnehmer
ins Wort fällt und darauf besteht, das Denkmal
stamme aus der 13. und nicht, wie verkündet,
aus der 14. Dynastie einer Kaiserfamilie mit
unaussprechlichem Namen? Was antwortet man
einem bodenständigen Berner Baumeister in

den Ruinen des Forum Romanum auf die Bemerkung: «Was, das ist zweitausend Jahre her? Da sieht man wieder, die Italiener, diese faulen Hunde, haben noch nicht einmal aufgeräumt!» Fred Bossard hat früh gelernt, in solchen Fällen leer zu schlucken und dem Gast lächelnd Recht zu geben.

Aber was tun, wenn man mit 85 Reisenden an Bord nach der Landung in Osaka erfährt, dass die Trauminsel Bali wegen des Besuchs des sowjetischen Regierungschefs Nikita Chruscht-schew für alle Touristen gesperrt ist? Bossard und der Kuoni-Mann in Japan improvisierten ein Ersatzprogramm in Hongkong und mussten sich in fliegender Eile um Visa kümmern, was trotz des geheiligten Wochenendes gelang. Als er in einer Hotelhalle die unangenehme Nachricht verkündete, schäumte die Gruppe vor Wut; die Reisenden kündigten Schadenersatzforderungen an, hatten aber keine andere Wahl, als sich zu fügen. Dass hinterher keine einzige Reklamation eingetroffen war, sprach für das Geschick des Reiseleiters.

Nichts Menschliches bleibt einem fremd, der anderen Menschen zu einmaligen Reise-erlebnissen verhilft. Ein älterer Herr, gewesener Oberst, starb in Rio de Janeiro und wurde dort begraben. Ein Schwede reiste ohne Gepäck durch ganz Ostasien und musste nach etlichen Tagen diskret überredet werden, Ersatzhemden und -wäsche zu kaufen. Eine österreichische Dame verliess in Hongkong ihr Hotel nie; nach ein paar Stunden stellte sich heraus, dass sie praktisch blind war.

In Barcelona hatte sich ein Gast beim abend-lichen Rundgang durch das Barrio Chino von der Gruppe entfernt. Am nächsten Morgen, als es an die Rückreise ging, fehlte der Mann. Seine Frau war ausser sich. Fred Bossard ahnte, was geschehen war. Er schickte die Gruppe zum Flughafen voraus, raste im Taxi zu der fraglichen Adresse, die kein Restaurant war – und holte den Abenteurer zum Erschrecken seiner Gespielin aus dem fremden Bett. «Dass mir die erleichterte Ehefrau hinterher alle Schande sagte, weil ich ihren Mann verloren hatte, nahm ich schweigend in Kauf.»

GRASSHOPPER-CLUB

ZÜRICH

| GRUPPE 1 : Teilnehmer der Reise "Rund um die Welt" | | |
|---|---|---|
| Hr. Ballaman Robert | Langwiesstr. 1 | Zürich |
| Hr. De Biasio Robert | Weststrasse 24 | Wil/SG |
| Hr. De-Terra Max | Seestrasse 32 | Zollikon |
| Hr. Dr. Paul Faber | Falkenstrasse 4 | Zürich |
| Hr. Ivo Frosio | Hirschengraben 62 | Zürich |
| Hr. Johann Hagen | Werdstrasse 125 | Zürich |
| Hr. René Kern | Badenerstrasse 588 | Zürich |
| Hr. Friedr. Kiener | Hofwiesenstr. 15 | Zürich |
| Hr. Otto Kübler | Sonneggstr. 86 | Zürich |
| Hr. Anton Kunz | Zentralstr. 4 | Zürich |
| Hr. Edmund Leemann | Langackerstr.48 | Zürich |
| Hr. Bruno Martinelli | Wehntalerstr. 298 | Zürich |
| Hr. Wilhelm Neukom | Birchstrasse 634 - | Zürich |
| Hr. Hannes Schmidhauser | General Willestr.1 | Zürich |
| Hr. Sutz Hans | Cinema Palace | Zürich |
| Hr. Willi Treml | Schimmelstr. 16 | Zürich |
| Hr. Ulrich Vetsch | Eisenbahnerstr. 14 | Zürich |
| Hr. Gaston Vonlanthen | Forchstrasse 220 | Zürich |
| Hr. Roger Vonlanthen | Forchstrasse 220 | Zürich |
| Hr. Branislav Vukosavljevic | Culmanstr.1 | Zürich |

Oben: Grosse Namen des Schweizer Fussballs auf der Teilnehmerliste der Reise um die Welt, die der Zürcher Grasshoppers Club um die Jahreswende 1954/55 unternahm.
Unten: Kuoni-Gast Hannes Schmidhauser, der Schweizer Fussball- und spätere Filmstar, läuft in Hongkong zu einem Freundschaftsspiel ein.

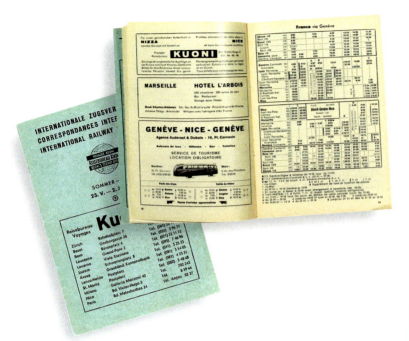

In Fahrplänen und mit Briefen warb Kuoni in den 50er Jahren noch intensiv um den Verkauf von Schweizer Inland-Bahnbilletts, u.a. mit dem Versprechen, den Kunden die Fahrkarten spesenfrei ins Büro oder nach Hause zu liefern.

punkt. Klar, dass da auch viele Zufallsgeschäfte anfielen, wenn es ums Verreisen ging. Jack Bolli, der spätere Unternehmensleiter, war immer überzeugt, dass die Lage des Hauptgeschäfts am Bahnhofplatz und seine attraktiven Schaufenster wichtige Grundlagen für den Markterfolg von Kuoni gewesen seien.

## Aus dem Wissensvorsprung wird ein Geschäft

Natürlich hätten die Leute, die nur Fahrkarten brauchten, auch direkt zur Bahn gehen können. Aber vor allem die reisegewohnten Kunden wussten längst, dass sich die Reisebüro-Fachleute mit den Anschlüssen und all den Schlafwagen-Arrangements besser auskannten als die SBB-Beamten, die damals noch stark auf den Inlandverkehr fixiert waren. Aldo Froesch, der spätere Leiter der Kuoni-Filiale Locarno, der damals als Ferienablösung im ganzen Schweizer Kuoni-Filialnetz herumkam, erinnert sich: «Unser Wissensvorsprung war enorm. Für das Ausstellen und Abrechnen eines Billetts Locarno–London brauchte man mitunter bis zu einem halben Tag. Das war eine ausgezeichnete Schule für die Lehrlinge. Sie lernten, Fahrpläne zu lesen und auf wichtige Details wie Zeitzonen zu achten.»

Wenn der Fahrplan feststand, bestellte der Kuoni-Berater am Bahnhofplatz das benötigte Ticket mit einem Zettel, auf dem es hiess: «waiting». Mit der Rohrpost wurde die Bestellung ins «Stockbüro» in die erste Etage geschossen, wo jede so gekennzeichnete Bestellung mit Vorrang bearbeitet wurde, weil der Kunde ja wartete. Im Gegensatz zur SBB hatte Kuoni auch die Vertretung internationaler Schlafwagengesellschaften wie Mitropa. In der Werbung wurde immer wieder betont, dass man bei Kuoni den genau gleichen «offiziellen» Preis bezahle wie am Bahnschalter. Die Kommission betrug zwischen sechs und zehn Prozent. Die SBB schaffte schon damals Anreize, indem sie am Ende des Geschäftsjahres eine «Overriding Commission» von drei bis fünf Prozent auf die gegenüber dem Vorjahr erzielte Umsatzsteigerung entrichtete.

Natürlich wurde der Kunde, der sich Bahnbilletts besorgte, auch höflich nach seiner Unterkunft am fremden Zielort gefragt und mit einem Hotel bedient, wenn er es wünschte. «Es gab in jeder Stadt bevorzugte Häuser», erinnert sich der spätere Generaldirektor Kurt Heiniger, der ab 1956 in den Schulferien Aushilfsdienste leistete und 1959 als Junior-Angestellter bei der Kuoni-Tochter Bellevue Reisen AG eintrat. Dort wurde er ohne Training gleich an den Schalter gestellt. «Wir wurden angehalten, bestimmte Hotels zu empfehlen, was wir taten, ohne diese zu kennen. Massgebend war das firmeninterne Hotel-File mit mehreren Ordnern, in denen die Unterlagen abgelegt waren. Die Höhe der Provision war nie ein Thema, und niemand hat sie uns je genannt. Wir wurden in keiner Weise auf Umsatz trainiert, aber streng dazu angehalten, so schnell wie möglich abzuschliessen und so viele Kunden wie möglich zu bedienen. Die Wartezeiten waren manchmal enorm. Die Verkäufe wurden betragsmässig nicht optimiert, eine Verkaufsschulung, die diesen Namen verdient hätte, gab es auch nicht. Wenn zum Beispiel jemand an die Riviera di Levante fahren wollte, hatten wir in unseren Zeigebüchern die Prospekte und Fotos von vierzig bis sechzig Hotels in Viareggio, Forte dei Marmi oder Camaiore. Wichtig war, in welcher Häuserreihe zum Meer das Hotel stand; die zweite Reihe war am beliebtesten, weil nah am Lido und dennoch

---

**Rimini, Miramare di Rimini**

**Hotel Sporting, Rimini**

Hotel direkt an der Strandpromenade gelegen, 2 Lifts, jedes Zimmer mit Dusche, WC, Telefon und Balkon, alle Doppelzimmer mit Bad und Meersicht. Internationale Küche. Menu à la carte. Garten, Privatstrand, gedeckter Parkplatz.

**Hotel Milton, Rimini**

Das Hotel ist zentral und ruhig gelegen, nur 30 Meter vom Meer entfernt. Alle Zimmer mit Dusche und WC sowie Balkon und seitlicher Meersicht. Einzelzimmer nur auf Anfrage. In der Nähe befinden sich Tennisplätze, Rollschuhbahn und Minigolfplatz. Aufenthaltsräume, Lift. Gutes Essen und aufmerksame Bedienung.

**Hotel Villa Adriatica, Rimini**

Zentrale Lage, 80 m vom Meer entfernt. Fast alle Zimmer mit Dusche, Balkon und einige mit Meersicht. Aufenthaltsräume, Bar, kleiner Garten. Parkplatz.

**Hotel Vannucci, Rimini**

100 m vom Strand entfernt, 65 Betten. Alle Zimmer mit fliessendem kaltem und warmem Wasser, sehr viele mit Dusche und WC. Balkon auf Anfrage. Kleiner Garten, Sonnenterrasse, Kabinen am Strand. Parkplatz. Schweizer Leitung.

**Hotel Touring, Miramare di Rimini**

Neues Hotel, direkt an der Strandpromenade gelegen. Alle Zimmer mit Dusche, WC, Balkon und Meersicht, auf Anfrage mit Bad oder Unterkunft in Appartements. Aufenthaltsräume, Bar, gute Küche und Bedienung, Klimaanlage im Speisesaal. Gedeckte Parkplätze.

**Hotel Astor, Miramare di Rimini**

Gutes Zweitklasshotel, direkt am Meer gelegen. Alle Zimmer mit Dusche, WC, seitlicher Meersicht und Balkon. Zimmer mit Bad und frontaler Meersicht auf Anfrage. Aufenthaltsräume, Fernsehzimmer, Bar und Terrasse. Hotel wird vom Besitzer geführt. Gute Küche und aufmerksame Bedienung. Privatstrand. Parkplatz.

Hotelempfehlungen für Rimini im Kuoni-Prospekt (1960): «Alle Zimmer mit Dusche, Schweizer Leitung».

ruhig. Und das beste Argument über Jahre hinweg war ‹Schweizer Küche› oder wenigstens ‹Schweizer Direktion›.»

Das damalige Publikum suchte das Vertraute in der Fremde, vor allem, wenn es um die ersten Entdeckungen im Ausland ging. Nur wenige bewegten sich gern in fremder Umgebung, noch wenige beherrschten eine Fremdsprache so, dass sie sich in fremden Ländern ohne weiteres hätten zurecht finden können. «Begleitete Gesellschaftsreisen» waren der willkommene Ausweg. Bei Kuoni fand dieser erste schüchterne Versuch des Tour Operating gleich neben dem «Stockbüro» in der ersten Etage am Zürcher Bahnhofplatz statt. Der sparsame Harry Hugentobler hatte damals noch nicht die ganze erste Etage gemietet; dort waren noch Leder Pestalozzi, Foto Hausammann und ein Schreibmaschinenhändler ansässig – angesehene Zürcher Firmen auch sie, die diesen hervorragenden Standort ebenfalls nutzen wollten.

## Gesellschaftsreisen – Versuch und Irrtum

Als «Gesellschaftsreise» wurde alles bezeichnet, was über eine normale Familiengrösse hinausging. Die ersten Arrangements nach dem Kriege waren Badezüge an italienische Strände, dann folgten Gruppenreisen nach Florenz, Pisa und Rom.

Annemarie Petermann-Züst, erste Filialleiterin in der Kuoni-Organisation.

### Emanzipation beim Wort genommen

1950 ging die Leitung der Luzerner Filiale an eine Persönlichkeit über, die damals nicht nur in der Kuoni-Organisation, sondern im gesamten Schweizer Reisebürowesen eine Ausnahmeerscheinung war: Annemarie Petermann-Züst, wohl die erste Frau an der Spitze eines bedeutenden Schweizer Reisebüros – und erst noch eine Autodidaktin. «Ich kannte sie als Kundin», erinnert sich Melch Frei, der drei Jahre nach dem erfolgreichen Aufbau der Luzerner Filiale nach einer neuen Aufgabe Ausschau hielt. «Eines Tages kam sie an den Schalter und bewarb sich um eine Stelle. Sie wollte sich scheiden lassen (mit vier minderjährigen Kindern!) Auf meine Frage nach ihren Qualifikationen sagte sie nur: ‹Ich bin sicher, dass ich das kann!›

Ich lehnte ab, weil ich niemand brauchte. Unser Büro war damals ein Einmann-Betrieb. Aber Frau Züst, wie sie damals noch hiess, gab nicht auf, sie kam wieder, buchte Billetts und hat derart insistiert, dass ich ihr schliesslich sagte: Wenn Sie bereit sind, sechs Monate ohne Lohn zu arbeiten, dann können Sie kommen. Das sagte ich halb im Spass und – ehrlich gesagt – in der Hoffnung, sie würde nun endlich Ruhe

geben. Aber sie streckte mir ungerührt die Hand entgegen und sagte «Einverstanden!». Da hatte ich keine andere Wahl mehr und schlug ein.

Ich habe sie nach Strich und Faden geschlaucht. Sie musste alle Grenzorte in Europa auswendig lernen – und sie schaffte es anstandslos. Inzwischen wusste ich, dass ich die Chance bekommen würde, das neu eröffnete Kuoni-Büro in Paris zu übernehmen. So bin ich zu einer ausgezeichneten Nachfolgerin gekommen. Sie kannte die ganze Luzerner Gesellschaft und brachte uns dadurch viele Geschäfte.»

Später heiratete Annemarie Züst den Feuilletonredakteur des «Luzerner Tagblatts», Dr. Roland Petermann, dessen brillante Reiseberichte stark beachtet und häufig nachgedruckt wurden.

Während sich damals ganze Generationen von Kuoni-Mitarbeiterinnen wie selbstverständlich damit abfanden, dass höhere Positionen für sie nicht erreichbar waren, nahm Annemarie Petermann-Züst die Emanzipation beim Wort, lange bevor der Begriff Allgemeingut war.

Die ersten Badereisen wurden in den frühen fünfziger Jahren als Gemeinschaftsaktion der Zürcher Reisebüro-Vereinigung organisiert. Die Abwicklung wurde dem Reisebüro der Bank Leu übertragen; anscheinend war Kuoni den eifersüchtig wachenden Konkurrenten schon damals zu gross. Jeweils an den Freitag- und Samstagabenden von Ende Mai bis Mitte September verkehrte der «Adria-Express» zwischen Zürich und Rimini. Mit fahrplanmässigen Zügen waren auch Riviera-Arrangements bis Ventimiglia erhältlich. Kuoni-Mitarbeiter sorgten zusammen mit der Speisewagengesellschaft während des Wochenendes für die Verpflegung der Reisenden und waren am Montag pünktlich wieder im Büro. Für ihren Sondereinsatz erhielten sie fünfzig Franken. Hans Ruedi Egli bemühte sich früh, über den Schweizerischen Reisebüroverband alle konkurrierenden Badereisen-Anbieter mit der SBB unter einen Hut zu bringen, um die kurze Saison besser auszunützen. Daraus entstand die 1972 gegründete Railtour Suisse SA.

Wagemutigere Touristen reisten in den fünfziger Jahren nach Spanien und Ägypten. Die erste Übersee-Destination war um 1953 Kenia mit seinen Safaris. Die Marke Kuoni etablierte sich für Gruppen- und Vereinsreisen fast beiläufig und wie absichtslos. Eine Verkaufsplanung gab es zunächst nicht, geschweige denn eine wie auch immer geartete Marktforschung oder gar eine Marketing-Strategie. Der Kuoni-Verkäufer, der – häufig über seine privaten oder sportlichen Beziehungen einen Interessenten, einen Verein vielleicht oder eine Firma an Land gezogen hatte, betreute dessen Projekt vom ersten bis zum letzten Schritt. «Wir besprachen uns mit dem Kunden und versuchten, seine

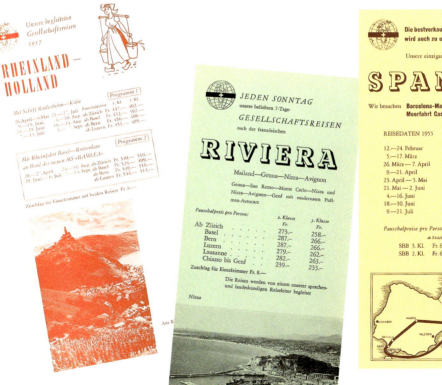

Hausgemachte Prospekte
für die Gesellschaftsreisen
der 50er Jahre.

Wünsche mit den Möglichkeiten in Einklang zu bringen», erzählt Kurt Heiniger. «Zunächst waren das vielleicht Reisen nach Paris oder Wien über die Festtage, dann im Sommer Badereisen, vorzugsweise an die Adria, denn die Riviera war vielen Schweizern schon zu teuer. Ich plante die ersten Reisen, ohne selber je im Ausland gewesen zu sein. Kursbücher und Adresslisten mussten genügen. Billetts und Hotelreservationen wurden brieflich besorgt, allenfalls per Fernschreiber. Der war bis zur Erfindung des Telefax das zentrale Kommunikationsmittel. Telegramme kamen nur in Notfällen in Frage, oder wenn der Kunde die Kosten übernahm. Dasselbe galt für Ausland-Telefonate. Ein kurzes Gespräch nach New York für eine Hotelreservation kostete damals noch zwischen 50 und 100 Franken.»

## Ein Anruf ins Ausland – ein kleines Abenteuer

Nicht selten geschah es, dass der Sachbearbeiter im Zürcher Büro seine Gruppe gleich auch als Reiseleiter zu betreuen hatte; so kam das ahnungslose Schalterpersonal nach und nach doch noch zu einiger Welterfahrung. «Am Schalter ging es vor allem darum, nicht nur die Wünsche, sondern auch das finanzielle Potenzial des Kunden zu erfahren, d.h. herauszufinden, wieviel er für seine Reise wirklich ausgeben wollte. Darauf legte der ältere Kollege, der mich einarbeitete, grössten Wert. Am Anfang musste ich immer so tun, als würde ich die ganze Welt kennen – und das ergab sich dann ja auch mit der Zeit. Weil ich den ganzen Auftrag durchs Backoffice begleiten musste und alles noch von Hand gemacht wurde, lernte ich die Zusammenhänge und die kleinen Tricks schneller als aus jedem Handbuch. Schon Telefonieren – etwa nach Spanien oder Griechenland – war ein kleines Abenteuer, das beim Fernamt begann und nicht selten an der Sprachbarriere vorzeitig endete.»

Das Atomium, Wahrzeichen der Weltausstellung von Brüssel (1958).

Nicht unwichtig war in der Wertschöpfungskette des Reisebüros der fünfziger Jahre übrigens das Geldwechselgeschäft. Daraus zog Kuoni im Durchschnitt eine Marge von ansehnlichen zehn Prozent. Manchmal wurden die fremden Banknoten den Kunden einfach im Couvert per Post zugestellt. Der Dollar-, Pfund- und Lire-Vorrat war im grossen Tresor hinten im Verkaufsraum gestapelt. Wer etwas brauchte, trug die Entnahme in ein Milchbüchlein ein. Das war während Jahren die einzige Kassenkontrolle. Trotzdem kam es nur selten zu Fehlbeträgen oder Unregelmässigkeiten.

Ob Kuoni ein Reiseangebot ins Programm nahm oder nicht, hing in den fünfziger Jahren ausschliesslich von den persönlichen Vorlieben und Beziehungen der einzelnen Mitarbeiter ab, manchmal auch von Anlässen, an die man sich beflissen anhängte, etwa an die Weltausstellung von 1958 in Brüssel. Der junge Verkäufer von damals: «Das Prinzip war: Wenn du eine Idee hast, führst du sie auch aus. Wenn Herr Bolli und Herr Harzenmoser ja gesagt hatten, war man für alles verantwortlich: Planung, Einkauf, Werbung, Durchführung. Unsere ersten Prospekte mit Reiseprogrammen tippten wir eigenhändig auf Schnapsmatrizen.»

## Die Kunden waren entdeckungsfreudiger als die Anbieter

Zu dieser Zeit waren es die Reisebüros, welche neue Destinationen auf den Markt brachten, um ihre Umsätze zu steigern. Auch bekannte Zielorte taten damals noch sehr wenig, um sich beim reisenden Publikum bekannt zu machen. «Man konnte den Leuten fast alles verkaufen», erinnert sich Kurt Heiniger. «Die Mehrheit der Kunden reiste zum ersten oder zum zweiten Mal überhaupt ins Ausland. Nicht dass man diese Unkenntnis ausgenützt hätte: Aber am besten liefen die traditionellen Reiseziele. Wenn einer einmal etwas Neues brachte, das sich nicht gerade als Flop erwies, ahmte es die Konkurrenz sofort nach. Sonne und Meer waren aber bis tief in die sechziger Jahre gefragter als Städteziele; die wurden erst später, mit verlängerter Freizeit und höheren Einkommen, zum Massentrend für Zweit- und Kurzferien. Wir haben einfach Ideen, aber auch Anregungen von Vertretern der einzelnen Destinationen oder Hotels auspro-

Erschliessung wichtiger Ferienstrände durch eigene Niederlassungen: Feier zur Eröffnung der Kuoni-Filiale in Puerto de la Cruz (Teneriffa, 1967).

biert. Was Anklang fand, wurde wiederholt. Die Kunden hörten auf die Berater und Verkäufer; sie waren eigentlich häufig experimentierfreudiger als wir Anbieter.»

Nach Italien war Spanien das bevorzugte Ferienziel, zunächst vor allem die Costa Brava, weil diese mit der billigen Bahn gerade noch erreichbar war. Die ersten Flüge führten dann nach Mallorca, Malaga und auf die Kanarischen Inseln. Hohe Frequenzen machten auch Tunesien, Rhodos, Korfu und Istrien. Die Leute wollten einfach ans Meer.

### «Volkstümlich reisen»

Schon damals versuchte Kuoni, durch einen zweiten Verkaufskanal das Segment der immer zahlreicher werdenden populären Kundschaft zu erschliessen. Der frühe Vorgänger von Helvetic Tours hiess Bellevue Reisen AG und trat mit dem Slogan «Volkstümlich reisen!» am Markt auf. Nach aussen wurde die Verbindung mit Kuoni geheim gehalten. Aber natürlich sorgte die Konkurrenz für die entsprechende Information der Kundschaft. Auch intern kam es – vor allem bei den nur mit Mühe unterscheidbaren Badeferien-Arrangements – immer wieder zu Reibungen. Bellevue-Reisen wurde nach wenigen Jahren eingestellt.

Schon in den ersten Nachkriegsjahren machte Kuoni den ersten Internationalisierungs-Schritt: von der Zürcher Firma mit einigen Filialen zum nationalen Reisebüro mit starker europäischer Vernetzung. Die in der Zwischenkriegszeit ab 1925 gegründeten und bis auf wenige Ausnahmen kriegshalber geschlossenen Filialen im In- und Ausland hatten der Betreuung der Gäste gedient, die man aus Zürich und der Schweiz in die Welt sandte. Die neue Filial-Generation entstand, um auswärtige Lokalmärkte zu bearbeiten und das sich anbahnende gewaltige Wachstum des Reisemarkts abzuschöpfen. Zugleich wurde das unternehmerische Risiko geografisch verteilt. So entstanden in allen bedeutenden Schweizer Städten Kuoni-Filialen (Basel 1936/1968, Bern 1948, Luzern 1927/1950, Interlaken 1957, Genf 1962 und Lausanne 1929/1971 usw.) Bald bildeten sie das Rückgrat der stärksten Reisebüro-Organisation des Landes und sicherten deren Konkurrenzvorsprung – jedenfalls so lange, als das Reisen etwas Ungewohntes und die Reiseplanung entsprechend beratungsbedürftig und kontaktintensiv war.

Zugleich waren die Filialen ein hervorragendes Trainingsgelände für den Führungsnachwuchs. Kurt Heiniger zum Beispiel wurde 1963 als 23-Jähriger an die Spitze der Filiale Bern mit damals fünfzehn Mitarbeitenden gesetzt. Die Ablösung geschah sehr schnell, da sein Vorgänger einer mittelamerikanischen Botschaft zu viel Kredit gegeben hatte. Im Schutz der diplomatischen Immunität blieben die vornehmen «Kunden» das Geld schuldig. Als die Ausstände die für damalige Verhältnisse ungeheuerliche Summe von 250 000 Franken erreicht hatten, wurde der Filialleiter entlassen, und Kurt Heiniger erhielt von seinem Chef Jack Bolli den Auftrag: «Jetzt musst Du unser Geschäft von den Filialen her verstehen lernen.»

Kurt Heiniger

Das Reisebüro-Geschäft ist «people's business», erstaunlich lokal und viel individueller, als man denkt. Nirgends konnte dies die nachrückende Manager-Generation besser erfahren als in den Filialen. In Bern hatte man seit dem nie gedeckten Verlust gelernt, im Umgang mit Diplomaten zugleich höflich und zurückhaltend zu sein. In Luzern, wo Kuoni 1948 – zunächst im Hause der Kreditanstalt am Schwanenplatz – eine Niederlas-

Kuoni-Niederlassung am
Schwanenplatz in Luzern
(60er Jahre).

sung eröffnete, lag das Schwergewicht auf dem Incoming und dem Ausflugsgeschäft mit
den Touristen. Dies wurde bestätigt durch die Tatsache, dass die Filiale in den ersten
zwei Jahren nur während der Sommersaison geöffnet war; so unbedeutend war damals
der lokale Umsatz mit reisefreudigen Luzernern und Innerschweizern noch.

## Incoming: Neustart an der Côte d'Azur

Unmittelbarer Anlass für die Eröffnung in Luzern war die erste Welle des Tourismus
aus den USA gewesen, die ausgelöst wurde durch die in Deutschland stationierten amerikanischen Besatzungssoldaten. Sie machten gerne Ferien in Luzern und der Zentral-
schweiz, um hier ihre Angehörigen zu treffen. Erster Filialleiter war Melch Frei,
der spätere langjährige Chef des Incoming-Departements. Er erinnert sich: «Die GIs
kamen in Gruppen, fast ganze Regimenter stark. Sie sahen schmuck aus in ihren Uniformen, die Mädchen und Frauen waren entsprechend fasziniert von ihnen. Normaler-
weise blieben sie eine oder zwei Wochen. Wir organisierten die üblichen Ausflüge auf
Rigi und Pilatus, aber eine organisatorische Verbindung mit der amerikanischen Armee
gab es nicht, geschweige denn Direktaufträge von dieser Seite. Meist kamen die GIs wie
alle anderen Kunden an den Schalter.» Während schon 1948 der Besucherverkehr der
Armeeangehörigen abflaute, kamen immer mehr zivile US-Touristen – meist auf dem
klassischen «Golden Pass» über Montreux und Interlaken nach Luzern, der letzten
Station der Schweizer Reise, wo die Uhren eingekauft wurden. Ausgangspunkt vieler
solcher Europareisen war Nizza, wo Kuoni – wir erinnern uns – seit 1925 und sogar
während des Krieges immer aktiv gewesen war und einen soliden Konkurrenzvorsprung
besass.

Kuoni-Personal in Nizza
(1953).

Hermann Bleher, der weltgewandte Filialleiter an der Côte d'Azur, machte vor, was sich später zum Funktionsprinzip der internationalen Reiseorganisation schlechthin entwickelte: dass sich die einzelnen Büros die Bälle zuspielten. Was beim einen als «Outbound» das Land verliess, kam beim anderen als «Incoming» an. Bleher schickte unablässig amerikanische Gruppen in die Schweiz. Melch Frei betont, wie erpicht die Schweizer Kuoni-Organisation darauf war, die Vertretung der gleichen amerikanischen Reisebüros zu erhalten, die mit Bleher in Nizza zusammenarbeiteten.

Hermann Bleher war der Erste, der an der französischen Riviera das Incoming professionell aufbaute. Die Gäste aus USA waren alle «reich», denn dank dem damaligen Wechselkurs des Dollars (1 Dollar = sfr. 4.30) war für sie alles leicht erschwinglich. Manche blieben sechs Wochen in Europa, reisten mit Privatchauffeur und privatem Reiseleiter. Über die Trinkgelder, die die Amerikaner in Unkenntnis der Währungsdifferenzen verteilten, kursierten unter Chauffeuren, Reiseleitern und Portiers noch während Jahren fantastische Geschichten. Kuoni übernahm das Operating solcher Individualreisen. Für dieses Publikum war der perfekte äussere Auftritt besonders wichtig. Männliche Mitarbeiter waren gehalten, einen Blazer mit Krawatte zu tragen, auch im Hochsommer.

## Kleinvieh macht auch Mist

Von ganz anderer Art war das Tagesgeschäft in einem anderen touristischen Zentrum, in Locarno, wo Aldo Froesch 1939 als kaufmännischer Lehrling bei Kuoni eintrat und nach dem Lehrabschluss 1942 für einen Monatslohn von zunächst 220 Franken übernommen wurde. Das Hauptgeschäft in den Nachkriegsjahren war auch hier die Auswanderung. Es knüpfte an ein bemerkenswertes Phänomen der Tessiner Geschichte an. Schon um die Mitte des 19. Jahrhunderts hatten junge Burschen, aber auch Familienväter in Scharen ihre von Hunger gepeinigten Dörfer in den Tälern verlassen, um den sagenhaften Gerüchten von Goldfunden in Kalifornien nachzureisen. Zwischen 1850 und 1947 fanden etwa 20 000 Tessiner eine neue Heimat in Kalifornien, etwa 7000 siedelten sich in anderen Staaten der Union an. Anfänglich waren die meisten in den Minen tätig, dann wandten sie sich der Landwirtschaft zu. So zählte man noch 1950 in den kalifornischen Bezirken von Marin und Sonoma 250, in Monterey County 228 Bauernbetriebe in der Hand von Tessiner Familien.

Bis ca. 1900 kehrten viele Tessiner als reiche Leute heim in ihre Dörfer, erwarben oder bauten dort stattliche Häuser und unterstützten Heimatgemeinden, Kirchen und wohltätige Werke. Viele traten auch als willkommene Investoren hervor. So entstanden die Schmalspurbahnen in die Tessiner Täler mit Geldern der Auswandererfamilien Soldati, Marai und Pedrazzini. Die Brüder Giovanni und Pietro Delmonico aus Mairengo hinterliessen in der amerikanischen Gastronomie bleibende Spuren; sie gründeten 1827 das berühmte New Yorker Restaurant mit der 100 Seiten umfassenden Speisekarte und dem damals grössten Weinkeller der Stadt. Ihr Neffe Lorenzo Delmonico errichtete das gleichnamige Hotel in Manhattan, das heute noch existiert, ebenso wie die zur Steakhouse-Kette gewandelten Restaurants in verschiedenen amerikanischen Städten.

Vor diesem historischen Hintergrund gedieh im Tessin Kuonis Geschäft mit den Auswanderern. Die etablierten Kalifornien-Schweizer liessen ihre Tessiner Verwandten nachkommen. Die ersten Auswanderer nach 1945 benützten noch die sogenannten Liberty-Schiffe: Truppentransporter, die ihre Leerplätze auch Zivilpersonen überliessen. Die Überfahrt Cherbourg–New York kostete stolze 800 Franken, obwohl es auf den meisten Schiffen keine Kabinen, sondern nur Schlafsäle gab. Kuoni Locarno setzte als Empfangsdame in New York eine Tessinerin ein und schickte die reise-ungewohnten Gäste in ein auf Schweizer spezialisiertes Hotel. Andere Reisearrangements wurden in Locarno nur sporadisch verkauft, solange es für die Gruppenreisen keine italienischen Prospekte und keine italienisch sprechenden Reiseleiter gab.

Während Kuoni Lugano später mit seiner auf die Finanzwelt konzentrierten Geschäftskundschaft während Jahren der stärkste Verkäufer von Concorde-Tickets war, spielte die eng mit Italien verknüpfte Geschäftswelt für Locarno keine grosse Rolle. Aldo

Oben: Aldo Froesch, der Kuoni-Mitarbeiter mit den meisten Dienstjahren. Unten: Schiffsanlegestelle Locarno: Seit 1956 betreibt Kuoni den Billettverkauf für die Schifffahrt auf dem Lago Maggiore.

REISEBUREAU KUONI
KUONI'S TOURIST OFFICE

**REISEBUREAU A. KUONI A.G. ZÜRICH**
BAHNHOFPLATZ 7
FILIALEN IN:
BASEL — LAUSANNE — LOCARNO — LUGANO — ST. MORITZ — PARIS — NIZZA

POSTCHECK VIII 2411
TELEPHON: 3 36 10

TELEGRAMME:
REISEKUONI

MAN BITTET IN DER ANTWORT
GEFL. ANZUGEBEN
REF. */th

Zürich, den 16. März 1942.

Herr Jack Bolli,
Rütistrasse 6,
Z ü r i c h 7.

     Wir danken Ihnen für Ihre Dienstofferte
vom 15.ds., müssen Ihnen jedoch mitteilen, dass wir zurzeit mit genügend Personal versorgt sind und Neuanstellun-
gen daher nicht in Frage kommen.

     Wir bedauern, Ihnen keinen besseren Bescheid
geben zu können und zeichnen

                 hochachtungsvoll
                 Reisebureau A. Kuoni
                 Aktiengesellschaft

MAN BITTET IN DER ANTWORT
GEFL. ANZUGEBEN
REF. AHB

Zürich, den 15.Juni 1945.

Herrn Jack Bolli,
Zieglerstrasse 36
B e r n .
----------

     Wir danken Ihnen für Ihre Dienstofferte
vom 15.ds.Leider können wir momentan noch nicht an eine
Personalvermehrung denken,weil die Verhältnisse im
internationalen Verkehr noch keine günstigen Perspektiven
zeigen,und unsere Tätigkeit noch sehr beschränkt ist.
Immerhin besteht die Hoffnung,dass sich die Situation
in absehbarer Zeit bessern wird,und wir werden zu einem
gegebenen Zeitpunkt event.gerne auf Ihr Angebot zurück-
kommen.Falls Sie bei Gelegenheit einmal nach Zürich
kommen,so sprechen Sie bitte bei uns vor,damit wir Sie
persönlich kennen lernen können.

              Hochachtungsvoll
              Reisebureau A. Kuoni
              Aktiengesellschaft

MAN BITTET IN DER ANTWORT
GEFL. ANZUGEBEN
REF. AHB

Zürich, den 30.August 1945.

Herrn Jack Bolli,
Zieglerstrasse 36
B e r n .
---------

     Wir kommen zurück auf unsere
frühere Korrespondenz und Ihren Besuch vom 3.Juli a.c.
und teilen Ihnen mit,dass wir voraussichtlich in die
Lage kommen werden einen Posten in unserer Firma zu
besetzen.Wir möchten Sie daher bitten,möglichst am
Samstag Nachmittag,den 1.Sept.bei uns zwecks weiterer
Besprechung vorbeizukommen.Unser Bureau ist bis 17 Uhr
geöffnet.

             Hochachtungsvoll

Zweimal erhielt Jack Bolli von Kuoni eine Absage, nach
der dritten Bewerbung wurde er genommen.

## Wer ist bloss dieser Verrückte?

### Das Phänomen Jack Bolli – der Mann, der Kuoni gross gemacht hat

Der Generaldirektor einer Schweizer Grossbank hatte Besuch von einem Kollegen aus
Montevideo. Der erzählte ihm entgeistert von
einem Versuch, mit dem Chef des grössten
Reiseunternehmens der Schweiz einen kurz-
fristigen Termin zu vereinbaren. «Stellen Sie sich
vor, er hat mich auf vier Uhr früh in sein Büro
bestellt. Kennen Sie diesen Verrückten?»
Das Treffen kam zustande. Über allfällige
Geschäfte, die daraus resultierten, ist nichts
bekannt, wohl aber über den Arbeitsstil des Jack
Bolli. Zwischen vier und fünf Uhr früh begann
sein Arbeitstag fast immer, sogar wenn er am
Vorabend erst um oder nach Mitternacht von
einem dieser zeitraubenden Geschäftsessen nach
Hause gekommen war. In den stillen Morgenstunden, wenn kein Anruf störte, las er alles, was
wichtig war, und manchmal noch einiges dazu.
Über Jahrzehnte verliess in wichtigen Geschäften
kaum ein Brief das Haus ohne das Visum von
J.B. Die Kommunikation hielt er im Zeitalter
vor der E-Mail mit gelben Zetteln aufrecht. Aber
die Schriftlichkeit blieb die Ausnahme. Jack
Bolli, Gesamtleiter von Kuoni von 1955 bis 1988,
wirkte durch seine dynamische, liebenswürdige
und gewinnende Persönlichkeit. Sein sportlich
geprägter, freundschaftlicher Umgangsstil
schuf die Firmenkultur einer verschworenen
Equipe.
Zweimal war der Stellenbewerber Bolli von der
Firma Kuoni abgewiesen worden. Das dritte
Mal – er hatte inzwischen 160 Bewerbungen
von Hand verfasst – war eine Stelle frei. Harry
Hugentobler sagte ihm später einmal: «Mir
hat imponiert, dass Sie es immer wieder versucht
haben.» Jack Bolli war zeitlebens ein zäher
Bursche, ein Sportler eben, der nie aufgab. Sein
Vater arbeitete beim Zürcher Tram. Jack Bollis
Berufswunsch war, Stationsvorstand bei der
Eisenbahn zu werden. Das wurde er dann auch,
aber die Neugier war stärker; deshalb die
wiederholten Bewerbungen. Angestellt wurde
Jack Bolli als «Stenodaktylo», weil er die
Kurzschrift auch auf Englisch und auf Französisch
beherrschte und weil gerade keine weibliche
Bewerberin zur Stelle war. Zehn Jahre später war
er Direktor mit Einzelunterschrift. Damals
war Kuoni ein Unternehmen mit 30 Millionen

Franken Jahresumsatz. Jack Bolli: «Herr Hugentobler hat mich wahrscheinlich genommen, weil er sich noch nicht ganz zurückziehen wollte und er einem Jüngeren besser auf die Finger schauen konnte.» Hermann Bleher aus Nizza, der übergangen worden war und aus seinem Ärger kein Hehl machte, wurde später ein guter Freund von Jack Bolli. «Wir haben uns an einen Tisch gesetzt, haben miteinander ein Glas Wein getrunken und abgemacht, dass wir in Zukunft nicht mehr übereinander reden, sondern miteinander.» Typisch Jack Bolli: ein Sportsmann, ein Siegertyp, ein Menschenfischer.

Schnell wurde die steife Atmosphäre am Hauptsitz lockerer. Der Chef war mit allen, auch mit den Lehrlingen, per Du, «weil Respekt nicht von Äusserlichkeiten abhängt». Manchmal forderte Bolli von seinen Mitarbeitern «ein Management des Herzens». Er praktizierte das auch. Immer am Sonntagvormittag rief er Mitarbeitende an, die persönliche oder geschäftliche Sorgen hatten. «Wir fühlten uns dadurch unterstützt und motiviert», erinnert sich einer, der mehr als einen solchen Anruf erhalten hat.

Auf diese Weise schuf Bolli ein sportliches, ehrgeiziges und freundschaftliches Betriebsklima und motivierte sein Team zu Höchstleistungen. Darum gelang es Kuoni, den Schwung des gewaltigen Wachstums auszunützen und namentlich in den 60er und 70er Jahren den entscheidenden Vorsprung zu gewinnen. Jack Bolli war Spitzensportler gewesen: Handballer, 16facher Internationaler beim Zürcher Nobelklub GC (der damals sonst keine Arbeitersöhne aufnahm). Ein Mannschaftsspieler eben! Sie nannten ihn «den Mann mit den zwei Lungen». Auch seine engsten Mitarbeiter wunderten sich immer wieder, wie straff Jack Bolli das Schweizer Stammhaus führte – und wie lang die Leine war, an der er die ausländischen Filialen laufen liess. «Das stimmt», bestätigt er in der Rückschau. «Ich habe das Inlandgeschäft gut gekannt, weil ich darin aufgewachsen bin. Wenn du der Fisch im Wasser bist, ist das Schwimmen einfach. Darum bin ich in der Schweiz auch mehr in die Details gegangen, da habe ich ja jede Kommastelle gekannt. Die Leute im Ausland dagegen kannten ihren Markt besser als ich – und sie mussten kleine Unternehmer sein. Unternehmer haben es aber nicht gern, wenn man ihnen dreinredet.» Dass diese Strategie der langen Leine zu völlig unterschiedlichen Ergebnissen führte, hat Kuoni nicht nur die enormen Profite

in England, sondern auch ernste Sorgen in anderen Ländern eingetragen.

«Dieser Stil wäre heute nicht mehr möglich!» Der dies sagt, muss es wissen. Es ist, in gewohnter Offenheit, Jack Bolli selber. «Ich habe Glück gehabt, eine gute Zeit – und vor allem eine verschworene Gemeinschaft von hervorragenden Mitarbeitern.» Was wohl doch etwas gar bescheiden ist. Hans Lerch, der vierte CEO bei Kuoni seit Bollis Rücktritt, stellt klar: «Jack Bolli war ‹Mr. Kuoni›. Er hat die Firma verkörpert. Mit seiner Vitalität und seinem Optimismus hat er Geschäftspartner, Kunden und Mitarbeiter angesteckt. Er war ein Top-Verkäufer, vor allem bei den grossen Firmen, und hat es fertig gebracht, dass viele wichtige Leute das Wort ‹Reisen› gleich buchstabiert haben wie den Namen ‹Kuoni›. Was immer seit dem Ende seiner langen Zeit gelaufen ist: Der Erfolg und die heutige Spitzenposition von Kuoni hat ganz klar nur einen Grund und einen Namen: Jack Bolli!»

Jack Bolli, bekannt als Captain der Handballer vom Zürcher Grasshoppers-Club (hier als Cupsieger 1949) war später mit strahlendem Charme allgegenwärtig auf dem gesellschaftlichen Parkett (unten).

Froesch und seine Mitarbeiter konzentrierten sich auf Incoming, Ausflüge – und auf ein besonderes lokales «penny business», das sich aber über die Jahre als ausserordentlich einträglich und stabil erwies. 1956 übernahm Kuoni Locarno nämlich die Vertretung der Navigazione del Lago Maggiore (NLM) und organisiert seither den ganzen Billett-verkauf für die Ausflugsschiffahrt auf dem Langensee. Die italienische Gesellschaft wollte sich nicht mit Marketing und Organisation in der Schweiz befassen. Mit dem ziemlich krisenbeständigen Verkauf der Schiffsbilletts machte Kuoni in all den Jahren immer etwa sechs Millionen Franken Umsatz, wovon zehn Prozent Kommission hängen blieben, was einen willkommenen Beitrag an die Fixkosten der Filiale Locarno bedeu-tete. Dazu kamen auch hier die Einnahmen aus dem Geldwechsel, den Kuoni-Hostessen mit tragbaren Kassen auf den Schiffen besorgten – freilich, solange die italienischen De-visenrestriktionen galten, nur auf Schweizer Hoheitsgebiet. In Brissago mussten die mit Bargeld schwer beladenen Hostessen jeweils die Schiffe verlassen. Aldo Froesch behielt die Filialleitung der Navigazione Lago Maggiore über seine Pensionierung hinaus für Kuoni bei. So wurden seine 61 Dienstjahre bei Kuoni zu einem nie wieder erreichten Rekord.

## Scharf beobachtete Branche: Paris in Zeiten des Währungsregimes

Ganz anders geartet waren die Aufbauprobleme in der 1951 neu eröffneten Filiale Paris, in die Melch Frei, unterstützt von Sylvette, seiner Frau und Kollegin aus Lehrlingsta-gen, als Chef einrückte. Die einzige Verbindung zur früheren Kuoni-Niederlassung und deren Geschäften konnte der frühere Buchhalter herstellen, ein Katalane namens Paul Balada. Er hatte in der Kriegszeit die Kuoni-Interessen in Paris wahrgenommen, ein-zelne Kunden betreut, Reservationen durchgeführt und immer wieder Besucher aus der Schweiz durch das Chaos des Gare de Lyon geschleust. Sein Büro hatte er als Unter-mieter bei einer Bank.

In Frankreich wurden noch immer die Devisen bewirtschaftet. Der Geldverkehr musste über ein scharf beobachtetes Clearing-Konto laufen. Die Obrigkeit achtete streng dar-auf, dass für touristische Zwecke nicht mehr Geld das Land verliess als ihm durch Tou-risten aus dem Ausland zufloss. Es war ein offenes Geheimnis und branchenüblich, dass die unvermeidlichen Differenzen immer mal wieder durch unkonventionelle Bargeld-Transfers ausgeglichen wurden. Wenn es sein musste, überschritt auch der Filialleiter gelegentlich die Grenze mit einem gut gefüllten Rucksack. Dennoch liessen sich die Geschäfte in Paris gut an. Schon im ersten Winter wurde die Vorkriegstradition der Ski-Extrazüge nach dem Wallis und dem Berner Oberland wieder aufgenommen.

Sylvette und Melch Frei in Paris.

## Wettbewerb um die Geschäftskunden

Übereinstimmend erklären alle Kuoni-Kaderleute aus der Aufbauzeit der Nachkriegs-jahre, dass nicht Hotelplan mit seinem deutlich verschiedenen Zielpublikum und seiner betont sozialpolitischen Zielsetzung der Hauptkonkurrent auf dem Schweizer Heim-markt gewesen sei. Diese Ehre kam vielmehr Danzas zu, dem internationalen Speditio-onskonzern. In der Nachkriegszeit wuchs das Geschäftsreise-Segment im Gleichtakt

Mit Plakaten erschloss
der Hotelplan von Migros-
Gründer Gottlieb Duttweiler
den Schweizer Reisemarkt
von unten her.

mit der Exportindustrie und der Finanzwelt und erreichte bei Kuoni einen Umsatzanteil von etwa einem Drittel.

Vor allem im Wettbewerb um die firmeninternen Reisebüros (die sogenannten Implants) gerieten Kuoni und Danzas immer wieder aneinander. «Wir haben einander nicht gerade gehasst, aber sehr konkurrenzneidisch waren wir schon», erinnert sich ein altgedienter Kadermann. «Wir haben Danzas nicht gemocht und ihnen nichts gegönnt. Gegenseitig sind wir auf die Kunden des andern losgegangen, was immer wieder zu Reklamationen beim Reisebüroverband führte.» Verbände wurden damals eben noch als Kartellhüter und als Schlichtungsinstanzen verstanden. Erst im Jahre 1995 wurde der Zweikampf zugunsten von Kuoni entschieden, der das gesamte Aktienkapital von Danzas Reisen AG mit 37 fast ausschliesslich im Geschäftsreise-Segment tätigen Verkaufsstellen übernahm. Damit konnte Kuoni seinen eigenen Umsatz in diesem Bereich auf einen Schlag fast verdoppeln. 16 hauptsächlich auf Ferienreisen ausgerichtete Filialen mit einem Umsatz von rund 80 Millionen verkaufte Kuoni weiter an Imholz.

## Die Hans-Imholz-Story

Hans Imholz war ein Kuoni-Mitarbeiter der frühen Jahre. Harry Hugentobler stellte den jungen Mann 1953 frisch von der Handelsschule weg ein, «wohl weil ich auf eine entsprechende Frage versicherte, ich sei Frühaufsteher», wie sich der Reisepionier

Hans Imholz (untere Reihe, 4. von links) mit einer Reisegruppe vor Graumans Chinese Theatre in Hollywood.

Harry Hugentobler und Gattin.

lächelnd erinnert. Imholz begann in der Abteilung Gesellschaftsreisen am Bahnhofplatz als Schreibkraft und Sachbearbeiter. Nach einem Jahr hiess es: Wir haben keinen Reiseleiter fürs Wochenende, gehen doch Sie ... So begann Hans Imholz die weite Welt kennen zu lernen, zunächst auf einer traditionellen Rheinland/Holland-Reise. Imholz bestätigt, dass damals alle Reise-Ideen von ihren Urhebern selbst realisiert werden mussten – mit einer Einschränkung: Die Kalkulation überprüfte sein Vorgesetzter Hans Harzenmoser. Als aus der Abteilung «Gesellschaftsreisen» die Abteilung «Verbands- und Vereinsreisen» hervorging, wurde Hans Imholz mit deren Leitung betraut. Dort fand er die Idee, die ihn zum erfolgreichen Reiseunternehmer machte.

Hans Imholz erinnert sich: «Die Idee war eigentlich aus den vielen Messereisen heraus gewachsen, die wir für Berufs- und Unternehmerverbände organisierten. 1957 installierte uns Jack Bolli als eigenständige Abteilung. Ich sah sofort das riesige Potenzial – und als Sohn eines selbständigen Bäckermeisters konnte ich mich gut im gewerblichen Milieu bewegen. Mit diesem Hintergrund konnte ich auch meinen Drang zur Selbständigkeit nicht unterdrücken. Ich glaubte an mich und an die Idee, folglich konnte ich ohne weiteres an einem Tag von frühmorgens bis abends um 21 Uhr dreissig Verbandssekretäre anrufen und 29 Absagen entgegennehmen – aber ein Geschäft kam immer zustande. Ich kaufte das ‹Jahrbuch des öffentlichen Lebens› und klapperte einfach die Verbandsadressen ab. Die Verbände, die mitmachten, taten es nicht um einer Kommission willen, sondern weil sie ihren Mitgliedern etwas Besonderes zu bieten hofften.»

Über die Gründe des Abgangs von Hans Imholz von Kuoni im Jahre 1961 gibt es widersprüchliche Versionen. Kuoni-Kaderleute sagen, er habe sein Geschäft mit den Verbandsreisen innerhalb der Kuoni-Organisation verselbständigen wollen und eine persönliche Beteiligung verlangt. Andere behaupten, Imholz sei früh mit seiner Idee der Städteflüge bei Jack Bolli abgeblitzt, was dieser bestreitet. Hans Imholz selber betont, er habe sich um jeden Preis selbständig machen wollen. «Ich träumte einfach davon, vielleicht ein halbes Dutzend Angestellte zu haben und von den Berufsreisen zu leben.»

Mit Vereins- und Verbands-
reisen begann das
Gruppenreisegeschäft; hier
das Erinnerungsbild der
Harmoniemusik Concordia
Uzwil (Riviera-Reise
Mai 1950).

Dass daraus die zeitweise drittgrösste Reiseorganisation der Schweiz entstehen würde,
ahnte er noch nicht.

«Schweizerische Zentrale für berufliche Studienreisen» sollte die Imholz-Firma heissen. Der Jungunternehmer, der per Ende August 1961 bei Kuoni gekündigt hatte, wollte
gerade das Geschäftspapier drucken lassen, als ihn sein Bruder warnte. Der kannte nämlich einen Jus-Studenten, der gerade etwas über Markenrecht gelernt hatte und richti-
gerweise vor der Verwendung der Begriffe «schweizerisch» und «Zentrale» warnte. Ein
Patentanwalt gab Hans Imholz den goldenen Rat: «Denken Sie an Franz Carl Weber
oder an Jelmoli! Nennen Sie Ihre Firma doch einfach Hans Imholz!» So geschah es.

Im Gegensatz zu den meisten Konkurrenten, die sich in den 50er und 60er Jahren
allenthalben regten, verliess Kuoni seine Position als Universalanbieter nie. Versuche
zur «Fokussierung» und Spezialisierung, wenn sie denn – wie im Fall von «Bellevue-
Reisen» – überhaupt unternommen wurden, verliefen entmutigend. Also blieb man als
Marktleader sowohl beim Sortiment wie bei den Vertriebsformen breit aufgestellt. Rendite war bei Kuoni allemal wichtiger als Umsatz. Und diese Rendite konnte sich sehen
lassen. Im Tour Operating war die Zielgrösse in den fünfziger Jahren ein Bruttogewinn
von 20 bis 30 Prozent vom Umsatz. Später, bei den Charterflügen, wurde auf der Basis
einer Auslastung von 80 Prozent kalkuliert. Was darüber hinaus verkauft werden
konnte, füllte als zusätzlicher direkter Deckungsbeitrag die Firmenkasse. Im Detailgeschäft wurden Kommissionen von 9 bis 12 Prozent eingenommen und Kosten von
8, maximal 10 Prozent vorgegeben, so dass selbst im ungünstigsten Fall eine Netto-

marge von einem bis zwei Prozent vom Umsatz übrig blieb. Stichproben zeigen denn auch, dass es in all den Jahren zwischen 1950 und 1970 kaum inländische Filialen mit roten Zahlen gegeben hat. Fast immer konnten die recht häufigen Erneuerungs-Investitionen in Inneneinrichtung und Fassadengestaltung gleich über die Betriebsrechnung abgeschrieben werden.

## Das Chartersystem als Wachstumstreiber

Das Chartersystem war der Wachstumsmotor des Reisegeschäfts seit den fünfziger Jahren. Charterflüge waren es, die das Fliegen für Normalverdienende überhaupt erschwinglich machten. Denn im Linienflugverkehr herrschte in den fünfziger Jahren noch ein streng organisiertes Preiskartell, das von der IATA (International Air Transport Association) überwacht wurde. Wann immer kritische Konsumenten die hohen Preise in Frage stellten, zogen die Kartellhüter das Killer-Argument von der teuren Sicherheit auf ihre Seite.

Aber je populärer die Gruppenreisen wurden, desto mächtiger wurden die Reiseveranstalter und desto grösser ihr Druck auf die Preise. Vor allem die IATA-Gesellschaften aus den devisenschwachen Ländern sahen im mächtig aufkommenden Massentourismus die grosse Chance, ihre Linien, die oft nur aus politischen Prestigegründen betrieben wurden, besser auszulasten.

Nach und nach wurde das IATA-Kartell aufgeweicht. Niemand sprach öffentlich darüber, aber fast alle machten munter mit. Branchenkenner berichten übereinstimmend, die ersten Verstösse seien zwischen cleveren Aussenseiter-Veranstaltern und ehrgeizigen Station-Managern der umsatzhungrigen Airlines gelaufen. Die Rabattgrenze für den

Der erste Swissair-«Terminal» am Zürcher Hauptbahnhof war eine unauffällige Haltestelle für den Flughafenbus (um 1950).

Engros-Verkauf von Tickets lag bald bei etwa 20 Prozent zum offiziellen Tarif, den nur wenige bezahlen konnten oder mochten. Aber das Gesetz von Angebot und Nachfrage arbeitete unbeirrt weiter. Hans Imholz, der 1967 mit seiner Städteflug-Idee die ganze Schweizer Reisebranche aufschreckte, hätte drei Tage Budapest unmöglich für 198 Franken anbieten können, wenn ihm nicht Malev das Retour-Ticket für ganze 73 Franken verkauft hätte, was einen Bruchteil des offiziellen Preises darstellte.

«Die Drohungen der IATA mit hohen Bussen machten wenig Eindruck», erinnert sich ein Gewährsmann aus dem Kuoni-Topkader. «Schliesslich machten es alle, wenn sich die Gelegenheit bot. Ausserdem war Kuoni als grosse Organisation mit ihren vielen IATA-Reisebüros im ganzen Land ein Wiederverkäufer, den das Kartell nicht zu verärgern wagte. Es war schlicht ein Machtkampf. Manche Gesellschaften – zum Beispiel Air India, Korean Airlines, Garuda und vor allem die südamerikanischen Gesellschaften – sind mit den Preisen gnadenlos getaucht, um ihre Flugzeuge zu füllen. Bald galten die hohen offiziellen Tarife nur noch für das eigene Herkunftsland – oder für die Dummen unter den Passagieren. Ausserhalb des eigenen Heimmarktes waren die meisten Airlines preislich sehr entgegenkommend. Jeder nahm, was er bekommen konnte. Es herrschte eine allgemeine, riesige Heuchelei.» Mit der Zeit kamen zu den Rabatten noch Superkommissionen (sogenannte «Overrides») in der Grössenordnung von fünf Prozent auf hohe Verkaufsmengen.

Nach zwanzig Jahren der Aufweichung war das IATA-Kartell zu Beginn der 80er Jahre so unglaubwürdig geworden, dass sich sogar ein Anbieter mit der Premium-Marke Kuoni überlegte, einen der damals neuen Aussenseiter-Anbieter zu kaufen. Später eröffnete Kuoni einen eigenen Ticket-Shop und warb dafür mit dem Versprechen: «Wir liefern jedes Ticket zu jedem Tarif der Welt.» Schon damals gab es allein für den Flug Zürich–Los Angeles vierzig verschiedene Tarife.

Mit Telefonrabatt und Tiefstpreisen für kurze Städteflüge mischte Hans Imholz 1967 die Reise-Szene auf und hatte grossen Erfolg damit.

## Wachstum fast ohne Grenzen

Wie gross war das Wachstum des Reisemarktes zwischen 1950 und 1960 wirklich? Einen verlässlichen Überblick über den Gesamtmarkt gibt es nicht. Einen Anhaltspunkt finden wir in der Statistik über die Verkehrsentwicklung auf dem Flughafen Zürich-Kloten. 1950 wurden 41 750 Flugbewegungen und 200 723 Passagiere gezählt. Zehn Jahre später waren es 101 800 Bewegungen und 1 330 733 Passagiere: sechseinhalb mal mehr! Daraus kann geschlossen werden, dass der Reisemarkt in der Schweiz – Tourismus und Geschäftsreiseverkehr zusammengenommen – pro Jahr um 20 bis 25 Prozent gewachsen ist. Eine interne Statistik der Kuoni-Abteilung GA (Gesellschaftsreisen allgemein) zeigt für das Jahr 1960 noch die bescheidene Zahl von 1300 Passagieren, die einen Bruttoumsatz von vier Millionen Franken brachten. Neun Jahre später waren es 16 200 Passagiere

Oben: Linus Cathomen, Kuoni-Büroleiter in Japan 1964; rechts das Olympia-Stadion von Tokio.

### «OK, this is a definite maybe ...»

Gerade rechtzeitig zu den Olympischen Spielen 1964 eröffnete Kuoni sein Büro in Tokio. In einem Vortrag berichtete Büroleiter Linus Cathomen von den mühsamen Anfängen in einer völlig fremden Geschäftskultur: «Das Erste, was ich lernte, war, dass es äusserst schwierig ist, in jedem Reisebüro die zuständige Ansprechperson herauszufinden. Ohne Einführung durch einen ansässigen Branchenkenner ist dies beinahe unmöglich. Am Anfang passierte es mir, dass ich fast während eines ganzen Jahres immer wieder den Manager eines mittelgrossen Reisebüros besuchte, bis ich herausfand, dass dieser Mann mir nie einen Auftrag würde geben können, weil sich eine ganz andere Abteilung um Europa kümmerte. Aber mein Gesprächspartner hätte mich nie an den zuständigen Kollegen weitergeleitet; schliesslich wollte er vor mir nicht sein Gesicht verlieren. Als ich

dann den Richtigen gefunden hatte, war der erste Auftrag nach zwei Wochen da. Jeglicher Geschäftserfolg beruht auf persönlichen Beziehungen, die man unermüdlich pflegen muss. Die Sachbearbeiter in den Reisebüros erwarten, dass man sie regelmässig besucht – und das kann alles bedeuten: sicher jede Woche einen Anruf, ob es etwas zu besprechen gibt oder nicht. Bei einem Besuch vergeht in der Regel eine halbe oder eine ganze Stunde mit dem Austausch von Nachrichten über die Familien. Dabei wird literweise grüner Tee getrunken. Dann plötzlich scheint sich Ihr Gesprächspartner an den eigentlichen Sinn des Gesprächs zu erinnern, klaubt einen Stapel in Japanisch geschriebene Unterlagen hervor und verlangt einen Kostenvoranschlag für den nächsten Tag, weil die Sache sehr dringlich sei... Wir müssen einfach so viele Besuche wie möglich

und 37 Millionen Umsatz. 1970 schnellte die Zahl dank der Expo in Osaka auf 21 220 bzw. 60,9 Millionen Franken hoch.

Unter diesen Bedingungen wirkt glaubwürdig, was Jack Bolli, Kuoni-Gesamtleiter seit 1957, in entwaffnender Offenheit über die fünfziger und die frühen sechziger Jahre sagte: «Wir hatten keine Expansionsstrategie, sondern vertrauten auf den wachsenden Markt. Wir setzten auf das Filialkonzept, weil die Schweizer damals Beratung und Auswahl noch mehr schätzten und brauchten als heute. Ausserhalb der Stammfilialen in den grossen Städten eröffneten wir eine Filiale, wenn sich eine günstige Gelegenheit bot oder wenn gerade der richtige Mann und das richtige Lokal verfügbar waren. Gelegentlich übernahmen wir auch ein lokales Reisebüro. Selbst wenn sich ein neues Geschäft nicht zufriedenstellend entwickelte, blieb meist immer noch so viel übrig, dass man nicht schliessen musste. Daraus machten wir aber keine Prestigesache. Wir operierten

weniger gut vergleichbar sind oder günstiger aussehen. Auf jeden Fall muss unser Gegenüber die Gewissheit bekommen, er habe von uns ein paar Dollar herausgeholt. So geht das mehrmals hin und her – und dann beginnt das Warten. Wir drängen, denn wir müssen schliesslich Reservationen machen. Unser Freund aber kratzt sich am Kopf, stöhnt hörbar, denkt nach und bittet uns noch um ein paar Tage Geduld, weil noch verschiedene Sitzungen stattfänden. In Japan ist es fast unmöglich, von einem einzelnen Menschen so etwas wie einen Entscheid zu erhalten. Immer brauchen sie Sitzungen und nochmals Sitzungen, und manchmal geben sie einem die merkwürdigsten Antworten, nur um Zeit zu gewinnen.

Mir ist unlängst Folgendes passiert: Ich brachte einem Agenten eine mehrfach revidierte Offerte vorbei. Da es um eine kurzfristige Buchung ging, drängte ich auf einen schnellen Entscheid, denn wir waren mit den Hotelreservationen schon zu spät dran. Der Mann blickte mich sehr unsicher an und sagte dann:
«OK, go ahead!»
Ich dankte höflich für den Auftrag, traute aber der Sache nicht ganz und fragte deshalb nochmals:
«Darf ich also die Arrangements buchen?»
«OK, maybe …»
Da sagte ich etwas, was man in Japan eigentlich nie sagen darf, aber ich hatte keine andere Wahl:
«Sorry, aber ich brauche ein klares Ja oder Nein!»
Darauf gab er mir eine Antwort, die man in Europa wahrscheinlich noch nie gehört hat:
«OK, this is a definite maybe!»

machen – aufs Geratewohl, denn so etwas wie Kundentreue gibt es hier nicht. Die Leute würden nie auf die Idee kommen, anzurufen und um einen Besuch zu bitten, wenn sie ein Problem auf dem Tisch haben. Wenn dies der Fall ist, werden sie es mit dem ersten Wiederverkäufer besprechen, der durch die Tür tritt.

Wenn wir unsere Offerte – im verlangten Blitztempo und selbstverständlich auf Japanisch – ausgearbeitet haben, können wir sicher sein, dass unser Freund in der Agentur noch einen anderen Wiederverkäufer hat offerieren lassen, damit er uns gegeneinander ausspielen kann. Ich habe mir angewöhnt, einige Details in den Reiseplänen zu verändern, damit wir entweder

Die Kuoni-Sonderflüge zur Weltausstellung nach Osaka (1970) wurden für über 4000 Schweizerinnen und Schweizer zum Erlebnis und für Kuoni zu einem Durchbruch im Chartergeschäft. Im Bild der Schweizer Pavillon an der japanischen Expo.

nach dem Prinzip von Versuch und Irrtum. Mit anderen Worten: Allzu viel konnten wir damals eigentlich nicht falsch machen.»

Seit 1952 war das Charterfluggeschäft ein Thema für Kuoni. Zunächst operierte man vorsichtig, indem Beziehungen zu deutschen Charter-Anbietern (Aeropa, Kruckenberg) aktiviert wurden. Deren Charterflüge legten fortan in Zürich einen Zwischenhalt ein, um Kuoni-Kunden mitzunehmen, die sich nicht von der auf die Aeropa-Prospekte gestempelten Drohung abschrecken liessen: «DM = sFr.» Später wurde diese Strategie des geteilten Risikos bei den ersten Langstrecken-Charters eine Zeitlang auch mit dem Reisebüro des deutschen Automobilclubs ADAC gefahren.

Gegen Ende der fünfziger Jahre verschärfte sich der Wettbewerb unter den Charterfluggesellschaften, was die Chancen der Reiseveranstalter erhöhte, sie beim Preis-Poker gegeneinander auszuspielen. Nicht ohne Zutun der Liniengesellschaften wurde die Sicherheit zum grossen Unterschied zwischen Linie und Charter emporstilisiert. Aeropa gab noch in dem über das Kuoni-Netz verbreiteten Flugreise-Prospekt 1958 Gegensteuer mit dem Hinweis darauf, dass sie nunmehr auch für ihre Mallorca-Ketten die besonders sicheren viermotorigen Transatlantikmaschinen einsetze. 1957 wurde die erste schweizerische Charterflug-Gesellschaft gegründet: Globe-Air in Basel, die mit zwei Grossflugzeugen des Typs Airspeed Ambassador anfing. Als «Gegengift» belebte die Swissair im Jahr darauf die Basler Traditionsmarke Balair wieder und kaufte ihr fabrikneue Fokker F-27. Noch bis in die 60er Jahre hinein dauerte die Chartersaison im Mittelmeerraum aber nur von Ende Juni bis September.

## Geschäftsreisen als Beziehungssache

Während Werbung und Marketing für das Ferienreisegeschäft immer wichtiger wurden, funktionierte der Sektor Geschäftsreisen vor allem dank Beziehungen. Als Durchbruch wurde registriert, dass Kuoni 1948 zum Alleinlieferanten der damals grossen und mächtigen Brown Boveri in Baden ernannt wurde. Andere wichtige Grosskunden waren Sulzer und die Albis-Werke. Diese Mandate wurden im direkten Konkurrenzkampf den auf diesem Sektor stärksten Konkurrenten Wagons Lits/Cook und Danzas abgejagt. In

So kannte ihn ganz Zürich und die Touristik-Welt: Jack Bolli, der Mann, der Kuoni gross gemacht hat.

dieser Disziplin war Jack Bolli, der 1955 zum Direktor und 1957 zum Gesamtleiter des Unternehmens ernannt wurde, unschlagbar. «Ich bin immer persönlich zu den Verantwortlichen hingegangen, habe Unterlagen überbracht, statt sie bloss zu senden, mich für die Aufträge bedankt und mich zugleich für die nächsten empfohlen.» Oft waren die so angeknüpften Beziehungen ausschlaggebend. Jack Bolli lebte den Geschäftsstil der 50er und 60er Jahre souverän aus. Er war mit halb Zürich per Du, pflegte die wichtigen Kontakte mit opulenten Geschäftsessen – und verschwieg diskret, dass er diese Zeit frühmorgens vorholte, weil er regelmässig zwischen 4 und 5 Uhr zu arbeiten anfing. Als früherer Handballer bewegte er sich elegant auf der erstklassigen Zürcher Business- und Gesellschafts-Plattform des Grasshoppers-Clubs. Dadurch kam er zu den Aufträgen von Dieter Bührles Konzern, der ihn im Gegenzug zum Verwaltungsrat seiner touristischen Investition in die Gemsstockbahn in Andermatt machte.

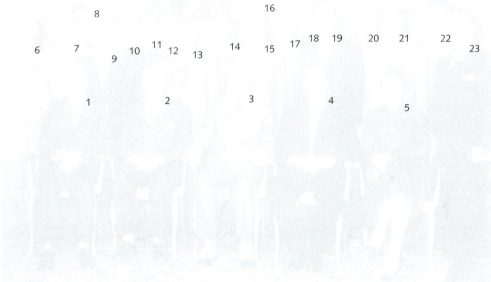

Das Gruppenbild zeigt das Kuoni-Kader von 1957.

Vordere Reihe:
 1 Albert O. Huber, Zürich
 2 Hermann Bleher, Nizza
 3 Harry Hugentobler, Zürich
 4 Jack Bolli, Zürich
 5 Annemarie Petermann, Luzern

Hintere Reihen:
 6 Hans Harzenmoser, Zürich
 7 Paul Buchser, Lausanne
 8 René Meyer, Zürich
 9 Fritz Zobrist, Zürich
10 Pietro Robbiani, Bern
11 Walter Hollenweger, Zürich
12 Arnold Läderach, Bern
13 Josef Kneubühler, Basel
14 Kurt Neumayer, Zürich
15 Hermann Schüpach, Zürich
16 Paul Nanz, Zürich
17 Jacques Locher, Zürich
18 Michel Tondeur, Zürich
19 Melchior Frei, Paris
20 Charles Waldmeyer, Basel
21 Marcel Galley, Zürich
22 Herbert Lämmli, Zürich
23 Aldo Froesch, Locarno

Aus den ersten Reise-Arrangements für die Direktoren entstanden mit wachsender Nachfrage die eigentlichen «Implants», firmeninterne Reisebüros, die von Kuoni betrieben wurden. Die Geschäftsreisesparte von Kuoni wurde unter der Marke BTI (Business Travel International, eine weltweit tätige, auf Geschäftsreisen spezialisierte Partnerschaft) verselbständigt. Im Jahre 2003, als sie im Zuge der Fokussierung des Geschäfts auf Ferientourismus an den englischen Partner Hogg Robinson verkauft wurde, zählte sie 1600 Mitarbeitende und machte einen Umsatz von 192 Millionen Franken, was auf verkaufte Dienstleistungen in der Höhe von knapp zwei Milliarden Franken schliessen lässt.

## Beziehungsfeld Sport

Ein wichtiges Beziehungsfeld war der Sport. Kuoni trat als eine der ersten Firmen überhaupt seit 1972 mit Bandenwerbung bei allen Fussballklubs der Nationalliga A in Erscheinung. Das brachte permanente optische Präsenz im noch jungen Schweizer Fernsehen. Später blieb der Entscheid für die Bandenwerbung den Filialen überlassen, die das zum Anlass nahmen, sich für die Organisation der häufigen Reisen von Mannschaften und Supportern zu empfehlen.

Reisen ist immer ein Geschäft auf Gegenseitigkeit. Wer abfährt, kommt irgendwo an und benötigt dort Informationen und Dienstleistungen. Das Incoming-Departement am Kuoni-Hauptsitz wurde ab 1959 vom früheren Kuoni-Lehrling Melch Frei, dem Eröffnungs-Pionier der Filialen in Luzern und Paris, aufgebaut. 1970 machte es allein mit Land-Arrangements und ohne Transportkostenanteil einen Umsatz von 25,5 Millionen Franken. Dieses Volumen wurde mit 75 Mitarbeitenden erreicht. Die auffallende

Kuoni ist der traditionelle Reise-Partner des Schweizer Spitzensports. Hier fliegen Kuoni-Gäste zu einem Länderspiel der Schweizer Fussball-Nationalmannschaft nach Moskau.
Im Vordergrund: Claude Losey, Finanzchef von Kuoni, in der Mitte Hans Hagen, ehemaliges Mitglied der Fussball-Nationalmannschaft und Fredy Rappan (Sohn des berühmten Fussballtrainers Karl Rappan).

Steigerung um 50 Prozent gegenüber dem Vorjahr hatte auch mit einer für den Schweizer Tourismus seit jeher charakteristischen Tatsache zu tun: In den «geraden» Jahren finden die Passionsspiele von Oberammergau statt, und die ziehen scharenweise zusätzliche Besucher aus Übersee an.

## Incoming – Spiegel der Gesamtorganisation

In den Ergebnissen des Incoming-Departements spiegelt sich getreulich der Zustand der Gesamtorganisation mit allen ihren Chancen und Problemen. Aus der Stichprobe von 1970 kann entnommen werden, dass in nur zehn Jahren aus dem noch weitgehend auf die Schweiz konzentrierten Kuoni-Unternehmen ein funktionierender internationaler Konzern geworden ist. Das wird auch bestätigt durch die Tatsache, dass damals 80 Prozent des bewirtschafteten Incoming-Volumens von der eigenen weltweiten Organisation nach Zürich gelenkt wurden. Als besonders aktiv fielen in diesem Jahr die Kuoni-Büros in New York, Buenos Aires, Johannesburg und Tokio auf. Intern als eher schwach kritisiert wurden dagegen die eigenen Busreisen in Zentraleuropa sowie das Umsatzvolumen der Wintersport-Packages, die lediglich in den USA einigermassen erfolgreich angeboten wurden.

Die geduldigen Anstrengungen in Japan begannen sich auszuzahlen. Das Incoming aus Tokio nahm in einem einzigen Jahr um 54 Prozent zu und erreichte mit elf Millionen Franken einen stolzen Anteil. Zwei Gründe machte Linus Cathomen, der Tokio-Resident von Kuoni, für diese erfreuliche Entwicklung verantwortlich: die Wechselseitigkeit des Geschäfts und den an der Dienstleistungsqualität orientierten schweizerischen Geschäftsstil.

Das Zusammenspiel von Outbound und Incoming half dem Geschäft in Japan, weil Kuoni zu den europäischen Reiseorganisationen gehörte, die die meisten europäischen Touristen nach Japan brachten. Noch immer gab es dort Devisenrestriktionen; die frei verfügbare Summe, die ein japanischer Tourist mit ins Ausland nehmen durfte, war auf 500 US-Dollar limitiert. Zugleich achtete die Regierung scharf darauf, dass insgesamt

Oben: Das Kuoni-Büro in Tokio (1964); links: die formellen Einführungsbriefe für Niederlassungsleiter Linus Cathomen.

## Wie eine Kuoni-Gruppe zum Kaiser kam

1. Januar 1959 in Addis Abeba: Ein Anruf bringt Hektik in den Ruhetag einer Reisegruppe ... Zwischen Stefanstag und Mitte Januar war die günstigste Zeit für VIP-Reisen. Dann hatten auch viele Reiche und Berühmte Zeit, die Welt zu sehen. Im Winter 1958/59 riefen Kuoni und Balair zu einer 17 Tage dauernden Entdeckertour nach Ost- und Zentralafrika. Schon zwei Wochen nach Erscheinen des ersten Inserats in der NZZ waren die 53 Plätze in der DC-4 (ohne Druckkabine) ausverkauft. Am letzten Tag des Jahres landete die Maschine in Addis Abeba. Wegen einer gleichzeitig dort stattfindenden internationalen Konferenz waren alle Hotels besetzt, so dass die Schweizer im 120 km entfernten Thermalkurort Ambo untergebracht wurden. Vorausgegangen war ein langer Briefwechsel mit der Schweizer Delegation und dem kaiserlichen Hof, die standesgemässe Unterbringung der Schweizer Gruppe betreffend. Er endete mit der freundlichen Geste des Kaiserhofs, das kaiserliche Hotel zu öffnen und damit dem Reiseorganisator Kuoni aus der Verlegenheit zu helfen.

Durch diesen Vorgang war die «Schweizer Delegation» bei Hofe sozusagen vorgemerkt. Da hatte der ehrgeizige junge Reiseleiter eine Idee. Über den Schweizer Gesandten regte er kühn einen Empfang seiner Gruppe durch Haile Selassie I., Negus Negest («König der Könige») an. Selbstverständlich blieb diese Zumutung ohne Antwort.

Die Balair-Maschine flog in nur 200 bis 300 m Höhe über das abessinische Hochland, damit die Passagiere die Einzelheiten am Boden besser sehen konnten. Um 14 Uhr am Silvestertag 1958 war die Landung in Addis Abeba, wo der Schweizer Geschäftsträger schon wartete und zu einem Empfang in seiner Residenz bat. Höflich hakte der Reiseleiter nach. Der erfahrene Diplomat, der bei Hofe ebenfalls vorstellig geworden war, riet, die Gruppe bereit zu halten. «Die Einladung kann jederzeit kommen – oder auch nicht.» Gegen Abend fuhr die Gruppe nach Ambo und feierte den Jahreswechsel bei einem abessinischen Buffet. Der Reiseleiter berichtet: «Wir hatten jedoch nicht mit den kaiserlichen Launen gerechnet, denn um 13 Uhr am Neujahrstag läutete das Telefon. Es meldete sich aufgeregt der Schweizer Geschäftsträger aus Addis Abeba, der mir in kurzen Worten mitteilte,

dass der kaiserliche Empfang auf 17 Uhr am gleichen Nachmittag festgelegt worden sei. Ich gab zu bedenken, dass die Fahrt mit dem Bus mindestens viereinhalb Stunden benötigte. Der Diplomat blieb unbeeindruckt und erklärte mir wörtlich, dass ich die Eidgenossenschaft in einer Weise blossstellen würde, dass auf Jahre hinaus mit einem sehr kühlen und distanzierten diplomatischen Verkehr zu rechnen wäre. Kaiserliche Anordnungen seien eben in diesem Lande unantastbar.»

Der wackere Reiseleiter beschloss, ohne Rücksicht auf die Kosten sein Land vor der Schande diplomatischer Verwicklungen zu bewahren und rief Aethiopian Airlines an. Der Hinweis auf die Einladung in den kaiserlichen Palast öffnete alle Türen. Sofort wurde ihm eine DC-3 mit amerikanischer Besatzung als Chartermaschine angeboten. Der Reiseleiter alarmierte seine Gruppe, die gerade beim Katerfrühstück sass. Um 15 Uhr waren 28 Teilnehmer in der Halle zur Stelle: die Herren in dunklem Anzug und Krawatte, die Damen in Cocktailkleidern. In Addis Abeba wartete schon der Geschäftsträger in Gehrock und Zylinder – bei deutlich über 40 Grad im Schatten eine heroische Leistung! Noch auf dem Flugplatz führte der Diplomat einen Crash-Kurs in Hofetikette durch. Es muss ein Bild für Götter gewesen sein: 28 Schweizerinnen und Schweizer, vorwiegend reiferen Alters und höheren Standes, in Addis Abeba auf der sonnendurchglühten Piste Bückling und Hofknicks übend ...

Im Palast wurde die «Schweizer Delegation» von einem Zeremonienmeister erwartet und durch einen Park voll tropischer Pflanzen geführt. In einer Ecke lag majestätisch ein zahmer Löwe. Es durfte fotografiert werden. Im prunkvollen Empfangssaal wurde in aller Eile der junge Reiseleiter zum «Delegationschef» bestimmt. Ihm fiel die Aufgabe zu, dem kleinen, bärtigen Mann mit den stechenden Augen, der der Kaiser war, die einzelnen Damen und Herren vorzustellen. «Nach dem ersten Dutzend versagte mein Namensgedächtnis, doch in Anbetracht der ernsten Situation musste ich sofort Fantasienamen erfinden. Dies schien jedoch den Ablauf des Zeremoniells nicht zu stören.» Der Kaiser begrüsste jeden Schweizer Gast mit Händedruck. In Abständen von fünf Minuten wurden die vorher bestimmten Gesprächspartner auf ein

Tief verbeugt sich der kurzfristig zum Sprecher der Schweizer Delegation ernannte Reiseleiter Hans Imholz vor Haile Selassie, dem Kaiser von Äthiopien (1959).

Handzeichen der Majestät hin ausgewechselt. Pagen in rotgrünen Uniformen servierten Champagner und Kaviar-Snacks. «Wieviele Kinder haben Sie?» fragte Haile Selassie eine würdige Dame. «Vier», antwortete sie stolz. «Sehr wenig», erwiderte der Kaiser mit feinem Lächeln. «Ich habe 22 oder 23, so genau weiss ich es nicht einmal.» Nach vierzig Minuten zog sich die Gruppe auf das Zeichen eines Höflings hin zurück, wie es das Hofzeremoniell vorschrieb: unter Verbeugungen, rückwärts gehend – und ohne zu stolpern.

Jetzt hatte der rührige Reiseleiter eigentlich nur noch das Problem, einen Bus für die Rückfahrt nach Ambo zu finden. Denn Fliegen kam nicht mehr in Frage, weil die Graspiste am Zielort nicht beleuchtet werden konnte. Er schaffte auch diese Hürde bravourös. Der Name des Reiseleiters wurde später übrigens im Schweizer Tourismus ziemlich bekannt: Hans Imholz.

Die Audienz beim Kaiser wurde in der Folge zu einem festen Bestandteil von Kuoni-Reiseprogrammen. Doch nach einem späteren Besuch fehlten zwölf mit den kaiserlichen Insignien gravierte Champagnergläser. Die Gruppe mit Reiseleiter Peter Diethelm, dem späteren Chef von Kuoni England, wurde von der Palastpolizei auf dem Weg zum Flughafen gestoppt. «Ihr Flugzeug wird nicht starten, bevor die Gläser zurückerstattet sind», lautete der Bescheid. Diethelm erreichte die Zusicherung, die peinliche Angelegenheit «in the nice way» zu bereinigen. Er versammelte seine Gruppe in der Abflughalle und bat die Teilnehmer, die Gläser diskret in der Toilette zu deponieren. Dort sammelte er sie ein – zwölf Stück – und gab sie der Palastwache zurück. Die Gruppe konnte weiterreisen. Aber seither gab es keine Einladungen in den kaiserlichen Palast mehr.

nicht mehr Devisen ins Ausland abflossen als durch ausländische Touristen in Japan ausgegeben wurden. Namentlich auf die ausländischen Reisebüros in Tokio wurde ein starker Druck ausgeübt. In Einzelfällen wurde sogar mit dem Entzug der Lizenz gedroht,
wenn sie zuwenig Incoming nach Japan brachten.

Im Übrigen machte Linus Cathomen auf Tatsachen aufmerksam, die wohl für das Reisegeschäft auf allen Stufen und in allen Erdteilen gelten: «Auf die kleinen persönlichen
Aufmerksamkeiten achten nicht nur die Kunden, sondern auch die Reiseleiter, denen
wir häufig als einflussreiche Manager in den Reisebüros wieder begegnen. All diese
Kleinigkeiten – der Telefonanruf mit der Frage, ob alles in Ordnung sei; die ungefragt
gelieferte lokale Wetterprognose; der kleine Schwatz an der Bar – gibt ihnen das Gefühl,
dass wir uns wirklich um sie kümmern. Die meisten japanischen Gruppen haben ihr
immer gleiches, starres Europa-Programm, an dem wir nichts ändern können. Folglich
verkaufen wir und alle unsere Konkurrenten mehr oder weniger die gleichen Hotels,
Transfers und Sehenswürdigkeiten. Natürlich ist der Preis das Wichtigste – und ich
kann Ihnen versichern, dass wir nicht immer der günstigste Anbieter sind. Wenn wir das
Geschäft dennoch kriegen wollen, haben wir keine andere Wahl, als uns zu unterscheiden, indem wir einen besseren Service bieten.»

Einen Höhepunkt erreichte der touristische Verkehr nach Japan aus Anlass der Expo in
Osaka im Jahre 1970. Kuoni hatte als Alleinvertreter in der Schweiz mit 2500 Arrangements gerechnet und wurde von der grossen Nachfrage förmlich überrannt. Nach
schwierigen Verhandlungen gelang es, das Hotelkontingent auf 4000 Plätze zu erhöhen.
Dass die Balair-Sonderflüge noch einen Monat vor dem ersten Abflug keine Landebewilligung hatten, haben die Reisenden nie erfahren. Der alte Kuoni-Reisefuchs Walter
Hollenweger schrieb in seinen Schlussbericht: «Ich glaube, Kuoni hat noch nie einen so
grossen Erfolg, sowohl in bezug auf die transportierte Kundenzahl als auch in finanziel-
ler Hinsicht erzielt. Das ganze Projekt umfasste immerhin ca. 20 Millionen Franken,
und dank der hundertprozentigen Auslastung war dies wirklich ein einmaliges Ergebnis.»

## Probleme hinter glänzender Fassade

Wachstum, Profit, Expansion – die Touristik-Welt der Jahre zwischen 1950 und 1970
scheint sorgenfrei gewesen zu sein, doch sie war es in Wirklichkeit nicht. Wie jede
schnell wachsende Organisation hatte auch Kuoni an allen Ecken und Enden mit jener
Art von Problemen zu kämpfen, die man sich in schlechten Zeiten förmlich herbei-
wünscht. Die Detailorganisation hielt mit dem Volumenwachstum nicht Schritt. Die
Qualität der Dienstleistung sank. Immer mehr Kunden waren verärgert.

Ein interner Direktionsrapport aus dem Jahre 1970 gibt Einblick in diesen alltäglichen
Ärger. Noch wurden keine Ertragszahlen veröffentlicht; Kuoni war noch nicht an der
Börse, ausserdem hätte die Wahrheit bloss Neid erweckt. Allein im Geschäftsjahr 1970
stieg der Gesamtumsatz gegenüber dem Vorjahr um 27,2 Prozent auf 290 Millionen
Franken. Keine einzige der 24 Schweizer Filialen schrieb rote Zahlen. Deren Bruttogewinn betrug zwischen 7,72 und 14,38 Prozent. Doch es gab in der ganzen Kuoni-Organisation kaum einen Abteilungsleiter, der nicht über den allgemeinen Personalmangel

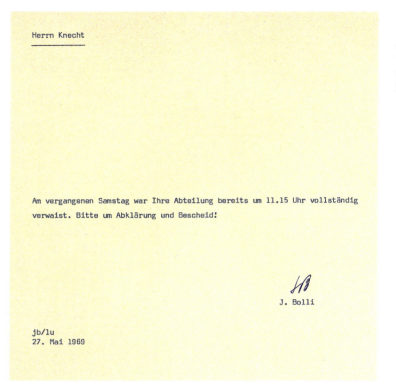

```
Herrn Knecht
_____




Am vergangenen Samstag war Ihre Abteilung bereits um 11.15 Uhr vollständig
verwaist. Bitte um Abklärung und Bescheid!


                                              J. Bolli


jb/lu
27. Mai 1969
```

«E Gääli» von Jack Bolli. Die internen Notizen des Chefs waren legendär. Ihr Inhalt mutet nach heutigen Arbeitszeitverhältnissen nostalgisch an.

klagte. Die Schweiz hatte Hochkonjunktur. Die Personalkosten stiegen fast schneller als der Umsatz. Der Chef der Buchhaltung zum Beispiel jammerte über «die schlechteste Personalsituation, die je anzutreffen war.» 25 Prozent seines Personalbestandes bezeichnete er als qualitativ ungenügend. Von 20 Neueintritten hätten nur sieben eine kaufmännische Lehre oder eine gleichwertige Ausbildung aufzuweisen. Die Fluktuation während des Jahres betrug einen Viertel des Bestandes. Dies führte zu Verzögerungen im Zahlungsverkehr, die nicht nur ärgerlich, sondern geradezu rufschädigend waren, wie der Direktionsrapport detailreich schilderte.

Manche Lieferanten und Leistungserbringer beschwerten sich, dass sie bis zu einem halben Jahr auf Kuoni-Zahlungen warten mussten. Es handelte sich dabei um Fälle, in denen nötige Abklärungen und Rückfragen wegen Personalmangels oder administrativer Fehler, etwa fehlender Referenznummern, in eine administrative Endlosschlaufe geraten waren. So kam es vor, dass verärgerte Hoteliers beim Eintreffen von Kuoni-Kunden die Vouchers zurückwiesen und von den erstaunten Kunden Vorauszahlung verlangten, weil sie ihr Geld für frühere Leistungen noch nicht bekommen hatten.

## «Was nützen uns grosse Umsatzzahlen ...?»

Ein enormes Problem hatte Kuoni auch beim Kundendienst am Schalter, sogar in der neu eröffneten Filiale im prestigereichen Zürcher Finanzbezirk, deren entnervter Chef seinen Angestellten eines Tages die schriftliche Strafpredigt ins Zahltagstäschlein legte. «Ich möchte Sie so nämlich anregen, sich einmal Gedanken darüber zu machen, ob bei Ihnen das Verhältnis Lohn/Leistung eigentlich stimmt», schrieb er. «Was nämlich in letzter Zeit an Reklamationen, Beschwerden und Rügen bei mir ankommt, ist nachge-

Der erste Computer bei Kuoni (NCR Century), um 1970.

rade verheerend! Und was mich dabei besonders ärgert, ist die Tatsache, dass es sich in der Regel nie um Denk- oder Überlegungsfehler handelt, sondern meist um Nachlässigkeiten, Flüchtigkeiten und Desinteresse. (...) Was nützt es uns denn, grosse Umsatzzahlen zu erreichen und dafür jedes Jahr nach neuen Kunden jagen zu müssen, nur weil wir zu einfältig sind, unsere Kunden so zu behandeln, dass sie Jahr für Jahr immer gerne wieder zu uns kommen?»

Logisch mutet deshalb an, dass die Politik der Reklamations-Erledigung bei Kuoni damals ein grosses Thema war. Intern wurde sie bisweilen als übertrieben grosszügig kritisiert. Das Regulativ war ziemlich einfach: «a) finanzielle Entschädigung bei klaren Fällen; b) Weinsendung für Herren, Früchtekorb für Damen bei Grenzfällen, wo uns nicht unbedingt eine Schuld trifft, der Kunde jedoch benachteiligt war; c) Praliné-Sendungen für Damen, bei wirklich leichten Fällen.» Dazu führte der mit dem Reklamationswesen betraute Sekretär des Generaldirektors aus: «Die Geste, einem Kunden Wein oder einen Früchtekorb etc. zu senden, ist oft eindrucksvoller als eine finanzielle Rückerstattung, aus welcher der Kunde unter Umständen eine Schuld unserer Firma ableiten könnte.»

Dass die Geschäftsleitung 1970 die Einführung einer eigenen elektronischen Datenverarbeitung beschloss, war mit der Hoffnung verknüpft, möglichst viele Routinearbeiten an die Maschinen delegieren zu können und damit die Produktivität der Arbeitskräfte zu steigern. Doch der Start missglückte wegen des vorzeitigen Ausscheidens eines Analytikers – wieder so ein Personalproblem! Idyllisch mutet an, was der für EDV verantwortliche Abteilungsleiter in seinen Rapport für 1969 schrieb: «Bekanntlich benützen wir den Computer im Rechenzentrum der IBM Basel zweimal wöchentlich. Diese Lösung kann auf die Dauer kaum befriedigen. Bei der unübersehbaren technischen Entwicklung ist die Anschaffung eines eigenen Computers im Augenblick wenig sinnvoll, da er bei uns nicht optimal ausgenützt wäre. Es sieht so aus, als ob die Einrichtung eines Terminals in der Zentrale die beste Lösung wäre.» In seinem Rapport für das nächste Jahr konnte der EDV-Chef stolz vermelden: «Der Computer läuft!»

# Alle Reisenden gaben ihr Geld ab

Heute ein Flug von knapp drei Stunden, damals eine Expedition. Damals war Frühjahr 1960, als Kurt Heiniger seine erste Gruppe von 25 Ferienreisenden nach Rhodos begleitete. Es waren vorwiegend ältere Ehepaare dabei.

Mit Zug und Schiff sollte es über Brindisi und den Korinth-Kanal nach Rhodos gehen. Ich begrüsste die Reisenden und platzierte sie in den reservierten Abteilen. Dann gaben mir alle ihr Geld ab – sicher ist sicher. Ich bin während der ganzen Reise ein wandelnder Tresor gewesen und habe laufend gewechselt. Schon im Gotthardtunnel fing ich an, Stadtrundfahrten und Ausflüge zu verkaufen. Das hat den Leuten gefallen. Die meisten waren das Reisen nicht gewohnt und hatten dieses Arrangement gewählt, um vor Sprachschwierigkeiten und Organisationsproblemen sicher zu sein. Erster Stress in Chiasso: Hier war es wie in der Lotterie. Ist unsere Reservation auch wirklich ausgeführt worden? Ich rannte, meinen Koffer in der Hand, voraus auf den anderen Bahnsteig, vergewisserte mich und dirigierte dann meine Gruppe mit Zurufen herbei. Nützlich war der Reiserapport, den mir ein erfahrener Kollege mitgegeben hatte: eine Mappe voll detaillierter Informationen. Wie in einem Drehbuch war jeder Schritt und jede Handreichung beschrieben. Ohne diesen Behelf hätte ich in Brindisi den Weg vom Bahnhof zum Hafen nie gefunden. Meine Gäste hatten ja keine Ahnung, dass auch ich diese Reise zum ersten Mal machte.

Wir fuhren zweite Klasse ohne Liegeabteile. Gegen Morgen, als der Zug in Bologna anhielt, musste ich mich um die Cestini kümmern. Das waren die niedlichen Proviantkörbchen mit Schinken, Früchten und einer Flasche Wein, die das Bahnhofbuffet auf unsere schriftliche Bestellung hin vorbereitet hatte. Alles war, wie damals üblich, sofort bar zu bezahlen. Es klappte. Ein Ausläufer mit Handwagen brachte den Proviant an den Bahnwagen. Die ganze Nacht musste der Reiseleiter mit den Gästen plaudern; die meisten konnten ja nicht schlafen. In Brindisi bestiegen wir ein kleines Schiff von 4500 Tonnen. Es gab Vierer- und Zweierkabinen; der Reiseleiter erhielt die heisseste zuunterst im Schiffsrumpf. Inzwischen waren wir schon 24 Stunden unterwegs. Die Leute sassen müde und ziemlich zerknittert beim Nachtessen und nervten sich, weil es nur Retsina zu trinken

Die ganze Sportwelt kannte den Nationalspieler und Team-Captain von Grasshoppers Zürich, Kurt Heiniger. Der Eishockey-Star begann bei Kuoni als Praktikant und stieg zum Chef Kuoni International und Kuoni Schweiz auf.

gab, diesen geharzten griechischen Wein, der ziemlich gewöhnungsbedürftig ist. Bei Tisch erfuhren wir beiläufig, dass der Korinth-Kanal wegen eines Erdbebens unpassierbar sei und dass das Schiff den weiten Weg rund um den Peloponnes nehmen würde. Das bedeutete, dass unsere Reise drei Tage länger dauern würde. Ich musste alle Zimmer- und Ausflugsbuchungen ändern. Sofort wollten die Gäste auch ihre Angehörigen zuhause verständigen. Der Schiffstelegrafist hatte alle Hände voll zu tun; er hackte jede Botschaft buchstabenweise in die Morsetaste. Die Leute regten sich nicht auf; viele freuten sich sogar diebisch über diese Art von höherer Gewalt. Für ihre Reise – 14 Tage, alles inbegriffen – hatten sie ab 600 Franken bezahlt.

Auf Rhodos hatte ich die Gäste jeden Morgen an den Strand zu begleiten. Die Zwischenzeit nutzte ich, um in den Hotels die Buchungen für das nächste Jahr zu verhandeln. Mein Chef hatte mir den entsprechenden «Einkaufszettel» mitgegeben. Was mir sofort auffiel: Auch als einfacher Reiseleiter wurde man mit grosser Höflichkeit und Respekt empfangen und natürlich mit Champagner und grossen Mahlzeiten verwöhnt. Der Name Kuoni machte grossen Eindruck.»

## Aus Reklame wird Werbung

Reisen verkaufen bedeutet Informieren und Werben. In der Frühzeit des Tour Operatings brachte es das System mit sich, dass der Sachbearbeiter, der eine Reise organisierte und kalkulierte, auch die Werbung eigenhändig besorgte. Entsprechend «handgestrickt» wirkten die Inserate und Prospekte der fünfziger und sechziger Jahre. Aber die Professionalisierung liess auch hier nicht lange auf sich warten. Schon 1969 beschäftigte Kuoni am Hauptsitz eine aus 14 Personen bestehende Werbeabteilung; die Hälfte dieser Mitarbeitenden waren mit Schaufenster-Dekorationen für die Filialen ausgelastet. Die meisten Werbemittel sowie das gesamte Informationsmaterial für die Kunden wurden im Hause produziert. Die Entstehung eines Inserats dauerte damals vierzehn Tage, ein Prospekt brauchte vier bis acht Wochen.

Grossen Anklang fanden überall im Lande die Kuoni-Filmabende, in denen die Werke des hauseigenen Dokumentarfilm-Autors Edy Klein gezeigt wurden. Kuoni war wohl die einzige europäische Reiseorganisation, die eine voll ausgerüstete eigene Filmabteilung mit drei Kameraleuten unterhielt. Die Filme trugen Titel wie «Marokko – Land der 1000 Gegensätze», «Ceylon erwartet Sie» oder «Südamerika – Jahrtausende begegnen sich». Die Filme wurden an Kundenanlässen überall im Lande vorgeführt; in Zürich gehörte während vieler Jahre das «Ferienfilm-Festival» im Traditions-Kino Corso zum festen Bestandteil des Sonntagmorgenprogramms mancher von Fernweh geplagten Familie geworden. Wenige wussten freilich, dass Kuoni die Kosten seiner Filmabteilung senkte, indem er seine Kameraleute auch dem Schweizer Fernsehen sowie internationalen Nachrichtenagenturen wie United Press auslieh, wenn schnelle Aktualitätsfilme gebraucht wurden. Etliche Kuoni-Filme wurden im Verleih des Schweizer Schul- und Volkskinos verbreitet; von einigen bestellten die Lufthansa und das deutsche

Kuoni-Werbung in den 50er und 60er Jahren. Die Reiseprospekte wurden auf Matrizen gedruckt, die Filmabende fanden regen Zulauf, solange noch nicht jeder einen Fernsehempfänger besass.

Der Dokumentarfilm-
Autor Edy Klein leitete die
Filmabteilung von Kuoni.

Fernsehen eigene Versionen. Auch der erste von Kuoni gebuchte Fernsehspot im Jahre
1970 wurde vom hauseigenen Filmteam produziert.

## Vorwärts, seitwärts, immer aufwärts

Der Reisemarkt entwickelte sich sprunghaft und in einer unglaublichen Dynamik: vorwärts, seitwärts und immer aufwärts, was die Umsatzzahlen betraf. Ferien im Mittelmeerraum wurden zur Selbstverständlichkeit. In den sechziger Jahren entdeckten
immer mehr Zeitgenossen den Reiz der Fernreisen – zuerst nach Afrika, dann nach
Fernost, Ceylon und schliesslich, mit einer währungsbedingten Verzögerung, auch auf
den amerikanischen Kontinent. Kuoni blieb, was er immer gewesen war: ein Generalun-
ternehmen für Reisen aller Art, breit aufgestellt und ohne Spezialisierung auf besonders
rentable Segmente. Dadurch liess er manchem Newcomer, der sich geschickt auf besondere Marktsegmente oder Destinationen konzentrierte, einen grossen Spielraum auf
dem Schweizer Markt.

International wuchs Kuoni vor allem in England, wo der charismatische Peter Diethelm
für Kuoni ein hoch rentables Geschäft aufbaute, das über viele Jahre hinweg die Ertragslage des Gesamtkonzerns stabilisierte. Diethelm förderte vor allem das Tour Operating für Langstrecken-Destinationen. Er besetzte damit eine Nische, die von den anderen, auf das Massengeschäft konzentrierten Marktteilnehmern vernachlässigt wurde.
Zugleich wurden im Finanzbereich dank der hohen Zinsen so üppige Erträge erzielt,
dass zeitweise mehr als die Hälfte der flüssigen Mittel von Kuoni in London verwaltet
wurden.

Im schweizerischen Heimmarkt entbrannte noch in den sechziger Jahren der Kampf um
das neu entdeckte Massengeschäft – zunächst mit Vereinen und Verbänden, dann auch
mit individuellen Reisenden, die in wenigen Tagen eine unbekannte Stadt zu entdecken
gesonnen waren. Am Ende der 60er Jahre war Kuoni endgültig mit einer Herausforderung konfrontiert, die er von Stil und Tradition her eigentlich weder liebte noch wirklich beherrschte: mit dem Wettbewerb um die Massenmärkte.

Dieser Neubau im Westen von Zürich konnte im März
1975 bezogen werden und ersetzte zwölf rund
um den Zürcher Hauptbahnhof verstreute Standorte
der Firmenzentrale.

# Geradeaus auf kurvenreichen Wegen

Neue Partner in der Schweiz und ein selbstbewusster Pionier in London:
stürmisches Wachstum zuhause und in aller Welt

Gemessen an den Schlagzeilen, die Kuoni später immer wieder machte, nahm sich die Notiz in der «Neuen Zürcher Zeitung» vom 4. Januar 1972 ausgesprochen bescheiden aus. Einspaltig und unter «Kurzmeldungen» wurde nichts weniger als ein Quantensprung vermeldet:

«Die Geschäftsleitung der Kuoni AG teilt mit: Der erfreuliche Aufschwung unserer Geschäftstätigkeit und der weitere Ausbau unserer Organisation im Ausland haben den Verwaltungsrat unserer Gesellschaft bewogen, eine Anpassung unseres Kapitals an den gesteigerten Umfang unserer Geschäfte vorzuschlagen. Gemäss Beschluss der ausserordentlichen Generalversammlung unserer Firma vom 17. Dezember 1971 wird das Aktienkapital von bisher 221 000 Fr. auf 10 Mio. Fr. erhöht. Die zugunsten der Mitarbeiter bestehende Kuoni- und Hugentobler Stiftung erhält dabei stimmenmässig begünstigte Aktien, so dass sie die Mehrheit der Stimmen besitzen wird. Als Ergebnis von Verhandlungen über eine nähere Zusammenarbeit hat sich die Swissair für eine Minderheitsbeteiligung entschieden. Pakete werden ferner vom Mitarbeiterstab der Firma sowie – im Zuge der Diversifikation ihrer Anlagen – von zwei institutionellen Investoren übernommen. Eine Anzahl Aktien werden über die Schweizerische Bankgesellschaft, die als Zeichnungsstelle für die gesamte Emission fungiert, einem weiteren Kreis von Geschäftsfreunden unserer Gesellschaft zugeteilt. Entgegen anderslautenden Pressemeldungen wird die Schweizerische Bankgesellschaft nicht Aktionärin. Wir erwarten mit dieser Kapitaltransaktion eine weitere Stärkung der Schlagkraft unserer Organisation.»

Wohl nie ist das Going-public einer bedeutenden Schweizer Aktiengesellschaft so beiläufig und unspektakulär angekündigt worden. In der Tat ist die Kuoni-Aktie seither an der Zürcher Börse kotiert. Sogleich erfreute sie sich der Aufmerksamkeit hellhöriger Anleger, obwohl die damals gebräuchliche Unterscheidung zwischen stimmrechts-privilegierten Namen- und vergleichsweise viel «leichteren» Inhaber-Aktien die hergebrachten Machtverhältnisse in der Gesellschaft verewigte und einen Einfluss der neuen Aktionäre faktisch ausschloss. Nach wie vor hatte die vom Management massgeblich beeinflusste Stiftung das Sagen. Aber sie besass die Mittel nicht, um die stark gewachsene Gesellschaft mit einem Eigenkapital auszustatten, das dem stark gesteigerten Geschäftsumfang und den Risiken angemessen war. Immerhin wies Kuoni im Jahre 1971 einen konsolidierten Umsatz von 310 Millionen Franken aus, davon wurden 247 Millionen in der Schweiz erzielt. Die Zahl der Mitarbeiter hatte gerade die Tausendergrenze überschritten.

### Swissair steigt bei Kuoni ein

Die ersten Grossaktionäre ausserhalb der Kuoni- und Hugentobler Stiftung waren Motor Columbus, die Eidgenössische Bank (eine auf Firmenfinanzierungen spezialisierte Tochter der Schweizerischen Bankgesellschaft) und die Swissair. Die Fluggesellschaft entwickelte damals eine neue Beteiligungsstrategie und war, dem Zeitgeist folgend, offen für Diversifikationen. Vor allem war sie unzufrieden mit ihrer Stellung im schweizerischen Heimmarkt. Nur 25 Prozent ihres Gesamtumsatzes machte die Swissair in der Schweiz – zu wenig im Vergleich mit den bei anderen nationalen Fluglinien gemessenen Werten. In einem vertraulichen Memo an die Verkaufskader schrieb Verkaufschef Helmuth Scherrer am 29. März 1972: «Noch unbefriedigender ist unsere Marktstellung, wenn wir die Flugscheinverkäufe der in der Schweiz tätigen Reisebüros analysieren. Von den Gesamtumsätzen unserer Agenten in der Schweiz entfallen weniger als 40% auf die Swissair. Das grössere Umsatzvolumen ist somit für ausländische IATA-Gesellschaften bestimmt.»

## Neustart im Westen

In die Aufbruch-Periode nach der Kapitalerhöhung und der Erweiterung des Aktionärkreises fiel auch der Bezug des neuen Kuoni-Hauptquartiers in der «Neuen Hard» am Westrand der Stadt Zürich (März 1975). Zuletzt war es eine ewige Odyssee, unterwegs zwischen den einzelnen Abteilungsstandorten am Bahnhofplatz, an der Bahnhofstrasse, am Beatenplatz, in der Gessnerallee usw. Zeitweise mietete Kuoni alles, was in dieser teuren Gegend frei wurde – und hatte dennoch immer zuwenig Platz. Es gab Abteilungen, die alle zwei Jahre umziehen mussten. Schliesslich residierte Kuoni an zwölf Standorten rund um den Bahnhof. Zwei Boten waren ununterbrochen nur mit Post unterwegs. Mit der Zeit wurden diese Büros zu teuer. Schliesslich kaufte Kuoni das alte Stadthof-Post-Hotel an der Schützengasse. Aber schon während die Baugrube ausgehoben wurde merkten die Verantwortlichen, dass das Wachstum des Geschäfts schneller war als ihre Flächenplanung. Noch vor der Fertigstellung wurde deshalb das Hausverkauft, übrigens mit hohem Gewinn. Kuoni kaufte sich in eine Grossüberbauung ein, die der Architekt Hans Koella in der «Neuen Hard» realisierte. Es handelte sich um ein modernes fünfstöckiges Geschäftshaus mit 7500 Quadratmetern Nutzfläche und rund sechshundert Arbeitsplätzen. Damit – in einer Zeit des Personalmangels – möglichst wenig Mitarbeitende wegen der peripheren Lage

kündigten, wurde die Arbeitszeit reduziert und in einer 36 Seiten starken Broschüre der neue Standort in den schönsten Farben vorgestellt. Als der Neubau bezogen und erstmals in der Geschichte der ganze Hauptsitz unter dem gleichen, vom Kuoni-Logo gekrönten Dach versammelt war, ging ein Ruck durch das Unternehmen. Erstmals wurde den Mitarbeitenden augenfällig vorgeführt, wie gross Kuoni geworden war. «Unter einem Dach» stimmte übrigens nicht für lange. Schon nach zwei Jahren war der Neubau wieder zu klein, und die Odyssee mit den Aussenstandorten begann aufs Neue...

Mit speziellen Broschüren wurden die Kuoni-Angestellten auf den neuen Standort in der Neuen Hard vorbereitet. Da Personalmangel herrschte, fürchtete das Management, ein Teil des Personals würde den Ortswechsel mit der Kündigung quittieren.

Oben: Swissair DC-10
auf dem Flughafen Kloten
(1976). Rechts: Mit der
Erhöhung des Aktien-
kapitals auf 10 Millionen
Franken wurde Kuoni
1972 zur börsenkotierten
Gesellschaft.

Exemplarisch zeigt diese sechs Seiten starke Aktennotiz das fundamentale Marketing-
Problem der Swissair zur Zeit der Einführung der DC-10, welche die Kapazitäten
massiv erhöhte. Scherrer erkannte klar, dass die Swissair ihre DC-10-Flotte nur dann
wirtschaftlich betreiben konnte, wenn sie in der Lage war, den Pauschal- und Gruppen-
reiseverkehr aus der Schweiz und den anderen wichtigen europäischen Swissair-Stand-
orten massiv zu fördern. Hier ortete das Swissair-Management das grösste Wachstums-
Potenzial. Der Geschäftsreiseverkehr, in dem man ausgesprochen stark war, würde vor
allem für die Langstrecken nicht genügend Volumen bringen. Und am flugtouristisch
orientierten Charterverkehr sah sich die Swissair in den nächsten Jahren nur «mit un-
bedeutenden Randleistungen beteiligt». Die Chance lag eindeutig beim Pauschaltourismus, und da war man schlechter aufgestellt als die internationale Konkurrenz.

Mit einer Offenheit, die er in einer öffentlichen Verlautbarung nie gewagt hätte, dia-
gnostizierte Scherrer, der später als Erfinder des Swissair-Marketings berühmt wurde:
«Die herkömmliche Methode, dieses Geschäft vertrauensvoll den Reisebüros und vor
allem den Grossproduzenten unter ihnen zu überlassen, wurde in den vergangenen
Jahren zunehmend durch eine aggressive Absatzpolitik einzelner Fluggesellschaften
abgelöst.»

## Swissair im strategischen Dilemma

Zu Deutsch: Das IATA-Preiskartell bröckelte, man gab es nur noch nicht zu, sondern half sich mit Tricks, die alle in der Branche kannten. Scherrer nennt «offene und versteckte Zuwendungen», etwa den «Rückkauf von Tourliteratur», aber auch die direkte Kontrolle der Tour Operators. Den anderen Weg – nämlich selber eine Reiseorganisation aufzubauen, eine gesellschaftseigene «IT-Factory» – wollte Swissair nicht gehen, weil andere damit schlechte Erfahrungen gemacht hatten und das Umsatzvolumen auch bei bestem Verlauf begrenzt geblieben wäre: «In der Regel kann eine Fluggesellschaft nicht auf eine kooperationswillige Detail-Vertriebsorganisation ausserhalb ihres eigenen Unternehmens zählen», gab Helmuth Scherrer zu bedenken. Aus dem gleichen Grunde beurteilte er auch den Kauf eines Reise-Grossisten als sinnlos.

In diesem strategischen Dilemma kam für die Swissair die von der Schweizerischen Bankgesellschaft, der Hausbank Kuonis, behutsam eingefädelte Kapitalerhöhung genau zur richtigen Stunde. Scherrer: «Die von uns angestrebte Ideallösung besteht darin, uns die loyale Zusammenarbeit eines international anerkannten, schweizerischen Reiseunternehmens zu sichern, dessen Vertriebsorganisation auch andere europäische Länder erfasst. Für diese Aufgabe bietet sich das Reisebüro Kuoni AG in vorzüglicher Weise an.» Scherrer war sich des Risikos, das eine Minderheitsbeteiligung – zumal bei der bei

Oben: Kuoni-Kleber aus der professionellen Werbung der 70er Jahre, unten: Brigitte Pfenninger aus Wetzikon, 11 Jahre, entwarf nach glücklichen Familienferien eine eigene «Werbefigur» (1975).

## Die Reisegewohnheiten

Im September des Wende-Jahrs 1972 veranstaltete Kuoni seine erste Bilanz-Pressekonferenz, die grosse Beachtung fand und an der über die Reisegewohnheiten der Schweizer in der Hochkonjunkturzeit der frühen siebziger Jahre berichtet wurde. An der Spitze der beliebtesten Destinationen standen 1972 Mallorca (mit einem Wachstum von 28 Prozent zum Vorjahr), Tunesien (+ 25 %), Griechenland (+ 30 %) und Ibiza (+ 25 %). Die Sonderflüge nach Übersee, bei denen Kuoni als Schrittmacher aufgetreten war, sowie die Cityflüge für Zweit- und Drittferien (wo er seinem ehemaligen Mitarbeiter Hans Imholz den Vortritt gelassen hatte) waren mit Wachstumsraten um die dreissig Prozent grosse Erfolge. Für das Winterhalbjahr 1972/73 wurden damals neben traditionellen Destinationen wie Nairobi, Bangkok, Ceylon und Rio als neue Reiseziele Tahiti und Mexiko lanciert. Innerhalb einer einzigen Generation hatte sich das Reiseverhalten der durchschnittlichen Schweizer Familie grundlegend verändert. Gemäss einer Erhebung des damaligen Bundesamtes für Industrie, Gewerbe und Arbeit (BIGA) aus dem Jahr 1953 hatte damals eine

Arbeiterfamilie pro Jahr durchschnittlich zwischen 500 und 1000 Franken für «Bildung und Erholung» ausgegeben. Darunter verstand man neben Ausflügen und Ferien auch die Kosten von Zeitungen, Büchern und Musik. Bei Angestellten Familien lag dieser Wert zwischen 900 und 1400 Franken. Eine Woche Badeferien in Italien in einem traditionellen Familienhotel kostete damals sogar bei der in Genossenschafts- und Gewerkschaftskreisen verankerten Popularis Tours 220 Franken pro Person, war also für eine Normalfamilie fast unerschwinglich. Zwanzig Jahre später gehörten Flugpauschalreisen in alle Welt zum normalen Lebensstandard schweizerischer Normalverdiener. Dazwischen lag der von Kuoni mitgeprägte Aufschwung des Flug- und Charter-Tourismus und die durch den Masseneffekt ermöglichte dramatische Verbilligung der Pauschalarrangements.

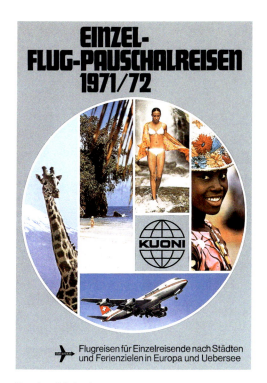

**EINZEL-FLUG-PAUSCHALREISEN 1971/72**

KUONI

Flugreisen für Einzelreisende nach Städten und Ferienzielen in Europa und Uebersee

Kuoni und Swissair warben gemeinsam und räumten einander gegenseitig die Meistbegünstigung ein.

Kuoni zugunsten der Stiftung zementierten Entkoppelung von Stimmrechts-Macht und finanziellem Engagement – klar bewusst, wie aus dem Geheimpapier hervorgeht. Trotzdem: «Diese Minderheitsbeteiligung gibt der Swissair (...) die Gewähr, dass das Reisebüro Kuoni die bereits bestehende, fruchtbare Zusammenarbeit mit der Swissair in Zukunft noch intensivieren wird. Der Einfluss branchenfremder Unternehmen oder wettbewerbsverfälschender Angebote anderer Fluggesellschaften kann auf diese Weise ausgeschaltet werden. Gleichzeitig sichert sich die Swissair einige wichtige Absatzkanäle in Europa.»

Zugleich betonte Scherrer, dass in einer solchen Verbindung kein Partner dem anderen exklusive Marktrechte einräumen dürfe. Schliesslich wollte die Swissair ihr Geschäft mit anderen Reiseanbietern ebenso wenig gefährden wie Kuoni ein Interesse haben konnte, seine Neutralität bei der Wahl der Lieferanten in Frage gestellt zu sehen. Konkret wurde für jede Saison die gemeinsame Erarbeitung eines Pauschalreisen-Programms auf Langstrecken vorgesehen, das unter dem Logo «Swissair-Reisen» über die Swissair-Verkaufsstellen (mit Ausnahme der Flughäfen) vermarktet werden sollte. Damit sollte eine enge Kooperation in der Werbung beider Partner einhergehen. Die ganze operative Abwicklung dieser «Swissair-Reisen» sollte aber über die Kuoni-Organisation laufen. Die Swissair-Verkaufsstellen ausserhalb der Schweiz sollten je nach ihrer örtlichen Stärke und Interessenbindung selbst entscheiden können, ob sie dieses Gemeinschaftsprodukt ebenfalls anbieten wollten. Ein grosses Volumen wurde jedoch mit diesen Angeboten nie erreicht.

## Vorzugsbehandlung wo immer möglich

Neben dieser für die Beteiligung ausschlaggebenden Förderung der Langstrecken-Pauschalreisen sollte sich die Zusammenarbeit auch auf das Gebiet der Einzel-, der Studien-, Gesellschafts-, Kongressreisen wie auch auf den normalen Geschäftsreiseverkehr erstrecken. Scherrer sah das so: «Unter Wahrung der vollen Aktionsfreiheit beider Partner wird Kuoni darnach trachten, der Swissair eine Vorzugsbehandlung zukommen zu lassen. Die Swissair wird ihrerseits bestrebt sein, der Organisation Kuoni jene Geschäfte zuzuhalten, die ohne nachhaltige Störung unserer Beziehungen zu anderen Reisebüros so gesteuert werden können. Dies trifft insbesondere für jene Geschäfte zu, für deren Behandlung Kuoni besser geeignet ist.» Es ging also um eine Meistbegünstigungsklausel auf Gegenseitigkeit – und genau so wurde es dann auch vereinbart.

Mit der Zeit wurde diese Zusammenarbeit auch auf die dem Flug vor- und nachgelagerten Leistungen ausserhalb des reinen Transportangebots ausgedehnt, wie Peter Nydegger, der damalige Leiter der Swissair-Beteiligungen und spätere Konzern-Finanzchef, bestätigt. Im Vordergrund standen die Hotellerie – die Swissair baute später unter der Marke Swissôtel eine eigene Hotelkette auf – aber auch Reisebüro- und Transportdienstleistungen bis zum Flughafentaxi. «Kuoni kam uns sehr gelegen», sagt Nydegger.

Auch in den nachgelagerten Bereichen wurde die Zusammenarbeit Kuoni/Swissair vertieft. Immer mehr Kuoni-Gäste frequentierten die von Swissair aufgebaute Swissôtel-Hotelkette; hier die Eingangspartie des Hauses in Hongkong.

«Seine führende Marktstellung in unserem Heimmarkt Schweiz, aber auch das Wissenskapital reizten uns. Swissair wollte damals eigentlich noch nicht vertikal – d.h. in den dem Flug vor- und nachgelagerten Bereichen – wachsen, aber wir mussten unsere Marge schützen. Während wir aus Marketingüberlegungen überall Preiskonzessionen machen mussten, erhöhten die Hotels und die Reisebüros ihre Preise ständig. Das IATA-Kartell wurde eben immer schwächer.»

## Swissair erwirbt die Kuoni-Mehrheit – unbemerkt

Zunächst besassen Swissair, Motor Columbus und die Eidgenössische Bank je 25 Prozent an Kuoni. Als Motor Columbus infolge riskanter Investitionen im Iran Geld brauchte, übernahm Swissair 1978 deren Anteil. Zusammen mit einigen über die Börse zugekauften Aktien sicherte sich die Swissair in aller Stille – und damals noch unbehelligt von Publizitätsvorschriften – eine Kapitalmehrheit von 50,6 Prozent an Kuoni.

Aber zu sagen hatte die Mehrheitsaktionärin dennoch wenig, denn die Kuoni- und Hugentobler Stiftung mit ihrer kapitalmässigen Minderheit und ihren «schweren», d.h. stimmrechtsprivilegierten Namenaktien, war wie der Schwanz, der mit dem Hund wedelt. Dazu kam, dass das Kuoni-Management, der Verwaltungsrat, aber auch Freunde und Kunden des Hauses kräftig von der Möglichkeit Gebrauch machten, Aktien des Unternehmens zum Vorzugspreis zu kaufen. Jeder Kuoni-Mitarbeiter ab Stufe Prokurist konnte fünf Aktien zeichnen und bezahlte bei einem Nennwert von 1000 Franken 1300. Auf dem Höchststand war diese Investition (ohne Berücksichtigung des späteren Splits) etwa 46 000 Franken wert.

Obwohl mit Finanztransaktionen weniger vertraut als mit Marketing und Verkaufsförderung, war sich Jack Bolli schon damals darüber im Klaren, dass sich mit einem Börsengang die Unternehmenskultur grundlegend ändern würde. Noch im Juli 2003 sagte er in einem Interview für dieses Buch: «Wir wollten unsere Firma behalten. Harry Hugentobler, der 1975 starb, hatte uns mit seiner Stiftungskonstruktion für dieses Ziel unterstützt. Mit Ausnahme der Swissair waren die neuen Aktionäre reine Finanzinvesto-

Das Kuoni-Kader
in den sechziger Jahren.

ren, die auf Kurssteigerungen aus waren. Und die Swissair wollte vor allem die grosse und wichtige Kundenbeziehung zu Kuoni absichern. Einen Aktionärbindungsvertrag hat es nie gegeben.» Das Kuoni-Kader, das da von «seiner» Firma sprach, mochte den Sinn der Swissair-Beteiligung zwar eingesehen haben. Mit dem Herzen wurde diese Kooperation aber nie vollzogen, dafür waren die Mentalitätsunterschiede zu gross: hier die agilen, weltgewandten Reisebüro-Leute, bestens darauf trainiert, jede Veränderung der Randbedingungen sofort elastisch abzufedern – dort die technokratisch geprägten Airliner, die noch stolz ihre Uniform trugen und sich im Telefonbuch als «Swissair-Angest.» eintragen liessen.

## Zweckehe, aber keine Liebe

Peter Nydegger, Finanz-
chef der Swissair;
unten: Claude Losey,
Finanzchef von Kuoni.

Zwanzig Jahre später, als die halbherzige Zweck-Ehe durch einen einsamen Entscheid der Swissair geschieden wurde, sollte sich bestätigen, dass die beiden Partner die richtige Balance zwischen Nähe und Distanz nie gefunden hatten, auch wenn die Zusammenarbeit im Tagesgeschäft – mal besser, mal schlechter – durchaus funktionierte.

Zunächst konnte die Swissair mit diesem Grundwiderspruch in ihrem Verhältnis zu Kuoni gut leben. Kuoni war der Leader auf dem Schweizer Reisemarkt. Zugleich war er für Swissair einer der wichtigsten Kunden und Kundenvermittler. Aus optischen Gründen wünschte die Swissair vorerst nicht einmal eine starke Vertretung im Kuoni-Verwaltungsrat; dafür nahmen Martin Junger und Peter Nydegger im Stiftungsrat der Kuoni- und Hugentobler Stiftung Einsitz, um vor allem die personelle Besetzung des Top-Managements und des Verwaltungsrats unter Kontrolle zu halten. Aber auch im Stiftungsrat hatte das Kuoni-Management das Sagen. Die Stiftungsurkunde bestimmte, dass von den fünf Mitgliedern des Stiftungsrates deren zwei aus der Kuoni-Organisation stammen mussten; das waren damals Jack Bolli (ad personam und «solange er in der Firma eine Funktion ausübt», wie die Bestimmung lautete) und als Vertreter des Managements Finanzchef Claude Losey, später Kurt Heiniger. Als Präsident begnügte sich Alfred Kuoni II. jeweils mit der Begrüssung der Teilnehmenden, worauf er Jack Bolli die

Leitung übergab. Alfred Kuoni war übrigens einer der wenigen Menschen, mit denen Bolli zeitlebens per Sie verkehrte.

Stiftungs- und Verwaltungsrat konnten es sich damals leisten, den Dingen vertrauensvoll ihren Lauf zu lassen, denn das Wachstum von Kuoni im Jahr 1971, das der Verbreiterung der Kapitalbasis vorausgegangen war, betrug im Schweizer Markt 10,5 Prozent. Kuoni war nun unbestritten die grösste Reiseorganisation auf dem Schweizer Markt. Der spätere Swissair-Finanzchef Peter Nydegger lässt zwar keine Zweifel darüber offen, dass sich sein Unternehmen insgeheim immer über die Dominanz der Kuoni- und Hugentobler Stiftung geärgert hat. Diesen Ärger wollte die Swissair aber zunächst nicht nach aussen tragen, weil es sich bei der Beteiligung so oder so um ein glänzendes Geschäft handelte. Kuoni zahlte Jahr für Jahr so gute Dividenden, dass Jack Bolli in einem Disput mit Armin Baltensweiler einmal sagen konnte, Kuoni habe ja die Swissair-Beteiligung am Kuoni-Kapital selber finanziert. Nydegger wird, was die finanzielle Seite der Kuoni-Beteiligung der Swissair betrifft, deutlich: «Über die Jahre hinweg bis zum Verkauf der Beteiligung im Jahre 1992 haben wir, die Bezugsrechte eingerechnet, mit der Kuoni-Beteiligung einen Buchgewinn von über 100 Millionen Franken erzielt.»

## Gegenseitige Distanz trotz Bündnis

Misstrauisch verfolgte das Kuoni-Management die Politik des neuen Mehrheitsaktionärs Swissair. «Dabei hatten wir nie die Absicht, Kuoni operativ zu dominieren», versichert Nydegger. «Es gab auch keine grundlegenden sachlichen Differenzen. Wäre Kuoni in aller Offenheit eine Swissair-Tochter geworden, wären doch die anderen Reisebüros kopfscheu geworden. Umgekehrt: Hätte Swissair zur Kuoni-Airline mutiert, hätten uns die anderen Airlines bestraft. Uns waren so oder so politische Grenzen ge-

«Wir Ferienverbesserer» wurde zum stehenden Ausdruck für die Kuoni-Experten.

### Die zehn Gebote des Reisenden

1. Du sollst nicht erwarten, Dinge vorzufinden, die du zu Hause auch hast, denn du hast dein Zuhause verlassen, um andere Dinge zu sehen.
2. Du sollst andere Völker nicht nach der einen Person beurteilen, mit der du Probleme gehabt hast.
3. Du sollst es nicht zulassen, dass dir andere Touristen auf die Nerven gehen, denn du hast gutes Geld dafür bezahlt, um eine erfreuliche Zeit zu erleben.
4. Wenn du in Rom bist, sollst du dich in etwa wie die Römer benehmen; im Zweifelsfall helfen auch gesunder Menschenverstand und Freundlichkeit.
5. Denk an deinen Pass, so dass du immer weist, wo er sich befindet, denn ein Mann ohne Pass ist ein Mann ohne Heimat.

6. Du sollst nichts allzu ernst nehmen, denn am Anfang sorgenfreier Ferien steht ein sorgenfreier Geist.
7. Du sollst dich nicht aufregen, denn wer sich aufregt, erlebt keine Freude – und nichts wäre schlimmer als das.
8. Gesegnet sei, wer in allen Sprachen Danke sagen kann; das ist mehr wert als ein Trinkgeld.
9. Gesegnet ist, wer sich in anderen Sprachen verständigen kann, denn auch das zählt mehr als ein Trinkgeld.
10. Bedenke, dass du Gast bist in jedem Land. Wer seine Gastgeber mit Respekt behandelt, wird als Gast hoch geehrt werden.

Aus Kuoni-Personalmitteilungen Nr. 77

setzt. Eigentlich wollten wir nur erreichen, dass mit Kuoni nichts passierte – und wenn etwas passieren würde, wollten wir es rechtzeitig wissen und aktiv dabei sein.»
Übereinstimmend berichten Swissair- und Kuoni-Verantwortliche der damaligen Epoche, dass die 1972 beschlossene Meistbegünstigungsklausel im Tagesgeschäft von beiden Seiten loyal eingehalten wurde. Nydegger: «Am Schluss eines Offertvorgangs hat man immer noch einmal mit Kuoni bzw. mit Swissair gesprochen, ehe der Auftrag an einen Dritten ging. Auf der operativen Ebene war alles in bester Ordnung. Wir haben uns gegenseitig die Bälle zugespielt.» Diskret behandelt wurde die Tatsache, dass die Swissair Kuoni über Jahre hinweg bessere Konditionen gewährte als anderen Tour Operators; überdies erhielt Kuoni substanzielle Rückvergütungen. Am Jahresende wurde pro gebuchten Passagier noch ein Sonderbetrag zurückerstattet. Dieser war prozentual umso höher, je unrentabler die beflogene Strecke war. Damit hoffte die Swissair, einen zusätzlichen Verkaufsanreiz zu schaffen.
Argwohn schlich sich eher bei der Personalpolitik ein, wie auch in Bezug auf Rechnungswesen und Controlling, das der Swissair-Konzern immer moderner organisiert hatte als Kuoni. Die Kuoni-Kader wollten unter allen Umständen verhindern, dass die Swissair kraft ihrer Sonderstellung und der vereinbarten Nähe detaillierten Einblick in die Konditionen bekäme, die Kuoni bei anderen Leistungsanbietern herausholte. Nicht zu unterschätzen war schliesslich das kühle persönliche Verhältnis der beiden Männer an der Spitze. Der strukturiert vorgehende Ingenieur Armin Baltensweiler und das intuitive Kontaktgenie Jack Bolli vertrugen sich nicht besonders gut. In seinem letzten Interview für dieses Buch sagte Jack Bolli kurz vor seinem Tod: «Swissair war für uns nie ein richtiger Partner. Sie taten so, als hätten sie den Tourismus erfunden und wollten folglich in diesem Sektor in ihrem Heimmarkt die Nummer 1 sein. Wir haben ihnen immer vorgehalten, dass nicht sie die Destinationen entwickelt und populär gemacht haben, sondern wir, die Reiseveranstalter, mit unseren preisgünstigen Charterflügen. So war es bei Mallorca und den Kanaren, so war es in Afrika, später in Fernost und in der Karibik. Logisch, dass uns die Swissair-Leute immer nur als Konkurrenten gesehen haben.»
Doch solange die Geschäfte gut gehen, werden solche Bitterkeiten geschluckt. Und die Geschäfte gingen in der Tat glänzend. Im ersten Geschäftsjahr als börsenkotierte Aktiengesellschaft – es war das Jahr 1972, am Vorabend der ersten grossen Ölkrise – konnte Kuoni eine Umsatzsteigerung um 30 und einen Gewinnsprung um 25 Prozent ausweisen; die Aktionäre wurden mit einer Dividende von zehn Prozent bedient, und das Verkaufsstellennetz wurde weiter ausgebaut.

## Aufbau des Kuoni-Filialnetzes

An der Entwicklung des Filialnetzes lassen sich die verschiedenen Epochen der Kuoni-Geschichte besonders gut ablesen. Die erste Filial-Gründungswelle (ab 1923) hatte vor allem Kurorte in den Schweizer Bergen und an der Riviera betroffen, wo man die aus Zürich her geschickten Feriengäste optimal zu betreuen bestrebt war. Das war in einer Zeit der noch wenig entwickelten Kommunikationsmittel und der stark beratungsbedürftigen, meist sprachunkundigen Kundschaft ein Teil der Reisebüro-Dienstleistung.

Sodann gab es damals im Bahnverkehr die Retour-Billetts noch nicht, so dass es für das Reisebüro wichtig war, die Kunden an ihrem Ferienort, an dem sie meist wochenlang verblieben, nicht allein zu lassen. Dennoch war in diesen ersten Filialen äusserste Sparsamkeit angesagt. Sie wurden – teilweise gegen Umsatzmiete – in den Räumen befreundeter Banken untergebracht und meist nur während der Hochsaison betrieben. Sodann spielte die Auslastung des saisonal sehr ungleichmässig beanspruchten Personals eine Rolle.

Ab 1936 wurde das Netz der grossen Schweizer Stadtfilialen aufgebaut, während – bedingt durch den Zweiten Weltkrieg – manche inländischen und sämtliche Ausland-Niederlassungen mit Ausnahme von Nizza und Paris geschlossen wurden. Nach dem Krieg begann die Expansion in den stark wachsenden schweizerischen Reisemarkt. Es ging in erster Linie darum, den Absatz der Produkte aus dem eigenen Tour Operating zu fördern und nicht von anderen Veranstaltern abhängig zu sein. Später wurden systematisch bestehende Reisebüros gekauft, die zu haben waren: Chr. Hausmann in St. Gallen, Juon in Chur, Meier in Frauenfeld, Mondia in Genf, Bankverein in Fribourg, Bankgesellschaft in Aarau usw.

Den Willen, das vervielfachte Potenzial schnell in aller Breite auszuschöpfen, markierte erstmals die Eröffnung einer zweiten Filiale in der gleichen Stadt, was damals in der ganzen Branche Aufsehen erregte. 1958 nutzte Jack Bolli die Gelegenheit, am Bellevue in Zürich – gleich gegenüber dem allerersten Kuoni-Büro von 1906 – die Räume des Schweizerischen Bankvereins zu übernehmen und dort eine zusätzliche Zürcher Stadtfiliale (mit Zielrichtung Goldküsten-Kundschaft) zu errichten. In schnellem Takt folgten nun neue Kuoni-Standorte auch in Nebenzentren wie Baden, Olten und Biel. In den 70er und 80er Jahren wurde die Expansion strategisch vorangetrieben. In diesen Jahren wuchs das Kuoni-Filialnetz in der Schweiz pro Jahr um eine bis sieben Einheiten; zuletzt waren es über siebzig Filialen. Wo immer sich Gelegenheit bot, mietete sich Kuoni auch in die überall entlang dem wachsenden Autobahnnetz entstehenden Einkaufszentren ein: Glatt, Seedamm, Emmenbrücke, Uster usw.

## Die Ausland-Strategie in den 70er Jahren

1971 besass Kuoni 18 Niederlassungen im Ausland. Zu den frühen, nach dem Krieg zum Teil wieder belebten Gründungen (Nizza 1925, Paris 1929) kamen nacheinander Cannes (1953), Rom (1958), Tokio (1963), Palma de Mallorca (1964), London (1965), Puerto de la Cruz (1967), Buenos Aires und Johannesburg (1968), New York und Chicago (1970), Las Palmas, Los Angeles, Lyon, Mexico-City und Toronto (1970) und Wien (1971).

Drei einfache Überlegungen lagen der damaligen Konzernstrategie zugrunde: Erstens wollte Kuoni Schweiz als Pionier des Langstreckentourismus (mit Schwerpunkt im Chartergeschäft) seine Produktion mit Abflug ab Zürich über die Filialen in der Schweiz und in den wichtigsten europäischen Zentren absetzen. Zweitens sollten überseeische Niederlassungen Geschäfte nach Europa akquirieren, um das gut funktionierende Kuoni-Incoming mit internen Aufträgen auszulasten. Solange in manchen Ländern, etwa in Frankreich, noch Devisenrestriktionen galten, war dies auch zur Erzielung der von den Behörden oft geforderten Gegenseitigkeit von Geldflüssen wichtig. Drittens

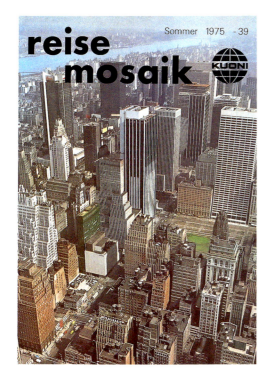

reise mosaik KUONI
Sommer 1975 - 39

Links: New York rückte
in den Mittelpunkt
des Kuoni-Programms,
als 1975 wöchentliche
City-Flüge aufgenommen
wurden. Das Resultat
übertraf alle Erwartungen.
Rechts: Kuoni-Filiale
in Mailand.

sollte sich jede Filiale im herkömmlichen lokalen Vermittlungsgeschäft betätigen und im Ferien- wie im Geschäftsreisebereich eine Stammkundschaft aufbauen. Dabei wurden Interessenkonflikte, wie sie zwischen Detaillist und Grossist zwangsläufig auftreten, bewusst in Kauf genommen, vor allem die Konkurrenzierung der Engros-Kunden (d.h. der anderen Reisebüros).

Ungeachtet der Ölkrise und des gerade aktuellen Zypern-Konflikts ging Kuoni 1974 ein Grossrisiko ein, als die noch in guten Zeiten geplanten wöchentlichen City-Flüge nach New York aufgenommen wurden. Selbst Walter Hollenweger, der oberste Tour Operator im Hause, staunte über die Entwicklung dieses Geschäfts, bei dem Kuoni 5000 Plätze pro Saison verkaufen musste, um die Rentabilitätsschwelle zu erreichen. Im nächsten Jahresbericht hiess es: «Das Resultat dieser Aktion übertraf selbst die Erwartungen der aktivsten Befürworter dieses Unternehmens. Bereits Mitte August waren sämtliche Plätze ausgebucht. Anstelle der geplanten zwanzig führten wir schliesslich bis Ende Oktober 24 Flüge durch, wobei 5570 Passagiere befördert wurden.» Kuoni hatte das Glück des Wagemutigen: Der damals sehr tiefe Dollarkurs machte die USA für europäische Kunden zu einem preisgünstigen Reiseland. Sofort wurde beschlossen, eine zusätzliche Charterkette nach Kalifornien aufzulegen.

## Grenzen des Wachstums

Die Grenzen des Wachstums und die Krisenempfindlichkeit auch der firmentypisch «besseren» Kundschaft spürte Kuoni nicht bei den Frequenzen, sondern beim Pro-Kopf-Umsatz. Die verstärkte Nachfrage nach preisgünstigen Reisen erhöhe den Druck auf die Margen und gefährde die Rentabilität, erklärte Bolli bei der gleichen Gelegenheit. Noch war es ein Klagen auf Vorrat. Für das Jahr 1974 wurde gegenüber dem Vorjahr eine Gewinnsteigerung um 14 Prozent ausgewiesen. Im folgenden Jahr konnte das Ergebnis dank scharfer Rationalisierungsmassnahmen gehalten werden, doch das Umsatzwachstum war in der Schweiz mit nur drei Prozent so schwach wie noch nie zuvor. Einer der Gründe war der zunehmende Druck der Kunden, Flugtickets in währungsschwachen Ländern einzukaufen. In den Kuoni-Büros zu London und Mailand wurden regelmässig Nachtschichten geleistet, um Tickets für die Schweiz zu schreiben, die dann im kleinen Grenzverkehr zu ihren Kunden gelangten. Dieweil wuchsen die Umsätze der Kuoni-Auslandtöchter erneut um einen Fünftel – unter anderem weil sie viele Arrangements nicht mehr vom Hauptsitz bezogen, sondern sie selber produzierten und dadurch das Preis- und Währungsgefälle besser ausnützen konnten. Im Frühjahr 1975 wurde ein Anstellungsstopp verhängt; im Laufe dieses Jahres wurde die Zahl der Mitarbeitenden weltweit von rund 2000 auf 1663 zurückgefahren.

Bei Kuoni öffnete sich die Kostenschere in der zweiten Hälfte der siebziger Jahre. Der schweizerische Heimmarkt stagnierte in den Jahren 1975 und 1976 mit Wachstumsraten

## Krisenempfindlich, aber vergesslich

In den frühen siebziger Jahren erlebte das Pauschalreise-Geschäft nach der Einführung der Grossraumflugzeuge vom Typ DC-10 infolge der massiven Kapazitätserhöhung und der entsprechenden Preissenkungen einen fabelhaften Aufschwung. Doch mitten in die Boom-Periode platzte der Jom-Kippur-Krieg. Am 6. Oktober 1973 griffen ägyptische und syrische Truppen Israel an, um die im Sechstage-Krieg von 1967 verlorenen Gebiete zurückzuerobern. Neben ihren Armeen setzten die arabischen Staaten eine neue politisch-wirtschaftliche Waffe ein: Erdöl. Die im straffen OPEC-Kartell versammelten arabischen Staaten beschlossen, ihre Ölausfuhren so lange erheblich einzuschränken, bis die von Israel besetzten Gebiete zurückgegeben wären. Innerhalb eines Jahres verdreifachte sich der Erdölpreis. Die meisten westlichen Staaten verhängten Sonntagsfahrverbote und Tempobeschränkungen.

Ein Drittel der Energieversorgung der Welt hing vom Erdöl ab. Der «Ölschock» löste nicht nur in den meisten Industriestaaten eine weltweite Wirtschaftskrise mit steigender Arbeitslosigkeit aus, sondern schärfte auch das Bewusstsein für die Abhängigkeit der westlichen Zivilisationen vom Erdöl. Nun gab es plötzlich staatliche Energiesparprogramme. Die Nutzung anderer Energieträger, insbesondere der Kernenergie, erhielt trotz heftigen Widerstands in der Bevölkerung politischen Vorrang.

Aber auch Ölschock und Wirtschaftskrise dämpften die Reiselust der Kuoni-Kundschaft nur vorübergehend. Wie meistens bei weltpolitischen Krisen reagierte der Reisemarkt sofort und mit jähen Abwärtsbewegungen, erholte sich aber schnell, sobald die dramatischen Schlagzeilen verschwunden waren oder sich das Publikum daran gewöhnt hatte. Auch im Jahr 1974 verzeichnete Kuoni in der Schweiz ein Wachstum, wenn auch mit plus acht Prozent leicht gebremst. Der Umsatz der Auslandfilialen stieg auch in diesem Jahr stärker. Die Gewichte

Spätherbst 1973: Infolge der Ölkrise wurden in allen westlichen Ländern Sonntagsfahrverbote verhängt. Die Autobahnen waren plötzlich frei für den Sonntagsspaziergang.

von drei bzw. zwei Prozent, während die Auslandgesellschaften gesamthaft in Takten zwischen 20 und 25 Prozent wuchsen. Trotz fehlender Branchenstatistiken kann man mit guten Gründen annehmen, dass Kuoni in der Schweiz schon damals in erheblichem Ausmass Anteile an wichtigen Teilmärkten (z.B. USA, Kenia und Geschäftsreisen) verloren hat. Die Gewinner waren aggressive Spezialisten und Nischenanbieter.

Das Jahr 1977 brachte eine neue Firmenstruktur. Jack Bolli kümmerte sich um den Markt Schweiz, Kurt Heiniger übernahm die International Division, und Claude Losey vervollständigte als Finanzdirektor die Geschäftsleitung. Das war zugleich ein Kulturwechsel, indem die Führungsspanne von Jack Bolli verengt wurde; jetzt rapportierte nicht mehr jeder Länderchef direkt an den Direktionspräsidenten.

Die ausländischen Kuoni-Töchter mussten ihr Heil im Wachstum suchen; nur so konnte zum Beispiel Frankreich die Abhängigkeit von den stark schwankenden Wechselkursen abbauen. Doch das vom unveränderten Wachstum des Reisemarkts dominierte positive Grundrauschen in den meisten Ländern, in denen Kuoni aktiv war,

verschoben sich Jahr für Jahr vom Schweizer Heimmarkt auf die internationale Ebene.

Immer wieder spiegelte sich in Kuonis Betriebsalltag das Weltgeschehen. In den 80er Jahren erpresste die Befreiungsbewegung Polisario Kuoni und andere Reiseveranstalter mit der Drohung, Anschläge auf Touristenziele in Spanien zu verüben. Nach Rücksprache mit der Polizei und mit anderen grossen, auch ausländischen Reiseveranstaltern beschloss Kuoni, die Forderung (1 Million Franken) zu ignorieren und gegenüber der Öffentlichkeit zu schweigen. Es geschah nichts.

Die Vergesslichkeit des durch weltpolitische Erschütterungen leicht beeindruckbaren Reisepublikums erwies sich auch in den folgenden Jahrzehnten als verlässliches Phänomen. In der Reisebranche gilt die Faustregel, dass selbst nach schwersten Terrorkatastrophen spätestens nach 18 Monaten der alte Frequenzstand wieder erreicht ist. Nach den ungewöhnlich schweren Terroranschlägen von Luxor (1997) und Bali (2002) war der Buchungsrückgang zwar annähernd total, doch erholten sich die Frequenzen nach einem Jahr nach und nach wieder.

Wenig langfristige Wirkung zeigten die von kurdischen Untergrundorganisationen bzw. von der baskischen ETA immer wieder ausgeführten Anschläge auf Ferienhotels in der Südtürkei und an den spanischen Ferienküsten. In der Türkei brach das Reisegeschäft zwar vorübergehend, wie von den Terroristen geplant, völlig zusammen, doch nach zwei Jahren erlebte die türkische Riviera wieder Rekordfrequenzen.

Nach den Anschlägen des Jahres 2000 in Spanien wunderten sich sogar erfahrene Touristiker: Übereinstimmend meldeten im folgenden Jahr alle grossen Schweizer Reiseveranstalter leicht gestiegene Buchungszahlen für Spanien. Grundlegend anders verhielten sich die Märkte nach dem Terroranschlag vom 11. September 2001 in New York. Die Häufung der Ereignisse – später insbesondere des Irak-Kriegs von 2003 – und die elementare Wucht des Geschehens in Manhattan zerstörten die bisher während vieler Jahre herrschende Planungssicherheit für die Reisebranche. Im Jahre 2002 brach zum Beispiel der deutsche Reisemarkt um beinahe 20 Prozent ein, ohne sich im folgenden Jahr zu erholen. Damit kamen vor allem die Reiseveranstalter in Bedrängnis, die stark in Fluglinien und eigene Hotels investiert hatten und deshalb auf eine regelmässige und früh berechenbare Grundauslastung besonders angewiesen waren.

Als schwer verdaulich erwiesen sich auch schleichende, schwierig einzugrenzende Bedrohungsformen wie die Lungenseuche SARS, die kurz darauf die fernöstliche Welt beunruhigte. Diese Einschnitte brachten die schwersten Verluste in der Geschichte des globalen Reiseverkehrs. Auch das Jahr 2003 und die folgenden Jahre brachten nur eine zögernde Erholung.

übertönte manches Warnsignal. In Österreich zählte Kuoni dank einiger geschickter
Übernahmen inzwischen zu den führenden Reiseanbietern. Italien lief entgegen allen
Erwartungen sehr gut, und der Zuspruch der spanischen Inland-Kundschaft weckte
Hoffnungen. Die Bedeutung des Auslandgeschäfts für die Kuoni-Organisation wuchs
und wuchs. Das Gedeihen der einzelnen Niederlassungen war aber stark vom jeweiligen
Management abhängig, was auf fundamentale Mängel in der damaligen Konzernorgani-
sation schliessen lässt. Sie wurden aber zunächst nicht so ernst genommen, wie sie es
verdient hätten. Die Geschichte der Kuoni-Niederlassung in Grossbritannien ist – gerade weil sie eine Erfolgsgeschichte ohnegleichen ist – ein Beleg dafür.

## Sonderfall Grossbritannien

Im Netz der Kuoni-Auslandgesellschaften nahm Grossbritannien seit den späten sechziger Jahren eine Sonderstellung ein. Über dreissig Jahre hinweg war Kuoni UK die mit
Abstand rentabelste Firma in der ganzen Gruppe. Es gab viele Jahre, da verdiente London allein mehr Geld als der ganze übrige Konzern. Keine andere Kuoni-Niederlassung
konnte ein derart starkes Wachstum nicht nur der Umsätze, sondern auch der Gewinne
ausweisen – und erst noch in einer beeindruckenden Kontinuität. Trotz Pfund-Abwer-
tungen und Wirtschaftskrisen meldete London jedes Jahr bessere Zahlen nach Zürich.
Ein grosser Teil der Liquidität des Gesamtkonzerns war in London parkiert und wurde
vom Joint Managing Director David Epstein (1967–1981) mit grossem Geschick bewirtschaftet.

Dabei hatte 1965 alles mit einem eher müden, aber traditionsreichen Reisebüro begonnen, freilich an bester Lage: New Bond Street 133, London W-1. Challis & Benson galt
als gute, jedoch in keine Richtung irgendwie profilierte Adresse. Dass Kuoni 1964 zusammen mit seinem langjährigen Afrika-Partner, dem englischen Tour Operator UTC,
das Unternehmen kaufte, entsprach der damaligen Art des Wachstums, das nicht einer
Strategie folgte, sondern den Gelegenheiten, die sich gerade ergaben und, nicht zu vergessen, der Intuition von Jack Bolli. Damals machte das Londoner Unternehmen gerade

Oben: Peter Diethelm,
der Mann, der Kuoni in
Grossbritannien zur Blüte
brachte. Rechts: New
Bond Street 133, London:
Hier begann mit einem
übernommenen Reise-
büro der Aufstieg von
Kuoni U.K.

mal eine halbe Million Pfund Umsatz und war in den roten Zahlen. So blieb es noch zwei Jahre lang, denn Kuoni hatte mit dem ersten Schweizer Büroleiter keine glückliche Hand. Den Schleudersitz bestieg 1966 der damals 24-jährige Peter Diethelm, ein Swissair-Mann aus dem Thurgau, der bei Kuoni als Angestellter und Reiseleiter eingestiegen war. Positionen als Landesleiter im Ausland waren schon damals nicht nur bei Kuoni, sondern in allen international tätigen Firmen sehr begehrt. «Aber um den Job in London musste ich nicht kämpfen», erinnert sich Diethelm heute lächelnd. «Niemand anderes wollte ihn.»

Trotz der anfänglichen Probleme war Challis & Benson für Kuoni ein guter Einstieg, weil die Firma alle für das Tour Operating erforderlichen Lizenzen besass, ohne freilich davon einen besonders dynamischen Gebrauch zu machen. Charles Challis blieb noch als väterlicher Berater und Türöffner im Unternehmen. Diethelms erstes Problem war: Wenn Kuoni auf dem stark besetzten und wettbewerbsstarken britischen Markt als Tour Operator auftreten wollte, musste er unverwechselbar werden. Mit Charterreisen zu den üblichen Kurzstrecken-Destinationen war das hoffnungslos. Schon damals war die Preiskonkurrenz der Marktführer vernichtend für jeden Newcomer. Da stellte sich Diethelm ganz naiv die Frage: Warum gibt es eigentlich keine Langstrecken-Charter? Die Antwort war einfach und schwierig zugleich. Ganz abgesehen davon, dass die Behörden noch nie eine solche Bewilligung erteilt hatten: Die Anfangsrisiken waren zu hoch, und eigentlich fühlten sich alle, die Airlines wie die Reisebüros, durchaus wohl mit den durch das IATA-Kartell geschützten hohen Ticketpreisen, an denen sich schliesslich ihre Kommissionen bemassen. An das gewaltige Wachstums-Potenzial des Pauschaltourismus im Langstreckenbereich dachte damals noch kaum jemand, wahrscheinlich nicht einmal Peter Diethelm.

## Peter Diethelm packt seine Chance

Nichts ist verlockender und gefährlicher als eine gute Idee, die einmal in der Welt ist. Wie explosiv sie war, erfuhr Peter Diethelm zuerst gleich im eigenen Hause. Der vorsichtige englische Partner stieg aus der gemeinsamen Firma aus, weil er nicht bereit war, Charterrisiken mitzutragen. War es naiver Optimismus, blindes Vertrauen, Vision – oder gar eine Mischung aus allem? Wie auch immer: Jack Bolli verzog keine Miene und reagierte grosszügig. Er zahlte UTC ungerührt den ursprünglichen Einstandspreis aus, übernahm Challis & Benson zu 100 Prozent und verschaffte seinem jungen Mitarbeiter damit die nötige Ellbogenfreiheit.

Diethelms Chance war, dass es im reiseschwachen Winterhalbjahr genügend freie Flugzeuge gab – und dass die Übersee-Destinationen dann besonders wettergünstig waren, vor allem für Reisende aus dem nebligen Grossbritannien. Mit Challis & Benson als vertrautem englischem Schild und mit dem guten Schweizer Namen Kuoni im Hintergrund bewarb sich Diethelm bei der Air Transport Licence Authority (einer Art Luftamt) kurzerhand um eine Charterlizenz für die Strecke London–Mombasa–London. «Wir boten einen für damalige Verhältnisse unerhört günstigen Preis an: eine Woche inklusive Hotel für 199 Pfund. Das war zwar sechsmal teurer als eine Woche Mallorca, aber um die Hälfte billiger als das blosse Linienticket nach Ostafrika. Die Fluggesellschaft BOAC tobte, aber die Behörde gab uns die Lizenz, zunächst probeweise für einen Monat. Adressmaterial hatten wir nicht. Wir fanden das passende Publikum – mittelständische Leute mit einigem Geld, die aber rechnen konnten – bei den Lesern der Sunday Times. Dort platzierten wir Kleinanzeigen. Die Hälfte der Arrangements ging auf diesem direkten Weg in den Markt, die andere Hälfte über Agenten. Wir flogen mit einer gepflegten VC-10 von Vickers-Viscount, und die Flüge waren zu 100 Prozent voll.»

Peter Diethelm reiste mit, weil er seine Kunden kennen lernen wollte. Er erlebte, wie sie die günstige Reise genossen und freundete sich mit manchen von ihnen so weit an, dass es ihm leicht fiel, ihnen auf dem Rückflug einen Floh ins Ohr zu setzen: Warum machen Sie nächste Woche nicht bei Ihnen zuhause eine Dia-Party für Ihre Nachbarn und Freunde? In der Tat: Die Kunden waren hoch zufrieden, und viele waren gern bereit, ihre positive Reiseerfahrung mit anderen zu teilen. Kuoni sponserte für jede dieser Haus-Parties Getränke für 15 Pfund und legte Broschüren auf. Der Erfolg war durchschlagend. Neue Buchungen strömten herein, die Kette konnte fortgesetzt werden.

## Erfolg mit Langstreckenreisen

Kuoni England hatte einen ersten Durchbruch erzielt und sein Erfolgsfeld gefunden: preisgünstige Langstrecken-Reisen. Während sich die englischen Reise-Riesen mit Tiefstpreisen um die Massenmärkte am Mittelmeer balgten, breitete sich Kuoni UK in dieser komfortablen Nische aus. (Der Name Challis & Benson verschwand nach einer Anstandsfrist.) So unkonventionell dieser Peter Diethelm bei Marketing und Werbung vorging, so konservativ kalkulierte er. Seine Preise beruhten auf einer Auslastung von 65 Prozent. Das bedeutete: Wenn der Flug mindestens zur Hälfte gefüllt hatte, konnte Kuoni kein Geld mehr verlieren. Doch die Flugzeuge waren meist voll.

Der nächste grosse Sprung für Kuoni in England waren Fernost-Flugreisen auf Linienbasis mit Bangkok als Drehscheibe. IATA-Kartell hin oder her: Diethelm als Grossabnehmer gelang es, bei namhaften Fluggesellschaften hervorragende Konditionen aus-

Oben: Die Karikatur in einem Reisemagazin zeigt Peter Diethelms «Seiltanz» zwischen Linien- und Charterflugangeboten. Rechts: Bangkok und sein Grosser Palast gehörte zu den ersten erfolgreichen Zielen von Kuoni-Langstreckenflügen ab Grossbritannien.

zuhandeln. Das Geschäft wuchs – und war enorm rentabel, weil sich Kuoni konsequent auf seine Nische beschränkte, sich nicht auf Preiskämpfe einliess und kundenfreundliche Modul-Arrangements auflegte. Damit wurde ein doppelter Nutzen erreicht. Die Kunden freuten sich, weil sie auf Charter-Preisniveau die Linie mit ihren flexiblen Flugplänen benutzen konnten. Und Kuoni freute sich, weil durch diese individuellen Möglichkeiten die Vergleichbarkeit mit den Angeboten der Konkurrenz erschwert wurde. In der Sprache der Marketing-Technokraten heisst das: Kuoni steigerte seine Preiselastizität durch Angebots-Differenzierung. Oder in normalem Deutsch: Kuoni verdiente trotz (zumindest optisch) günstiger Preise deutlich mehr Geld, zumal für die Änderungen und Sonderwünsche konsequent administrative Zuschläge verrechnet wurden.

Mit einem Anteil von etwa 20 Prozent am britischen Fernreisemarkt (1990) wurde Kuoni UK über die Jahre einer der Grössten in dieser rentablen Nische, blieb aber klein genug, um dem auf die Pauschalreisen ans Mittelmeer konzentrierten Preiskampf der Riesen Thomson, Owners Abroad und Airtours weitgehend ausweichen zu können. So blieb die Konkurrenz in diesem rentablen Marktsegment überblickbar und erträglich, weil die grossen Reiseanbieter an ganz andere Stückzahlen gewöhnt waren. Noch bewegte Kuoni nur wenige tausend Arrangements pro Destination und Wintersaison.

## Erzrivale Houlders wird übernommen

Der schärfste Konkurrent war neben dem Traditionshaus Thomas Cook die Firma Houlders. Sie war etwas umsatzstärker als Kuoni UK und bearbeitete mit grossem Erfolg die Karibik und Südafrika, wohin Kuoni damals noch nicht flog. Da Houlders vor allem über selbständige Agenten verkaufte, war er auf den teuren City-Standort nicht angewiesen und verlegte seinen Sitz 1973 aus Kostengründen nach Dorking in Surrey, 50 Kilometer südlich von London. Das führte zu einer unerwarteten Krise, weil viele Angestellte den weiten Arbeitsweg nicht auf sich nehmen wollten. Dieses Problem vergällte der Muttergesellschaft, einer auf Fracht spezialisierten Schifffahrtslinie, die Freude an der Reisebüro-Tochter. Peter Diethelm und Houlders-Chef Peter Warner, die einander als Konkurrenten gut kannten und schätzten, tauschten sich eines Tages über die Standortprobleme aus und kamen auf die Idee, enger zusammenzuarbeiten.

Aber das Kader von Houlders rebellierte gegen eine Übernahme durch den Schweizer Konkurrenten. Sie mobilisierten Diethelms alte Rivalen bei der Fluggesellschaft BOAC, die sofort eine feindliche Offerte abgaben. Aber Clive Dodge, der Finanzchef von Houlders und der Vorgesetzte von Peter Warner, wollte aus Prinzip nicht an einen Staatsbetrieb verkaufen. Als Diethelm mit dem unbeirrbaren Optimisten Jack Bolli im Hintergrund mit der BOAC-Offerte gleich zog – es ging um den idyllischen Übernahmepreis von 250 000 kräftig abgewerteten Pfund – bekam Kuoni den Zuschlag.

Das Houlders-Kader meuterte. Aber ausgerechnet in diesen schwierigen Tagen starb Peter Warner völlig überraschend an einer Herzattacke. Peter Diethelm wurde sein Nachfolger als Managing Director und löste die Probleme mit Einfühlungsvermögen: «Als Erstes verlegte ich selber mein Büro sofort nach Dorking und zog so bald wie möglich mit unserem ganzen Tour Operating dorthin. Das war der Eisbrecher. Denn damit bestätigten wir den Houlders-Leuten mit einem Tatbeweis, dass wir ihren Standort-

Oben: Kuoni-Sitz in Dorking; oben rechts: Vier Kuoni-Länderchefs an einem Tisch; von links: Konrad Steiner (Österreich), Louis Piraud (Frankreich), Peter Diethelm (United Kingdom), Dante Spotti (Italien).

Entscheid richtig fanden, dass wir sie ohne Prestige-Überlegungen respektierten, das heisst dass wir das, was wir gekauft hatten, auch wirklich schätzten. Die Feindseligkeit war am Anfang noch stark, aber das änderte sich schnell. Den Ausschlag zu unseren Gunsten gab wohl, dass wir das ganze Management im Amt liessen. Es gab keine Verdrängungskämpfe, niemand verlor unseretwegen seinen Job. Für zwei Jahre behielten wir auch den Namen Houlders bei und warben mit dem Slogan «The best of Kuoni & Houlders». Wir hatten sofort den doppelten Umsatz zu fast gleichen Kosten. Damit konnte der Kaufpreis schon nach einem Jahr zurückverdient werden. Auf einen Schlag waren wir der grösste Tour Operator für Fernreisen in Grossbritannien. Hinsichtlich Destinationen und Vertriebsformen ergänzten sich beide Firmen ideal. Überschneidungen gab es nur in Kenia, auf Mauritius und den Seychellen. Dafür konnten wir gemeinsam Rio de Janeiro als Charter-Destination auflegen. Houlders verkaufte zu 100 Prozent über Agenten, wir machten bereits einen bedeutenden Teil unseres Umsatzes im Direktverkauf. Es flossen also Marketing-Kompetenzen zusammen. Insgesamt war die Houlders-Übernahme ein Meilenstein für die Kuoni-Expansion in Grossbritannien.» Gemeinsam setzten Kuoni und Houlders nun schon sechs Millionen Pfund um und verdienten eine Million – nicht schlecht für ein Unternehmen, das neun Jahre zuvor noch mit einem Zwölftel dieses Volumens rote Zahlen geschrieben hatte!

## Aufschwung dank Eigenständigkeit

Ein Vierteljahrhundert später, im Jahr 2000, verzeichnete Kuoni UK einen Umsatz von 369 Millionen Pfund und eine hohe Rendite. Dazwischen liegt die beeindruckende Biografie eines Unternehmens, das zwar immer die Tochtergesellschaft eines internationalen Konzerns war, aber dank der charismatischen Persönlichkeit seines Gründers und Motors, auch dank dessen Zähigkeit und dessen legendärem Eigensinn, das eigene Profil und ein höchst rentables Eigenleben zu bewahren wusste.

Fast sieht es so aus, als wäre Kuoni UK das vitale Gegenmodell des Gesamtkonzerns – die Firma, die Kuoni als Ganzes aus historischen und strukturellen Gründen nie hatte werden wollen und können: auf rentable Marktsegmente und das Tour Operating konzentriert, extrem kostengünstig in Vertrieb und Organisation und geführt mit einem Kostenbewusstsein und einem Profitstreben, das schon beinah als brutal zu bezeichnen ist. Kuoni UK erzielte seit 1975 mit einem EBITA von zehn und mehr Prozent weit über dem Branchendurchschnitt liegende Gewinnwerte.

1979 war Kuoni UK unter den ersten Firmen der Reisebranche gewesen, die ein Computerprogramm entwickelten, das ihr die Realisierung eines wichtigen Firmenziels ermöglichte: grösstmögliche Flexibilität. «Wir nützten die Flexibilität unserer täglichen Linienflüge aus und ermöglichten den Kunden beliebige Längen, Kombinationen, Verlängerungen usw.», erläutert Peter Diethelm. Die englischen Kuoni-Kunden konnten fast so frei buchen, als hätten sie teure Linientickets gekauft. Nicht mehr vergleichbar war, wie gewünscht und angestrebt, der Schlusspreis des Arrangements. Ausserdem erhielt Kuoni UK bei jeder Änderung Gebühren. Das Computerprogramm hatte revolutionäre Eigenschaften für die damalige Zeit: Es prüfte online die Verfügbarkeit der Sitze, stellte sofort alle Reisedokumente aus – und ersetzte damit etwa ein Dutzend von insgesamt neunzig Angestellten. Der Jahresumsatz von Kuoni UK lag damals bei 24 Millionen Pfund. Unser Slogan lautete: «Taylor made holidays at package tour prices». Der von Kuoni UK bearbeitete Markt wuchs in den 80er Jahren durchschnittlich um 20 Prozent pro Jahr, doch das reichte nicht aus, um die durch den Computer frei gespielten Angestellten zu beschäftigen. Während immer mehr Konkurrenten die Fernreisen-Nische entdeckten, überschritt Kuoni – zunächst mit der Absicht, die überzähligen Mitarbeiter sinnvoll zu beschäftigen – eine Schranke, die im Heimmarkt bis auf den heutigen Tag besteht und die paradoxerweise durch die enorme emotionale Kraft der Marke Kuoni bedingt ist. Kuoni UK, weniger bekannt und deshalb auch weniger exponiert als Kuoni Schweiz, profilierte sich als Billiganbieter «für die Leute, die im Begriffe sind, von Mittelmeer-Ferien auf eine entferntere Destination umzusteigen», wie Peter Diethelm in einer 1992 erschienenen Firmenbroschüre schrieb. «Diese Leute sind unsere Zukunft. Sie verlangen Zuverlässigkeit und konkurrenzfähige Preise. Mag sein, dass wir am unteren Ende des Fernreisegeschäfts weniger bekannt sind, aber umso ernster nehmen wir dieses Geschäft. In einer solchen Geschäftspolitik können wir keine Widersprüche erkennen. Genau so wie jede Fluglinie auf eine ausgewogene Mischung zwischen First Class-, Business- und Economy-Passagieren achtet, so ist die Mischung aus Charterflug-Ferien in Dreistern-Hotels und begleiteten Luxus-Weltreisen für Kuoni lebenswichtig. Wir sehen uns als den BMW der Reiseindustrie. Egal, ob Sie einen Wagen aus der Dreier- oder der Siebnerreihe fahren: Sie kaufen immer Klasse und Qualität.»

## Ausgewogene Mischung zwischen den Klassen

Peter Diethelm wiederholte den Dreh, mit dem er sich schon vor zwölf Jahren in den Markt katapultiert hatte. Unbeschwert vom Hochpreis-Image und dem Prestige-Gepäck, das im schweizerischen Heimmarkt mit dem Label Kuoni verbunden war, startete er 1980 unter der Marke «Kuoni 3» eine populäre Low-cost-Variante für Fernreisen. Die Zahl 3 stand für Dreisterne-Hotels. Das war so etwas wie die Vorwegnahme des «Helvetic Tours»-Konzepts, das ab 1982 in der Schweiz realisiert wurde, nur war die englische Version viel konsequenter. In der beinharten britischen Reisebranche erhob sich ein Aufruhr. Denn nun attackierte der immer strahlende Peter Diethelm mit dem ihm eigenen aggressiven Charme das Allerheiligste des Reisebüro-Gewerbes: die Kommissionen.

Auf der Suche nach Einsparmöglichkeiten machte Diethelm auch sonst vor fast gar nichts Halt. Für die Bustransfers von und zu den Flughäfen zum Beispiel bezahlte er prinzipiell nichts. Dafür gestattete er den Busunternehmern, die Gäste zum Shopping zu entführen und sich an den Kommissionen der Läden schadlos zu halten. Er nutzte jedes Währungsgefälle gnadenlos aus. Er drückte die Charterpreise, wo er konnte. Und nun schickte er sich noch an, das geheiligte Zehn-Prozent-Prinzip der Wiederverkäufer ins Wanken zu bringen. Er offerierte den Detaillisten als Alternative fixe 20 Pfund pro Buchung unabhängig von deren Endpreis – mit dem ergreifend einfachen Argument: Ich bringe euch mit diesen niedrigen Preisen eine völlig neue Kundenschicht für Fernreisen in die Läden – und schliesslich verdient ihr doch nicht Prozente, sondern Pfund Sterling. Ausserdem argumentierte er mit der Qualität und dem organisatorischen Vorsprung, den Kuoni UK inzwischen realisiert hatte. Zusammen mit der einfachen Buchung und Administration dank dem Computer bedeutete dies wesentlich weniger Aufwand für den Wiederverkäufer durch Rückfragen und Reklamationen. Dennoch wandten sich viele Reisebüros empört von Kuoni ab. Die Mehrheit aber schwenkte auf diese neue Vertriebsform ein, die sich für viele Jahre bewährte. Die gleichen englischen Reisebüros, die Diethelm manchmal heftig anfeindeten, wählten Kuoni während mehr als zwanzig aufeinander folgenden Jahren zum besten Fernreise-Veranstalter.

Kuoni UK brachte seinen Wiederverkäufern aber auch Mehrgeschäft durch echte Innovationen. Die Firma hatte inzwischen den Ruf, immer der Erste zu sein: bei Charter-

## Concorde oder Träume werden zu Geld

Wie man Prestigebedürfnis und Träume zu Geld macht, führte Kuoni UK zu den Zeiten des Überschall-Jets Concorde vor. 1984 kam Kuoni mit einem scheinbar unmöglichen Angebot auf den Markt: Ferienflüge in die Karibik mit der Concorde. Und das ganze Wochenpaket samt Hotel und Transfers kostete weniger als ein Erstklass-Ticket nach den jeweiligen Destinationen. Der alte Reisefuchs Diethelm hatte die Emotionen seiner Kunden richtig eingeschätzt. «Ich zählte auf die Leute, die sich sagten: Einmal im Leben will ich dieses Erlebnis geniessen. Also verkauften wir ihnen zur Verwirklichung ihrer Räume einen Platz in der Concorde, wahlweise in der Economy-, Business- oder First Class. Die grosse Überraschung war, dass der grösste Teil unserer rund sechshundert Concorde-Passagiere pro Saison für den zweiten Flug Economy wählte. Es waren also nicht die Wohlhabenden, die von diesem Angebot Gebrauch machten, sondern die gewöhnlichen Leute, die sich einen Traum erfüllten.» Wie immer in der Reisebranche kriegte die erfolgreiche Idee sofort Junge. Nach Barbados,

Antigua, St. Lucia und den Bahamas wurden auch Kairo und Marrakesch mit der Concorde angeflogen. Höhepunkt war eine zweiwöchige Überschall-Weltreise für weniger als 10 000 Pfund, die dreimal zustande kam, freilich nur dank dem Zuzug finanzkräftiger Kuoni-Kunden aus Spanien, Frankreich, Österreich und der Schweiz. Mit Margen um die 20 Prozent zählten die Concorde-Arrangements zu den rentabelsten Angeboten von Kuoni UK.

Einmal im Leben Concorde fliegen: Kuoni ermöglichte tausenden diesen Traum und brachte während Jahren am meisten Kunden auf das Überschallflugzeug.

Neue Entdeckungen und klassische Traumziele brachten dem Kuoni-Langstreckenprogramm in Grossbritannien Erfolg. Oben: Touristinnen kaufen Spitzen in Gozo (Malta). Unten: die weltberühmte Skyline von Rio de Janeiro.

flügen nach Rio de Janeiro (1976) und USA (1979), nach Luxor (1986), den Malediven (1987) und ganzjährig nach Acapulco (1988). 1988 schloss Kuoni UK seine Wiederverkäufer lange vor den anderen Netzwerken an den internen Computerverbund an und gab ihnen über das hauseigene Reservationssystem «Kudos» die Möglichkeit, Routenänderungen und Spezialwünsche in Gegenwart des Kunden direkt am Bildschirm zu veranlassen. Diese Neuerung fand grossen Anklang bei den Agenten und beim Publikum. Beliebt waren die individuellen Schlaufen: Hotelwechsel in Hongkong, drei Tage Verlängerung auf Bali, Änderung des Menuplans in Bangkok, zusätzliche Ausflüge in Singapore ... Innert Sekunden wurde das alles am Viewdata-Bildschirm des Reisebüros ausgerechnet, bestätigt und gebucht. Damit gewann Kuoni UK Kunden für sich, die für eine Woche Luxor gleich viel Geld ausgaben wie traditionelle Fünfstern-Kunden für eine einzige Übernachtung in einer karibischen Luxus-Suite. Kuoni-Manager Roberta Russell kommentierte das mit englischer Trockenheit: «Natürlich hat Kuoni den Ruf eines Fünfstern-Veranstalters, aber was weniger bekannt ist: Wir wenden für ein 350-

Pfund-Package nach Luxor ebenso viel Sorgfalt, Service und Aufmerksamkeit auf. Unser Ziel ist es, die Leute mit dem Fernreisen-Virus anzustecken, denn wir wissen: Jedesmal, wenn sie wieder kommen, werden sie mehr von uns verlangen.»

## «Sowohl – als auch» im Vertrieb

Direktverkauf oder Verkauf über Agenten? Kuoni UK versuchte es auch hier mit seiner opportunistischen Linie des Sowohl-Als-auch: nicht auffallen, sich in der Mitte halten,

## Währungshürden als Wachstumstreiber

Sofort nach den ersten Erfolgen von Kuoni UK mit Charter-Angeboten nach Ostafrika wurden als neue Destinationen Sri Lanka und Hongkong aufgelegt. Beide hatten – wie Kenia – ausser den bekannten touristischen Reizen den besonderen Charme, ehemalige englische Kolonien und damit Mitglieder des Commonwealths zu sein. Damals durften englische Bürger– ausser auf Geschäftsreisen – im Ausland nur kümmerliche 50 Pfund pro Reise ausgeben. Aber Commonwealth-Länder galten als Devisen-Inland. Vor allem während der Expo 1970 in Osaka, wohin Kuoni aus der Schweiz über 2000 Reise-Arrangements verkaufte, bewährte sich Hongkong auch aus diesem Grund als Zwischenstation. Dort konnten englische Kunden Geld wechseln und ausgeben, so viel sie wollten; niemand fragte sie nach ihrem nächsten Reiseziel. Zeitweise machte sich Kuoni UK auch die Vorzüge des internen Verrechnungssystems eines internationalen Konzerns zunutzen. Die mit ständigen Abwertungen einhergehenden Stabilitätsprobleme des britischen Pfunds waren auch noch in einer anderen Hinsicht eine Ursache für den spektakulären Anfangserfolg von Kuoni UK. Das sinkende Pfund zwang die Londoner Kuoni-Leute nämlich von Anfang an zur Eigenproduktion und liess keinen Gedanken an die hergebrachte Kuoni-Gewohnheit aufkommen, die Arrangements für teures Geld von der Schweizer Zentrale zu beziehen. Peter Diethelm: «Wir haben zwar im Einkauf koordiniert, wo wir konnten, aber wir bearbeiteten von Anfang an ein anderes Kundensegment als Kuoni Schweiz, der damals noch stark auf Fünfstern-Kundschaft fixiert war. Wir entwickelten solide Angebote im 3- und 4-Stern-Bereich, um Volumen zu erreichen.

Somit waren wir gezwungen, eine eigene Tour-Operators-Organisation aufzubauen. Wir mussten nie um unsere Unabhängigkeit kämpfen. Sie war aus zwingenden Gründen eine Geschäftsvoraussetzung.»

Aus dieser Erfahrung schöpfte Peter Diethelm eine Lehre fürs Leben, an der er heute noch festhält: «Der Reisemarkt funktioniert letztlich immer national, auch im Internet-Zeitalter! Die Leute wollen in ihrer eigenen Sprache informiert und beraten werden. Man muss sie bei ihren nationalen Gewohnheiten abholen. Dazu gehört auch, auf dem Preisniveau zu bleiben, an das die Kunden gewöhnt sind. Die Abwertung drückte auch auf unsere Flugtarife. Dadurch waren unsere Reisen natürlich viel günstiger als die von Kuoni Schweiz. Später gab es Schweizer Kunden, die dies ausnützten und ihre Karibik-Arrangements bei uns buchten.» Eine Zeitlang verkaufte Kuoni UK auch ziemlich viele Discount-Arrangements über einen Agenten in Holland.

Einkaufsstrasse in Kowloon, Hongkong. Dass das damalige Commonwealth-Mitglied als Devisen-Inland galt, erleichterte die Geschäfte von Kuoni U.K.

nur bei ausgewählten Gelegenheiten aus der Reihe tanzen, dann aber richtig. Ende 1995 – längst war Kuoni mit 259 Millionen Pfund die Nummer 1 auf der Umsatz-Rangliste des englischen Fernreisemarkts – geriet das Unternehmen unter den massiven Druck der vertikal integrierten grossen Tour Operators. Sie begannen nun auch Nischen-Spezialisten aufzukaufen und wiesen alle Wiederverkäufer in ihrem Einflussbereich an, konsequent die eigenen Produkte zu bevorzugen. Damit wurden die grossen Vertriebsnetze dieser Anbieter für Kuoni UK immer schwerer zugänglich. Immer ausgeprägter wurde der Vertrieb zum Schlüsselproblem des führenden Fernreisen-Anbieters.

Diethelm mit seiner für Tour Operating und Produktentwicklung zuständigen Direktorin und späteren Nachfolgerin Sue Biggs setzten sich zum Ziel, ab 1995 die Hälfte ihres Umsatzes im Direktverkauf zu erzielen und damit die Abhängigkeit von den paar grossen Konkurrenten niedrig zu halten, welche die Agenturnetze kontrollierten. «Anderseits mussten wir aufpassen, dass wir nicht die Hand bissen, die uns fütterte, und mussten bedenken, dass jeder Strategiewechsel im Vertrieb sehr viel Geld kostete.» (Diethelm) Wie immer in schwierigen Zeiten stellt sich zum einen Problem ein weiteres. Die Agenten – ob selbständig, ob in Ketten organisiert – machten mächtig Druck für höhere Kommissionssätze. Kuonis Schmerzgrenze lag bei zehn Prozent (plus einem «Override» von höchstens zwei Prozent für Top-Umsätze). Aber die Agenten verlangten unter ultimativen Drohungen ein Minimum von 15 Prozent. Als die staatliche Wettbewerbsbehörde überraschend das «directional selling», d.h. die Bevorzugung gruppeneigener Angebote innerhalb von integrierten Ketten, für zulässig erklärte und damit die frühere Neutralitätsverpflichtung der beratenden Agenturen ausser Kraft setzte, wagte Kuoni UK den grossen Sprung in den Direktverkauf.

Oben: Peter Diethelm und seine Nachfolgerin Sue Biggs; rechts: das Kundenmagazin von Kuoni U.K.

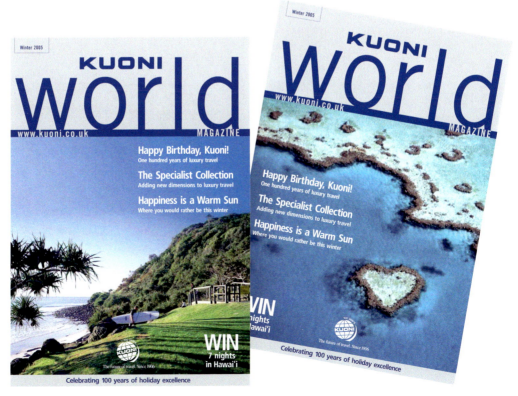

## Neue Vertriebskanäle: Call Center, Fernsehen, Internet

Investiert wurde zunächst auf zwei Schienen: 1996 wurde ein firmeneigenes Call Center (7 Tage von 8 bis 20 Uhr) in Betrieb genommen. Und Kuoni kaufte 1998 Voyages Jules Verne, eine renommierte Marke für aussergewöhnliche Reisen, die ausschliesslich am Telefon vermarktet wurden. Jules Verne zahlte grundsätzlich keinerlei Kommissionen an Dritte. Als das Call Center im Markt Fuss gefasst hatte, folgten die zwei nächsten Schritte. Parallel zum Boom des Internets stieg Kuoni UK mit 12,5 Prozent bei TV Travel Shop ein, einer kommerziellen TV-Station, die Reisesendungen produzierte und die Arrangements per Telefon und Internet direkt vermarktete.

TV Travel Shop war eine typische New-economy-Gründung, die auf die erste Gelegenheit zu einem profitablen Börsengang lauerte. Die anderen Beteiligten waren Technologie-Lieferanten und Risikokapitalisten. Kuoni wurde als branchenkundiger Aktionär ausgewählt, weil er in Grossbritannien keine eigenen Reisebüros besass und nicht gross genug war, um einem der drei ganz Grossen in die Quere zu kommen, was das Fortkommen des Fernsehprojekts gefährdet hätte. Das Engagement an TV Travel Shop dauerte von 1998 bis 2002 und wurde als Investition der Kuoni Reise Holding geführt, was die Absicht dahinter klar machte: An diesem Fall sollte die gesamte Gruppe lernen, mit einer neuen Vertriebsform – dem «cross selling» TV/Internet – umzugehen. TV Travel Shop brachte es auf einen Jahresumsatz von etwa 200 Millionen Pfund; auf Kuoni UK entfielen davon nicht mehr als etwa drei Millionen. Geld verdient hat die Startup-Firma nie. Schliesslich wollten die von der Börse und nicht vom Reisegeschäft motivierten Gründer das Geschäft verkaufen. Kuoni machte auf dieser Transaktion einen guten Gewinn. Die «Ferienverbesserer» hatten gelernt und dabei noch verdient. Das konnten nachher nicht alle behaupten, die in Internet-Projekte investiert hatten. Auch Kuoni machte mit länderübergreifenden Internet-Plattformen später teure Erfahrungen.

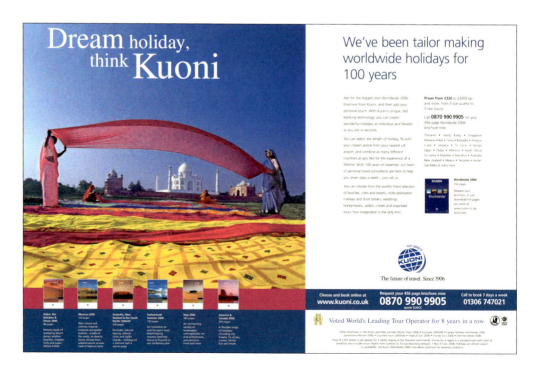

Dieses englische Werbemittel benennt ein Firmenziel: «Von Ferien träumen – an Kuoni denken!»

1999 schaltete Kuoni UK im Internet die erste Website auf. Damit war man bei den Ersten der Branche, die den Online-Verkauf wagten – und man ging gleich aufs Ganze, indem die Zusammenstellung von flexiblen Reise-Packages durch den Kunden am Internet propagiert wurde. Seither sind die Internet-Umsätze jährlich um 30 bis 40 Prozent gewachsen; im Jahre 2003 haben sie knapp zwanzig Millionen Pfund oder etwa vier Prozent des Gesamtumsatzes von Kuoni UK erreicht. Fast noch wichtiger als dieses Ergebnis ist die Vereinfachung des Verkehrs mit den Kunden. Indem jeder, der gebucht hat, über ein Passwort direkten Zugriff auf sein Reisedossier hat und deshalb Reise- und Rechnungsinformationen selbständig abrufen kann, wird das Call Center entlastet. Dazu kommt: Die Kunden, die nach wie vor lieber am Telefon buchen, sind dank dem Internet besser vorinformiert. Im Gegensatz zum gescheiterten Internet-Projekt der Gesamtgruppe hat www.kuoni.co.uk schon im ersten Jahr die vergleichsweise bescheidenen Investitionen von 400 000 Pfund wieder eingespielt.

Das Wagnis lohnte sich. Die integrierten Grossanbieter konnten auf die attraktiven Kuoni-Fernreiseangebote nicht mehr verzichten. Da andere, kleinere Anbieter unter dem Druck der Grossen zusammengebrochen waren, blieb für Kuoni mehr übrig. Bestraft wurde Kuoni von den Konkurrenten mit den grossen Detailverkaufsnetzen für seine Grossinvestitionen in den Direktverkauf nicht, weil das Wachstum enorm war. Ausserdem war Kuoni im Direktverkauf prinzipiell nie billiger als im Agentengeschäft.

## Profit vor Marktanteil

«Eigentlich waren wir immer risikofeindlich», sagt Peter Diethelm, wenn man ihn auf die Gründe für den über mehr als drei Jahrzehnte hin anhaltenden ungewöhnlichen Erfolg von Kuoni UK anspricht. «Wir haben meist ohne Garantien gearbeitet, tragen also höchstens geringe Risiken für Flugsitze oder Hotelbetten. Da wir nie wirklich gross waren, ging die vertikale Integration an uns vorüber. So sind wir nie der Versuchung erlegen, eine eigene Charterfluggesellschaft zu betreiben. Und wir haben mit früher und radikaler Informatisierung zusätzlichen Kundennutzen geschaffen und zugleich unsere operativen Kosten tief gehalten. Unsere zusätzliche Gewinnmarge erzielen wir mit Anpassungen, die wir fast ohne Zeitaufwand und praktisch kostenlos tätigen können. Unser eiserner Grundsatz lautet: Qualität vor Quantität – Profit vor Marktanteil.»

Was die vertikale Integration betrifft, wurde eine Ausnahme bei den Hotels gemacht. In der Tat war Kuoni UK die treibende Kraft für den Kauf der ersten zwei Kuoni-eigenen Hotels auf Antigua und Barbados. Die Häuser erwiesen sich als rentabel – und bildeten später den Kern der «Kuoni Hotel Management AG», die 1989 unter hohen Verlusten liquidiert wurde.

Hotel Discovery Bay, Barbados.

## Intrav: das Richtige im falschen Augenblick

Den grössten Rückschlag seines langen und beispiellos erfolgreichen Geschäftslebens erlebte Peter Diethelm mit Intrav, einem amerikanischen Luxus-Tour-Operator, der auch Privatyachten, Arktis-Expeditionen sowie hochklassige Sprach- und Bildungsreisen im Angebot hat. Kuoni kaufte die Gesellschaft 1999, auf dem Höhepunkt des von

25. Juli 2000: Bei Paris stürzt eine Concorde ab. Durch dieses Unglück erlitten Intrav und damit auch Kuoni einen empfindlichen Rückschlag.

der «new economy» angetriebenen Börsenbooms, für rund 100 Millionen Dollar, womit die Akquisition dreimal so teuer war wie seinerzeit die Übernahme der Reise-Aktivitäten des Schweizer Erzrivalen Danzas.

Die Gründe für den teuren Kauf waren aus damaliger Sicht plausibel. Am Anfang stand der durch die guten Erfahrungen in England gestützte strategische Entscheid, in den Nischenmarkt der teuren Pauschalreisen in USA einzusteigen. Die Gewinnzahlen waren mit einer EBITA-Marge von acht Prozent im Jahre 1999 gut, und der Kaufpreis lag unter der Nasdaq-Börsenbewertung. Die Reputation des Unternehmens war glänzend, und das Management hatte einen guten Ruf.

Doch kaum gehörte die Firma Kuoni, kam ein Unglück nach dem anderen. Bei Paris stürzte die Concorde ab – und Intrav war der grösste Concorde-Charterer gewesen. Der 11. September 2001, der Irak-Krieg und die Seuche SARS liessen den Fünfstern-Anbieter in ein tiefes Ertragsloch fallen. Peter Diethelm, der sich am 1. Januar 2002 nach vierzig Dienstjahren aus dem operativen Management in England zurückzog, wollte verantwortlich bleiben für die strategische Geschäftseinheit United Kingdom & North America. Er schickte sich an, die Wende bei Intrav zu schaffen – mit einem Dreh, der schon mehrmals in seiner Laufbahn funktioniert hatte: mit dem Image des Premium-Sektors den Leuten auf der nächst tieferen Ebene ein Produkt verkaufen, das dadurch die nötige kritische Masse erreicht und zur Rentabilität zurückkehrt.

Der Turnaround gelang nicht. Mit Wirkung ab 1. Januar 2006 wurde Intrav an den britischen Konzern First Choice verkauft. First Choice mit seiner starken Präsenz im amerikanischen Outbound-Markt sei der bestmögliche Eigentümer für Intrav, sagte Kuoni-CEO Armin Meier.

## USA: «More», aber nicht genug

In den USA beginnt die Kuoni-Geschichte mit dem respektierten Konkurrenten Hotelplan, der nach dem Zweiten Weltkrieg in New York die Firma World Travel Plan Inc. gründete. 1968, als sich Claude Losey im Auftrag von Kuoni mit der Vorbereitung einer Filialgründung in Manhattan befasste, stellte sich heraus, dass Hotelplan verkaufswillig war. Die Übernahme kam per 1. November 1968 zustande; die rund zwanzig Angestellten gingen an Kuoni über. Das Büro beschäftigte sich mit individuellen Reisen, Incentive- und sogenannten Educational-Arrangements, d.h. berufliche Bildungsreisen. Neu kam die Vermittlung von Winterurlaub in europäischen Skistationen dazu.

In den Jahren 1969 und 1970 wurden Kuoni-Büros in Los Angeles, Chicago und Toronto eröffnet. 1971 beschloss Kuoni, in den USA unter der Marke «More» ins Tour Operating einzusteigen. «More Europe, «More Africa», «More Hawaii» und «More Asia» lauteten die Versprechen der frühen Tage. 1972 wurde eine Charterverbindung von Los Angeles über Lissabon nach Zürich und London eröffnet. Die Kunden von der Ostküste flogen Linie. Nach Anfangserfolgen wurden die Charters auf Anraten von Peter Diethelm, der aus London zur Beratung gerufen worden war, eingestellt; die Kosten waren zu hoch. Aufrechterhalten wurden aber die Reiseprogramme, nur eben mit Linienflügen. In San Francisco wurde eine weitere Vertretung etabliert. Im Geschäftsreisenbereich fasste Kuoni später durch die Übernahme der vom ausgewanderten Schweizer Rudolf Gross gegründeten Englewood Travel Service Inc. Fuss. Diese Firma war vor allem mit den in New Jersey niedergelassenen grossen europäischen Firmen gut im Geschäft, so mit Porsche, Mercedes, Volkswagen, Bosch, Bayer, BASF und anderen. Geschlossen wurde trotz schwarzer Zahlen die Niederlassung in Toronto, dies im Gefolge einer heftigen Auseinandersetzung um die Verrechnung von Leistungen mit der Steuerbehörde.

Unterdessen machten sich die Kuoni-«More»-Angebote vor allem im Grossraum Los Angeles einen guten Namen mit Pauschalreisen nach Asien, Europa und Hawaii. Kuoni erhielt als erste ausländische Reiseorganisation eine Bewilligung für den Charter-Passagierverkehr von jedem beliebigen Punkt der USA nach dem Ausland. Erfolgreich war Kuoni in Los Angeles vor allem als Veranstalter von Hawaii-Arrangements, von denen bis zu 20 000 pro Jahr abgesetzt wurden. Das Unternehmen bearbeitete von Los Angeles aus intensiv den kalifornischen Wiederverkäufer-Markt und setzte zu diesem Zweck werbewirksam ein firmeneigenes einmotoriges Flugzeug vom Typ Mooney ein. Damit flog der Kuoni-Manager Hans Zehnder von Stadt zu Stadt, führte seine legendären «Swiss Business Breakfasts» durch und sorgte mit dem Schwyzerörgeli für Stimmung. Am 21. Januar 1971 stürzte die Kuoni-Maschine mit Hans Zehnder und Bill Caroll an Bord infolge einer örtlichen Turbulenz ab; beide Kuoni-Mitarbeiter fanden den Tod. Das Kuoni-Büro am Wilshire Boulevard, gegründet vom Kalifornien-Schweizer Kurt

«More Europe» versprachen ab 1970 die neu eröffneten Kuoni-Büros in Los Angeles, Chicago und Toronto den amerikanischen Touristen.

Bodmer, wurde 1987 geschlossen, weil die scharfe Konkurrenz eine vernünftige Rendite nicht mehr zuliess. In seiner Blütezeit hatte der Betrieb einen Umsatz von 15 Millionen Dollar erwirtschaftet.

## Südamerika: Versuch und Irrtum

In den siebziger Jahren wurde bei Kuoni Südamerika als lohnender Zukunftsmarkt gesehen. In Madrid wurde ein Gateway für das Incoming aus den spanischsprachigen Ländern eingerichtet. Ab 1970 unterhielt Kuoni in Rio de Janeiro eine Vertretung, die sich vor allem um die Betreuung schweizerischer und europäischer Kuoni-Kunden kümmerte, denn Rio war schon damals eine beliebte Destination. In Buenos Aires dagegen ergab sich die Möglichkeit einer Niederlassung 1969 dadurch, dass die Schweizerische Bankgesellschaft der befreundeten Firma Kuoni in ihrer Filiale an der berühmten Avenida Corrientes einen Platz in Untermiete einräumte. Später zog man gemeinsam in das von der Swissair projektierte eigene Gebäude an der Avenida Santa Fé um. Die Niederlassung hatte zwar recht viel Geschäft, rentierte aber nie richtig, weil die Zahlungsmoral der Kunden schlecht war und viele Abmachungen nicht wirksam wurden. So buchte Kuoni für die Fussball-Weltmeisterschaft von 1978 Hotelzimmer und zahlte eine Million Dollar im Voraus, worauf sich der Hotelier mit dem Geld absetzte und dessen Firma in Konkurs fiel. Währungsverluste und finanzielle Unregelmässigkeiten belasteten das Verhältnis mit der Zentrale zusätzlich, so dass die Filiale Buenos Aires 1981 kurzerhand geschlossen wurde. Einmal mehr offenbarte sich der in der Touristik nicht unübliche kurzfristige Geschäftsstil: eilige Gründungen oder Übernahmen aufgrund von Opportunitäten oder persönlichen Beziehungen, hektischer Aufbau ohne langfristige Strategie, enttäuschende erste Erfahrungen auf dem Markt und schneller Rückzug aus Angst vor anhaltenden Verlusten. Flexibles Verhalten ist nötig – das Geschäft erfordert zwingend die schnelle Anpassung an neue Gegebenheiten und erweckt deshalb manchmal den Eindruck von Sprunghaftigkeit.

Zu Beginn der 80er Jahre hatte Kuoni die Idee, in Madrid für die spanisch und portugiesisch sprechenden Gäste aus Südamerika eine separate europäische Incoming-Drehscheibe zu schaffen. Der waschechte Puschlaver Iginio Rada sollte dieses Projekt leiten. Um die Frequenzen zu erhöhen, wurden fleissig Verträge mit südamerikanischen Reisebüros abgeschlossen. Ausserdem entschied Kuoni, zusätzlich zu den bestehenden Stützpunkten in Mexico-City und Buenos Aires das Filialnetz zu erweitern. So kam es sogar zur Gründung einer Niederlassung in Bogotà (Kolumbien). Ihr war aber nur ein extrem kurzes Leben beschieden, nämlich von 1980 bis 1981. Ein Auslandschweizer hatte Kuoni vorgeschlagen, an dem damals lukrativen Markt von etwa 350 000 Ausland-Ferienreisen von reichen Kolumbianern teilzuhaben, zumal die Währungsrestriktionen unbedeutend waren. Die Marktprognosen erwiesen sich als zu optimistisch. Das Hauptquartier in Zürich hatte nicht die nötige Geduld mit der Neugründung. In einem internen Papier hiess es: «Wie oft in diesen Jahren wurden Geschäftspläne über mehrere Jahre erstellt, Investitionsvorhaben aber abgebrochen, wenn die budgetierten Zahlen nicht bereits vor der geplanten Zeit erreicht wurden.» Das Büro in Bogotà wurde geschlossen, kaum dass es eröffnet worden war.

Nicht erfolgreich verlief schliesslich auch der Plan, das 1840 gegründete, ursprünglich in Portugal angesiedelte Reiseunternehmen Abreutur S.A. in Rio de Janeiro zu übernehmen, das mit Kuoni schon seit den sechziger Jahren durch eine enge Kundenbeziehung verbunden war. 1974 wollte die Besitzerfamilie die Aktienmehrheit an Kuoni verkaufen, zwei der Verkäufer wollten aber weiterhin für Kuoni tätig sein. Die Übernahme schien Sinn zu machen, denn sie hätte Kuoni den langwierigen Aufbau im grössten Markt Lateinamerikas erspart. Das Geschäft ging aber wohl wegen der Umständlichkeit der Schweizer zuwenig schnell über die Bühne; einige Verkäufer hatten es besonders eilig, weil sie gerade vor der «Nelkenrevolution» aus Lissabon geflohen waren. Schliesslich fanden sie eine andere Lösung, und das bereits in allen Details vorbereitete Geschäft platzte.

## Deutschland: das ewige Problem

Schon vor dem 2. Weltkrieg waren Kuonis Beziehungen zu Deutschland eng gewesen. Insbesondere die Geschäfte mit der Reichsbahn und Mitropa brachten es mit sich, dass ein grosser Teil des Geschäftsreiseverkehrs zwischen der Schweiz und Deutschland über Kuoni lief. Nach Kriegsende lähmte zunächst ein Reiseverbot die Geschäfte; nach dessen Aufhebung begannen viele deutsche Reisebüros «Gesellschaftsreisen» aus dem Kuoni-Programm an ihre Kundschaft zu vermitteln. Die deutsche Kundschaft war sehr willkommen, weil sie die noch kleinen Schweizer Kuoni-Gruppen auffüllte.

Seit Mitte der 60er Jahre versuchten Jack Bolli und sein Führungsteam immer wieder, den sprunghaft wachsenden deutschen Reisemarkt für Kuoni zu erschliessen. Gross war jedoch der Respekt vor der Konkurrenz der finanzkräftigen und marktmächtigen Reiseorganisationen um die Gruppen TUI und Neckermann. Auch die hohen Miet- und Personalkosten in Deutschland schreckten Kuoni ab. Nicht beschleunigt wurden die latenten Expansionspläne auch durch die Währungsentwicklung. Der Schweizer Franken wurde gegenüber der D-Mark immer teurer, womit die ohnehin schon kostspieligeren Kuoni-Angebote zunehmend aus preisempfindlichen Marktsegmenten ausschieden.

Eröffnung der zweiten Filiale in München (Schwabing), einer der zahlreichen Versuche des führenden Schweizer Tour Operators, in Deutschland Fuss zu fassen.

Kuonis Deutschland-Umsätze blieben, verglichen mit den in anderen europäischen Reisemärkten getätigten Geschäften, auffallend zurück. Die Umsatzstatistiken der siebziger und achtziger Jahre zeigen, dass Kuoni in Österreich regelmässig doppelt so viel, in Frankreich dreimal so viel umsetzte wie in Deutschland, das doch eigentlich neben Grossbritannien der potenteste europäische Reisemarkt gewesen wäre.

Von einem Wachstum wie auf den britischen Inseln konnte Kuoni in Deutschland nicht einmal träumen. 1987, als die Geschäfte überall glänzend gingen, hatte England 204 Millionen Franken Umsatz und mit 28 Prozent das höchste Wachstum in der Kuoni-Organisation gegenüber dem Vorjahr erreicht. Deutschland brachte nach einem Wachstumsschub von ebenfalls 20 Prozent nur gerade 45 Millionen Franken Umsatz.

Unermüdlich unternahm die Kuoni-Organisation neue Anstrengungen, diesen stark besetzten und von den «Platzhirschen» entschlossen verteidigten Riesenmarkt zu erschliessen. 1972 begann der Versuch, den Markt Schweiz in Richtung Süddeutschland und Bayern zu erweitern. Es blieb bei einem gut gehenden Reisebüro und einer Tour-Operating-Organisation in München. Letztere wurde in den 80er Jahren wieder geschlossen. Übrig blieben ferner einige Reisebüros in süddeutschen Kleinstädten wie Konstanz, Freiburg, Villingen und Ravensburg. Ausserdem benötigten andere Auslandprojekte beträchtliche Zuschüsse. Die Rentabilität von Auslandgeschäften war mit den Instrumenten, die dem damaligen Rechnungswesen Kuonis zur Verfügung standen, schwer zu ermitteln. Manche Produkte mussten zu Preisen ex Zürich verkauft und mit subvenionierten Anreisen ex Deutschland erst marktfähig gemacht werden.

## Geschäftsreisen: unterwegs zur kritischen Grösse

Reto Bacher, ab 1981 in der International Division von Kuoni hauptverantwortlich für Deutschland, urteilte: «Es war ein Gemischtwarenladen, der nie wirklich rentiert hat. In keiner der klassischen Sparten erreichten wir die kritische Grösse, also haben wir uns auf Geschäftsreisen konzentriert, weil wir uns dort noch am ehesten profilieren konnten. Aber in diesem Bereich hatten wir das ganze deutsche Establishment, angeführt von Lufthansa und Bundesbahn, gegen uns.» Kuoni konzentrierte sich deshalb auf die Zusammenarbeit mit den Niederlassungen ausländischer, vor allem amerikanischer Firmen, zumal diese auch früher hohe Ansprüche stellten und damit das fachliche Können der Reisebüro-Profi herausforderten. National Semiconductors, Motorola und Rhône-Poulenc waren wichtige Kunden; an die klassische deutsche Industrie kam der Ausländer Kuoni nicht heran – mit Ausnahme der Telefonie-Abteilung von Siemens, deren Chef mit dem angestammten Reisebüro-Partner, der ihn enttäuscht hatte, ein Exempel statuieren wollte.

In Friedrichshafen, wo mit Dornier und dem Autozulieferer ZF wichtige Geschäftskunden sassen, wurde ein Kuoni-Büro eröffnet, das dem lokalen Marktführer Neukamm, der etwa ein Dutzend Reisebüros betrieb, das Leben schwer zu machen begann. 1987 wurde dieser übernommen. Unabhängig davon verhandelten Jack Bolli und Kurt Heiniger auch mit dem damals bekannten mittelständischen Anbieter Hetzel in Stuttgart, was aber an der Weigerung der Eigentümer scheiterte, Zahlen über ihr Geschäft bekanntzugeben. Firma und Marke verschwanden später vom Markt.

1980 hatte Kuoni nach harten Aufbaujahren – und gegen die trotz Kartellamt knallhart boykottierende deutsche Konkurrenz – mit 60 Mitarbeitenden einen Umsatz von 34 Millionen DM erreicht. Wegen der hohen Aufbaukosten und der ständig schlechter werdenden Währungsverhältnisse wurde bis dahin nie ein echter Gewinn erzielt. Dass selbst in einem so schwierigen Markt das Wachstum unwiderstehlich war, zeigt eine Stichprobe zehn Jahre später. Im Jahre 1990 wurde Kuonis Deutschland-Umsatz mit 116 Millionen DM angegeben. Als 1992 überraschend die Swissair-Mehrheitsbeteiligung am Kuoni-Kapital an Kaufhof (d.h. an den Einzelhandelskonzern Metro) überging, änderte sich die Grosswetterlage auf dem deutschen Markt für Kuoni. Liquidiert wurde die mit Millionen-Investitionen frisch gegründete Kuoni Fernreisen GmbH. Die eigenen Filialen waren zuwenig stark und zuwenig zahlreich, um den eigenen Tour Operator zu füttern, und die deutschen Wiederverkäufer hielten an ihren traditionellen Lieferanten fest. 1995 wurde die Windrose GmbH, ein Anbieter von Spezial- und Geschäftsreisen, übernommen.

## Frankreich: der früheste Auslandmarkt

Keinen anderen Auslandmarkt hat Kuoni früher zu bearbeiten begonnen als Frankreich, dessen südlicher Teil seit jeher die bevorzugte Winterdestination des reichen Publikums aus dem Norden war. Als Detaillist seit 1925 in Nizza und seit 1929 in Paris ansässig, hatte Kuoni Paris in der Nachkriegszeit zunächst als Incoming-Agentur vor allem für amerikanische Gäste gewirkt. Mit der schrittweisen Lockerung der Devisenrestriktionen ergaben sich neue Möglichkeiten für das Tour Operating. 1960 wurden die ersten Versuche unternommen. Anfänglich wurden Angebote von Kuoni Zürich verkauft, was die Kunden zwang, in die Schweiz zu reisen und sich dort ihrer Gruppe anzuschliessen. Eine Zeitlang wurden in Paris eigene Angebote für Marokko und Skandinavien aufgelegt. Diese eigenartige Mischung entstand, weil der damalige Sachbearbeiter eben diese beiden Zielgebiete gut kannte. Das Reisewesen war eben immer, was auch mit diesem Beispiel wieder bewiesen wurde, ein personenabhängiges Geschäft.

1967 sorgte Kuoni Frankreich für eine Sensation, indem es erstmals Visa für Rotchina erhältlich machen und entsprechende Reisen anbieten konnte. 1967/68 wurde mit Erfolg eine erste Charterkette nach Tunesien lanciert, später schrittweise die anderen Kuoni-Angebote, insbesondere für Ägypten, Afrika und Fernost. 1976/77 verkaufte Kuoni France exklusiv die ersten Reisen nach Vietnam, die allerdings, wie übrigens auch Kuba, wegen unzuverlässigen Verkehrsmitteln und mangelnder Versorgung zu vielen Reklamationen Anlass gaben. 1977 beschloss Kuoni, sich in Frankreich aus dem Kurzstrecken- und Badeferiengeschäft zurückzuziehen und sich auf Langstrecken-Angebote zu konzentrieren. 1980 wurde – ähnlich wie Helvetic Tours in der Schweiz – mit «Maxi-Mini» eine zweite Produktlinie für die mittlere und untere Preisklasse etabliert. Ein Grosserfolg bei den Medien wie beim Publikum waren die Concorde-Flüge mit Air France nach den USA und rund um die Welt. 1996 wurde Scanditours übernommen, ein Spezialveranstalter für die nordischen Länder, 2003 Vacances Fabuleuses, ein USA- und Karibik-Spezialist. Um die Abhängigkeit von Agenturnetzen zu reduzieren, die teilweise konkurrierenden Reiseveranstaltern gehören, wurden seit den 70er Jahren Filialen in

«Maxi-Mini» – die französische Variante von Helvetic-Tours – war ab 1980 erfolgreich.

Mulhouse, Strassburg, Lyon, Grenoble, Bordeaux, Lille, Metz, Nantes und Toulouse etabliert, ausserdem weitere Büros in Paris.

Glücklos verlief der Versuch, den benachbarten belgischen Markt für Kuoni nutzbar zu machen. Eine 1979 gegründete Niederlassung scheiterte – möglicherweise an der Halbherzigkeit des Auftritts. Zunächst sollten nämlich nur Angebote von Kuoni Schweiz, Frankreich und England angeboten werden, freilich ohne eigene Prospekte und ohne Preisangaben in einheimischer Währung. So kam es in Belgien gar nicht zur geplanten zweiten Stufe, einem eigenen Tour Operating mit Abflügen ab Brüssel oder gar zur Übernahme eines bestehenden Reiseveranstalters. Auch mit diesem Aufbauprojekt war die Zürcher Zentrale ungeduldig. Schon im dritten vollen Betriebsjahr, als die Umsätze immerhin schon zehn Millionen Schweizer Franken erreicht hatten, wurde die Firma liquidiert und die brauchbaren Reste Kuoni Frankreich anvertraut.

## Österreich: bewegtes Auf und Ab

Die bewegte Geschichte Kuonis in Österreich begann 1970, als ein dynamischer Mitarbeiter des bekannten Reisebüros Lüftner namens Konrad Steiner die Kuoni-Führung davon überzeugte, für den Verkauf ihrer Schweizer Produktion sowie für das Incoming ein eigenes Büros in Wien zu eröffnen. Die eingesessene Branche sah den starken neuen Wettbewerber aus der Schweiz nicht gerne kommen, und die Schweizer Preise waren auf dem österreichischen Markt nicht wirklich konkurrenzfähig. Kuoni verlegte sich deshalb auf das Tour Operating und Incoming und konzentrierte sich zunächst auf preisgünstige Badeflüge nach Mallorca, Tunesien, die Kanaren sowie nach den Billigländern Bulgarien und Rumänien. Obwohl Kuoni immer etwas teurer war als andere, konnte die Firma das Qualitätsargument ausspielen und – wenn auch mit bedeutenden Anfangsverlusten – schliesslich einen respektablen Marktanteil erreichen. In der Blütezeit verkaufte Kuoni Österreich rund 60 000 Badeferien-Arrangements jährlich. Der erfolgreich gestartete Versuch mit einem dänischen Caravelle-Charter nach Sri Lanka wurde unter dem Druck der AUA durch die Behörden gestoppt.

Da die eingesessene Konkurrenz auch die Reisebüros unter Druck setzte und ihre eigenen Kanäle monopolisierte, beschloss Kuoni den Aufbau eines eigenen Vertriebsnetzes. 1975 wurde das Wiener Reisebüro Dr. Barry übernommen und zur Basis für Geschäftsreisen unter den Marken Woodside und später BTI ausgebaut. 1977 folgten Niederlassungen in Dornbirn und Bregenz – gegen die heftige Opposition der ortsansässigen Reisebüros, die vergeblich versuchten, den Kuoni-Aktionär Swissair unter Druck zu setzen. 1979 wurde in Salzburg das Austria Touring Reisebüro Siegfried Hummer, 1980 die AC-Reisebüro-Gruppe mit sieben Verkaufsstellen in Wien und die Kienreich & Co. in Graz übernommen.

Vor dem Hintergrund der Konkurrenzsituation von Touropa (TUI/AUA) und NUR kam es in den 80er Jahren zu einem beispiellosen Preiskampf. Dem Management gelang 1986 ein grosser Wurf: die Übernahme der Marke NUR in Österreich. Verkäufer war der Inhaber einer kleinen Salzburger Reisebürokette, der sich rechtzeitig das Nutzungsrecht für den Namen NUR in Österreich gesichert hatte. Kuoni bezahlte 1,6 Millionen Franken – eine Investition, die am Anfang widersprüchlich erschien, sich in weniger als zwei Jahren bezahlt machte. Unter der Leitung von Albrecht von Pflug wurde das Unternehmen wiederbelebt und innert kurzer Zeit zu einer Ertragsperle gemacht. 1992 konnte Kuoni die Früchte seiner erfolgreichen Aufbauarbeit ernten, als NUR Deutschland mit 49 Prozent wieder in die Firma eintrat, was einen Buchgewinn von mehreren Millionen Franken einbrachte. Als schliesslich 2001 die ganzen Aktien von Kuoni an NUR gingen, resultierte ein Kaufpreis von über 50 Millionen Franken – ein glänzendes Geschäft! Damit verschwand der Name Kuoni aus dem österreichischen Tour Operating. Dafür wurde das schon seit Mitte der 90er Jahre verstärkte Detailgeschäft ausgebaut. Durch die Übernahme der «Restplatzbörse», einer seit 1988 erfolgreich tätigen Vermarktungskette für Last-Minute-Angebote, gelang auch der frühe und erfolgreiche Einstieg in den Internet-Verkauf und der Aufbau eines Call Centers. Zur Verstärkung des Detailverkaufs wurde ein Franchise-System aufgebaut, aus dem schliesslich zwanzig Kuoni-Filialen und 87 Franchise-Büros im ganzen Land resultierten. Dank diesem erfolgreichen Aufbau und der guten Stellung im Golfreisegeschäft ist Kuoni heute die Nr. 2 im österreichischen Reise-Detailmarkt.

## Italien: trotz Mussolinis Veto …

Eigentlich war es der Diktator Benito Mussolini, der den frühen Start von Kuoni im klassischen Reiseland Italien verhinderte. Im Rahmen der ersten Filialexpansion, welche die Bedienung der angereisten Schweizer Gäste sichern sollte, wurde 1927 auch ein Incoming-Büro in San Remo eröffnet. Es musste aber schon 1928 wieder schliessen, weil die faschistische Regierung den italienischen Anbietern die Zusammenarbeit mit ausländischen Reisebüros verbot. Bis 1958 war Kuoni in Italien lediglich durch einen freien Incoming-Agenten in Mailand vertreten. Dann wurde Viaggi Kuoni S.p.A. in Mailand und Rom gegründet; ihr folgte unter dem Namen I.I.S. International Incoming Services

S.p.A. 1973 eine weitere Gründung in Rom. Über ein Joint Venture mit der örtlichen Hoteliervereinigung, das die Sicherung der Bettenkapazitäten für Messezeiten zum Ziel hatte, wurde Kuoni 1978 in Bologna ansässig. Aus dieser Zeit resultieren auch die ersten Anstrengungen, den wachsenden italienischen Auslandreisemarkt für Kuoni zu erschliessen. 1983 bezog Kuoni Italien einen neuen Hauptsitz in der Nähe der Via Veneto. 1998 kam es zur Übernahme von Gastaldi Tours S.p.A., einem der grössten italienischen Tour Operators. Unter dem Namen Kuoni Gastaldi Tours und mit Call Centers in Genua, Mailand, Rom und Neapel bearbeitet die Firma mit wechselndem Erfolg den italienischen Langstreckenmarkt.

## Griechenland: vorzeitiger Rückzug

In Griechenland wurde Kuoni zunächst durch das aktive und bewegliche Reisebüro Hellenic Tours vertreten, das dem armenisch-griechischen Ehepaar Melamed gehörte und sich im stark wachsenden griechischen Markt zahlreiche wichtige Incoming-Verbindungen sicherte. 1974 übernahm Kuoni die Firma und führte sie unter dem vertrauten Namen und dem alten Management weiter. 1980 übernahm Kuoni die Firma Ginis Vacances, einen der wenigen erfolgreichen griechischen Tour Operators. Kuoni verkaufte die Firma später an den Gründer zurück, weil Risiken im Zusammenhang mit der Devisenbewirtschaftung befürchtet wurden. Ginis führte nach dem Rückkauf die Geschäfte erfolgreich weiter. Diese Erfahrung musste Kuoni mehr als einmal machen: Während Auslandniederlassungen und Filialen des Konzerns kümmerten, blühten die gleichen Firmen auf, sobald sie von einem dynamischen und Risiko tragenden Patron und Einzelunternehmer übernommen wurden. Auch im Innenverhältnis sind Reisebüros eben «people's business».

## Spanien: hinderlicher Patriotismus

In Spanien, einem der wichtigsten Zielmärkte der europäischen Reiseveranstalter, hatte Kuoni weder als Reisebüro-Betreiber noch als Tour Operator eine glückliche Hand. Natürlich ging Kuoni von der Notwendigkeit aus, an den wichtigsten Reisezielen – Mallorca, Las Palmas und Sta. Cruz de Tenerife – seine Kundschaft mit einer tadellosen Betreuung zufrieden zu stellen. In den sechziger und frühen siebziger Jahren setzte der strenge spanische Protektionismus enge Grenzen. Wegen der hohen Arbeitslosigkeit forderte der Staat die Anstellung spanischer Hosts bzw. Hostessen, die aber in den seltensten Fällen Deutsch oder Französisch sprachen. Auch ausländische Angestellte mussten von einem spanischen Reisebüro mit der begehrten A-Lizenz in Dienst genommen werden. Diese Büros wollten am Geschäft mitverdienen, verlangten Betreuungskosten und Prozente auf alle Transfers und Ausflüge. Oft kontrollierten sie die begehrten Bettenkontingente der Hotels. 1972 wurde der Name Kuoni in Spanien erstmals geschützt. Im Juni 1973 erhielt das Unternehmen nach jahrelangen Bemühungen endlich eine provisorische Lizenz, worauf 1974 an attraktiver Adresse in der Innenstadt von Madrid das erste voll ausgerüstete Kuoni-Reisebüro mit sechs Angestellten eröffnet wurde. Neben dem Detailverkauf – u.a. wurden Skiferien in der Schweiz angeboten – wirkte das Büro

Madrid als Drehscheibe für den Incoming-Service, der auch anderen europäischen Reiseveranstaltern angeboten wurde. Ab 1975 erhielten auch die Kuoni-Büros in Palma de Mallorca und Las Palmas die A-Lizenz. 1978 wurde das Tour Operating gestartet, indem man die Programme von Kuoni Paris kopierte, was nicht erfolgreich war.

1994 kaufte Kuoni den damals profitablen Reiseveranstalter Giras, einen der grossen Übersee-Spezialisten, doch verschlechterten sich dessen Resultate nach der Übernahme derart, dass die Marke schliesslich aufgegeben und das restliche Geschäft in Kuoni Spanien integriert wurde.

## Südafrika: Nach Enttäuschungen aufgegeben

Südafrika war ein bevorzugter Markt der Schweizer Exportindustrie und der Banken in der Nachkriegszeit. Allein die ständigen Reisekontakte der Grossfirmen zu ihren südafrikanischen Niederlassungen versprachen ein gutes, dauerhaftes Geschäft, so dass die Gründung von Kuoni Tours (Pty.) Ltd. Johannesburg im Jahre 1971 der damaligen Wachstumslogik entsprach. Das Büro sollte zunächst – ähnlich wie Tokio – als «relay office» für die südafrikanischen Reisebüros dienen, d.h. das Engros-Geschäft mit Gruppenreisen besorgen. Da dieses aber nicht recht in Schwung kam, begann Kuoni den Markt auch direkt zu bearbeiten, was dem Engros-Geschäft nicht bekam, denn nun war Kuoni ein direkter Konkurrent jener Firmen, die er als Engros-Kunden zu gewinnen versuchte. Es folgten Reisebüro-Eröffnungen in Kapstadt und Durban und ein Ausflug ins Incoming, der aber an der Eigenwilligkeit der europäischen, namentlich der englischen Kuoni-Organisationen scheiterte. Die dachten nämlich nicht daran, zugunsten des eigenen Büros ihre Incoming-Agenten aufzugeben, bei denen sie teilweise bessere Preise erhielten. Als die Geschäftsergebnisse auch nach Führungswechseln nicht besser wurden und der politische Druck auf die Auslandfirmen vor dem Hintergrund der Anti-Apartheid-Bewegung immer stärker wurde, verkaufte Kuoni das Geschäft zu Beginn der 90er Jahre an den Direktor.

## Mexiko: Verkauf wegen Strategie-Änderung

Dasselbe Schicksal erlebte die Kuoni-Niederlassung in Mexiko, die 1970 im Gefolge der Olympischen Spiele von 1968 und des dadurch verursachten touristischen Hochs gegründet worden war. Fünf Jahre dauerten allein die Bewilligungsverfahren, da es sich um eine Gründung durch ausländische Investoren handelte. Die Niederlassung – an bester Geschäftslage und im gleichen Gebäude untergebracht wie die Schweizer Botschaft – wandte sich dem Detailgeschäft zu und besorgte das Incoming nebenher. Erst 1979 brachten Agathe Nett und Walter Kägi als neue Chefs Zug ins Geschäft, vor allem auch in das inzwischen aufgebaute Tour Operating. Als die Leitung 1988 an die tüchtige Schweizer Fachfrau Marianne Frischknecht überging, war Kuoni Mexiko ein mittelgrosses Unternehmen, stabil im Markt, aber schwankend bei den finanziellen Ergebnissen. Im Zuge einer Bereinigung der Übersee-Aktivitäten wurde die Firma an Frau Frischknecht verkauft, die sie unter dem Namen «Viajes Novel SA» erfolgreich weiterführte.

## Australien: «Only the Swiss can do like this …»

Im Gegensatz zu Südafrika und Mexiko war die Gründung in Australien kein Schuss aus der Hüfte, sondern das Ergebnis zahlreicher Marktstudien, die bis in die sechziger Jahre zurückreichen. Australien war definitiv kein Entwicklungsmarkt, sondern touristisch genau wie Europa oder die USA in den Händen etablierter Kräfte. 1980 wurde die Kuoni-Niederlassung in Sydney gegründet, ermutigt von zahlreichen namhaften Schweizer Firmen, die angeblich einen professionellen Geschäftsreisen-Service vermissten, später aber nur vereinzelt Kuoni-Kunden wurden. Kuoni etablierte sich als Reisebüro-Detaillist und als Tour Operator für Reisen nach Europa, die Südsee und Südamerika. «Only the Swiss can do like this» lautete der Slogan im Katalog. Damit wurde auf die überlegene Touristik-Kompetenz des Reiselandes Schweiz angespielt – und auf dessen sprichwörtliche Zuverlässigkeit. Ein anderer Slogan versprach «holidays that run like clockwork». Der Businessplan war ehrgeizig. Mit Investitionen von drei Millionen australischen Dollars glaubte man bereits im zweiten Jahr 15 Millionen Umsatz erreichen zu können. Im Gegensatz zu anderen Gründungen, die eher personellen Zufälligkeiten oder der Experimentierlust des Managements entsprungen waren, wurde hier professionell geplant und mutig investiert. Im ersten Jahr betrug allein das Werbebudget 800 000 Dollars – viel für Kuoni-Verhältnisse, aber zu wenig für das riesige Land. Schon nach zwei Saisons und massiven Verlusten wurde das Tour Operating eingestellt und der Betrieb auf den Detailhandel und die Geschäftsreisen reduziert. Auch Kuoni Australien wurde Anfang der 90er Jahre an die Managerin Leslie Lofthouse verkauft, die es zur Blüte brachte und mit hohem Gewinn weiterreichte.

Bei allen Firmenverkäufen wurde das Namensrecht wegbedungen. Doch das Beispiel Australien lehrte Kuoni, dem Schutz des Markennamens und des Logos mehr Sorgfalt zuzuwenden. Dass überall auf der Welt kleinere Firmen mit täuschenden Nachahmungen des überaus populären und eingängigen Kuoni-Logos auftraten, war relativ einfach zu bekämpfen. Schwieriger aber war das Vorgehen gegen tückische Markenpiraten. Als Kuoni seine Neugründung in Australien eintragen lassen wollte, wurde festgestellt, dass es dort schon eine Firma namens «Kuoni Travel (Australia)» mit Adresse in Melbourne gab. Die Firma, die keine Geschäftstätigkeit ausübte, gehörte einem Inder, Direktor war ein Australier. Kuoni blieb nichts anderes übrig, als den beiden Gaunern das Recht auf den eigenen Namen mit einer Zahlung von 100 000 US-Dollar abzukaufen.

\* \* \*

Mit heutigen Augen betrachtet, war Kuoni in den 70er und 80er Jahren kein Konzern, sondern ein Stammhaus mit locker verbundenen, weitgehend autonom arbeitenden Tochtergesellschaften. Während das Stammgeschäft in der Schweiz überaus eng geführt wurde, wussten die Manager im Ausland die von Zürich gewährte «lange Leine» zu schätzen. Und so geschah, was eben in der freien Wirtschaft zu geschehen pflegt. Bei den einen führt die richtige Mischung aus Glück und Geschick zum Erfolg, bei den anderen passiert das Gegenteil. Da es eine auf globaler Strategie, Führung und Kontrolle gegründete Konzernentwicklung damals noch nicht gab, wurden nicht nur die allenthalben boomenden Reisemärkte völlig unterschiedlich erschlossen. Das als Konzern auf-

Internationales Kader-
treffen von Kuoni 1986.

Vordere Reihe:
 1 Louis Piraud, Paris
 2 Leslie Lofthouse,
   Sydney
 3 Jack Bolli, Zürich
 4 Agathe Nett, Mexiko
 5 Nelson Melamed,
   Athen

Hintere Reihen:
 6 Kurt Lauper, Zürich
 7 Iginio Rada, Madrid
 8 Peter Sandhofer,
   Zürich
 9 Claude Losey, Zürich
10 Kurt Heiniger, Zürich
11 Hans Ruedi Egli,
   Zürich
12 Melchior Frei, Zürich
13 Reto Bacher, Zürich
14 Gallus Braendli,
   Hongkong
15 Christian Möhr, Zürich
16 Marcel Hollenstein,
   Zürich
17 Edward Böhlen, Zürich
18 Hans Wiederkehr,
   Zürich
19 Herb Marti,
   Englewood N.J., USA
20 Ruedi Gross,
   Englewood N.J., USA
21 Peter Diethelm,
   Dorking, UK
22 Hans Lerch, Zürich
23 Franco Quaresima,
   Rom
24 René Landis, Zürich
25 Arthur Welti, Zürich
26 Leo Ruygrok, Leiden
27 Paul Kämpfen, Tokyo
28 Ian Lints, Johannes-
   burg
29 Konrad Steiner, Wien
30 Victor Peralta, Athen

tretende Kuoni-Konglomerat, das seine Aktionäre Jahr für Jahr mit guten Zahlen und
hohen Dividenden verwöhnte, geriet zusehends in ein nicht ungefährliches Ungleichgewicht. Noch deckte der auf dem unwiderstehlichen Mengenwachstum der Branche gegründete finanzielle Erfolg des Gesamtunternehmens die Mängel zu. In den 80er Jahren
freilich wurden sie sichtbar, und an der Schwelle der 90er Jahre führten sie zur ersten
fundamentalen Krise.

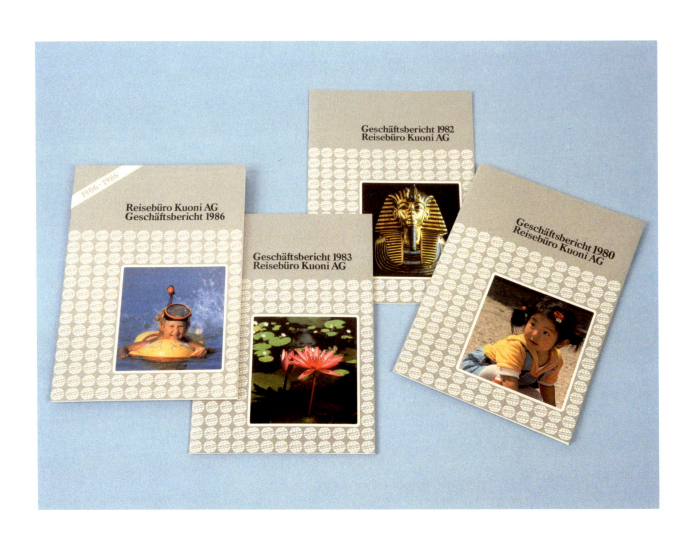

# Wachstum, Risiko, Kulturschock

Das Ende der alten Kuoni-Kultur führte zu starken Turbulenzen und einem
grundlegenden Wandel des Geschäftsstils

Jahr für Jahr kräftig gewachsen und dennoch immer schwächer geworden – das war das
Paradox, das Kuoni in den 80er und in den frühen 90er Jahren widerfuhr. Doch niemand, nicht einmal die wachsame Finanzpresse, schien es zu bemerken, geschweige
denn sich darüber Sorgen zu machen. Der Konzern, der eigentlich keiner war – sondern
eher ein Stammhaus mit höchst ungleichmässig wachsenden Niederlassungen im Ausland –, meldete jedes Frühjahr mit aufreizender Regelmässigkeit Wachstumsraten, meist
im zweistelligen Prozentbereich, und immer wieder Rekordgewinne. Geklagt wurde vor
allem über Personalmangel und steigende Kosten.

1980: Kuoni setzt in der Schweiz 553 Millionen Franken um, sechs Prozent mehr als im
Vorjahr. Weltweit sind es 977 Millionen; der Umsatz der ausländischen Niederlassungen ist mit plus 28 Prozent zum Vorjahr deutlich stärker gewachsen als der angestammte
Schweizer Markt. Für die Gesamtorganisation resultiert ein unkonsolidierter Nettogewinn von 2,542 Millionen Franken, 28 Prozent weniger als im Vorjahr. (Umsatz wurde
damals noch verstanden als die Summe der fakturierten Beträge. Erst seit 1999 werden
im Bereich Business Travel als Umsätze nur noch die effektiv eingenommenen Kommissionen auf Flugtickets, Mietwagen und Hotelreservationen definiert. Im Tour Operating hingegen wird nach wie vor der volle Fakturabetrag als Umsatz betrachtet.)

1990: Der Markt Schweiz steht bei 1176 Millionen Franken, 112 Prozent höher als
vor zehn Jahren. Im Ausland kommt nochmals praktisch gleichviel Volumen dazu. Vom
konsolidierten Konzernumsatz von 2196 Millionen Franken zeigt das Gesamtunternehmen einen Cash-flow von 48,1 und einen Reingewinn von 26,9 Millionen Franken.
Davon stammen freilich 20,3 Millionen aus dem Ausland, vor allem aus England. Erstmals legt der Konzern eine konsolidierte Erfolgsrechnung und Bilanz vor.

1990 war auch sonst eine «Konsolidierungsphase», was in der wolkigen Sprache der Geschäftsberichte bedeutet: Eigentlich hätte es besser sein dürfen. Der zweite Golfkrieg
und der Fremdwährungszerfall hatten das Wachstum spürbar gedämpft. Für Kuoni-Verhältnisse war das Ergebnis von 1990 nicht eben brillant; andere Firmen aus der Branche
wären damit freilich mehr als zufrieden gewesen. Aber Kuoni hatte damals gerade die
schwierigste und turbulenteste Phase seit dem Zweiten Weltkrieg hinter sich.

Nach 45 Dienstjahren trat Jack Bolli, der bis 1988 die Firma als Direktionspräsident
geleitet hatte, auch als Präsident des Verwaltungsrates zurück. Im Jahr zuvor hatte er
seinen Nachfolger, den vormaligen SBB-Generaldirektor Michel Crippa, den er weitgehend im Alleingang ausgewählt und bei Verwaltungs- und Stiftungsrat durchgesetzt
hatte, nach einem öffentlich ausgetragenen, lautstarken Krach entlassen. Jack Bolli dagegen wurde mit allen Ehren in den Ruhestand verabschiedet. Er blieb noch Präsident
des Verwaltungsrates.

## «Muesch halt handle, nöd nume rede!»

Blenden wir aber vorerst noch zehn Jahre zurück: 1981, im 75. Jahr ihres Bestehens, hatte die Kuoni-Organisation erstmals die Milliardengrenze beim Umsatz überschritten. Vor- und nachher fand ein wildes Wachstum in allen Sparten und in allen geografischen Märkten statt. Eine Konzernstrategie war in den 80er Jahren nicht erkennbar. Jedes Land wurde als eigener Markt betrachtet; für die einzelnen nationalen Märkte gab es durchaus Strategien, doch wurden diese nicht verknüpft. Jack Bolli und seine im Touristik-Fach, jedoch weniger im Management beschlagenen Mitarbeiter versuchten mit der unverändert boomenden Nachfrage Schritt zu halten und ergriffen jede Möglichkeit zu wachsen, vor allem durch Akquisition. Die reichlich vorhandenen Finanzreserven gestatteten dies problemlos. So wurde 1982 in der Schweiz die Jacky Maeder Travel AG mit fünf Reisebüros übernommen. 1988 folgte die Beteiligung an der Leu Reisen AG, einem Ableger der gleichnamigen Zürcher Bank mit zahlreichen Filialen in der ganzen Schweiz.

Von sorgfältigen Prüfungen und «due diligences» im Vorfeld der meisten dieser Übernahmen war damals kaum die Rede. Man handelte impulsiv, schnell und grosszügig – mal richtig, mal anders. Mitunter griff der Konzernchef auch im Alleingang zu, bewusst über die Köpfe der beauftragten Mitarbeiter hinweg, so zum Beispiel bei der Übernahme der kleinen, aber unübersichtlichen Neukamm-Gruppe in Süddeutschland (1986). Kaum hatten Kurt Heiniger und Reto Bacher mit dem verkaufswilligen Eigentümer die ersten einleitenden Gespräche geführt, als ihnen eines Morgens Jack Bolli zwischen Tür und Angel fröhlich verkündete: «Ich habe Neukamm gestern für fünf Millionen gekauft!», nicht ohne spöttisch hinzuzufügen: «Muesch halt handle, nöd nume rede!» Jack Bolli hatte dem Verkäufer aus dem hohlen Bauch die runde Summe offeriert, der dieser nicht widerstehen konnte. Bolli konnte sich solche Blitzaktionen leisten. Schliesslich war er Verwaltungsratspräsident und CEO in Personaleinheit und stand de facto nur unter der eigenen Kontrolle. Dass Neukamm weit über Wert bezahlt wurde, stellte sich erst später heraus, blieb für den Verantwortlichen aber folgenlos.

## Finanzstark und fachtechnisch angetrieben

Die finanzielle Lage von Kuoni machte Freude. Die Firma war schuldenfrei und zeigte eine kerngesunde Bilanz, die durch mannigfache Rückstellungen und Reserven noch verstärkt wurde. 1986 wurde aus Anlass des 80-jährigen Bestehens des Unternehmens das Aktienkapital auf 13 Millionen Franken erhöht. Es wurden Partizipationsscheine im Publikum platziert, was mit dem Aufgeld und abzüglich Spesen rund 50 Millionen Franken in die Firmenkasse spülte. Zeitweise standen Kuoni für Übernahmen rund eine halbe Milliarde Franken zur Verfügung.

Technisch und finanziell funktionierte Kuoni reibungslos. Nach dem Urteil eines langjährigen hohen Kadermannes machte der Marktleader in der kurzatmigen und opportunistischen Touristikbranche «durch Finanzkraft und Beständigkeit wett, was ihm an strategischem Denken abging». Auch war das Betriebsklima in keiner Weise neuerungsfeindlich, sondern trotz wachsender Bürokratie experimentierfreudig und dynamisch, was sich schon im Geschäftsstil auf der Chefetage abbildete. Unser Gewährsmann erinnert sich: «Geschäftsleitungssitzungen fanden häufig am Abend statt, von 18 bis 22 Uhr. Wichtig waren aber die schnellen, ungeplanten Ad-hoc-Meetings. Da rief man schnell an: ‹Häsch Zit?› An den institutionalisierten Sitzungen ist nichts Entscheidendes gelaufen. Wichtig war, was zwischen Tür und Angel passierte. Innovationen und Produktentwicklungen wurden eher beiläufig entschieden. Wir waren so breit aufgestellt – von Messereisen bis zu Badeferien, von Städteflügen bis zu Expeditionen und Weltreisen – dass wir zeitweise kaum mehr wussten, was wir noch Neues bringen sollten».

## Lieber schnell als perfekt

Folglich haben wir uns auch nie hingesetzt und gesagt: So, Leute, jetzt machen wir eine Strategie. Die Mitarbeiter wussten, dass Ideen willkommen waren. Dann haben wir sie ausprobiert und nach zwei, drei Jahren wieder eingestampft, wenn es nicht funktionierte. Merkwürdigerweise erhielten unsere informell eingeführten Neuerungen in der Regel mehr Zeitkredit als die kontrollierten Investitionen, die von den Verwaltungsräten mit Businessplan und Budget abgesegnet waren. Die Verwaltungsräte hatten meist weniger Geduld als wir und beendeten stockende neue Projekte schneller, zum Beispiel

Strahlend begrüsst Jack Bolli zur 80-Jahr-Feier von Kuoni die Lokalagenten, die an jenen Orten für die Kundenbetreuung zuständig waren, wo Kuoni kein eigenes Incoming-Büro hatte.

## Der Verwaltungsrat in den 70er und 80er Jahren

Gute alte Zeit der Verwaltungsräte vor der Erfindung von Corporate Governance! Wie gut sie für das Unternehmen gewesen ist, mag in der heutigen Rückschau anders beurteilt werden als damals. Für die damalige Zeit des eigentlich sorglosen Wachstum stimmte es so, wie es eben war.

Der Kuoni-Verwaltungsrat tagte viermal jährlich «und funktionierte wie ein Eisenbahnzug», wie sich ein damaliges Mitglied lächelnd erinnert. «Jack Bolli war die Lokomotive, und Lokomotiven pflegen alles beiseite zu schieben oder zu überfahren, was ihnen im Weg steht. Sogar bei Firmenübernahmen oder wichtigen Personalentscheiden kam es oft vor, dass wir erst nachträglich informiert wurden. Bei weitem nicht für alle Traktanden gab es schriftliche Vorlagen. An den Sitzungen wurde dennoch lebhaft und offen diskutiert, und Bolli akzeptierte auch ohne weiteres fundierte Gegenmeinungen.»

Einmal, es war in London, fuhren die Verwaltungsräte in der Limousine durch Surrey Hills und die Stadt Dorking zur Sitzung. Plötzlich deutete Jack Bolli auf eine Fassade am Strassenrand und bemerkte: «Dieses Haus haben wir übrigens als neuen Sitz gekauft, das werden wir nachher in der Sitzung noch beschliessen!» Aber da Jack Bolli, über alles gesehen, grossen Erfolg hatte, «haben wir das akzeptiert; das war nun einmal sein Führungsstil», sagt der Gewährsmann. «Schliesslich ging es der Firma hervorragend. Alle Verwaltungsräte freuten sich über die dynamische Entwicklung der Firma und unterstützten Jack Bolli. Ich habe mich immer auf diese Verwaltungsratssitzungen gefreut.» Nicht selten fanden sie an schönen Orten der Erde statt: in Rom, in Wien oder in Nizza.»

Kennzeichnend für den damaligen Zustand des Kuoni-Unternehmens war, dass in der heimlichen Krisensituation an der Schwelle der 90er Jahre nicht ein Anstoss des Verwaltungsrates zum überfälligen Wandlungsprozess führte, sondern die banale Tatsache, dass Jack Bolli, der «Übervater» der Kuoni-Familie, im Mai 1988 die in der Schweiz übliche Altersgrenze von 65 Jahren erreichte.

Nach allgemeiner Erfahrung und erst recht nach geltenden Management-Lehren zählt eine solche Wachtablösung an der Führungsspitze zu den grössten Herausforderungen für jeden Verwaltungsrat. Ein Mitglied des damals verantwortlichen Gremiums schildert, wie der Kuoni-Verwaltungsrat knapp ein Jahr vor dem Stichtag das Problem anpackte.

«Wir sagten an einer der Sitzungen: ‹Jack, du musst jemand bringen!› Damit war das Geschäft erledigt. Über die Art des Auswahlverfahrens haben wir uns nicht geäussert. Der Beizug eines Personalberaters oder Headhunters wurde nicht einmal erwogen. Eines Tages kam Jack Bolli und empfahl uns Michel Crippa. Die waren damals ein Herz und eine Seele. Ich wusste zwar, dass er bei Esso nicht brilliert hatte und auch bei den Bundesbahnen, wo er als Generaldirektor u.a. für Marketing zuständig war, unterschiedlich beurteilt wurde. Aber Jack Bolli wollte ihn, also hat er ihn halt bekommen.»

Das Kuoni-Management gab den Ton an: von oben Heiniger, Bolli, Losey, Egli.

Hans Lerch als Leiter der Niederlassung Hongkong.

den im Vorfeld der EU unternommenen Versuch, in Griechenland ein Tour Operating aufzubauen. Der zu diesem Zweck erworbene, gut etablierte Tour Operator Ginis wurde nach kurzer Zeit wieder zurückverkauft.»

Eine verbürgte Anekdote illustriert den temporeichen Geschäftsstil jener Jahre. Anfang der 80er Jahre führte Hans Lerch eine kurz zuvor übernommene Firma in Singapur. Eines Abends rief er Jack Bolli in Zürich an und schilderte ihm die Lage. «Wenn es mein Geld wäre», sagte Lerch, «würde ich den Laden sofort schliessen.» Bolli antwortete wie aus der Pistole geschossen:

«Hans, dann machs, aber sofort!»

Lerch: «Geht leider nicht sofort, hier ist schon viertel nach sechs Uhr abends!» Jack: «Gut, dann aber morgen früh!»

Und so geschah es. Im Beisein des eiligst entsandten Finanzchefs Claude Losey wurde die Firma am folgenden Abend geschlossen.

Parallel zu den Firmenübernahmen wurde die Produktion des eigenen Tour Operatings gewissenhaft gepflegt, dem alten Kuoni-Problem mit dem Hochpreis-Image folgend vor allem mit Blick auf die traditionelle, wohlhabende und folglich meist auch ältere Kundschaft. Doch längst hatte der Charterverkehr den Tourismus revolutioniert. Die Flugzeuge wurden immer grösser, das Reisen immer billiger. Während Kuoni sorgfältig seine Premium-Kundschaft pflegte und Qualitätsmanagement betrieb, lieferten sich neue Anbieter in den Massenmärkten heftige Preisschlachten, an denen sich Kuoni bis an die Schwelle der 80er Jahre trotz der enormen Kraft seiner Marke kaum beteiligte. Stattdessen wurde 1982 die neue Marke «Helvetic Tours» lanciert, eine preiswerte Produktelinie, die im Schnitt etwa dreissig Prozent unter den Kuoni-Angeboten für vergleichbare Destinationen lag. Im zweiten Geschäftsjahr verzeichnete Helvetic Tours bereits 20 000 Kunden, verdiente damit aber kein Geld. Immerhin trugen diese Buchungen aber wesentlich zur besseren Auslastung der Charterflugzeuge bei.

## Vorstoss ins populäre Segment

Neue Vertriebsformen wurden getestet. Die neuen Medien Teletext und Videotext, eigentlich ideal für die kurzfristige Vermarktung von Sonderangeboten, später von Last Minute-Arrangements, erlebten einen eher verhaltenen Start. Doch schon im Kuoni-Jahresbericht 1986 wird erstmals «der Einbezug der neuen Medien der Datenübermittlung» erwähnt, «die auf längere Sicht die Funktion des Reisebüros und dessen Stellung unter den Dienstleistungsunternehmen verändern dürften». Nicht übel, denn damals war das Internet – nicht als Begriff, aber als Funktionssystem – erst in der Welt des Militärs und der Hochschulen geläufig.

Da «Helvetic Tours» bei den preisbewussten Älteren mehr Anklang fand als bei der von der ganzen Touristik-Branche umworbenen Generation der 18–30-Jährigen, wurde eine Idee aus den sechziger und siebziger Jahren wieder aufgenommen und der Twen Club ins Leben gerufen. Damals hatte Kuoni für sein «an Junge und Junggebliebene» gerichtetes Reiseangebot unter der Marke «Club Soleil» in der ganzen Schweiz «Film- und Tanzabende», aber auch regelrechte Bälle veranstaltet. Am Bellevue in Zürich betrieb Kuoni ab 1968 für etwa drei Jahre sogar den privaten «Moonlight Club», ein Nacht-

## Helvetic Tours 2002

In Ferien,
die 3000 Franken
kosten, sehen Sie
solche Männer.

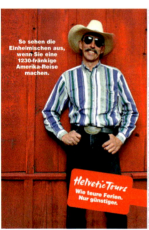

Und in Ferien,
die nur 499 Franken
kosten, sehen Sie
solche Männer.

Mit aggressiven Werbe-
kampagnen festigte
Helvetic Tours von Kuoni
ihr Image als Preisführer.

Auf einer Safari, die 1100 Franken kostet, sind die Giraffen sechs Meter gross.

Auf einer Safari, die nur 1452 Franken kostet, sind die Giraffen auch sechs Meter gross.

In Badeferien zu 3000 Franken macht man dies.

Und in Badeferien zu 549 Franken macht man das.

So sieht ein Hotelzimmer zu 500 Franken in der Nacht aus.

Und so eins zu 39 Franken...

Die Einladungskarte für
Kuonis ersten und ein-
zigen Privatclub, den
«Moonlight Club» im
Zentrum von Zürich, kam
im August 1968 mit bei-
nah verschwörerischer
Anmutung daher.

............ und eröffnet am Freitag, den 2. August 1968

seinen ersten Privatclub (Diskothek-Dancing) im bekannten Corso-
Haus am Bellevueplatz in Zürich. Eine gediegene, fröhliche Ambi-
ance erwartet Sie und Ihre Freunde. «Take your bottle along» oder
zu deutsch, nehmen Sie Ihre eigene Whisky, Rhum, Gin oder Mine-
ralwasserflasche mit. Eis, Gläser und Wasser stehen Ihnen selbstverständlich zur freien Verfügung. Natürlich können Drinks auch
direkt bestellt werden. — (Zu normalen Restaurationspreisen!) —
**Uebrigens**, vergessen wir nicht das Wichtigste: der CLUB SOLEIL
MOONLIGHT-CLUB (so heisst er nämlich) ist täglich, ausser Montag, von 21.00 bis 02.00 Uhr geöffnet. Am Samstag sogar bis 03.00
Uhr. — Noch ein Wort über die Eintrittspreise: Mit «CLUB SOLEIL
MOONLIGHT-CLUB»-Ausweis Fr. 3.—, Gästekarte Fr. 10.— (nur für
Gäste in Begleitung eines MOONLIGHT-CLUB-Mitgliedes).

Der neue CLUB SOLEIL MOONLIGHT-CLUB in Zürich: Ein Ren-
dez-vous-Ort der Club Soleil-Ferienfreunde! Ihr gediegener Zu-
fluchtsort! Ihre persönliche Dancing-Diskothek! Ihr Treffpunkt bei
einem Zürichbesuch! Ihr Refugium nach 24.00 Uhr ... oder einfach
... IHR PRIVATCLUB!

Club S☀leil **schlägt wieder zu!** ......
Club S☀leil **toujours de l'avant!** .....
Club S☀leil **strikes again!** ...........

lokal, das schnell dafür bekannt wurde, dass es die damals gestrenge Zürcher Polizei-
stunde ausdehnte.

Zehn Jahre später fuhr Kuoni mit den Helvetic-Tours-Parties wieder auf der gleichen
Schiene. Im November, wenn die jungen Leute langsam an die nächsten Ferien zu denken begannen, gab es die grosse HT-Party. 1987 trat dabei ein Unbekannter mit dem
Künstlernamen «DJ Bobo» auf. 1988 musste es schon der Kursaal Bern sein – und 1989
feierte dieser Twen Club im Zürcher Hallenstadion ein Fest mit 9000 Teilnehmenden,
was eine Marketing-Partnerschaft mit der damaligen Grossbank SBG (Schweizerische
Bankgesellschaft) einleitete, die seit Jahrzehnten Kuonis Hausbank war. Dieser Erfolg
erregte selbst im internationalen Showbusiness Aufsehen: eine Firmen-Party mit Mas-
senbeteiligung! Stargäste waren die junge Soul-Sängerin Robin Beck, Rudi Carrell und
die Spider Murphy Gang. In den Gängen um das Oval des Hallenstadions waren Bars
und Restaurants nach Ferienländern aufgereiht, die passende ethnische Spezialitäten anboten. Der Anlass wurde freilich aus Kostengründen nicht wiederholt. 1991 wurde der
Twen-Club, weil unrentabel, liquidiert.

## Geschäftsstil: unsystematisch, aber erfolgreich

1987 war Kuoni das erste Unternehmen, das die elektronische Reisebuchung direkt ab
Schalter ermöglichte; der Kunde konnte den Laden mit der ausgedruckten Reservati-
onsbestätigung in der Hand verlassen. Aber die Dinge in der Informationstechnologie
entwickeln sich schnell. Schon an der Schwelle der 90er Jahre galt Kuonis EDV als eher
rückständig. Dies führte dann zu einer Gewaltanstrengung mit der simultanen Einführung eines neuen Reservationssystems («Komet») und des neuen Vertriebssystems

(«Traviswiss»). Letzteres war eine Gemeinschaftsgründung der Reisebranche unter der Führung der Swissair. «Traviswiss» war in der Lage, zugleich Flug- und Hotelbuchungen auszuführen. Ausserdem konnten die Reisebüros direkt am Bildschirm die Angebote der Tour Operators buchen.

Der Fortschritt war allgegenwärtig, das Wachstum kaum aufzuhalten – aber Kuoni verhielt sich im Markt wie schon seit vielen Jahren: pragmatisch, situativ, aber auch spontan und unsystematisch. Auf dem Schweizer Heimmarkt bewährte sich – etwa im stark aufkommenden Bereich der Sportreisen – das Beziehungsmarketing der ehemaligen Spitzensportler, die bei Kuoni leitende Positionen einnahmen: der Handballer Jack Bolli und René Landis, des Fussballers Aldo Pastega, des Nationalliga-Eishockeystars Kurt Heiniger und anderer. Aber eine geplante und straff gelenkte Unternehmensentwicklung mit einem als Führungsinstrument verstandenen Controlling wurde erst ab Mitte der 80er Jahre systematisch aufgebaut.

Der Geschäftsstil war uneinheitlich. Im Inlandgeschäft, auf dem Heimmarkt Schweiz, wo sich Jack Bolli wie kein zweiter auskannte, herrschte das System der «Gelben». So wurden im Kuoni-Hauptquartier die internen Zirkulare und Aktennotizen genannt, mit denen der oberste Chef – oft unter souveräner Umgehung des nachgeordneten Linienvorgesetzten – direkte Weisungen an Mitarbeiter zu erteilen pflegte. «E Gääli übercho» bedeutete in einem Kuoni-Büro etwa dasselbe wie das Eintreffen eines päpstlichen Sendschreibens in einem katholischen Pfarrhaus. Dabei war der Detaillierungsgrad der Führungstätigkeit des Verwaltungsratspräsidenten und Delegierten Jack Bolli, was das Schweizer Geschäft betraf, extrem hoch. Selbst bei vielen Routinevorgängen bestand er darauf, Briefkopien zu lesen, die das Haus verlassen hatten. Mit dieser unendlichen Fleissarbeit verbrachte er die stillen Morgenstunden zwischen seinem üblichen Arbeitsbeginn – vier oder fünf Uhr früh – und der ersten Sitzung um acht.

Demgegenüber wurden die Auslandgeschäfte an der langen Leine geführt. Folglich hing deren Entwicklung natürlich eng mit den persönlichen und fachlichen Qualitäten der jeweiligen Chefs zusammen und verlief denkbar uneinheitlich. Die Auslandfilialen arbeiteten mehr nebeneinander als miteinander. An den regelmässigen Konferenzen der Niederlassungsleiter wurde zwar über gegenseitige Erfahrungen berichtet, aber ein systematischer und schneller Informationsaustausch fand nicht statt. Einzelne Niederlassungen konkurrenzierten einander sogar. Kuoni war kein horizontal integrierter Konzern, sondern ein Stammhaus mit weit gehend autonomen Auslandfilialen. Zwar gab es durchaus verbindliche Richtlinien zu Budgetierung und Personalpolitik. Aber was die Entwicklung des Geschäfts auf den örtlichen Märkten betraf, war Kuoni völlig von der Initiative und vom Geschick der lokalen Manager abhängig.

## Vertikalisierung als Schicksalsfrage

Die achtziger Jahre waren die Zeit, da sich auf den grossen Reisemärkten, vor allem in Grossbritannien und in Deutschland, die Konzerne vertikalisierten. Die Tour Operators mit ihren Reisebüroketten begannen sich mit Hotels und Fluglinien zu verbinden, um möglichst die gesamte Wertschöpfungskette der Gruppenreise für sich nutzbar zu machen. Alle Biografien grosser Firmen der Touristikbranche haben später, zwischen 1990

Kadermeeting in Ascona
1988.

und 2005, bewiesen, dass hier die folgenschwersten strategischen Entscheide getroffen wurden. Für ganze Konzerne wurde die Vertikalisierung zur Frage von Leben und Tod. Vergleichsweise nonchalant ging dagegen Kuoni im Bolli-Zeitalter mit diesem Problem um: mit jener unnachahmlichen Mischung aus Selbstsicherheit und Wendigkeit, die sich der Schweizer Marktführer in vielen erfolgreichen Geschäftsjahren angeeignet hatte. Ende der 80er Jahre kam es zu zwei Aufsehen erregenden Vertikalisierungsprojekten.

Zur nicht geringen Überraschung der Finanz- wie der Touristikbranche kaufte Kuoni 1987 den schweizerischen Ableger der Kreditkartenorganisation Diners Club. Dies wurde als sinnvolle Ergänzung des Kerngeschäfts dargestellt. Diners war damals die Nummer drei auf dem stark wachsenden Schweizer Kreditkartenmarkt und weltweit stark verbreitet.

## Testfall Diners Club

Reisebüros und Kreditkarten-Organisationen lebten in einer Art Hassliebe nebeneinander. Seit den 70er Jahren konkurrenzierten die Kreditkarten das traditionelle und rentable Nebengeschäft der Reisebüros, den Geldwechsel. Zugleich verlangten Reisebürokunden immer häufiger, mit der Kreditkarte zahlen zu können, was – ausser beim Kauf eines Flugtickets – die Kommissionserträge der Reisebüros um etwa einen Viertel schmälerte. Immer häufiger zogen die Kreditkarten-Organisationen mit ihren verlockenden Marketing-Aktionen auch Geschäfte von den Reisebüros ab. So erfreuten sich die mit dem Ticketkauf per Karte verbundenen kostenlosen Flugunfall-Versicherungen bald grosser Beliebtheit. Ein gutes Marketing-Instrument waren die Kreditkarten schliesslich im Geschäftsreisen-Bereich. Den Firmen wurde angeboten, mit «Corporate Cards» die gesamten Reise- und Repräsentationsspesen der Mitarbeiter währungsbereinigt und buchhaltungsfertig abzurechnen. Da American Express, die weltweit grösste Kartenorganisation, auch im Reisegeschäft führend war, sah Kuoni eine Chance. Kam dazu, dass Kuoni sich damals Gedanken über eine eigene Kredit- und Kundenkarte gemacht hatte, aber mit den Banken nicht zu einer Einigung gelangt war. Diners Club und Kuoni – das war Liebe auf den ersten Blick, aber nicht für dauernd. «Synergien» hiess das Versprechen, doch die kamen nicht zum Tragen. Von den rund zwanzig Millionen Franken, die der Kauf der Firma und der Markenrechte für die Schweiz gekostet hatte, entfiel ein Löwenanteil auf den Goodwill. Schon 1989, zwei Jahre nach dem Kauf, war die Euphorie verflogen. Die erhofften Synergien blieben aus, dafür waren die Betriebsverluste empfindlich. Unter dem Druck der anhaltenden Verluste reichte Kuoni die Kreditkarte schliesslich an die Liechtensteiner Fritz Kaiser-

## Michel Crippa: Kollision der Kulturen

Wenn irgendwo, im Kuoni-Kader oder in den Medien, die Rede auf ihn kam, wurde verdächtig schnell sein militärischer Grad erwähnt. Michel Crippa, geboren 1937, war Brigadier (Einstern-General). In der Schweizer Armee ist es möglich, diesen hohen Grad noch als Milizoffizier aus-zufüllen. «Ein widersprüchlicher Charakter», schrieb der «SonntagsBlick» über ihn, «eine eigene Mischung von Zartheit und Rauhbein, Urenkel eines italienischen Einwanderers». Er selbst sah sich «als Jungfrau-Typ: überlegt, analytisch denkend». Querflöte spielte er seit dem sechsten Lebensjahr. Als junger Mann erwog er, Berufsmusiker zu werden.
Aber Michel Crippa wurde Manager. Bei Esso hatte er in 23 Jahren 16 Jobs. Bei den Schweizerischen Bundesbahnen wurde er als Marketingdirektor bekannt für die erfolgreiche Image-Kampagne «In Zukunft die Bahn». Zu Kuoni brachte ihn ein Unternehmensberater, der Jack Bolli gut kannte und häufig Mandate für Kuoni übernahm. Bolli war beeindruckt vom schneidigen Offizier. Ihm traute er zu, was er selber nicht mehr in Angriff nehmen wollte: eine radikale Reform am Kuoni-Hauptsitz. Jack Bolli betonte in einem Interview für dieses Buch, Crippa sei Kuoni vom damaligen Hauptaktionär Swissair «aufs Auge gedrückt» worden. Die damaligen Swissair-Verantwortlichen bestreiten dies entschieden.
Innert weniger als eineinhalb Jahren scheiterte Michel Crippa als Kuoni-Chef spektakulär, ob-wohl ihm alle attestierten, er habe eigentlich das Richtige gewollt und bloss die falschen Mittel gewählt. Sein kühler, fordernder Arbeitsstil und

Manchmal auch ein Mann der feineren Töne: Michel Crippa.

seine schneidenden, manchmal cholerischen Umgangsformen wirkten in der von Jack Bolli während vieler Jahre geprägten freundschaft-lichen (wenn auch nicht immer konfliktfreien) Geschäftsatmosphäre wie ein Schock. Die Kollision der Kulturen konnte nicht anders enden als im Zerwürfnis.
Nach der Entlassung durch den Kuoni-Ver-waltungsrat wurde Michel Crippa Unternehmens-berater, später Direktor des Nutzfahrzeug-verbands ASTAG, wo er die Interessen von 4500 Transportgewerblern wahrnahm, den Verband reorganisierte und in der nervösen Debatte um die Schweizer Verkehrspolitik resolut die Sache des privaten Nutzfahrzeugverkehrs verfocht. Zugleich wurde er Präsident der Schweizerischen Offiziersgesellschaft. Aus beiden Positionen wurde Michel Crippa brüsk entfernt, als seine aus missglückten Liegenschaften-geschäften herrührenden finanziellen Schwierig-keiten bekannt wurden. Kurze Zeit später starb Michel Crippa, erst 63 Jahre alt, an den Folgen eines Sturzes.

Gruppe weiter – ein empfindlicher Prestige-Verlust für Jack Bolli, der das Geschäft ein-
gefädelt hatte. Den Nettoverlust aus diesem Abstecher beziffern Kenner der inneren
Angelegenheiten auf über zehn Millionen Franken.

## Kuonis kurzlebige Hotelkette

Ähnlich erging es der Kuoni Hotel Management AG, die 1985 unter der Leitung von
Hansruedi Bolli, des Sohnes von Jack Bolli, gegründet wurde. Sie wurzelte in den guten
Erfahrungen, die der englische Kuoni-Chef Peter Diethelm mit zwei eher zufälligen
Hotelbeteiligungen in der Karibik gemacht hatte. Er hatte die Gelegenheit wahrgenommen, die Hotels Discovery Bay auf Barbados und Hawksbill auf Antigua zu erwerben,
die nach einer Investitionsphase jedes Jahr gute Gewinne abwarfen. Eigentlich hatte
Kuoni bis zu diesem Zeitpunkt grösste Zurückhaltung bei der Beteiligung an Leistungsträgern geübt. Ausnahmen bildeten lediglich Minderheitsbeteiligungen an zwei Hotels
in Kenia (Nyali Beach und Reef). Nun sorgte man sich aber im Tour Operating zunehmend um die sichere Versorgung der Kuoni-Organisation mit qualitativ hinreichenden
Hotelangeboten im Drei- bis Fünfsternbereich an den wichtigen touristischen Brennpunkten. In der Tat hatte es immer wieder Schwierigkeiten gegeben, für die Kuoni-
Nachfrage aus ganz Europa ausreichende Zimmerkontingente zu buchen.

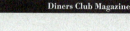

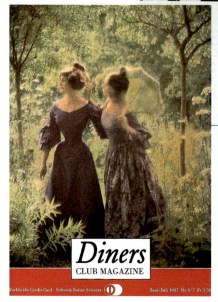

**Diners Club Magazine**          Juni 1987   Nr. 6/7   23. Jahrgang

Liebe DCM-Leser!

Der Diners Club pflegt schon seit vielen Jahren enge Zusammenarbeit mit der Reisebüro Kuoni AG. Vor allem den Lesern dieses Magazins dürfte dies recht deutlich bewusst geworden sein, erschienen doch regelmässig Reisevorschläge und Grundsatzartikel aus der Feder von Kuoni-Pressechef Walter Senn, der zu unserem engeren Mitarbeiterstab gehört. Anfang Mai hat nun Kuoni das Kapital der Diners Club Suisse SA übernommen. Wir sind also fortan ein Zweig des grössten Reiseunternehmens der Schweiz, dessen Äste in alle Welt hinausreichen. Diese neue Situation darf als logische Entwicklung betrachtet werden, passen doch die touristischen Aktivitäten von Kuoni sehr gut mit denjenigen eines Kreditkarten-Unternehmens zusammen. Wir freuen uns natürlich sehr, in Zukunft unter Obhut eines weltweit bekannten und schlagkräftigen Unternehmens tätig sein zu dürfen. Unsere Mitglieder werden von der neuen Konstellation nicht betroffen, arbeiten wir doch mit gleichem Management und unverändertem Mitarbeiterstab weiter. Kuoni wird uns zweifellos neue Impulse und Möglichkeiten verleihen, die zu einer Festigung der altbekannten Diners-Karte auf dem hartumkämpften Markt führen dürften. Selbstverständlich wird auch die Zusammenarbeit im Magazin noch verstärkt, was für unsere Leser nur von Vorteil sein kann. In diesem Sinne wünschen wir Kuoni und Diners eine erfreuliche weitere Zukunft.

Mit freundlichen Grüssen

Als der Diners Club
an Kuoni überging, leitete
der legendäre Fernseh-
Sportreporter Karl Erb das
Clubmagazin.

*Diners*
CLUB MAGAZINE

Worldwide Credit Card  Schweiz Suisse Svizzera  Juni/Juli 1987 Nr.6/7 Fr.3.50

Auf dieser Grundlage wurde die Kuoni Hotel Management AG konzipiert. Um vor allem das Personal an den Saisonstandorten gleichmässig auslasten zu können, sollten in der Schweiz ein paar Saisonbetriebe unter Vertrag genommen werden. Im Sommer 1986 nahm die Gesellschaft ihren Betrieb auf. Die beiden Karibik-Hotels wurden der Organisation angegliedert. In schneller Folge konnten unter dem in der Touristik-Welt bestens bekannten Kuoni-Logo zahlreiche Management-Verträge abgeschlossen werden. Der Bogen der KHM-Hotels spannte sich von Kreta (Crecian Bay) über Eze an der Côte d'Azur (Country Club Eze) und Black Marlin (Kenia) bis in merkwürdige Nischen der Schweizer Hotellerie. Die Gesellschaft KHM, die mit genauen Strategien für touristische Brennpunkte im Premium-Bereich gestartet war, fand sich plötzlich als Betreiberin von rechtschaffenen, aber zu dieser Strategie nicht passenden Häusern wie dem «Sternen» im toggenburgischen Unterwasser, dem «Le Bristol» in Villars und dem mittelständischen «Rigihof» in Zürich wieder.

Schon ein Jahr nach der Gründung betrieb die Kuoni Hotel Management AG etwa zwei Dutzend Hotels in Mittelmeer-Randstaaten und in der Karibik, in Kenya, Mauritius und auf den Seychellen; ausserdem acht Häuser mit sehr unterschiedlichen Profilen in der Schweiz. Das Ausbauziel wurde mit 30 Hotels angegeben. Dass sehr schnell die ursprüngliche Strategie verlassen und auch unpassende Häuser übernommen wurden, hing mit vermeintlich günstigen Gelegenheiten zusammen, manchmal wohl auch mit persönlichen Beziehungen.

Anfänglich erzielte das Unternehmen dank den rentablen Karibik-Hotels sogar Gewinn; auf längere Sicht erwiesen sich die eingegangenen Management-Verpflichtungen aber als zu personalintensiv, gemessen an den erzielbaren Erträgen. Die manchmal übertriebenen Erwartungen der Hotelbesitzer führten schnell zu aufreibenden Auseinanderset-

Hotel Hawksbill in Antigua.

zungen. Vor allem erwarteten die Besitzer natürlich, dass Kuoni ihnen die Häuser fülle und die Auslastung markant steigere. In der Zwischenzeit türmten sich berechtigte und andere Forderungen, zum Beispiel nach Finanzierungen oder Belegungsgarantien – nicht wenige davon in fremden Ländern und mit Rechtssystemen, die Kuoni von der Schweiz aus nicht problemlos handhaben konnte. Bauträger, Besitzer und Betreiber forderten gebieterisch Vorauszahlungen. Die stürmische Expansion am Anfang führte zu offenen Forderungen und Aufwendungen von annähernd 30 Millionen Franken.

In der Zwischenzeit hatte Michel Crippa die operative Leitung von Kuoni übernommen. Während er im Fall Diners Club unnachgiebig (und zur Entrüstung von Jack Bolli) auf der sofortigen Beendigung des Abenteuers bestand, widersetzte er sich überraschend der sofortigen Schliessung der KHM und suchte die Lösung in einer Redimensionierung. Als aber Hansruedi Bolli 1989 seinen Vertrag kündigte, war auch das Schicksal der Gesellschaft besiegelt. Drei Jahre dauerte die mühselige Auflösung der Verpflichtungen. Das Hotelabenteuer kostete Kuoni noch während manchem Jahr Management-Kapazität, Nerven und unter dem Strich rund vierzig Millionen Franken. Selbstkritisch wurde im Jahresbericht 1989 angemerkt, Kuoni habe sich in den zurückliegenden guten Zeiten doch wohl zu stark in die Breite entwickelt und müsse sich jetzt wieder auf die Kerngeschäfte konzentrieren. Diese begannen gefährliche Stagnationserscheinungen zu zeigen.

Immer deutlicher wurde an der Schwelle der neunziger Jahre: Die im Jahrestakt zuverlässig wachsenden Umsatzzahlen hatten darüber hinweg getäuscht, dass Kuoni in seinem Kerngeschäft, bei wichtigen Destinationen und Kundensegmenten, laufend Markt-

## Peter Oes: Vermittler und Beruhiger

Dreissig Jahre lang hatte der Basler Peter Oes in der Hierarchie der alten Swissair Stufe um Stufe erklommen. Zuletzt war er in der Direktion zuständig für internationale Beziehungen. Im Kuoni-Verwaltungsrat vertrat er diskret die Interessen der Swissair, die während Jahren die Hauptaktionärin von Kuoni war und dennoch nicht viel zu sagen hatte. Als der Kuoni-Verwaltungsrat Michel Crippa 1989 von seinem Posten entfernte, rückte Peter Oes zur allgemeinen Überraschung als Direktionspräsident nach. Alle Kenner des Hauses hatten mit Kurt Heiniger gerechnet. Aber der sagt heute selber: «Oes war für die damalige Situation eine gute Wahl, weil er mit der ganzen komplizierten Kuoni-Vergangenheit nichts zu tun hatte – und weil er gut zuhören und abwägen konnte.» Peter Oes, ein intellektueller Pfeifenraucher, der in der Freizeit gerne Wasservögel und andere Wildtiere fotografierte, war der Inbegriff von Gelassenheit und Ruhe, ein freundlicher und interessierter Zuhörer, ein Ermutiger auch, der es schaffte, das aufgewühlte Haus zu beruhigen und das Tagesgeschäft wieder in die Gänge zu bringen. Zugleich hielt er dem Management den Rücken gegenüber den neuen Hauptaktionären aus dem deutschen Metro-Konzern frei. In den fünf Jahren, da Peter Oes die Firma operativ leitete, erholte sich Kuoni von den Turbulenzen der Crippa-Zeit, was Peter Oes als Verdienst angerechnet wurde.

Brüsk war aber auch seine Ablösung; hinlänglich erklärt wurde sie nie. In der Rückschau werden auch die Mitte der 90er Jahre gewachsenen Ambitionen des Anwalts Daniel Affolter auf eine aktive unternehmerische Rolle bei Kuoni mit für den jähen Abgang von Peter Oes verantwortlich gemacht. Peter Oes starb im September 2002 an den Folgen einer schweren Krankheit.

anteile verlor. Links und rechts zogen clevere neue Konkurrenten am einstigen Marktleader vorbei und besetzten mit kreativen Ideen lohnende Nischen.

## Clevere Newcomer auf der Überholspur

Da war zum Beispiel die Firma Baumeler in Luzern, ursprünglich eine Spedition, die
sich seit den sechziger Jahren als Spezialistin für Wanderferien profiliert hatte und ab
1981 den Bereich der Fahrrad- und der Malferien zu erschliessen begann. Oder Urs
Frey, ehemals Geschäftsführer des Schweizerischen Studentenreisedienstes: Er gründete 1976 mit 60 000 ersparten Franken die Travac Fernreisen und etablierte sich im
stark wachsenden Markt der preisgünstigen und individuell kombinierbaren USA-
Flüge. 1994/95 verkaufte er das Unternehmen in zwei Tranchen an die Imholz-Reise-
Gruppe. Zum Zeitpunkt des Verkaufs bewegte Travac einen hoch profitablen Umsatz
von etwa 175 Millionen Franken.

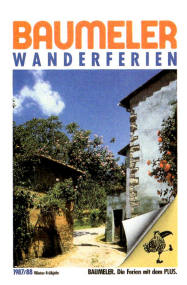

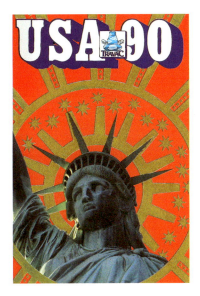

Tüchtige Sparten-
Konkurrenten überholten
Kuoni in vielen Bereichen.

Kuoni sei damals von der Branche «wie eine liebe alte Tante» belächelt worden: «Man hatte sie eigentlich ganz gern, weil bei ihr immer etwas zu holen war.» So umschreibt es Hans Lerch, der nachmalige CEO. Wie er als junger Kuoni-Kadermann damals von den Selfmade-Konkurrenten mit den spitzen Ellenbogen unter den Hemdsärmeln wahrgenommen wurde, führte ihm Privat Safaris-Gründer Beat Frey drastisch vor. Bei seinem Antrittsbesuch hatte Hans Lerch natürlich seine nagelneue Visitenkarte dabei. Darauf stand: «Hans Lerch – Vice President Tour Operating». Mit spitzen Fingern nahm Frey das Stück Papier in die Hand, murmelte ironisch: «wunderbar ...» – und zerriss die Visitenkarte in kleine Stücke, bis er nur noch ein Schnipsel mit dem Kuoni-Logo in der Hand hielt. Dann sagte er: «Jetzt will ich mal mit dem Herrn Lerch reden, nicht mit dem Kuoni. Wissen Sie, was Kuoni bedeutet? Rented Power, geliehene Macht! Ohne das sind Sie nämlich niemand, Herr Lerch! Walter Zürcher vom Hotelplan gibt mir 22 Millionen für meine Firma. Das ist ein Freund von mir, ein flotter Typ. Und wenn Sie das nicht sind, dann können Sie mir 30 Millionen anbieten, ich verkaufe trotzdem nicht an Sie. Haben Sie das begriffen?»

Mit Privat Safaris hatte der Afrika-Fachmann Beat Frey schon in den siebziger Jahren eine leistungsfähige Organisation für Erlebnis- und Badeferien in Ostafrika aufgebaut. Als ein ansehnlicher Umsatz und eine stabile Gewinnsituation erreicht waren, verkaufte der Gründer sein Werk – schliesslich dann doch an Kuoni, der nicht lange zögerte und zugriff. Der von Kurt Heiniger mit einem Moderator aus Bankenkreisen ausgehandelte Kaufpreis betrug tatsächlich 32 Millionen Franken für die Unternehmung in der Schweiz und die gesamten Infrastrukturen in Kenia. Diese Investition wurde plangemäss amortisiert und erwies sich als gutes Geschäft.

Bruno Franzen fand seine Marktlücke 1969 bei der Vermittlung von Ferienhäusern und -wohnungen, als ihn seine Eltern baten, das Ferienhaus der Familie in Braunwald zu vermieten. Der Organisations- und Computerspezialist unter den Touristikern sah die Marktlücke und überzog die halbe Welt mit einem Netz von zuletzt 53 Geschäftsstellen unter der Marke «Interhome». 1989 verkaufte er die Firma an die Migros. Der Kaufpreis wurde nie offiziell genannt. Die Presse schrieb von 60 Millionen Franken. Andere Spezialisten für bestimmte Destinationen oder Angebotsarten blieben selbständig in ihren vergleichsweise engen Marktsegmenten. Während sie mit hoher Kompetenz und entsprechend differenziertem Angebot einen Vorsprung gewannen, konnten breit aufgestellte Marktführer wie Kuoni oder Hotelplan mit ihrem «Alles-Überall-Angebot» nicht auf dem ganzen Netz gleichziehen – und verloren unmerklich Kunden.

## Bedeutungsverlust im Volumengeschäft

Bei allem äusserlichen Erfolg: In der zweiten Hälfte der 80er Jahre brachen für Kuoni schwierige Zeiten an, nicht nur auf den Märkten, sondern auch im Inneren der Organisation. Der auf fachlichem Können, Wir-Gefühl, Charisma und persönlichen Bindungen gegründete Geschäftsstil von Jack Bolli brachte auch Nachteile. Nicht immer wurden Personalentscheide mit der nötigen Härte durchgesetzt, die ja manchmal in der Fähigkeit besteht, leidenschaftslos zwischen Personen und Sachen zu unterscheiden. Trotz laufender Optimierungen und Reorganisationen bildeten sich namentlich am

Hauptsitz administrative Zusammenballungen, die Kuoni den Ruf der Schwerfälligkeit und der Bürokratie einbrachten.

Dass die Notwendigkeit zur Veränderung bei Kuoni grösser war als der unmittelbare Veränderungsdruck, war für alle Kenner der Reisebranche klar. Die unverändert guten, in manchen Jahren durch enorme Finanzerträge aufgebesserten Erfolgsrechnungen förderten an manchen Stellen im Unternehmen das Gefühl der Behaglichkeit.

## Bolli und Crippa – wie Tag und Nacht

Verwaltungsratspräsident Jack Bolli und Michel Crippa als sein Nachfolger im Amt des Direktionspräsidenten hatten nicht lange Freude aneinander. Zu verschieden waren ihre Persönlichkeiten, ihre Temperamente und ihre Geschäftsstile. Crippa, ein bulliger Westschweizer, Brigadegeneral der Schweizer Armee und früherer Manager bei einem Erdölkonzern und bei den Bundesbahnen, war ein kantiger, verkopfter Rationalist, das pure Gegenteil des charismatischen Beziehungsmenschen und Berufsoptimisten Jack Bolli, der die Hälfte aller Probleme schon mit dem Charme seiner Persönlichkeit löste (oder zudeckte). Michel Crippa brauchte nicht lange, um festzustellen, dass Kuoni trotz ansprechender Zahlen eine grundlegende Reform benötigte. «Diese Firma hat ja mehr Hierarchiestufen als der Vatikan», sagte er immer wieder – und traf damit den Nagel auf den Kopf. In vielen guten Jahren war Kuoni bürokratisch und unbeweglich geworden.

Am klarsten bemerkten dies die Kuoni-Manager, die nach Jahren im Ausland in die Konzernzentrale zurückkehrten und gemäss übereinstimmenden Darstellungen dabei einen Kulturschock erlitten. Draussen waren sie auf sich selbst gestellte Unternehmer gewesen, in der Zentrale dagegen sollten sie sich in einer Organisation heimisch fühlen, in der die Unterscheidung zwischen «Vizedirektor» und «Stellvertretendem Direktor» eine wichtige Rolle spielte. Entgeistert notierte Hans Lerch, als er 1985 aus Singapur in die Schweiz zurückkehrte: «Die haben damals mehr interne Memos geschrieben als Briefe an die Kunden. Jeder Chef hatte eine Farbe für seine Aktennotizen: Gelb war die Farbe von Jack, Beige die von Kurt Heiniger, Grün die von Finanzchef Claude Losey. Am Ende jedes Jahres gab es diese unsäglichen Debatten: Wer wird befördert und wer nicht?»

## Kälteschock nach dem Führungswechsel

Michel Crippa trat seinen Posten als Direktionspräsident von Kuoni offiziell am 1. Juni 1988 an. In den darauf folgenden fünfzehn Monaten erlebte die Kuoni-Organisation den schroffsten Kulturwandel in ihrer über 80-jährigen Geschichte. Das lag zunächst, aber bei weitem nicht nur am Führungsstil und an den Umgangsformen des neuen Chefs. Ein langjähriger Kadermann drückt es so aus: «Crippa machte Feinmechanik mit dem Vorschlaghammer. Er war intellektuell brillant und sehr schnell. Nach zwei Monaten hatte er die Firma durchschaut. Und er war in Stil und Auftritt das Gegenteil von Jack: intellektuell, kühl wirkend, kein Kommunikationstalent. Manchmal spürte er, dass er zu hart dreinfuhr, dann hat er unbeholfen reagiert. Kurz: Er hat die freundschaftliche, manchmal zu gemütliche Kuoni-Firmenkultur nicht nur nicht begriffen, sondern auch

Michel Crippa

nicht geschätzt. Damit hat er viele Mitarbeiter unnötig gegen sich aufgebracht, die eigentlich mit seinen Zielen einverstanden gewesen wären.»

Wenn es Michel Crippa dagegen mit Fingerspitzengefühl anpackte, waren die Ergebnisse gut. So schuf er neu die Abteilung Unternehmensentwicklung, die von Peter Fankhauser geleitet wurde. Er und Reto Wilhelm, der aus einer Position als Einkäufer und Planer im Touroperating zur Unternehmensentwicklung übertrat, waren die ersten Vertreter einer akademisch gebildeten jungen Manager-Generation in der Kuoni-Organisation. Der spätere CEO Hans Lerch erinnert sich: «Sie zeigten uns Reisebürolisten, wie man Marktanalysen machte, was eine SWOT-Analyse war und welche gesellschaftspolitischen Entwicklungen Einfluss auf unser Geschäft nahmen. Da ging ein Ruck durch die Firma. Der Grundton war noch etwas theoretisch, aber gar nicht so schlecht ... Diese neue Denkweise und diese Veränderung angestossen zu haben, war bei aller Kritik das Gute an der kurzen Ära Crippa. Hinterher betrachtet war diese turbulente Zeit gar nicht so negativ für Kuoni. Der radikale Bruch war nötig, um die Firma neu zu definieren.»

Verstärkt wurde der Kälteschock bei Kuoni durch das Auftreten der Beraterriege aus dem Hause McKinsey. Projektleiter war Lukas Mühlemann, später bekannt geworden als vorübergehender CEO der Credit Suisse. Michel Crippa hatte das Beratungsunternehmen beigezogen, um unter dem Stichwort «Organisationsentwicklung» gleichzeitig mehrere Teilprojekte voranzubringen, darunter die Ergebnisverbesserung im Schweizer Geschäft, die Reorganisation des Hauptsitzes und eine allgemeine Überprüfung der Führungskräfte (Assessment), das einer deutschen Spezialfirma übertragen wurde.

## McKinsey in der Adventszeit...

Hans Ruedi Egli

Der damalige Generaldirektor Hans Ruedi Egli und andere Kaderleute bestätigen, dass das McKinsey-Projekt an sich lebhaft begrüsst wurde. Eigentlich wären die Voraussetzungen für das Gelingen gut gewesen. Aber einmal mehr zeigte sich, wie schnell und hart sich in kritischen Situationen all das geltend machen kann, was in der Sprache technokratischer Unternehmensberater und Management-Ingenieure gemeinhin unter «weichen Faktoren» zusammengefasst wird: Tonalität, Stil, Umgangsformen, Branchen-Usanzen, aber auch Psychologie und Rücksicht auf menschliche Empfindlichkeiten.

Die Stimmung in der Firma kippte endgültig Anfang Dezember 1988. Das war sonst die Zeit, da Jack Bolli früher seine Getreuen aus aller Welt kommen liess, um die Beförderungen bekanntzugeben. Michel Crippa liess stattdessen eine Aktennotiz ohne Anrede und Grussformel verbreiten, die einem militärischen Aufgebot ähnlicher sah als einer zivilen Einladung. Empfänger waren 23 Kadermitarbeiter, die in zwei Gruppen zum «Assessment Center» aufgeboten wurden. Dabei handelte es sich um eine zweitägige Reihe von Tests und Interviews, einzeln und in Gruppen, teilweise auch unter Stress, zwecks Qualifizierung der einzelnen Führungspersönlichkeiten. Dieses für Kuoni-Verhältnisse völlig ungewohnte und von vielen als bedrohlich empfundene Verfahren wurde ohne Rücksicht auf das heiss laufende Tagesgeschäft im Saisonbetrieb und wenige Tage vor Weihnachten im Garten-Hotel Winterthur durchgezogen. Immerhin galt gemäss Crippas Tagesbefehl: «Kleidung: freizeitlich». Ein hoch qualifizierter Informatik-Spezialist war über die Form des Aufgebots so erzürnt, dass er auf der Stelle kündigte.

Die Beförderungsliste, ein Zeugnis des vertrauten Gangs der Dinge beim «alten» Kuoni.

Nicht das Programm des Assessments – die üblichen Tests, Postkorb-Übungen und Stress-Interviews – war es, was die Teilnehmenden irritierte, sondern «das kollektive Gefühl, sie würden degradiert oder könnten gar die Stelle verlieren.» (Kurt Heiniger). Ausgenommen waren die Mitglieder der obersten Geschäftsleitung. «Unter anderen Umständen hätte ich ein solches Projekt nicht schlecht gefunden. Es war das erste Mal, dass uns bei der Besprechung der Resultate Aussenstehende unverblümt ihre Meinung zum Potenzial der Teilnehmer sagten. Das war ungewohnt, vor allem für Leute, die zwanzig und mehr Jahre lang ihre Abteilung wie ein eigenes Unternehmen geführt hatten», urteilt der langjährige Stellvertreter von Jack Bolli. Dass einige der von Crippa beigezogenen Personalfachleute bei den Interviews von ihrem angestammten preussischen Tonfall Gebrauch machten, vermochte die Stimmung auch nicht zu heben.

## Ausreichend Anlass zu Härte

Michel Crippa konnte für dieses Buch nicht mehr befragt werden, weil er 1999 bei einem Unfall ums Leben kam. Übereinstimmend charakterisieren ihn alle Gesprächspartner als hochintelligente, von starkem Führungswillen und spürbarer Härte geprägte Persönlichkeit.

Dass es zu harten Massnahmen damals durchaus Anlass gab, war später im Diagnosebericht von McKinsey zu lesen: «Im hart umkämpften Schweizer Markt konnte Kuoni mit einem durchschnittlichen Umsatzwachstum von +10% seine Position über die letzten fünf Jahre im Vergleich zur Konkurrenz erheblich verbessern. Dieses erfolgreiche Resultat liegt weit über dem durchschnittlichen Wachstum jenes Betrages, den Schweizer im Ausland für touristische Zwecke ausgeben (+7,3% p.a.). Weltweit entwickelt sich das Unternehmen mit einem jährlichen Umsatzzuwachs von +8,5% etwas weniger stark als im Heimmarkt. (...) Trotz dieser positiven Entwicklung wird der operative Ertrag des Schweizer Geschäftes für das Jahr 1988 negativ sein.»

Gerade diese Bemerkung zeigt nach Kurt Heiniger aber auch die Problematik des Untersuchungsansatzes von McKinsey: «Es war offenkundig, dass die McKinsey-Leute an manchen Orten von falschen Voraussetzungen ausgingen oder die Gegebenheiten der Branche nicht beachteten. So war zum Beispiel die Beurteilung der Tour Operating-Abteilungen aufgrund der Währungsverhältnisse nicht fair, weil ihnen die Finanzabteilung jeweils kalkulatorische Währungen diktierte. Diese führten zu Preisen, die sich je nach der effektiven Entwicklung der Währungen auf dem Markt nicht durchsetzen liessen. Manchen der von McKinsey kritisierten Währungsverlusten im Tour Operating standen auch Gewinne gegenüber, die der Finanzabteilung angerechnet wurden. Der Misserfolg der Produktion für die Westschweiz war unvermeidlich, denn er betraf das erste Betriebsjahr und damit zwangsläufig Anfangsverluste.»

Dennoch boten sich dem unverstellten Blick von aussen zahlreiche Mängel in Organisation und Produkteangebot dar. Zum Beispiel zeigte die streng betriebswirtschaftliche Betrachtung, dass von den 135 angebotenen Destinationen bzw. Produkten nur gerade deren 18 auf der Stufe Nettomarge rentabel waren. 65 Produkte, ziemlich genau die Hälfte also, waren reine Verlustträger. Freilich erwirtschafteten die 18 rentablen Produkte nur einen Drittel des Umsatzes. Bei der Produktentwicklung wurden das Fehlen der systematischen Marktforschung und die nur punktuelle Untersuchung der Konkurrenzangebote vermerkt, beim Einkauf die ungenutzten Synergien zwischen einzelnen Betriebsteilen (insbesondere mit Helvetic), aber auch «nicht optimierte Einkaufskonditionen». Im Vertrieb schliesslich wurden die fehlenden Zielvorgaben an das rentable Filialnetz ebenso kritisiert wie ungenügende Verkaufs-Hilfsmittel.

## Massiver Abbau von Arbeitsplätzen empfohlen

Verräterisch war auch manche Empfehlung der McKinsey-Berater. So schlugen sie – im Sommer 1989 immerhin! – zwecks Ergebnisverbesserung «den PC-Einsatz für Kalkulation und Budgetierung» vor. Ein Nachwuchsmann, der in diesem Jahr das Unternehmen verliess, bestätigt, dass damals am Kuoni-Hauptsitz für seinesgleichen keine Personalcomputer bewilligt wurden. Kalkuliert wurde mit Taschenrechner, Stift und Papier. Mit Staunen vermerkten die branchenfremden Berater aber auch Tatsachen, welche die Kuoni-Touristikexperten nicht als Mängelrüge auffassten, sondern als Ehrenmeldungen: «Es werden jährlich über 5000 Reklamationen bearbeitet. Für knapp zwei Drittel dieser Reklamationen werden Rückerstattungen gewährt. Die Bearbeitungskosten liegen in der Höhe der gewährten Rückerstattungen.»

Corporate Design war bei Kuoni schon in den 80er Jahren ein vertrauter Begriff, wie diese Muster von Fahrzeug-beschriftungen und Firmenuniformen zeigen.

Kuoni demonstrierte seine Klasse auch durch Äusserlichkeiten, etwa mit dem Erscheinungsbild seiner Reiseleiter und Hostessen. Auch bei Tropenhitze waren Jackett und Krawatte für die Herren bei Ankunft und Abreise vorgeschrieben. 1978 wurden Firmen-uniformen eingeführt, die mit dem Outfit der Kult-Puppen Ken & Barbie verglichen wurden.

# Verflogene Europa-Hoffnungen

Am 6. Dezember 1992 entschied eine knappe Mehrheit der Schweizer Stimmbürger gegen den Beitritt der Schweiz zum Europäischen Wirtschaftsraum (EWR). Im Vorfeld dieses Urnengangs wurde auf jedem Swissair-Flug für ein Ja geworben, denn für die damalige Schweizer Airline stellte sich die Schicksalsfrage. Im Vorfeld der grossen Liberalisierung des Luftverkehrs und nachdem das geplante Verkehrsabkommen zwischen der EG und den sechs EFTA-Staaten gescheitert war, wurden die Schweiz und ihre Swissair auf den EWR-Verhandlungsweg verwiesen. Davon hingen viele Zukunftsfragen ab: die Verkehrsrechte, die gleichberechtigte Nutzung der neuen Chancen. Als Alternative befürchtete die Swissair ein Isolations-Szenario. In der Folge blockierte Brüssel zunächst das Open-Sky-Agreement mit den USA sowie europäische Destinationen, bis die Schweiz auf dem bilateralen Wege das Verkehrsabkommen – u.a. mit den teuren Vorleistungen für NEAT und Schwerverkehr – ausgehandelt hatte. Vor dem Hintergrund der gescheiterten EWR-Abstimmung ist denn auch die in den folgenden Jahren verfolgte Akquisitions- und Allianzpolitik der Swissair, vor allem auch deren Engagement bei der EU-Airline Sabena, zu sehen.

Kuoni, schon von der Branche her klar auf der Seite der Europa- und Integrationsfreunde, engagierte sich nicht öffentlich für die Vorlage. Für den Reisekonzern, der schon am Ende der 80er Jahre 43 Prozent seines ausserhalb der Schweiz erzielten Umsatzes im europäischen Festland (und einen weiteren bedeutenden Teil im EU-Land Grossbritannien) machte, standen die Chancen im Vordergrund, die der EWR-Vertrag für die weitere Entwicklung bot. An der Jahrespressekonferenz 1989 erklärte Verwaltungsratspräsident Jack Bolli, was man bei Kuoni darunter verstand:

• Eine verstärkte Globalisierung von Management, Einkauf, Produktion und Vertrieb;
• Kooperationen, Partnerschaften, unter Umständen auch Fusionen mit Unternehmen in EG-Ländern;
• Zusammenarbeit mit artverwandten Dienstleistungsunternehmen;
• neue nationale und internationale Produktionskonzepte;
• Nutzung neuer Vertriebswege unter Berücksichtigung neuester Technologien;
• Ausschöpfung des freien Arbeitsmarktes innerhalb der EG-Länder und Einführung austauschbarer internationaler Ausbildungs- und Management-Trainingsprogramme.

«In einem noch nie dagewesenen Ausmass würden die durch den europäischen Binnenmarkt in Gang gesetzten Umverteilungsprozesse den Tourismus ankurbeln», sagte Jack Bolli bei dieser Gelegenheit. Der grösste Schweizer Reiseveranstalter wolle der internationalen Welle nicht mit einer defensiven Haltung begegnen, sondern offensiv die neuen Chancen nutzen. In einem vom Mai 1988 datierten internen Strategiepapier wird u.a. empfohlen, «kommende ausländische Konkurrenten zu kommenden ausländischen Partnern zu machen», d.h. sie durch Kooperationen, Franchising oder Fusionen einzubinden.

Nach dem knappen Nein des Volkes zum Beitritt der Schweiz zum EWR kam es vor dem Bundeshaus in Bern zu Protestdemonstrationen.

McKinsey empfahl den Abbau von 380 Arbeitsplätzen, je etwa zur Hälfte am Hauptsitz und in den Filialen. Zusammen mit Einsparungen in Werbung, Sponsoring, Katalogproduktion wurde eine Ergebnisverbesserung zwischen 17 und 18 Millionen Franken allein für die Schweizer Kuoni-Organisation in Aussicht gestellt.

Die durch den Eintritt von Michel Crippa verursachten Turbulenzen drangen schnell nach aussen. Die legendäre Gesprächigkeit der Touristik-Branche und ihre nicht eben seltenen gesellschaftlichen Anlässe förderten den Umlauf unbestätigter Nachrichten. In der Kuoni-Führungsetage riefen die ersten Zwischenergebnisse von McKinsey mehr Ernüchterung als Erleuchtung hervor. Die Führungsriege – Kurt Heiniger als hauptamtlicher Stellvertreter des Konzernleiters, Hans Ruedi Egli als Chef Schweiz und der Finanzchef Claude Losey – war verstimmt darüber, dass Crippa sie bei der Planung der McKinsey-Übung zwar einbezog, aber die Ergebnisse fortlaufend ohne Absprache intern kommunizierte, um vollendete Tatsachen zu schaffen. Da er mit seinem Bereich Schweiz am stärksten betroffen war, wagte sich Egli mit seiner internen Kritik am weitesten vor. Der Tonfall war gereizt. In einem Papier an Crippa fragte Egli schon am 7. November 1988: «Wird damit uns übrigen Projektausschuss-Mitgliedern Unfähigkeit attestiert? Ist das ein Misstrauensvotum?»

Witterten die Generaldirektoren die Gefahr des Machtverlusts? «Bei beiden Varianten entsteht meiner Meinung nach eine zu grosse Führungsspanne für den Gesamtleiter», gab Egli zu bedenken, nicht ohne auf die «Doppelbelastung Militär/Firma von MC» hinzuweisen. Michel Crippa war damals als Miliz-Brigadier an etwa achtzig Tagen des Jahres militärisch beansprucht, was Kuoni-intern immer wieder zu reden gab. Kurt Heiniger beanstandete schon damals vor allem das mangelnde Branchenverständnis der McKinsey-Berater. Ihre Empfehlungen seien zum Teil marktfremd gewesen, zum Beispiel die Idee, das Ticketing für die ganze Schweiz zu zentralisieren. Damals, als die Möglichkeiten der Informatik noch begrenzt waren, wäre dies zu langsam und damit bei den Kunden und den Wiederverkäufern nicht marktfähig gewesen. Und Kuoni war damals noch nicht auf einem optimalen Stand, was Informatik und Büroautomatisierung betraf. Finanzchef Claude Losey profilierte sich in dieser schwierigen Zeit als Gentleman, der zwar seine Meinung offen sagte, sich aber in personellen Angelegenheiten demonstrativ zurückhielt. Der ehemalige Fussball-Torhüter beim FC Cantonal galt als einer der wenigen Finanzchefs, die das Reisegeschäft wirklich verstanden, und war deshalb ein beliebter Gesprächspartner der Länderchefs. Dass er weder von den Radikalmethoden Michel Crippas noch von den branchenunkundigen Ratschlägen McKinseys beeindruckt war, verhehlte Losey – charmant und verbindlich, aber hart in der Sache – keineswegs.

## Die Öffentlichkeit wird hellhörig

Mit der saisonalen Arbeitsspitze und den emotionalen Besonderheiten der Vorweihnachtszeit wuchs der interne Druck. Die Nerven lagen blank. Die ersten Kadermitarbeiter kündigten. Und die als hellhörig bekannte Touristik-Fachpresse begann Fragen zu stellen.

Am 18. Dezember 1988, einem Sonntag, trat der Verwaltungsrat in Jack Bollis Privatwohnung zu einer ausserordentlichen Sitzung zusammen. Zum ersten Mal beantragte Bolli, seinen Nachfolger zu entlassen. Aber dieses Mal folgte der Verwaltungsrat den Anträgen seines Präsidenten nicht. Zweimal innert wenigen Tagen sprach er Crippa sein Vertrauen aus. Der Firmenleiter triumphierte. Die Generaldirektoren gaben intern ihre Kündigung bekannt.

Am nächsten Wochenende machte die «Sonntags-Zeitung» den Konflikt öffentlich. Genaues wussten aber nur wenige. Das bedeutete Stoff für Mutmassungen und unbestätigte Geschichten in Fülle während der an Wirtschaftsnachrichten ohnehin armen Festzeit – und erst noch mit einem der bekanntesten Schweizer Markennamen im Mittelpunkt. Die Schlagzeilen lauteten: «Wer gewinnt Haus-Krach bei Kuoni?» (Blick); «Droht bei Kuoni bald ein Eklat?» (Bund); «Wird Kuoni bald von Kloten aus regiert?» (SonntagsBlick). Jack Bolli dachte nicht daran, sich an das vom Verwaltungsrat verhängte Schweigegebot zu halten; schliesslich hatte er nichts mehr zu verlieren ausser seinem Image als «Vater» des Unternehmens. Er wehre sich aus Leibeskräften gegen den mit der McKinsey-Reform verbundenen Stellenabbau, liess er verlauten. Und: «Ich habe mich, offen zugegeben, in Michel Crippa einfach menschlich getäuscht.» (Blick vom 6. Januar 1989).

Wer öffentlich ins Gerede kommt, gefährdet sein Geschäft, vor allem, wenn das Produkt gleich heisst wie die Firma. So lautet ein betriebswirtschaftlicher Lehrsatz. Doch erstaunlicherweise litt Kuonis Tagesgeschäft im Krisenjahr 1989 nicht auffallend unter den Turbulenzen und der damit verbundenen aggressiven Publizität. Der Schweizer Umsatz konnte um sechs, derjenige der ausländischen Gesellschaften um 15 Prozent gesteigert werden. Man liege damit über den Erwartungen, hiess es im Jahresbericht durchaus doppeldeutig. Die Gewinnzahlen lagen trotz Beratungskosten in der Grössenordnung von fünf Millionen Franken nur unwesentlich unter dem Vorjahr, obwohl das Management durch die fortlaufenden Reorganisationen und Auseinandersetzungen stärker absorbiert war, als dem Geschäft gut tat. Aber dieses Geschäft lief – jedenfalls für eine überblickbare Zeit – wirklich fast von allein, solange die Mitarbeitenden an der Verkaufsfront ihre Arbeit machten.

## Crippa verlässt Kuoni

Der Bruch mit Michel Crippa kam acht Monate nach dem ersten notdürftigen Friedensschluss. Es war ihm nur teilweise gelungen, die McKinsey-Massnahmen umzusetzen. Das neue Organigramm wurde mit Wirkung ab 1. Juli 1989 in Kraft gesetzt. Nicht realisiert wurden die meisten Vorschläge des Ergebnisverbesserungsprogramms, vor allem der geforderte Personalabbau, weil das Management fürchtete, die Geschäftsergebnisse würden einbrechen. Der nahe liegende Einwand war: Die Umsätze steigen massiv, also kann man schwerlich Personal einsparen. Manchmal siegte auch die Trägheit der Organisation über den Veränderungswillen, der zwar von allen gelobt, im Konkretisierungsfall aber von einer Lawine von Detailbedenken zugedeckt wurde. Am 7. September protokollierte Peter Oes den Sinneswandel des Verwaltungsrates: «Es besteht kein Vertrauensverhältnis mehr zwischen M. Crippa und dem Verwaltungsrat, der Geschäfts-

Links: Verwaltungsräte
Dr. Otto Streicher,
Kurt Schmid, Guido
Hanselmann.
Rechts: Peter Oes.

leitung, einem grossen Teil des Kaders und der Belegschaft. Die Vertrauenskrise war bereits Ende 1988 weitgehend vorhanden. Die damals vereinbarte Karenzzeit wurde nicht zum Besseren genutzt. Im Gegenteil, die heutige Vertrauenskrise ist tiefer als diejenige von Ende 1988.» So hiess es in der Neuen Hard, Miliz-Brigadier Crippa habe sich als Divisionär (Zweistern-General und somit Berufsoffizier) beworben, um sich elegant aus der unwirtlichen Kuoni-Umgebung verabschieden zu können. Diese Nachricht wurde zwar nie bestätigt, aber allgemein geglaubt.

Am Tag nach der entscheidenden Sitzung, dem 7. September 1989 um 16 Uhr, betrat Jack Bolli das Büro von Michel Crippa. Bolli sagte ihm ohne Umschweife: «Michel, es geht nicht mehr. Wir müssen uns trennen. Gib mir Deine Schlüssel, gleich jetzt! Von morgen an bist Du nicht mehr da.» Crippa habe die Botschaft äusserlich gleichmütig aufgenommen und um 24 Stunden Aufschub gebeten, um seine militärischen Akten in Ruhe abtransportieren zu können. Als Zeuge und Protokollführer war der Rechtsanwalt Daniel Affolter zugegen, damals noch nicht Mitglied des Stiftungsrates der Kuoni-Hugentobler-Stiftung, sondern Rechtsvertreter der Firma. Jack Bolli hatte ihm das Mandat erteilt, die Auflösungsregelung mit Crippa auszuhandeln.

## Swissair stellt den Nachfolger und gewinnt an Einfluss

Die zweite Überraschung an diesem 7. September 1989 war die Regelung der Nachfolge. Eigentlich hatten alle in der Firma mit der Berufung des langjährigen, loyalen «zweiten Mannes» Kurt Heiniger gerechnet, er selber auch. Aber gewählt wurde einer, den niemand auf der Rechnung hatte: der bisherige Vizepräsident des Verwaltungsrates Peter Oes, Mitglied der Geschäftsleitung der Swissair.

Nach der Entlassung Crippas wurde Jack Bolli höflich, aber unmissverständlich aus dem Verwaltungsrat komplimentiert. Dieser konstituierte sich völlig neu. Auch der Anwalt Dr. Otto Streicher, Dr. Hans Meyer und SBG-Generaldirektor Guido Hanselmann traten zurück. Zum Nachfolger als Präsident des Verwaltungsrates wurde der vom Touristikgeschäft bis dahin unberührte Berner Fürsprecher und Wirtschaftsanwalt Riccardo Gullotti ernannt. Qualifiziert hatte er sich unter anderem durch die erfolgreiche Privatisierung der Radio Schweiz AG. Das war 1991, als es Kuoni schlechter ging, als die Öffentlichkeit und die eigenen Mitarbeiter wahrnahmen. Hätte nicht die Gesellschaft in England immer höhere Gewinne abgeliefert, wäre die Konzernrechnung damals in die roten Zahlen geraten. Neu traten in den Verwaltungsrat Claudia Depuoz ein, eine Versicherungs-Managerin, der Genfer Wirtschaftsprofessor Gilbert Probst sowie Kurt Schmid und Peter Ramel als Vertreter der Swissair.

Swissair, damals die stolze und starke nationale Fluglinie der Schweiz, wurde in den folgenden zweieinhalb Jahren zu einer bestimmenden Kraft für die Firma Kuoni. Sie besass die Mehrheit des Kapitals, nicht aber die Mehrheit der Stimmen. Im Wege stand ihr die durch Statuten und Vorzugsaktien zementierte Vormachtstellung der Kuoni- und Hugentobler Stiftung. Die Bedenken mancher Kuoni-Leute gegen einen erhöhten Einfluss der Swissair konnten nie zerstreut werden. Peter Nydegger, der damalige Finanzchef, vermerkt lakonisch: «Einige fürchteten die Kontrolle über ihre Tätigkeiten.»

## Machtwort Alfred Kuonis für die Stiftung

Am Ende seiner Amtszeit liess Jack Bolli die Swissair im Glauben, er werde ihnen auch zur Stimmenmehrheit verhelfen und dazu beitragen, den Einfluss der mächtigen Stiftung zu dämpfen. Peter Nydegger bestätigt, Jack Bolli habe ihm und Martin Junger, allenfalls auch Robert Staubli, entsprechende Zusicherungen abgegeben. Aber ausnahmsweise gab Alfred Kuoni nach Rücksprache mit den obersten Kuoni-Kadern seine Zurückhaltung auf und sprach ein Machtwort gegen den vorgeschlagenen Verzicht der Stiftung auf die Stimmenmehrheit. Die Swissair-Leute waren tief enttäuscht.

Aus einem Brief von Alfred Kuoni II. an Junger und Nydegger, die Swissair-Vertreter in der KH-Stiftung, vom 21. September 1989 geht klar hervor, dass Alfred Kuoni als Beherrscher der Stiftung, unzufrieden war mit der Art und Weise, wie die Swissair nach

## Prêt à partir...

Immer wieder sind markante junge Reisefachleute aus der Schweiz in die Welt aufgebrochen, um Auslandpositionen für Kuoni aufzubauen. Unter den Dutzenden von «expats» erinnert man sich mit besonderem Respekt an den in der Ostschweiz aufgewachsenen Waadtländer Louis Piraud (1926–1991), der 45 Jahre lang im Dienst von Kuoni stand, davon 33 Jahre als oberster Chef der Tochtergesellschaft in Frankreich.

Er hat dem ältesten Auslandmarkt von Kuoni ein besonderes Gepräge gegeben, indem er das ursprünglich auf Incoming beschränkte Geschäft auf das Tour Operating ausdehnte. Als Zwanzigjähriger war Louis Piraud in die Filiale Lausanne eingetreten, wo die Kundschaft noch am Stehpult bedient wurde. 1959 übernahm Piraud von Melch Frei die Leitung der Pariser Niederlassung. Früher als andere erschloss Kuoni unter der Leitung des ebenso zielbewusst wie diplomatisch auftretenden Louis Piraud wichtige neue Destinationen. Aufsehen erregten die schon

1963 durchgeführten ersten Gruppenreisen nach China, später nach Vietnam, aber auch die Erschliessung beliebter Ferienregionen Nordafrikas. Kuoni France bot schon in den späten 60er Jahren Gruppenreisen nach Iran, Afghanistan und Usbekistan und um 1970 Badeferien im Libanon an. Dann sicherte Louis Piraud der französischen Kuoni-Organisation wachsende Marktanteile im Afrika- und im Fernostgeschäft. Die geschickte Betonung der schweizerischen Herkunft Kuonis in der intensiven Werbung trug Früchte. Das französische Publikum reagierte günstig auf den Slogan «la qualité Suisse dans la tradition française». Später wurde der an die Modewelt angelehnte Slogan «prêt à partir» geradezu sprichwörtlich. Louis Piraud starb wenige Monate nach seinem Übertritt in den Ruhestand an einer Lungenembolie.

Alfred Kuoni II. (links), der diskret, aber bestimmt in Erscheinung trat, hier im Gespräch mit Aldo Froesch.

beschlossener Absetzung von Michel Crippa ihren Direktor Peter Oes in die Spitzenposition bei Kuoni bugsiert hatte. Der Erbe des Firmengründers erinnerte an das Swissair-Versprechen, auf jeden Fall vor einer Neuernennung die Meinung der Stiftung einzuholen und beschwerte sich: «Mit mir jedenfalls hat sich kein Vertreter der Swissair in Verbindung gesetzt. Dieses Auseinanderklaffen von Versprechen und Vorgehen hat mich höchst befremdet, und ich muss Ihnen offen mitteilen, dass in mir grosse Zweifel aufgetreten sind, ob die Swissair willens und in der Lage ist, einmal gemachte Zusicherungen auch einzuhalten. Ich werde es mir unter diesen Umständen genau überlegen müssen, wie weitergehende Verträge zwischen der Swissair und der Kuoni- und Hugentobler Stiftung hieb- und stichfest abgesichert werden können. Ich glaube, hier muss erst einige Zeit vergehen, um verlorenes Vertrauen wieder aufzubauen und eine neue Basis zu schaffen.» Mehrfach versicherte Alfred Kuoni in dem gleichen Brief aber, dass er das Ergebnis der ganzen Übung, nämlich die Wahl von Peter Oes zum neuen Direktionspräsidenten, uneingeschränkt unterstütze. Unschwer zu erkennen, dass der von Alfred Kuoni unterzeichnete Brief von dessen Berater, Rechtsanwalt Daniel Affolter, vorbereitet worden war. Um für ihn Platz im Stiftungsrat zu schaffen, wurde Swissair-Vertreter Martin Junger aus dem Gremium gedrängt. Alfred Kuonis Misstrauen manifestierte sich auch in seiner Opposition gegen die Zuwahl von Peter Oes in den Stiftungsrat – was bis jetzt für den obersten operativen Leiter von Kuoni selbstverständlich gewesen war. In den Stiftungsrat wurde Kurt Heiniger gewählt.

## Migros liebäugelt mit Kuoni

Nydegger, der federführende Swissair-Mann, war tief enttäuscht über seinen Rotarierfreund Bolli, dem er auch – wie Daniel Affolter – entsprechenden Einfluss auf Alfred Kuoni unterstellte. Nun suchte der Finanzchef, der im Ruf stand, Gefühle säuberlich vom Geschäft trennen zu können, in aller Stille einen Käufer für das Kuoni-Paket. Nydegger betont, er habe nach dem Rauswurf Jungers aus dem Stiftungsrat Alfred Kuoni erneut darauf aufmerksam gemacht, dass sich die Swissair bezüglich ihres Aktienpakets alle Optionen offen halte. Nydegger hatte den Eindruck, dieser Hinweis sei nicht ernst genommen worden.

Migros-Chef Pierre Arnold wäre an den Kuoni-Aktien der Swissair höchst interessiert gewesen, doch Jules Kyburz und vor allem Eugen Hunziker waren dagegen, um den mächtigen Detailhandels-Riesen nicht neuen wettbewerbspolitischen Debatten auszusetzen. Eine «Elefantenhochzeit» von Kuoni und Hotelplan, wie sie Arnold vorschwebte, wäre nach der Meinung der beiden erfahrenen Migros-Manager in der Öffentlichkeit schwer darstellbar gewesen. Danzas lehnte den Aktienkauf ab, weil dieses Unternehmen gerade an einer strategischen Bereinigung arbeitete und sich auf das Frachtgeschäft konzentrieren wollte. Als Folge dieses Prozesses wurde ihre Reisebüro-Kette 1995 an Kuoni veräussert.

Bis zum Jahr 1992 dauerten Sondierungen mit der Kuoni-Geschäftsleitung, dem Verwaltungsrat (vertreten durch SBG-Generaldirektor Heinz Müller) und der Stiftung, bei der Daniel Affolter ständig an Einfluss gewann. Thema: allmähliche Reduktion der Swissair-Beteiligung an Kuoni mit der klaren Vorgabe, dass eine Mehrheit wegen der starken Stellung der Stiftung nicht möglich sei. Stiftungsrat, Verwaltungsrat und Management von Kuoni wussten also durchaus, dass Swissair verkaufen wollte. Offenbar glaubten sie aber nicht daran, dass Nydegger und sein neuer CEO Otto Loepfe wirklich Ernst machen würden. Noch in der Stiftungsratssitzung vom 21. Mai 1992 wurde in Anwesenheit des Swissair-Vertreters Nydegger einvernehmlich festgehalten, man wolle gemeinsam eine Lösung weiter verfolgen, wie sie von der SBG (unter dem frühlingshaften Decknamen «Krokus») skizziert worden war. Wörtlich heisst es in dem Protokoll: «Die

## Kuoni als Filmproduzent

Reisen sind sinnlich, Reisen sind bilderreich. Wie soll man Reisen verkaufen ohne Bilder, bewegte und damit besonders bewegende Bilder? Das war die Idee hinter der Tatsache, dass Kuoni während langer Jahre über eine eigene Filmabteilung verfügte (bis 1969 «Film und Presse»), der zeitweise auch die Produktion der Kunden- und Mitarbeiterzeitschriften «Reise-Mosaik» und «Kaleidoscope» anvertraut war. Langjähriger Leiter dieser Abteilung war der bekannte Kultur- und Dokumentarfilmer Edi Klein, Autor von Dutzenden von Filmen, die manchmal auch im Fernsehen gezeigt wurden. Eingesetzt wurden diese Filme aber vor allem für Kundenanlässe von Kuoni-Filialen. In Zürich gab es während vieler Jahre das «Ferienfilm-Festival». Jeden Sonntagvormittag wurden im Kino «Corso» am Bellevue Kultur- und Dokumentarfilme über ferne Reiseziele aus eigener und fremder Produktion gezeigt. Bis zu tausend Besucher pro Aufführung wurden verzeichnet. Ab 1970 wurde

Edi Klein, Kuonis Filmexperte.

die mit modernen Kameras und Postproduktions-Anlagen, darunter einem Schneidetisch, ausgerüstete Kuoni-eigene Filmequipe auch dem Schweizer Fernsehen und ausländischen Nachrichtenagenturen für die Produktion von aktuellen Nachrichtenfilmen ausgeliehen. Für das Jahr 1970 sind 45 solcher Einsätze dokumentiert worden.

Anwesenden stellen fest, dass die Studie der Schweizerischen Bankgesellschaft den Stiftungsräten bekannt ist. Es wird beschlossen, der SBG den Auftrag zu erteilen, den Verwaltungsrat (Sitzung vom 5. Juni 1992) sowie die Konzernleitung darüber zu orientieren. Im Anschluss daran sollen weitere Gespräche stattfinden.»

## «Plan Krokus» vom grossen Geld zugedeckt

Zunächst fand Nydegger keinen Kaufinteressenten für das Kuoni-Paket. Dann aber bot die Investment-Bank Warburg Soditic dem Swissair-Finanzchef die Übernahme des ganzen Pakets an, «und zwar zu einem sehr guten Preis», wie Nydegger bestätigte «und selbstverständlich in voller Kenntnis der Stimmrechtsbeschränkungen».
Sofort liess Nydegger seinen CEO Otto Loepfe aus einer IATA-Konferenz rufen und empfahl, das Angebot anzunehmen. Loepfe stimmte zu. Er sicherte sich noch bei Verwaltungsratspräsident Hannes Goetz ab, der seinerseits sofort mit Rainer Gut Rücksprache nahm, dem Verwaltungsratspräsidenten der Credit Suisse und der grauen Eminenz der Schweizer Wirtschaft schlechthin, der auch im VR-Ausschuss der Swissair sass. Gut reagierte blitzschnell und unterstützte den Verkauf zum vorgeschlagenen Preis. Damit war der Handel gelaufen. Nydegger pokerte noch mit Warburg um einen Zuschlag, erfolgreich, und setzte die Bedingung durch, dass das Paket weder an Lufthansa noch an British Airways weitergereicht werden durfte. Gemäss zuverlässigen Quellen hatte die Swissair seinerzeit für die 50,6 Prozent Kuoni-Aktien etwa 25 Millionen Franken bezahlt. Warburg Soditic bezahlte ihr schliesslich 110 Millionen Franken für das Paket.
Die Nachricht vom Verkauf der Kuoni-Mehrheit wirkte wie ein Donnerschlag. Kuoni-Verwaltungsratspräsident Riccardo Gullotti tobte, weil niemand ihn vorher informiert hatte. Auch Kurt Heiniger bestätigt, dass die Swissair-Leute in den entscheidenden Tagen im Tagesgeschäft so taten, als sei nichts geschehen. Entsprechend gereizt war die Reaktion der Kuoni-Seite nach Bekanntwerden des Handels. «Wir im Stiftungsrat kamen uns hintergangen vor», sagt Heiniger. «Ich hätte nie geglaubt, dass Nydegger, der ja soeben noch Ja zum einvernehmlichen ‹Plan Krokus› gesagt hatte, die Aktien auf diese Weise und über die Köpfe der Swissair-Vertreter im Kuoni-Verwaltungsrat hinweg verkaufen würde.» Heute ist klar, dass auch innerhalb der Swissair nur ein kleiner Kreis über die kurzfristig aufgenommenen Verkaufsverhandlungen im Bild war. Wäre nur das Geringste durchgesickert, hätten Gullotti und Bolli alle Hebel in Bewegung gesetzt, um das Geschäft zu verhindern.

## Wer ist der grosse Unbekannte? Finanzinvestor oder Konkurrent?

Peter Nydegger betont, er habe bis zum Schluss nicht gewusst, wer der Auftraggeber von Warburg Soditic war. Er schien anzunehmen, es handle sich um branchenfremde institutionelle Anleger, vor allem aus England. Und die Investment Banker aus Genf legten kaltblütig ein paar Nebelpetarden, indem sie über die Wirtschaftszeitung «Cash» die Falschmeldung ausstreuen liessen, das Paket werde bei einem Dutzend institutionellen (und damit für den Branchenwettbewerb irrelevanten) Investoren platziert, von denen drei Viertel in England sässen. Dass das keine definitive, sondern höchstens eine vorübergehende Lösung sein würde, blieb guten Kennern der Finanz- und Touristik-Szene nicht verborgen. Ahnungsvoll schrieb «Cash»-Redaktorin Corinne Amacher: «Freilich ist nicht ganz auszuschliessen, dass die verschiedenen Investoren quasi als Strohmänner für einen Interessenten fungieren, der längerfristige Ziele hat und im Hintergrund ein substantielles Paket schnürt.» Zwischen Mai 1992, dem Zeitpunkt der Übernahme des Kuoni-Pakets durch Warburg, und September stieg der Kuoni-Aktienkurs entgegen dem allgemeinen Börsenverlauf nochmals um 28 Prozent. Da musste es im Hintergrund einen kapitalkräftigen Interessenten geben, der weiter Kuoni-Aktien kaufte und dem es auf den Preis nicht ankam.

### «Tach, wir haben Sie gekauft!»

Und genau so war es. Eines Morgens, als Kurt Heiniger sein Büro betrat, warteten zwei Herren auf ihn, die sich als Dr. Jens Odewald und Friedrich Janssen vorstellten: «Tach, Herr Heiniger! Wo ist denn hier der Herr Oes? Wissen Sie, Herr Heiniger, wir haben Sie soeben gekauft!»

«Wir», das war ein Erzrivale aus Deutschland, der sich einige Jahre vor seinem Hauptkonkurrenten TUI anschickte, den sich konzentrierenden europäischen Reisemarkt vor allem im Massengeschäft aufzumischen. Odewald war Chef des Kaufhof-Konzerns, Janssen leitete dessen Reise-Tochter ITS und war Tourismus-Vorstand im Kaufhof-Konzern. Die starke Verankerung des Käufers im Detailhandel mit erstklassigen Standorten in allen grösseren Städten sicherte ihm eine hervorragende Marketingbasis für das Massengeschäft.

Dazu kam eine raffinierte Finanzidee. Die Warenhaus-Profis sahen im Reisegeschäft eine ideale Ergänzung. Detailhändler müssen ihre Ware zuerst einkaufen, finanzieren und ein Absatzrisiko eingehen. Erst später kommt nach und nach Geld in die Kasse. Beim Reisegeschäft ist es umgekehrt. Da zahlen die Kunden im Voraus und nehmen die Leistungen manchmal erst Monate später in Anspruch. In der Zwischenzeit kann das

Die Veränderungen bei Kuoni erregten in der Fachpresse grosses Aufsehen.

Geld, so dachten sich die Strategen, dem Gesamtkonzern als billige Liquidität dienen. Die Phasen- und Fristenverschiebungen zwischen den beiden im Marketing gut kombinierbaren Branchen erschienen, zumal in Zeiten der hohen Passivzinsen, extrem interessant.

Käufer des Kuoni-Pakets war also die Kaufhof Holding AG Köln, Besitzerin des europäischen Reisekonzerns ITS, der damals 2,9 Milliarden DM Umsatz machte. Hinter ihm stand der mächtige Einzelhandelskonzern Metro des Grossunternehmers Otto Beisheim. Unbestätigte, aber aus direkt informierter Quelle stammende Informationen besagen, Warburg habe für das Paket 180 Millionen Franken kassiert. Das Geschäft war innert einer Woche zustandegekommen. Warburg und ein paar auf schnelle Geschäfte spezialisierte institutionelle Investoren hätten folglich diesen Informationen zufolge mit der Kuoni-Transaktion innert kurzer Zeit siebzig Millionen Franken verdient.

1906

1950

ab 1960

1930

bis 1955

ca. 1965

heute

Imitationen der 90er Jahre; links Madagaskar, rechts Litauen

Der Kuoni-Globus ist eine unwiderstehliche Idee und ein starkes Logo. Wer sie als erster hatte, ist ungewiss. Ab 1960 wurde eine Form verwendet, die der Grafiker René Bischof (1932–2001) im letzten Lehrjahr im Atelier des berühmten Zürcher Grafikers Hans Neuburg (1904–1983) schuf. Im Lauf der Jahrzehnte wurde die Idee nicht nur häufig abgewandelt, sondern gelegentlich von dreisten Nachahmern auch gefälscht (unten).

# Die Macht, das Tempo, das Geld

Der Stillstand an der Spitze ermöglicht den Turnaround. Ein Stromstoss geht durch das Unternehmen. Dann platzt der Traum vom Grosskonzern

Freude kam nicht auf im Hause ITS über den Erwerb des Marken-Juwels Kuoni. Vom ersten Tag an legten sich die Kuoni-Manager quer. Wenn Köln ein Meeting vorschlug, war in Zürich immer ein wichtiger Mann in den Ferien oder auf Reisen. Wenn Zahlen verlangt wurden, dauerte es eine Ewigkeit, und dann kamen die falschen. «Um ehrlich zu sein: Wir haben unsere neuen Eigentümer nicht gemocht, und deshalb haben wir sie leerlaufen lassen, wo wir konnten», bekennt ein Zeitzeuge aus der damaligen ersten Führungsebene.

Gefördert wurde die Lust an der Obstruktion durch die Tatsache, dass die Mehrheitseigentümer in der Firma eigentlich nichts zu sagen hatten, weil ihnen die Stimmrechtsmehrheit nicht gehörte. Die lag nach wie vor unanfechtbar bei der Kuoni- und Hugentobler Stiftung mit ihren Vorzugsaktien. Der Hauptaktionär war unzufrieden, obwohl die Ertragszahlen ausgezeichnet waren. Noch im Geschäftsjahr 1992 wurde der Konzerngewinn glatt verdoppelt, weil der Turnaround in der Schweizer Organisation Wirkung zeigte. Doch schon im nächsten Jahr brach das Umsatzwachstum ab: minus 1,6 Prozent! Das waren nicht nur die Folgen der scharfen Deregulierung des Luftverkehrs und der Überkapazitäten auf nahezu allen Reisemärkten. Die Branchen-Profi aus Deutschland wussten genau, dass es da ein grosses, hausgemachtes Problem gab. Bei Kuoni verdiente vor allem England wirklich gutes Geld. Die Strategische Geschäftseinheit Schweiz war erst gerade daran, sich nach der Konzern-Reorganisation von 1990 zu erholen. In den meisten anderen Ländermärkten waren die Zahlen rot.

## Wie auf einer Achterbahn ...

Die neunziger Jahre hielten für Kuoni fast alles an Tiefen und Höhen bereit, was einem modernen Unternehmen zustossen kann: vom jähen Kulturwandel über einschneidende Wechsel in den Besitzverhältnissen bis zu einem anhaltenden, überaus gewinnbringenden Höhenflug – und einem grundlegenden Wandel der Reiseindustrie, der zu einem radikalen Schritt führen sollte. Am Ende der neunziger Jahre wurde als Antwort auf die globalen Herausforderungen eine grosse internationale Fusion vorbereitet. Sie scheiterte zwar, doch Kuoni vollzog den Wandel vom schweizerischen Konzern mit starken internationalen Aktivitäten zum internationalen Konzern mit Schweizer Wurzeln und Werten. Zugleich gelang es, in den stürmisch aufbrechenden neuen Märkten von Indien und China Fuss zu fassen. In Indien stieg Kuoni zum grössten Reiseanbieter auf!

An die Zeit nach dem Abgang von Bolli und Crippa erinnert sich Riccardo Gullotti, von 1990 bis 1995 Verwaltungsratspräsident, so: «In diesen Monaten war das Klima vergiftet, und die Leute waren überfordert. Ich befürchtete Spannungen zwischen Oes und dem übergangenen Kurt Heiniger, aber dieser erwies sich als wirklicher Sportsmann.

Trotz offenkundiger Enttäuschung hat er seinen neuen Chef loyal unterstützt. Schon kurz nach seinem Amtsantritt hatten nicht wenige Kuoni-Manager gegen Oes putschen wollen, aber Kurt Heiniger, damals vollamtlicher Stellvertreter des CEO, konnte sich mit seinem Credo durchsetzen: Das wichtigste war zu diesem Zeitpunkt, dass Kuoni aus den Schlagzeilen verschwand.»

Die deutschen Aktionäre hatten ursprünglich durchaus langfristige und strategische Absichten mit ihrer Kuoni-Beteiligung. Ausserdem glaubten sie an Synergien. Jens Odewald, Vorstandschef von Kaufhof, sprach bei mehreren Gelegenheiten von einem Einsparungspotenzial von 50 Millionen Franken jährlich. Die deutschen Aktionäre erweckten in der Öffentlichkeit den Eindruck, sie seien die neuen Herren im Hause Kuoni, und in manchen Medien wurde Kuoni bereits als Tochterfirma des Kaufhof-Konzerns gehandelt. Alfred Kuoni, Daniel Affolter und Riccardo Gullotti kamen überein, die Verunsicherung durch einen Rahmenvertrag mit dem neuen Aktionär zu beenden, was der Verwaltungsrat dann zum Beschluss erhob. Darin sollten neben dem Einsitz im Verwaltungsrat auch die Regeln der Zusammenarbeit und eben ein Vorkaufsrecht an den Aktien geregelt werden.

Gullotti gelang es schliesslich, diese Vereinbarung abzuschliessen, sozusagen als Preis für die künftige Kooperation des Kuoni-Managements. Der Abgesandte von ITS akzeptierte bei einem Essen im Zürcher Restaurant Orsini, was ihn später die Stelle kosten sollte. Als sich nämlich ITS tatsächlich von ihrer Schweizer Beteiligung trennte, spielte diese Sperrklausel eine für die Kuoni-Seite überaus vorteilhafte Rolle. Noch im November 1994, als Daniel Affolter im Namen der Stiftung versuchsweise ein Rückkaufangebot zu einem Preis weit über dem Börsenkurs unterbreitete, habe Jens Odewald lachend abgelehnt mit der Bemerkung, ITS sei ein langfristiger und strategischer Investor. Schon wenige Wochen später, um die Weihnachtszeit, liess die gleiche ITS Affolter wissen, sie stehe mit ihrem Erzkonkurrenten TUI in Verkaufsgesprächen über das Kuoni-

Paket. So schnell ändert das Wetter in einem internationalen Reisekonzern, vor allem, wenn sich die finanziellen Erwartungen – hier konkret: die Gewinne aus dem Liquiditätsaustausch zwischen Reise- und Warenhausgeschäft – nicht einstellen.

## Der grosse Tag des Daniel Affolter

Strategiewechsel bei Metro: Das Kuoni-Paket sollte also verkauft werden – aber da war dieses lästige Vorkaufsrecht, das sich Gullotti und Affolter zugunsten der Kuoni- und Hugentobler Stiftung ausbedungen hatten. Da ging es um viel Geld, deshalb griffen im Metro-Konzern die Olympier ein. Kein Geringerer als Erwin Conradi, damals der engste Vertraute von Besitzer Otto Beisheim, zog das Geschäft an sich. Am Morgen des Freitags, 17. Februar 1995, griff Conradi zum Telefon. Am anderen Ende war Daniel Affolter, frisch gebackener Präsident des Verwaltungsrates von Kuoni und Nachfolger von Riccardo Gullotti, der gerade als CEO die operative Führung des Kuoni-Konzerns übernommen hatte. Conradis Botschaft war kurz und klar: «Wir sind mit TUI handelseinig, morgen früh ist dort Vorstandsitzung. Dann wird beschlossen und vollzogen. Aber bitte sehr, wir halten uns an diese Klausel. Sie können die Aktien haben, für 180 Millionen Franken.»

Der Anruf kam nicht unerwartet. Affolter arbeitete damals schon seit Monaten für die Kuoni- und Hugentobler Stiftung an der Finanzierung eines möglichen Rückkaufs. Er verwies zunächst auf die vertragliche Entscheidungsfrist von 60 Tagen, aber Conradi putzte ihn ab: «Das interessiert mich nicht. Sagen Sie mir ja oder nein – bis heute zwölf Uhr!» Affolter pokerte: «Bis 15 Uhr, Herr Conradi!» Der gab sich grosszügig: «Kein Problem, dann halt bis 15 Uhr!» An einem Freitag in Deutschland! Der alte Fuchs dachte sich wahrscheinlich: Da läuft ohnehin nichts mehr, weil alle wichtigen Leute längst im Wochenende sind.

Die Schweizer waren dann doch noch ziemlich fleissig. Es war der grosse Tag des Daniel Affolter. Auf der Stelle alarmierte er den Bankverein und Kuonis Hausbank, die SBG und erreichte, dass schon um elf Uhr ein Meeting stattfand. Affolter brachte einen eilig formulierten Kaufvertrags-Entwurf mit: 180 Millionen Franken für die Aktienmehrheit an Kuoni. Das Problem war bloss: Die Stiftung, die als Käuferin auftreten sollte, hatte nicht so viel Geld und brauchte die Rückendeckung des finanzstarken Kuoni-Konzerns. Für den wäre der Betrag kein Problem gewesen, wohl aber die steuerliche Abwicklung. Die Stiftung war also auf die Banken angewiesen.

Daniel Affolter sagt noch heute: «Ich habe mich mit diesem schnellen Angebot weit aus dem Fenster gelehnt und meine Existenz aufs Spiel gesetzt.» Um 13 Uhr brachten die Herren vom Bankverein das Okay ihrer obersten Chefs zu dem Kreditgeschäft bei. Die Bankgesellen liessen sich Zeit, hatten noch Einwände. Affolter: «Ich war plötzlich nicht mehr sicher, ob die nicht den ganzen Deal torpedieren wollten. Schliesslich war die SBG schon damals die Hausbank von Metro.» Am Ende unterschrieb Affolter den Kaufvertrag, obwohl erst die Hälfte der Finanzierung gesichert war. «Später», so berichtet er, «habe ich von Odewald gehört, Conradi sei bleich geworden, dann habe er getobt wie ein Irrer, weil seine Überrumpelungstaktik nicht verfangen hatte.»

Unterzeichnung der Papiere, mit denen die Kuoni- und Hugentobler Stiftung die Aktien von Kaufhof zurückkaufte und auf die Stimmenmehrheit verzichtete. Rechts am Tisch: Alfred Kuoni II., Riccardo Gullotti; links: Kurt Heiniger und Kurt Schmid, umringt von Bankenvertretern.

## Die Stiftung gibt ihre Vorzugsstellung auf

In den folgenden Tagen war noch eine wichtige Hürde zu nehmen. Nun musste sich nämlich die Kuoni- und Hugentobler Stiftung auch formell und unwiderruflich von ihren jahrzehntelang hartnäckig gehaltenen Vorzugsaktien verabschieden, die ihr trotz Kapital-Minderheit die Bestimmungsmacht im Konzern gesichert hatte. Das Missverhältnis zwischen Kapitalbeteiligung und Stimmrecht (per Vorzugsaktien) war nicht mehr aufrechtzuerhalten. Die finanzierenden Banken stellten ihre Bedingungen und machten ein gutes Geschäft. Sie kauften die 29 000 Namenaktien Kat. B zum Preise von Fr. 1794.50 und gingen von einem Platzierungspreis von 1850 Franken aus. Das Risiko eines Kursrückgangs unter 1850 Franken blieb vorbehalten. Dazu kam eine Übernahmekommission von 3,5 Prozent von der Transaktionssumme (ca. 1,9 Millionen) sowie die späteren Courtagen.

Als dieses Hindernis beseitigt war, war die Refinanzierung der Transaktion ziemlich unproblematisch. So wurde Kuoni den ungeliebten ausländischen Grossaktionär los. Was immer auch später geschehen sein mag: Für diese couragierte Handlungsweise wird Daniel Affolter auch heute noch gelobt, auch von den Leuten, die Jahre später zu seinen erbitterten Feinden geworden sind.

## Strategie der Eingemeindung

Im angestammten Schweizer Geschäft, das damals noch 53 Prozent des Konzernumsatzes brachte, trieb Kurt Heiniger eine Strategie der Eingemeindung voran, die Kuonis Rückstand in den Spezialmärkten wettmachen sollte. Wenn schon wendige neue Spezialisten Kuoni links und rechts überholten, sollten solche erfolgreichen Firmen eben übernommen werden. Privat Safaris war die erste; damit kehrte Kuoni ins Ostafrika-Geschäft zurück. Rotunda Tours brachte das Südafrika-Geschäft ein, Manta-Reisen – etwas später – die Malediven.

Sodann wollte Heiniger den Mangel korrigieren, dass Kuoni allzu fluglastig geworden war. Für Reisen im Radius von 500 Kilometern war inzwischen die Bahn zu einer ernst-

Südafrikanische
Begegnungen: die Lodge,
der Flugplatz, der
Besucher während der
Safari-Tour.

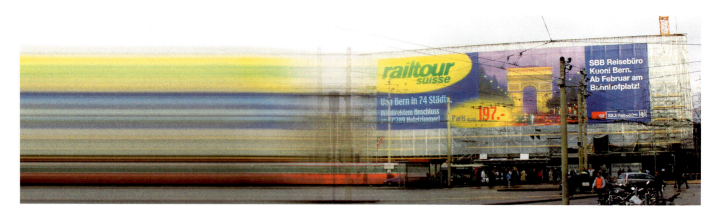

In den Schweizer Städten stärkte Kuoni mit der SBB-Partnerschaft und mit der Übernahme von Railtour Suisse das Selbstbewusstsein der Bahnkunden.

haften Konkurrentin der Cityflüge geworden. In der Reisebranche wurde aber das Bahngeschäft allgemein unterschätzt. Heiniger konnte Railtour Suisse übernehmen, indem er die 20 Prozent der SBB kaufte und den rund 80 anderen Aktionären – alles konkurrierende Reisebüros – ein geschicktes Angebot unterbreitete. Die Übernahme erwies sich schon nach kurzer Zeit als hervorragendes Geschäft, zumal Bahnreisen immer wesentlich krisenfester waren als Flugreisen.

Aus den vertieften Kontakten mit den SBB ergab sich später die vom jungen Strategen Peter Fankhauser entwickelte Franchising-Lösung mit den SBB-Reisebüros. Damit konnten die SBB an internationale Reservationssysteme andocken und ihr Personal bei Kuoni ausbilden, und Kuoni kam zu neuen Reisebüro-Standorten an bester Lage.

Eine weitere wichtige Mehrheitsbeteiligung der frühen neunziger Jahre war Popularis Tours. Sie sollte den zuvor nie richtig gelungenen Einstieg Kuonis in die mittleren und niedrigen Preissegmente ermöglichen. Folglich wurden die Popularis-Filialen in den Dienst der erstarkenden Kuoni-Marke «Helvetic Tours» gestellt und entsprechend bezeichnet. Parallel dazu sollte mit der Stärkung der Marke «Coop-Reisen» durch die Kuoni-Organisation – so die ursprüngliche Idee – ein Gegengewicht gegen die von der Migros-eigenen Konkurrentin Hotelplan aufgebaute «M-Travel» geschaffen werden.

Mit der De-facto-Übernahme von Popularis kam Kuoni zu dreissig wichtigen zusätzlichen Standorten und zu der verlockenden strategischen Aussicht, in den geplanten grossen Coop-Zentren weitere attraktive Positionen zu besetzen. Der grösste Reisekonzern realisierte damit eine Marketing-Partnerschaft mit der zweitgrössten Detailhandels-Organisation des Landes – ein logisches Gegengewicht zum nachdrängenden Hotelplan, der die mächtige Migros im Rücken hatte.

Das alles stärkte zwar die Marktposition von Kuoni wieder, änderte aber nichts an der gefährlich breiten Aufstellung im Schweizer Markt. Mit der Zeit gingen die Marktanteilsverluste zwar zurück, aber Aussenbild und Innenansicht klafften immer noch auseinander. Nach aussen sah Kuoni wie ein rentabler Konzern in einer Konsolidierungsphase aus. In Wirklichkeit wäre das Schweizer Stammhaus aber ohne den 1992 vollzogenen Turnaround fett, aber nicht fit geworden.

## «Unterkritische Grösse»

Riccardo Gullotti fasste am Ende seiner Zeit mit Kuoni die Probleme, die er bei seinem Eintritt in den Verwaltungsrat vorgefunden hatte, so zusammen:

«Anfang der neunziger Jahre war Kuoni ein erfolgreicher Multispezialist im Langstreckenbereich. Eine Kuoni-Reise galt als qualitativ hochstehend, aber doch eher teuer. Kuoni hatte insgesamt eine unterkritische Grösse in verschiedenen europäischen Ländern, aber vor allem keine Präsenz im Volumengeschäft. Dieses wurde in der Folge in der Schweiz unter der Marke ‹Helvetic Tours› zur Marktführerschaft aufgebaut. Mitte der neunziger Jahre trug die Strategische Geschäftseinheit (SGE) United Kingdom 111% zum Betriebsergebnis bei (d.h. sie kompensierte Verluste aus anderen Bereichen). Die SGE Schweiz verdiente nicht ihrer Marktstellung entsprechend, und in beiden übrigen SGE (Europa und Incoming) gingen allein 1994 insgesamt rund 20 Millionen Franken verloren. Kuoni hatte nach wie vor eine starke finanzielle Stellung und eine berühmte Marke, welche allerdings eher für das obere Preissegment stand. Im Volumengeschäft war Kuoni einzig in der Schweiz und in Österreich (in Kooperation mit Neckermann) tätig. Der Konzern wurde sehr dezentral in den einzelnen Ländern geführt.»

Riccardo Gullotti trat am Anfang seiner Zeit als Verwaltungsratspräsident nach aussen kaum in Erscheinung. Nach innen wurde er als freundlicher, etwas formeller Jurist wahrgenommen, der mehr fragte als anordnete und die Zusammenhänge schnell verstand. Manches, was als Rundumschlag nach McKinsey-Art misslungen war, führte der unaufgeregte Peter Oes mit der Rückendeckung eines aktiven und interessierten Verwaltungsrates in kleinen Einzelschritten ein, zum Beispiel ein Personal-Beurteilungssystem und ein neues Bonus-Reglement mit verbindlichen und objektiven Kriterien. Parallel dazu wurden Berichts- und Rechnungswesen, Controlling und Unternehmensplanung ausgebaut. Im Hintergrund stand immer Riccardo Gullotti, der sich um die Strategie kümmerte, während Peter Oes die Tagesgeschäfte eher moderierte als führte. Er liess machen und hielt den nachdrängenden ehrgeizigen Managern wie Hans Lerch, Peter Fankhauser, Max Bosshard und anderen den Rücken frei, vor allem gegenüber dem 1992 eingetretenen unwillkommenen deutschen Hauptaktionär, der im Juni 1993 Friedrich Karl Janssen und den früheren SBB-Generaldirektor Hans Eisenring in den Verwaltungsrat entsandte.

Heiniger als zweiter Mann schaute für das Tagesgeschäft. Häufig entlastete er Peter Oes als robuster und branchenkundiger Troubleshooter, der im stark personenorientierten Reisegeschäft einen grossen Vorzug besass: Er galt als Mann aus der Organisation und wurde als Mensch wie als Fachmann hoch geschätzt.

## Sanierung des Tour Operating Schweiz

Der wichtigste Reformschritt in den frühen neunziger Jahren war die Sanierung des Tour Operatings Schweiz, das am Ende der 80er Jahre einen jährlichen Verlust von zwanzig Millionen Franken aufwies. Jedenfalls wurde diese Zahl in der Branchenpresse genannt. Die Wirklichkeit war wohl differenzierter, denn die operativen Einheiten

Hans Eisenring

rechneten – wie wir schon bei der Würdigung der McKinsey-Vorschläge gelernt haben – mit vorgegebenen Devisenkursen. Durch geschicktes Handelsverhalten und vor allem durch das Absichern der Positionen konnten die effektiven Ergebnisse dann oft verbessert werden. Phasenweise war die Bewirtschaftung der Devisenbestände für den Ertrag wichtiger als das operative Geschäft. Dennoch: Das Tour Operating Schweiz war erneuerungsbedürftig. Den Job erhielt Hans Lerch. Der Golfkrieg von 1990 und die nachfolgende Rezession hatten Kuonis Schwächen offen gelegt.

Am Anfang des Turnarounds stand die Rückkehr zu einem alten Zustand vor McKinsey. Die von den Beratern empfohlene Trennung des Tour Operatings in einen Kurz- und einen Langstreckenbereich führte zu teuren Doppelspurigkeiten und fast täglich zu nervenden Auseinandersetzungen. Nun wurde wieder ein einziges Departement Produktion geschaffen. Die Leitung wurde Hans Lerch übertragen. Die TO-Organisation wurde gestrafft, indem die ursprünglich fünfzehn Abteilungen auf sieben eingedampft wurden: USA/Kanada, Übersee, Ticket Shop, Städteflüge/Helvetic Tours, Badeferien West, Badeferien Ost sowie Rundreisen Europa/Naher Osten. Die vom neuen Finanzchef Conrad Löffel eingeführte Betriebsbuchhaltung ermöglichte erstmals, Gewinne und Verluste auf jeder einzelnen Destination genau nachzuweisen. Auch im Kostenmanagement sowie bei den Budget- und Strategieprozessen machte Kuoni in den 90er Jahren entscheidende Fortschritte.

Besonderes Gewicht wurde auf die Marke «Helvetic Tours» gelegt, doch musste diese völlig neu positioniert werden. In dem knappen Jahrzehnt seit ihrer Gründung hatte sich die auf das jüngere, preisbewusste Publikum zielende Produktelinie zur «Firma in der Firma» entwickelt. Zahlreiche Doppelspurigkeiten in Produktion und Marketing, die sich im Lauf der Jahre eingeschlichen hatten, verschwanden. Da hatte es Destinationen gegeben, an denen sich schliesslich drei Einkäufer aus dem gleichen Hause um die gleichen Hotelbetten stritten: je einer von Kuoni, von «Helvetic Tours» und von «Twen-Club».

## «Ferien für weniger Franken»: Kuoni als Preisbrecher

Unter dem aggressiven Motto «Ferien für weniger Franken» wurde «Helvetic Tours» nun als Billigmarke lanciert, unter der Kuoni auch Last-minute-Angebote und Restplätze vermarktete. Alle rückwärtigen Dienste dagegen wurden konsequent zusammengelegt. Die Parole hiess «one kitchen – two restaurants». Der Hintergedanke war klar: Der Abwärtstrend von «Helvetic Tours» – von einst über 50 000 auf noch 35 000 Buchungen – musste gestoppt werden. Die Billigmarke sollte der Frequenzbringer werden. Mit einem aggressiven, auf Preisführerschaft fixierten Marketing sollte so viel Volumen generiert werden, dass die Charterfluggesellschaften Kuoni wieder die begehrten Wochenend-Slots zuteilen mussten, die jetzt von der erstarkten Konkurrenz besetzt waren. Hans Lerch hatte einen fast unmöglich scheinenden Spagat vor sich. Er sollte Kuonis jahrelangen schleichenden Marktanteils- und Bedeutungsverlust stoppen, mit «Helvetic Tours» den grössten Reisekonzern der Schweiz so schnell wie möglich vor allem bei den Badeferien an die Spitze des Massenmarktes zurückbringen – und dies alles, ohne die prestigereiche Marke Kuoni zu beschädigen.

Unkonventioneller Werbeträger: Sandwichmann unterwegs in Zürich; unten: Beinharte Werbung um Kunden im günstigen Preissegment.

Kuoni senkte die Preise bei «Helvetic Tours» mit einer Radikalität, die die Konkurrenz der betulichen Nobelmarke nicht zugetraut hätte. Der Heuler war eine Woche Griechenland (Flug, Transfer, Hotel) für 499 Franken. Zu dieser Zeit verlangten die anderen das Doppelte. Im folgenden Jahr überraschte Kuoni seine Schweizer Wiederverkäufer mit einem neuen Kommissionsmodell, das die Anreize erhöhte, auch «Helvetic»-Arrangements zu verkaufen. Die Umsatzschwellen für die beliebten Superkommissionen («overrides») wurden gesenkt. Damit dämpfte Kuoni den Ärger der Wiederverkäufer über seine verstärkten Direktverkaufs-Anstrengungen.

Augenblicklich zeigte die Offensive Wirkung bei der Konkurrenz. Imholz schrieb seinen Wiederverkäufern: «Wir scheuen keinen KUONkurrenzvergleich!» Und die Fachzeitschrift «Schweizer Touristik» kommentierte respektvoll: «Wie ernst es den Ferienverbesserern an der Neuen Hard mit ‹Helvetic› ist, zeigt die Tatsache, dass sage und schreibe 50 Prozent des Werbevolumens in den Wiederbelebungsversuch dieser Marke gebuttert werden.» Dabei konzentrierte sich «Helvetic-Tours» auf zwei Werbeträger, die Boulevardzeitung «Blick» und den schnellen Teletext. Der Erfolg blieb nicht aus. Für das Jahr 1992 meldete das Tour Operating von Kuoni Schweiz eine Umsatzsteigerung um 18 Prozent und ein um 90 Prozent verbessertes Ergebnis. Die höchsten Beiträge kamen vom Graumarkt-Handel (Ticket Shop) und den Badeferien.

1993 ging es weiter mit den Überraschungen. Kuoni gab zu jedem verkauften Arrangement, sogar zu Graumarkt-Tickets, ein Gratis-Bahnbillett vom Wohnort des Kunden

zum Flughafen ab. «Wir wollen den ‹Helvetic›-Umsatz verdoppeln», verkündete Lerch im Branchenblatt «Travel Inside» und gab zusätzliche Werbe-Investitionen in Millionenhöhe bekannt. Die Umsatzziele wurden übertroffen. «Helvetic Tours», zu Beginn des Turnarounds auf schwache 25 Millionen eingebrochen, stand nach drei Jahren bei 250 Millionen. (2003 hat die Marke die Grössenordnung von 400 Millionen Franken erreicht, wobei sicher eine gewisse, wenn auch nicht messbare «Kannibalisierung» zu Lasten der Marke Kuoni zu berücksichtigen ist.)

Kurz vor Weihnachten 1994 wurde überraschend Konzernchef Peter Oes abgelöst. Sein Nachfolger wurde – noch überraschender – Verwaltungsratspräsident Riccardo Gullotti. Der Wirtschaftsanwalt hatte, gedrängt von Mitgliedern des Verwaltungsrates, beschlossen, mit fünfzig Jahren noch Unternehmer zu werden. Dass Konzernleiter Peter Oes kurz vor Weihnachten 1994 in die Wüste geschickt wurde, begründete Affolter gegenüber der Presse damit, das ihm der Turnaround bei den Konzerngesellschaften in Italien und Spanien nicht gelungen sei. Diese Begründung wurde allgemein angezweifelt. Plausibler ist wohl die Annahme, der Verwaltungsrat sei zum Schluss gekommen, dass Oes seine Mission, die Firma Kuoni intern zu beruhigen, erfüllt habe und dass der Konzern jetzt eine Phase der schöpferischen Unruhe brauche.

## Mit Fernweh in die Telefonzelle

René Landis

Schuld war das Mädchen im dritten Lehrjahr, das im Trading Room des Baumwollhändlers Reinhart Winterthur neben dem jungen Hans Lerch sass. Sie hatte eine Schwester, und die war im Reisefach. Am Telefon bekam der junge Trader all die faszinierenden Namen mit: Nicaragua, Hongkong, Singapur. Eines Morgens sagte das Mädchen beiläufig: «Meine Schwester war soeben in Bangkok.» Ein paar Wochen später hiess es, sie sei in Mexiko. Und wieder ein paar Wochen später war die Rede von Kenia. Die Unbekannte arbeitete bei Kuoni und wurde gelegentlich als Reiseleiterin eingesetzt.

Hans Lerch, der Junge aus dem Oberaargau, war auch schon im Ausland gewesen. Einmal, in Jesolo. Badeferien. Als ihn eines Tages das Fernweh packte, suchte er ein paar Münzen zusammen, ging in der Kaffeepause zur nächsten Telefonzelle und rief Kuoni an, um sich zu bewerben. Am nächsten Samstag konnte er sich bei René Landis vorstellen, einem «Urgestein» der alten Kuoni-Organisation. Der ehemalige Spitzen-Handballer hatte in Paris, den USA und Japan gearbeitet, dann wurde er Personalchef und Nachfolger von Walter Hollenweger als Direktor des Tour Operating.

Hans Lerch stieg ins Incoming-Geschäft ein, in eine Abteilung, in der schon in den siebziger Jahren mehr Englisch als Deutsch gesprochen wurde. Mit 22 Jahren wurde er nach Tokio geschickt. Hans Lerch wurde Kuoni-Regionalleiter für den Fernen Osten, wo er vierzehn Jahre lang blieb, bis ihn Jack Bolli als Leiter des Incoming-Departements in die Schweiz zurückholte.

Hans Lerch machte sich einen Namen als harter Sanierer, der das Tour Operating im Schweizer Stammgeschäft wieder auf die Füsse stellte und das Incoming rentabel machte. Riccardo Gullotti holte ihn in die Konzernleitung, und nach dessen Abgang im Gefolge der missglückten Fusion mit First Choice wurde Lerch Mitte 1999 zum CEO berufen.

In schnellem Tempo kaufte Hans Lerch über eine Milliarde Umsatz: mit dem US-Luxusreiseveranstalter Intrav, mit der problembeladenen schwedischen Apollo-Gruppe, mit der schnell wachsenden Sita World Travel in Indien. In der Schweiz verstärkte er überraschend die Stellung Kuonis, indem er 49 Prozent an TUI Suisse übernahm und damit den schärfsten Rivalen zwang, Kuonis Partner zu werden. 2004 kündigte Hans Lerch seinen Rücktritt an; zu seinem Nachfolger wurde von aussen der Informatik- und Marketingspezialist Armin Meier gewählt.

## Flugkapazitäten dringend gesucht

Jetzt waren strategische Entscheide gefragt, die das Kerngeschäft von Kuoni für die Zukunft sichern sollten. Noch immer litt der Badeferien-Sektor unter dem in den 80er und frühen 90er Jahren eingetretenen Verlust der Wochenend-Chartertermine, vor allem nach Griechenland. Da die Schweizer Charterfluggesellschaften ausgelastet waren, hatten sich Hans Lerch und Walter Brüllhardt 1992, ganz am Anfang ihres Turnaround-Abenteuers, auf die Suche nach Flugkapazitäten begeben. Sie waren bei einer Gesellschaft namens Venus Airlines in Athen gelandet, die zwei unterbeschäftigte Maschinen vom Typ MD-83 besass. Nicht die Sicherheit war das Problem – hier sind die Vorschriften für alle gleich – aber die Qualität des Bordservice.

Die ersten Kuoni- und Helvetic-Gäste bekamen die Unterschiede zu spüren. Verspätungen waren bei Venus die Regel, der Service manchmal nachlässig und das Essen schlecht. Fleissig sorgte die Konkurrenz dafür, dass die Beschwerden der Fluggäste den Weg in die Medien fanden. Kuoni schickte eigene Hostessen auf die Flüge, doch der Ärger nahm kein Ende. Dennoch hatte Kuoni das wichtigste, was er für seine Eroberungsstrategie brauchte: passende Flugtermine und konkurrenzlose Preise. Die Differenz betrug bis zu 200 Franken pro Griechenland-Arrangement. Spanische Destinationen durften mit Venus übrigens nicht bedient werden. Die Swissair sperrte sich gegen die bilateralen Verkehrsrechte für die Kuoni-Flüge.

So behelfsmässig die Lösung war: Venus brachte Kuoni fast augenblicklich ins Geschäft mit den Badeferien in Griechenland zurück, weil nun echte Kampfpreise möglich wurden. Da die Wiederbelebung der Marke «Helvetic-Tours» schnell erfolgreich war, erreichte Kuoni schon nach der ersten Saison wieder die Schwelle von 100 000 Griechenland-Arrangements pro Jahr, worauf sogar die stolze Balair für Kuoni wieder zugänglich wurde. Lerch und sein enger Partner Walter Brüllhardt, Produktmanager für Badereisen, spielten Balair und Venus kunstvoll gegeneinander aus. Aber Venus konnte ihre Qualitätsprobleme nicht lösen. Trotz aller Anstrengungen entsprach sie nicht dem Standard, der mit dem Namen Kuoni verbunden war. Auch ihre finanzielle Zuverlässigkeit war gering. Immer wieder musste Kuoni mit Vorschüssen und Akonto-Zahlungen aushelfen, damit die beiden MD-83 in der Luft blieben. Theo Karabatis, der Eigentümer von Venus, akzeptierte zeitweise fast jeden Preis, um liquid zu bleiben. Nicht nur die Preisdrückerei von Kuoni, sondern auch die ruinöse Kooperation mit einem österreichischen Veranstalter verstärkten seine Probleme.

## Swissair erhöht den Druck

Im Frühjahr 1995, als Kuonis Tour Operating wie immer die nächstjährige Sommersaison zu planen begann, spitzte sich die Lage dramatisch zu. Ohne den grössten Kunden Kuoni vorher zu informieren, gab Moritz Suter triumphierend bekannt, dass Balair/CTA im Herbst den Betrieb einstellen würde. Crossair würde deren Kurzstrecken-Charter übernehmen. Suter kündigte gleich Preiserhöhungen bis zu 20 Prozent an, im festen Glauben, die Schweizer Tour Operators hätten keine andere Wahl als zu akzeptieren. Dafür versprach er besseren Service und Ledersitze.

Den ganzen Sommer über suchten Kuonis Produktverantwortliche nach Alternativen, doch es war wie im Märchen vom Igel und vom Hasen. Wo immer der Hase Kuoni hin rannte, war der Igel Swissair schon da und sperrte mit gütiger Hilfe der internationalen Regeln und des Bundesamtes für Zivilluftfahrt die Verkehrsrechte.

## Der verbotene Gedanke ...

Der Erste, der den verbotenen Gedanken aussprach, war Walter Brüllhardt, Kuoni-intern «Bademeister» genannt, der bekannt war für seinen hemdsärmligen Stil und seine manchmal abgedreht wirkenden Ideen. «Ihr könnt mich jetzt für verrückt erklären,» sagte er er in einem der endlosen Meetings. «Aber wir gründen eine eigene Airline.» Die Kollegen lachten. «Der ‹Bademeister› spinnt wieder», hiess es in den Korridoren.

### Riccardo Gullotti: Lust auf Unternehmertum

Fünfzig Jahre alt war der Mann und erfolgreicher als die meisten seiner Kollegen. Riccardo Gullotti war Generalstabsoberst und aus eigener Kraft sehr wohlhabend und einflussreich geworden, einer der gesuchtesten Wirtschaftsanwälte in der Bundesstadt Bern. Gerade hatte er bei der Privatisierung der Flugsicherheitsfirma Radio Schweiz AG Regie geführt und sich dabei den Respekt der Swissair wie auch der Eidgenossenschaft erworben. Zu seinen zahlreichen Wirtschaftsmandaten gehörte seit 1991 der Vorsitz des Verwaltungsrates des Reisebüro-Konzerns Kuoni. Es war der Crossair-Gründer Moritz Suter gewesen, der Riccardo Gullotti der Swissair, damals Hauptaktionärin von Kuoni, als Nachfolger von Jack Bolli empfohlen hatte.

Dass dieser Mann 1995 von der strategischen auf die operative Ebene umstieg und als Nachfolger von Peter Oes die Funktion des Unternehmensleiters (CEO) übernahm, hatte mit einem Phänomen zu tun, das bei vielen Anwälten im reiferen Alter beobachtet wird: «Der Anwalt kommt immer hinterher; aber ich wollte gern auch einmal selber ans Gerät», sagt Gullotti. «Eine externe Lösung wäre zu riskant gewesen. Peter Diethelm lehnte einmal mehr ab – da verfielen zwei Verwaltungsräte auf mich. Von mir aus hätte ich mich nie beworben.» Trotz offenkundiger Lust sei es für ihn kein Leichtes gewesen, das blühende Büro mit den vielen interessanten Mandaten aufzugeben. Aber schliesslich war die Neugier auf Veränderung stärker.

Riccardo Gullotti widerspricht später verbreiteten Versionen, er habe sich den Eintritt als CEO bei Kuoni «vergolden» lassen. «Ich war bereit, mich mit halb so viel Lohn zu begnügen, wie ich als Anwalt verdient hatte. Ausserdem wurde ein Teil der Honorare für Verwaltungsratsmandate, die ich beibehielt, an Kuoni abgeführt. Aber da ich schon meine ganze berufliche Existenz umkrempelte, verlangte ich einen Fünfjahresvertrag.»

In den Jahren 1995 bis 1998, in denen Riccardo Gullotti als CEO für Kuoni verantwortlich war, war der Kuoni-Konzern eine Geldmaschine. Der EBIT (Gewinn vor Zinsen und Steuern) stieg von 59,4 auf 152,8 Millionen Franken. Im heissen Börsenklima der ausgehenden neunziger Jahre explodierte der Unternehmenswert. 1995 wurden Kuoni-Aktien zu 1800 Franken gehandelt, der Höchstkurs lag einmal – die Wirkung eines inzwischen durchgeführten Aktiensplits eingerechnet – bei 9450. 1999, als Riccardo Gullotti, von Daniel Affolter verdrängt, im Zorn aus seiner Chefposition ausschied, konnte Kuoni seinen Umsatz um mehr als 21,2 Prozent steigern. Gullottis Arbeitsvertrag war kurz vorher vorzeitig um weitere fünf Jahre verlängert worden. Auf dieser Grundlage und auf den verdienten ergebnisabhängigen Vergütungen beruhte seine Abfindung von rund zehn Millionen Franken, die grosses Aufsehen erregte und später sachwidrig in Beziehung gesetzt wurde zu den «Abzocker»-Exzessen anderer, weit weniger erfolgreicher Manager.

Walter Brüllhardt

Thomas Stirnimann

Aber nichts ist unsterblicher als eine Idee, die einmal in der Welt ist. Kurt Heiniger und Riccardo Gullotti, die obersten Chefs, dachten sofort an die Dutzende von Millionen, die mit Diners Club und Kuoni Hotel Management verloren gegangen waren. Seither wurde in der Konzernzentrale der Begriff «Vertikalisierung» nicht einmal mehr erwähnt. Beim ersten Mal sagten sie nein. «Aber wir haben gebettelt wie Teenager, die am Samstagabend ausgehen wollten», erinnert sich Brüllhardt. Schliesslich lenkten die Chefs ein. Warum sollte man den jungen Leuten das Denken verbieten? Und hatte Kuoni überhaupt eine andere Wahl? Der Vertragspartner Venus wackelte immer bedrohlicher, und Crossair drohte mit enormen Preiserhöhungen. Um im Geschäft zu bleiben, brauchte der Tour Operator ein massives Gegendruck-Mittel. Vielleicht war die verrückte Idee wenigstens als Drohpotenzial zu gebrauchen …

Aber das Projektteam, bestehend aus Thomas Stirnimann, Walter Brüllhardt und Roberto Luna, meinte es ernst. Thomas Stirnimann, bis Sommer 2005 Chef von Kuoni Schweiz/Skandinavien und Mitglied der Konzernleitung, erinnert sich: «Keiner von uns hatte eine Ahnung vom Airline-Geschäft. Eigentlich wollten wir ja gar nicht eine Fluggesellschaft gründen, sondern eine Art vorgelagerte Marketing-Organisation, die von Venus und anderen die Flugzeuge einmieten sollte. Das wichtigste war: Hinten drauf musste ein Schweizerkreuz sein, aber die Kosten wollten wir möglichst auf griechischem Niveau halten.» Um diesen tollkühnen Plan beim Bundesamt für Zivilluftfahrt durchzubringen, brauchte Kuoni einen erstklassigen und allgemein akzeptierten Fachmann. Das war der Augenblick, da «Bademeister» Brüllhardt Captain Nik Grob anrief (vgl. «Anruf vom Bademeister», Seite 232).

## … wird zum Projekt «Edelweiss»

Das Treffen mit Grob fand im Mövenpick-Hotel am Flughafen statt. Dabei war auch Theo Karabatis, der Venus-Eigner. Niklaus Grob fing Feuer für die Idee. Auf der Rückseite einer Speisekarte entstand der erste Businessplan. Fazit: Mit Anfangsinvestitionen von 3,5 Millionen Franken müsste es zu machen sein. Walter Brüllhardt betont: «Das Geld war nicht das Problem. Kuoni hatte damals etwa 700 Millionen Franken freie Mittel. Aber es gab ein Prinzip, das in Stein gemeisselt war und über das nicht diskutiert wurde: keine Beteiligung an Dienstleistern. Nur: Wir waren derart in der Klemme, dass nun auch das Undenkbare gedacht werden durfte.»

Und das Undenkbare hatte auch bald einen Namen. Der war Stirnimann und Brüllhardt auf einem nächtlichen Flug von Athen nach Zürich eingefallen. Schweizerisch sollte sie daherkommen, die Airline. Und was ist typisch schweizerisch?

«Uhren», sagte der eine.

«Schokolade», erwiderte der andere.

«Alpen».

«Berge».

«Bergblumen.»

«Welche meinst du denn? Alpenrösli? Oder Edelweiss?

«Edelweiss! Hast du soeben ‹Edelweiss› gesagt?»

# Anruf vom «Bademeister»

### Die Geschichte der Fluglinie Edelweiss
### Von Niklaus Grob*

Der «Bademeister» war am Telefon. «Können Sie morgen in Zürich sein?», fragte er ohne Umschweife. «Ein Ticket ist für Sie auf dem Flughafen deponiert.»
Können konnte ich schon. Aber wollte ich – und warum sollte ich eigentlich wollen? Ich war gerade sechzig Jahre alt geworden, plante meine Pensionierung und machte Ferien auf Mallorca. Aber der «Bademeister» war nicht irgend jemand, sondern Walter Brüllhardt, einer der wichtigsten Leute im Tour Operating unseres wichtigsten Kunden Kuoni. Für solche Leute hat man auch in den Ferien Zeit. Ich sagte zu und packte einen kleinen Koffer. Ich hatte keine Ahnung, was er wollte.
Am Zürcher Flughafen traf ich Brüllhardt und hörte mir seine Idee an. Kuoni brauchte Charter-Kapazitäten vor allem von Freitag bis Sonntag – nicht zuletzt für die Produktlinie Helvetic Tours, die man gerade wiederbelebt hatte. Die Idee war ergreifend einfach: Wir machen eine kleine, feine Ferienfluglinie in Partnerschaft mit der griechischen «Venus»: griechische Piloten, griechische Kosten – aber das Schweizerkreuz an der Heckflosse. Dafür brauchten sie einen Projektleiter, der vertrauenswürdig und beim Bundesamt für Zivilluftfahrt vorzeigbar war. Zwar setzte ich sofort ein paar Fragezeichen hinter Einzelheiten dieses Plans. Aber die Grundidee leuchtete mir ein. Und Kuoni als Partner und Financier – was konnte man sich Besseres vorstellen? Eigentlich bin ich ein vorsichtiger Mann. Doch ganz entgegen meinen Gewohnheiten reagierte ich spontan und sagte nach einem Gespräch mit meiner Frau zu. An einem Herbstabend kam ich von meinem allerletzten Balair/CTA-Flug zurück – ich pilotierte die Maschine mit mehr als nur einem Hauch von Wehmut von St. Petersburg nach Zürich.
Am nächsten Morgen um sieben Uhr trat ich in einem winzigen Büro am Kuoni-Hauptsitz meinen neuen Job an. Ein Tisch mit Stuhl, ein leerer Schreibblock und ein Telefon mit Geheimnummer bildeten die ganze Infrastruktur. Der Anschluss war so verdrahtet, dass man nicht auf dessen Zugehörigkeit zur Kuoni-Zentrale schliessen konnte. Kuoni-intern wurde ich auf Händen getragen; draussen warteten viele

Mitarbeiter der zerschlagenen Balair/CTA – ein riesiges Fach- und Erfahrungspotenzial! – nur auf meinen Anruf. Ohne diese schnell verfügbaren Fachleute wäre die Gründung nicht möglich gewesen. Ich kannte sie alle, so dass das Risiko wesentlich eingeschränkt werden konnte.
Am 19. Oktober 1995 wurde die Gesellschaft auf dem Notariat von Bassersdorf heimlich gegründet. Die Idee für den Namen Edelweiss hatten Thomas Stirnimann und Walter Brüllhardt, zwei der «Jungs» von Hans Lerch. So nannte er seine kleine, verschworene Gruppe im Tour Operating. Die Startkampagne heckte die gleichnamige Zürcher Werbeagentur (Frank Baumann/Ernst Meier) aus. Edelweiss! Ich brauchte drei Tage, um diese Idee zu schlucken, aber sie war plausibel. Die Schweiz befand sich damals auf dem Höhepunkt der Ethno-Welle.
Es war faszinierend, «auf der grünen Wiese» etwas ganz Neues aufzubauen – und es war für mich persönlich so etwas wie ein unerwartetes, grosses Geschenk zu meinem 60. Geburtstag. Ich hatte einen seriösen Partner und wusste, dass ich dessen Problem lösen konnte. Schwieriger war es mit dem zweiten im Bunde, Theodoros Karabatis, dem Chef von «Venus». Seinen Businessplan verstand ich nicht. Bald realisierte ich, dass darin zu viele unprofessionelle Annahmen steckten, etwa ein Betriebsunterbruch im Winter.
Mir wurde zunehmend unwohl bei dem Verdacht, ich sollte nur das seriöse schweizerische Feigenblatt für ein überaus levantinisches Projekt abgeben. Dazu kam der Druck vom Bundesamt für Zivilluftfahrt. Sie waren sehr kooperativ, sagten uns aber eine Verfahrensdauer von sechs Monaten voraus. Inzwischen ging es auf Ende des Jahres zu, und ab Februar wollte Kuoni unbedingt fliegen. Als Karabatis noch einen nach Athen ausgewanderten ehemaligen Swissair-Mechaniker als Aktionär brachte, der in Wirklichkeit nur ein Strohmann war, hatte ich genug. Ich sprach bei Kuoni-Generaldirektor Kurt Heiniger vor und eröffnete ihm: «So mache ich nicht weiter!»
Heiniger verstand mich sofort und informierte CEO Riccardo Gullotti. Der beschloss, dass Kuoni offen zu seiner Idee stehen sollte. Der Grieche wurde aus dem Projekt gekippt, Kuoni übernahm die Mehrheit, ich hielt schiesslich 18 Prozent der Aktien. Für diese Investition riskierte ich – mit

Am 19. Oktober 1995 gegründet, im Februar 1996 regulär in der Luft – und dazwischen lag der ganze Planungsmarathon für eine neue Airline. Edelweiss schaffte es, und die gleichnamige Zürcher Werbeagentur hatte sogar noch genug Zeit, zahlreiche Design-Varianten für die Flugzeuge zu entwerfen, alle mit deutlich schweizerischer Identität.

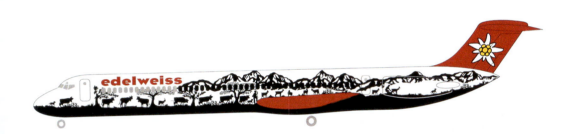

der freudigen Zustimmung meiner Frau – mein gesamtes Alterskapital. Wir leasten zwei MD-83 und konnten den Flugbetrieb im Februar 1996 aufnehmen.

Crossair, die von Balair/CTA die Kurzstrecken-flugzeuge übernommen hatte, versuchte uns mit Dumpingpreisen aus dem Markt zu drängen. Aber diese Bemühungen verpufften, weil Kuoni von Anfang an sehr auf seine Exklusivität bedacht war. Dazu kam, dass wir ein noch wirklich junges und schlankes Unternehmen ohne Altlasten und mit denkbar geringen Kosten waren. Dafür bewarb Kuoni die Marke Edel-weiss in allen Filialen mit voller Kraft. Das sparte uns Marketingkosten. Schon nach einem Jahr kam die dritte MD-80 hinzu. Nun wurden täglich London-Flüge durchgeführt. Doch ausgerechnet am Anfang des rekordmässig aus-gebuchten Winters 1997 warf uns das Atten-tat von Luxor zurück. Wir wichen sofort auf die Balearen und die Kanaren aus sowie auf «ethnische» Charterflüge nach Prishtina. Luxor war ein böser Rückschlag für die Edelweiss, aber ein Genickschlag war es zum Glück nicht.

Edelweiss hat vom ersten Tag an Geld ver-dient. Doch der endgültige Durchbruch kam nach drei Jahren. Kuoni beschloss, drei nagel-neue Maschinen des Typs Airbus A-320 zu kaufen. Das war eine Investition von annähernd 250 Millionen Schweizer Franken und ein enormer Vertrauensbeweis. Dass Kuoni damals eine in vielen guten Jahren geäufnete «Kriegs-kasse» von etwa 700 Millionen Franken besass, war in der Branche bekannt. Dennoch erregte dieser Investitionsentscheid grösstes Aufsehen. Die Einführung der neuen Maschinen verlief 1998 völlig problemlos. Im Aufbau der Firma wie auch bei der komplexen Umflottung durfte ich mich immer auf eine hoch motivierte, loyale und begeisterungsfähige Führungsequipe und Belegschaft abstützen. Aber in diesen Jahren war unsere aviatische Umwelt turbulent und voll von tödlichen Gefahren. Einer der Konkurrenten wurde zwischen Swissair/Crossair und Edelweiss aufgerieben. Der nationale Riese SAir steuerte – wie man hinterher weiss: unausweichlich – dem Untergang zu. Erst im Rückblick werden uns diese Vorgänge klar: Damals hat uns dieses be-drohliche Umfeld zusammengeschweisst und hat im Edelweiss-Team erstaunliche Kräfte und unternehmerische Qualitäten freigesetzt. Das war nur in einer Zeit der Not möglich. Der Erfolg

der Edelweiss wurde auch ermöglicht durch eine gewisse Angst aller Beteiligten.

Wir intensivierten die Flüge nach dem Kosovo; zu Spitzenzeiten flogen wir mehrmals täglich dorthin. Auf der Grundlage von Leistung und Erfolg wuchs die Bereitschaft, auch in die Langstrecke zu investieren. Ende 2000 wagten wir uns mit einem geleasten Airbus A-330 mit 313 Plätzen auf den Markt. Der Neuwert der Maschine betrug 100 Millionen Dollar, die finanzielle Last der Firma wurde mit einem Schlag fast verdoppelt. «Kuoni spinnt», hiess es in der Reisebranche. Trotzdem zog Hotelplan nach und etablierte mit «Belair» eine ähnliche Inhouse-Fluglinie. Heute deckt Edelweiss etwa siebzig Prozent des Kuoni-Charterflug-bedarfs ab. Seit 2002, im schrumpfenden Markt, stimmen Belair und Edelweiss ihre Flugpläne ab. Aus heutiger Sicht möchte man meinen, Edelweis habe den Durchbruch geschafft. Kuoni hat in seinem Markt den unbestreitbaren Vorteil einer stabilen und bei der Kundschaft anerkannten Transportlösung. Noch liegt aber der aviatische Massentourismus nahe an unberechenbaren Tiefdruckzonen. Edelweiss wird weiter stürmischen Winden widerstehen müssen, aber auch Chancen nützen können.

\* Niklaus Grob (geb. 1935) war Chefpilot und Chef der Flugausbildung der Swissair, später Chef Operation der Balair/CTA. 1995 gründete er mit Kuoni die Charterfluglinie Edelweiss, die er als CEO bis 2001 erfolgreich führte.

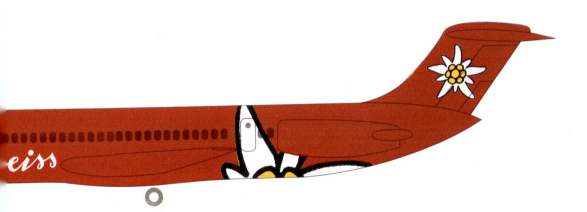

Das war er doch, der Name! Es war die hohe Zeit von Michel Jordis Folklore-Mode. Sein Edelweiss prangte auf tausenden von Uhren, Hosenträgern und Taschentüchern. Zwar gab es schon Firmen, die nach der typisch schweizerischen Bergblume hiessen, aber das störte nicht. Der Name war da. Jetzt fehlte nur noch die dazu passende Fluglinie. Das Baby einfach «Kuoni» zu nennen war zwar kurz diskutiert, aber gleich wieder verworfen worden. Erstens wollte sich Kuoni in der ersten Phase nicht rückhaltlos mit der Neugründung identifizieren, zweitens wusste man nie, ob man nicht doch irgend einmal überzählige Sitze an die Konkurrenz verkaufen würde – und wer wollte schon, dass seine Kunden unter dem Namen des schärfsten Rivalen reisten?

## Reiche Firma sucht Risikokapital

Gullottis Bedingungen waren knallhart: Kuoni zeichnet höchstens 35 Prozent des Aktienkapitals, den Rest müssen andere bringen. Kuoni-Angestellte waren als Aktionäre ausgeschlossen. Aber Karabatis und Nik Grob waren bereit mitzumachen. Die «Jungs» hatten alles auf die Karte Edelweiss gesetzt. Das Signet zierte bereits Kataloge und Inserate, die ab Januar die Feriensaison 1996 verkaufen sollten. Mitten in der Hektik kam es aber zu einer ernsten Krise, weil sich der gewissenhafte Captain Grob mit dem sprunghaften Karabatis nicht verstand. Der hatte wie üblich kein Geld, um die dringend nötige Einzahlung für das Aktienkapital zu leisten, was die Lösung des Problems erleichterte. Schliesslich hatte Kurt Heiniger als oberster Verantwortlicher für das Schweizer Geschäft genug vom ewigen Hin und Her und warf Karabatis kurzerhand aus dem Geschäft. Wehren konnte der sich nicht. Am Schluss des Projekts schuldete Karabatis Kuoni mehr als sechs Millionen Franken.

Aber wer würde nun den Anteil des Griechen übernehmen? Thomas Stirnimann rief Sotos Stefanou in Paphos an. Seit vielen Jahren besorgte Stefanous Agentur das Kuoni-

Eröffnungsflug der Edelweiss.

Incoming auf Zypern. Seine Reaktion war sehr schweizerisch: «Spinnst Du? Wir sind eine ordentliche Firma, mit Verwaltungsrat und Management ...» Aber Stirnimann insistierte. Schliesslich setzten sich Sotos und sein Bruder Hermes Stefanou ins nächste Flugzeug nach Zürich. An einem offenen Tisch im Flughafen-Restaurant «Top-Air» wurde das Geschäft diskutiert. Die Brüder riefen kurz ihren Vater an. Am Ende des Gesprächs fragten sie nur noch nach der Kontonummer. Je 35 Prozent der neuen Fluggesellschaft zeichneten Kuoni und Stefanou, zehn Prozent die Kuoni- und Hugentobler Stiftung, den Rest Nik Grob. Am 19. Oktober 1995 wurde die Edelweiss Air auf dem Notariat von Bassersdorf gegründet. Am 10. Februar 1996 startete sie zum ersten kommerziellen Flug.

## Ein Rennen gegen die Uhr

In den dazwischen liegenden knapp vier Monaten wurde in einer beispiellosen Gemeinschaftsanstrengung die ganze komplexe Organisation aus dem Boden gestampft. Zwei Maschinen vom Typ MD-83 wurden geleast, die Flug- und Bodenorganisation aufgebaut, Piloten und Bordpersonal angeheuert. Viele waren, dem saisonalen Charakter des Unternehmens entsprechend, freie und temporäre Mitarbeitende. Dazu kamen all die hundert Details – bis zum Design der Uniformen und zur Ausstattung der Frühstückstabletts. Frank Baumann und Ernst Meier, die beiden damaligen Inhaber der Zürcher Werbeagentur Edelweiss, erhielten kraft ihres Namens den Direktauftrag für Logo, Flugzeug-Design und Einführungskampagne. Aber sie kümmerten sich auch um Einzelheiten, sogar um die Gestaltung der Weinetiketten. «Fliegen nach Schweizer Art» lautete der Slogan.

Vom ersten Tag an wurde die Organisation so schlank wie nur möglich gehalten. Boarding, Handling, Technik und Catering wurden an verlässliche Partnerfirmen ausgelagert. Kuoni legte fest, dass er höchstens 60 Prozent seines Bedarfs bei der eigenen Fluglinie decken wollte. Das Bundesamt für Zivilluftfahrt (BAZL) schenkte dem Newcomer nichts, war aber im Rahmen seiner Möglichkeiten kooperativ. Die Beamten legten sogar Nachtschichten ein, um die Gesuche der Edelweiss so schnell wie möglich behandeln zu können. Als am 10. Februar 1996 der erste Edelweiss-Flug startete, natürlich nach Zypern, stiegen in Paphos Hermes und Sotos Stefanou stolz in die Maschine und reisten mit nach Larnaca. Edelweiss war sofort gut ausgelastet und schon im ersten Betriebsjahr in den schwarzen Zahlen. In zwei Etappen kaufte Kuoni der Familie Stefanou und später den anderen Gründern die tüchtig aufgewerteten Edelweiss-Aktien ab. Seither ist Kuoni alleiniger Edelweiss-Aktionär.

## Edelweiss – die öffentliche Beglaubigung des Kuoni-Turnarounds

Die Erfolgsgeschichte von Edelweiss sicherte nicht nur die mühsam zurückeroberte Spitzenposition Kuonis im Charterbereich. Sie war darüber hinaus auch die öffentliche Beglaubigung des gelungenen Turnarounds. Nach innen wirkte diese Erfolgsgeschichte in der Kuoni-Organisation wie ein Stromstoss. Die Botschaft lautete: Wir schaffen auch vermeintlich Unmögliches, wenn wir nur wollen. Im März 1997 wurde das dritte Flugzeug in Dienst gestellt, und schon im Frühjahr 1998 erlebte die Gründungs-Mannschaft um Nik Grob und seinen Stellvertreter (und späteren Nachfolger) Karl Kistler die Genugtuung, dass der Verwaltungsrat von Kuoni in eins der grössten Einzelrisiken einwilligte, das die Firma je eingegangen war: den Kauf von zwei (ab Juni 1999 drei) Airbus A320 – ein Engagement in der Gesamtgrösse von annähernd 250 Millionen Franken und ein ungewöhnlicher Vertrauensbeweis. Im November 2000 kam als Langstreckenflugzeug der neuesten Generation ein Airbus A-330-200 hinzu. Nach wie vor fliegt Edelweiss ans warme Wasser, aber jetzt auch in die Karibik, nach Ostafrika, nach Sri Lanka und die Malediven.

Der Steigflug der Edelweiss war das Happy-end für den geglückten Wandel des Tour-Operating-Geschäfts von Kuoni in der Schweiz. «Edelweiss war eine Abweichung von unserer Strategie, dass wir nie vertikal integrieren würden», sagte im Oktober 1996 Hans Lerch, der vom Anfang der dramatischen Rettungsübung bis 1995 für das Tour Operating Schweiz verantwortlich gewesen war. «Der Fall Edelweiss zeigt, dass Strategien kommen und gehen. Sie sind nicht einmal das Papier wert, auf das sie geschrieben werden. Strategische Ziele sind schon recht, aber wenn eine gute Gelegenheit kommt, müssen Sie sie packen!»

Als der erste Edelweiss-Jet abhob, arbeitete Lerch aber längst auf einer anderen Baustelle. Anfang 1996 hatte er die Leitung der Strategischen Geschäftseinheit Incoming übernommen, die zu der Zeit zehn, nach anderen Informationen gegen zwanzig Millionen Franken jährlich verlor. Schon die Schwierigkeit, diese Zahl genau zu bestimmen, deutete – neben den bekannten Einschränkungen, die Devisenbewirtschaftung betreffend – auf das Problem der Abteilung hin. Unter «Incoming» (eigentlich: Betreuung der eintreffenden Reisegäste am Zielort) wurden im Lauf der langen Kuoni-Geschichte auch völlig unterschiedliche Geschäftszweige zusammengefasst: einerseits der Verkauf von Arrangements an lokale Reiseveranstalter in ausländischen Märkten, anderseits das Destination Management (d.h. die Organisation und die Betreuung der Gäste am Zielort). Die Verkaufsorganisation im Ausland generierte ja erst den Verkehr, der dem in Zürich zentralisierten Europa-Incoming Arbeit und Umsatz brachte. So beschäftigten sich insbesondere die Kuoni-Niederlassungen in Japan und im übrigen Fernen Osten fast ausschliesslich mit dem Verkauf und der Organisation von Gruppenreisen nach Europa; Kunden waren die örtlichen Reiseveranstalter. Die grössten Umsätze kamen aus Tokio, Taiwan, Thailand, Indonesien und Singapur.

## Wie die Börse Kuoni zu neuen Höhepunkten trieb

Diese Art von Incoming-Geschäft ist besonders konjunkturempfindlich und währungsanfällig. Die professionellen Kunden aus dem Reisebürogewerbe sind aufsässig, drücken auf die Margen und lernen mit jedem Deal dazu. Oft müssen die Grossisten mit Kommissionen von null Prozent zufrieden sein und sich aus den Overrides und den Ergebnissen von Nachverhandlungen mit Leistungsträgern, vor allem Hotels, bezahlt machen. Trotz Margendruck und schwankenden Frequenzen musste das Incoming aber seine Infrastruktur aufrechterhalten, d.h. Personal behalten, das zeitweise unterbeschäftigt war. In diese Fixkostenfalle waren die Vorgänger von Hans Lerch getappt.

Kritische Grösse, Skaleneffekte, Shareholder value... Je besser es Kuoni um die Mitte der neunziger Jahre ging, umso öfter fielen diese Stichworte: im Verwaltungsrat, in Direktionssitzungen, auch in der Öffentlichkeit, wenn Kuonis Geschäftsergebnisse diskutiert wurden. Im Jahr 1995 konnte der Konzerngewinn von 46,5 Millionen Franken im Vorjahr auf 59,4 Millionen gesteigert werden. Die gefährliche langjährige Abhängigkeit von den Ergebnissen von Kuoni England verringerte sich. Nicht nur der Reisemarkt, auch das Verhalten der Anleger veränderte sich laufend. Die Börse wurde zum grossen Treiber des Wirtschaftslebens, Gewinn und Wertzuwachs zu den massgebenden Grössen. Kuonis Politik war einfach: Der Aktienkurs sollte so hoch wie möglich gehalten werden, um missliebige Angriffe von Raidern zu verhindern. Manche Mitarbeiter hatten den Eindruck, nun seien die Aktien-Analysten die wichtigsten Leute für das Unternehmen. Riccardo Gullotti stellt es rückblickend so dar: «Gewinn und Rendite standen im Vordergrund. Wenn man einen potenziellen Übernehmer im Rücken hat, darf man ihm keine Angriffsflächen bieten. Ich vertrat jedoch vor allem die Meinung, dass Motivation und Qualität des Managements und der Mitarbeitenden sowie der Führungsstil zentral sind. Das war die Ursache, die Gewinne waren die Folge davon. Ich wollte keine demotivierenden Kostenübungen, sondern den Auf- und Ausbau des Geschäfts.»

Die Voraussetzungen für eine grosse Zukunft waren gut. Der Rückkauf der Aktien von der Kaufhof/ITS gab Anlass zu einem Umbau der Kapitalstruktur. Die Reisebüro Kuoni AG wurde in die Kuoni Reisen Holding AG transformiert. Die Inhaberaktien wurden geteilt und zusammen mit den Partizipationsscheinen in Namenaktien umgewandelt. Dies bedeutete auch, dass die Stiftung ihre privilegierte Mehrheitsposition aufgab. Noch immer kontrollierte sie zwar mit 6,25% Kapitalanteil 25 Prozent der Stimmrechte. Aber Kapitalrisiko und Bestimmungsmacht waren nicht mehr in einem so krassen Ungleichgewicht wie zuvor. Kuoni erlebte sozusagen ein zweites «Going public» und wurde nun auch nach internationalen Massstäben kapitalmarktfähig. Dies wiederum eröffnete strategische Möglichkeiten, an die man zuvor kaum gedacht hatte. Die eigene Aktie wurde zur Währung für Akquisitionen.

## Grösse, Nachfragemacht, Gewinn

Riccardo Gullotti war davon überzeugt, dass nur die Überwindung der kritischen Grösse die Probleme Kuonis in den zahlreichen europäischen Teilmärkten lösen könne, wo die bisherigen Organisationen nicht oder nur mühsam vorankamen. Nur Grösse würde, vor allem im Volumengeschäft, d.h. im Massentourismus, die optimale Bewirtschaftung der Kapazitäten ermöglichen. In erster Linie ging es um die Badeferien-Destinationen. Zimmer-Kontingente in den begehrten Hotels mussten für die ganze Saison en bloc übernommen und bezahlt werden. Die profitable Kunst des Tour Operators war die Preisdifferenzierung nach Saison – so, dass immer genügend Leute in den Hotels waren, denn die Hoteliers achteten auch auf die Frequenzen, die ihnen die Nebeneinnahmen brachten. Um die Kapazitäten kurzfristig auszugleichen, war «Helvetic Tours» ja auch auf die Idee gekommen, risikofreudigen und preisbewussten Kunden Arrangements mit «blinden» Hotelbuchungen zu verkaufen, d.h. ihnen das Hotel je nach Verfügbarkeit erst nach der Landung im Zielgebiet zuzuweisen. Je grösser der Tour

Oben links: Unter-
wasserlandschaft auf den
Malediven; rechts:
Honeymoon-Villa;
unten: Huvafen aus der
Vogelschau.

Operator war, desto mächtiger war er im Einkauf – und desto besser waren die Konditionen, die er herausholte. Auf internationale Verhältnisse übertragen bedeutete dieses Prinzip eine unablässige Gewinnverheissung.

Auch Peter Diethelm, der mit seinen Langstrecken-Angeboten in England auf Kundschaft im oberen Preissegment konzentriert war, bestand auf mehr Grösse und Nachfragemacht, denn er fürchtete, dass die neue, aggressivere Konkurrenz auf dem Drei- und Vierstern-Badereisensegment über den Preis Marktanteil kaufen würde und dass die hohen Wachstumsraten und Gewinnmargen Kuonis auf längere Sicht nicht mehr haltbar wären. Ausserdem wurde er im Vertrieb von den grossen Reisebüroketten zunehmend unter Druck gesetzt. Diese spielten im Preiswettbewerb die Vorteile aus der Vertikalisierung aus, die Kuoni zufolge mangelnder Grösse nie erreichen würde. Eine internationale Verkettung der Nachfragemacht war für Kuoni aber nur durch eine Akquisition oder eine Fusion möglich. Die Frage war bloss: Mit wem sollte sich Kuoni verbünden, um dauerhaft in der «Champions League» der europäischen Reiseindustrie zu spielen?

## Die neue Strategie: «up or out»

Diese Frage wurde in Klausurtagungen der Jahre 1996 und 1997 intensiv diskutiert. Das Ziel war die Erarbeitung einer auf drei Jahre angelegten strategischen Unternehmensplanung. Nach dem ersten Meeting im April 1996 im Landschlösschen «Freudenfels» über dem Untersee definierte Riccardo Gullotti ehrgeizige Ziele: Kuoni soll in Europa bei den Top Ten der Reiseorganisationen sein, sowohl bezüglich Gesamtumsatz wie auch im Tour Operating. Kuoni will Nummer eins sein bezüglich Ertragsstärke und Verkaufsleistung. Der alte Praktiker Diethelm bezeichnete in einem internen Kommentar das erste Ziel als zuwenig ehrgeizig, das letztere als unrealistisch.

Wie auch immer: Im Januar 1997 fand sich die Konzernleitung in Antigua zum zweiten Strategieseminar zusammen. Nun ging es in die Einzelheiten. Die Aufzeichnungen von dieser Tagung spiegeln die damalige Selbsteinschätzung des Konzerns treffend wider. Land um Land wurde einer Stärken-/Schwächen-Analyse unterzogen. Nun wurde auch das Tabu der vertikalen Integration zur Diskussion gestellt, denn im globalen Wettbewerb wurde überall die Schraube angezogen. So hatte Kuoni zunehmend Schwierigkeiten mit TUI, welche ihre eigenen Hotels nicht mehr für Kuoni-Gäste öffnen wollte. Solches wurde nur solange mit Gleichmut beurteilt, als es an den betreffenden Zielorten eine ausreichende Auswahl an Alternativen gab. Mit «Edelweiss» hatte Kuoni inzwischen auf dem Feld der Charter-Airlines ein geglücktes Vertikalisierungs-Experiment vorzuweisen.

Das Ergebnis der Strategie-Übung war klar und auf eine Kurzformel zu reduzieren: up or out! Kuoni musste nicht nur in der Schweiz, sondern auch gesamteuropäisch ins Volumengeschäft einsteigen, was, von aussen gesehen, gegen die Kuoni-Tradition zu verstossen schien. Aber Touristiker geben immer zu bedenken, dass der Unterschied zwischen Premium- und Massengeschäft in der professionellen Praxis bei weitem nicht so trennscharf aufgefasst wird wie vom Laienpublikum. Auch in der Reiseindustrie wird der neue Typ des «Patchwork»-Kunden beobachtet, der bewusst und lustvoll die ganze

Spanne der Konsumwelt ausschöpft: Missoni-Pulli über Warenhaus-Jeans; mittags Schnellimbiss, abends Gourmet-Restaurant.

## Steigende Gewinne, doch die Trauben hingen hoch

Kuoni wollte in der Champions League spielen. Marginalisierung auf den Märkten, aber auch an der Börse passte nicht zum Geist der Zeit, in der sich gerade der gewaltige Internet-Boom und der damit verbundene Börsen-Hype anbahnten. Alle Analysten und mit ihnen die Investoren waren hingerissen von Werten wie Grösse, Globalisierung und Gewinndynamik. «Nischenmarkt», «Boutiquen-» oder «Kioskgeschäft» galten als Schimpfworte. Kuoni hatte eine gefüllte Kriegskasse und verdiente jedes Jahr mehr Geld. 1997 erreichte der Reingewinn 94 Millionen, 1998 waren es 105 und 1999 sogar 112 Millionen Franken. Im Jahr 2000 wurde für die Firma eine Börsenkapitalisierung von 2,24 Milliarden errechnet.

Doch die Trauben hingen hoch, wie Kuoni 1997 anlässlich eines Bietgefechts um Friditsresor in Schweden erleben musste. Der Nr.-2-Tour-Operator in Skandinavien, Marktleader in Schweden, wäre Kuoni bis 400 Millionen Franken wert gewesen, aber der englische Reisekonzern Thomson zahlte kalt lächelnd 600 Millionen.

Die Befürchtung, die 1997 nicht nur Peter Diethelm, sondern auch Riccardo Gullotti umtrieb, war, dass in absehbarer Zeit Kuonis rentables Langstreckengeschäft in Grossbritannien einbrechen könnte – mangels ausreichender Vertriebsmöglichkeiten. Dieser Gefahr wollte Gullotti, selbstbewusst geworden durch zwei höchst profitable Geschäftsjahre, mit einer offensiven Strategie begegnen und mit Kuoni in grössere europäische Dimensionen vorstossen. England, Skandinavien und Deutschland waren die wichtigsten Märkte. Dass bei jeder künftigen Partnerschaft Kuoni am Steuer sitzen sollte, galt als ausgemacht.

Riccardo Gullotti und Hans Lerch freuen sich an der Bilanzmedienkonferenz 1998 über das Rekordergebnis von Kuoni.

## «Merger of equals» mit First Choice angestrebt

Es war Peter Diethelm, der die vermeintlich passende Braut ins Haus Kuoni einführte: einen kerngesunden englischen Reisekonzern mit wenigen Agenten und einem gerade im Aufbau begriffenen eigenen Vertrieb, gross und fit genug für einen kostensparenden «merger of equals». Am 15. März 1999 gaben sich in London Kuoni und First Choice die Ehre, ihren bevorstehenden Zusammenschluss zu «Kuoni Holdings» bekanntzugeben.

First Choice war einer der führenden Tour Operators in Grossbritannien, Irland und Kanada. Ihre Charterfluggesellschaft «Air 2000» betrieb zu der Zeit 25 Flugzeuge. First Choice besass ein Netz von 250 Verkaufspunkten im englischen Markt, das bis Ende 1999 auf 650 ausgebaut werden sollte. Umsatzmässig waren Kuoni und First Choice mit je rund 1,1 Milliarden Pfund etwa gleichauf, doch hatte Kuoni in den Jahren seit 1996 immer wesentlich mehr Gewinn gezeigt.

Kuonis Ertragskraft ruhte damals auf vier Säulen: Das wieder instand gestellte Incoming war zwar nicht besonders gewinnträchtig, aber ein wichtiges Instrument für die Markenverbreitung. Die Geschäftsreisen brachten einen Drittel des Umsatzes, doch das Geschäftsmodell war am Kippen. Die Billigflieger förderten die Tendenz der Reisebranche zur Null-Prozent-Kommission und zum Beratungsansatz. Das Tour Operating Schweiz war intakt, und England war hochrentabel, aber wegen der Vertriebsprobleme gefährdet. Beim Rest, insbesondere bei den meisten Auslandgesellschaften, überwogen die Probleme. Wenn einer der vier Ertragspfeiler eingebrochen wäre, hätte Kuoni ein ernstes Problem gehabt. First Choice hätte vor allem das Vertriebsproblem in England gelöst, denn die beiden Firmen ergänzten sich dort fugenlos. Kuoni brauchte eine Vertriebsbasis, und First Choice wollte unbedingt in das von Kuoni besetzte mittlere und höhere Kundensegment vorstossen.

«Kuoni Holdings wird eine der grössten gesamteuropäischen Reisegruppen sein und jährlich über sieben Millionen Kunden bedienen», hiess es in der offiziellen «Introduction to the London Stock Exchange». «Die Gruppe vereinigt Kuonis international anerkannte Marke und seine multikulturelle Management-Erfahrung mit First Choices starker Position auf dem britischen Markt und ihrer eigenen, gut eingeführten Charter-Airline. Die Operation bringt zwei Unternehmen mit einem einmaligen strategischen und kulturellen ‹fit› und mit einem preisgekrönten Portfolio von Marken im Premium- wie im Volumengeschäft zusammen. First Choice und Kuoni haben breite, einander ergänzende Produktangebote und starke Management-Teams mit der nachweislichen Fähigkeit, profitables Wachstum zu erzeugen.»

In der Tat passten die beiden heiratswilligen Firmen hervorragend zusammen, und in den Destinationsmärkten würde sich die Einkaufsmacht auf einen Schlag verdoppeln.

## Das perfekte Paar – auf dem Papier

Das war die offizielle Version. Inoffiziell begann die Operation für die Kuoni-Leute wie so oft, wenn Entscheidendes geschah, auf der Lenzerheide. Hans Lerch erinnert sich: «Wir assen Spaghetti in der Motta-Hütte, da sagte Peter Diethelm: ‹Wenn ihr mit First

First Choice – hier
deren Hauptsitz in London
– wollte mit Kuoni
fusionieren.

Choice etwas machen wollt, dann müsst ihr es jetzt tun, sonst werden sie von Airtours übernommen.›» Innert vierzehn Tagen lief der von den Investment-Bankern und Anwälten angetriebene Fusionsmotor schon auf vollen Touren. Es setzte ein lebhafter Reiseverkehr zwischen Zürich und London ein. Kurz vor Ostern trafen sich die Parteien mit ihren Bankiers und Anwälten in den Räumen der Credit Suisse First Boston. Von Kuoni waren VR-Präsident Daniel Affolter, CEO Riccardo Gullotti und die Konzernleitungsmitglieder Peter Diethelm, Hans Lerch und Max Katz, Finanzchef seit 1995, dabei. Mehrere Zeugen bestätigen, dass sich Ian Clubb, der als trickreich bekannte Executive Chairman (vollamtlicher Verwaltungsratspräsident) von First Choice erhob und erklärte: «Ich weiss aus zuverlässiger Quelle, dass Airtours heute nach Börsenschluss ein feindliches Übernahmeangebot für First Choice abgeben wird. Wir müssen also unsere Absichten bekanntgeben, und zwar sofort – heute noch!»

Die Kuoni-Delegation bat um eine Auszeit und sagte nach kurzer Beratung: all right, wenn schon, dann gleich. Eigentlich gehen solchen Absichtserklärungen wochenlange, als «due diligence» bekannte Buch- und Geschäftsprüfungsverfahren voraus, in denen sorgfältig nach wertmindernden versteckten Mängeln gesucht wird. Darauf wurde nun verzichtet. Das war durchaus verantwortbar, denn das Risiko, Mängel zu übersehen, war ja gleichmässig auf beide Seiten verteilt, da es sich um einen echten Firmenzusammenschluss («merger of equals») handelte und nicht um eine Übernahme, bei der die eine Partei die Aktien und die andere das Geld erhält. Dass Ian Clubb seine Schweizer Geschäftspartner unter Druck setzen wollte, kann sein. Bekannt war aber, dass Airtours seit Jahren scharf war auf First Choice und schon einmal ein Übernahmeangebot lanciert hatte.

Verzichtet wurde aus zwei Gründen auf einen zeitraubende «due diligence»: Zum einen kannte Kuoni, immerhin ein wichtiger Marktteilnehmer in Grossbritannien, First Choice sehr gut und verfügte schon über detaillierte Informationen. Anderseits hätten nach den englischen Börsenregeln im Falle eines öffentlichen Angebots alle Informationen, die Kuoni von First Choice erhielt, auch an Airtours gegeben werden müssen. Deshalb bestand eine gewisse Zurückhaltung.

In einem sehr abgekürzten Verfahren bestand die Prüfung darin, dass ein Anwalt mit feierlicher Stimme in die Runde fragte: «Können Sie bestätigen, dass es gegen First Choice derzeit keine grösseren Gerichtsprozesse gibt?» Ian Clubb setzte ein ernstes Gesicht auf und sagte: «Yes, Sir, I confirm.» Dasselbe tat Daniel Affolter für Kuoni. Dann wurde das gemeinsame Communiqué formuliert.

## Kuoni wäre englisch geworden

Hat First Choice damals Kuoni mit der Airtours-Keule unter Zeitdruck gesetzt und zum überstürzten Handeln gedrängt? Nach der gescheiterten «Traumhochzeit» wurde diese Version vor allem in der Schweizer Wirtschaftspresse verbreitet. Aber es gibt dafür keinen schlüssigen Beleg, höchstens das eine oder andere Indiz. Sicher ist, dass Airtours schon seit Jahren First Choice übernehmen wollte und dass das First Choice-Management Kuoni bevorzugte. Den «hostile bid» von Airtours hatte Gullotti ohnehin erwartet. Das psychologische Problem für die Kuoni-Mitarbeiter war, dass mit der neu zu gründenden «Kuoni Holdings» aus einer schweizerischen eine englische Firma geworden wäre, zumindest auf der Holding-Ebene. Das war aber zwingend, damit die «Air 2000» ihre EU-Verkehrsrechte behalten konnte. Gullotti sagt, Edelweiss wäre dann betrieblich und technisch mit «Air 2000» koordiniert worden. Aber der englische Charakter der neuen Holding war das Killer-Kriterium. Damit galten auch die strengen englischen Börsengesetze mit ihren weit gehenden Mitspracherechten für die Anleger und den rigiden Publizitätspflichten. Auf diesem Weg gelangte übrigens später – erstmalig für eine börsenkotierte Schweizer Gesellschaft – die Höhe der Bezüge des Managements an die Öffentlichkeit, denn diese wurden im ausführlichen Emissionsprospekt vorschriftsgemäss offen gelegt. Nur handelte es sich um die Zahlen, die nach der Fusion zu «Kuoni Holdings PLC» gegolten hätten. Da die Fusion schliesslich scheiterte, kamen sie nie zum Tragen. Die Zahlen lagen bis zu 50 Prozent über den von der angestammten Kuoni-Organisation bezahlten Vergütungen.

In der Woche nach der Bekanntgabe der Fusionsabsichten fielen die Kuoni-Aktien an der Schweizer Börse um 7,3 Prozent. In den «Road Shows» bei den Aktionären beider Gesellschaften hielt sich die Begeisterung über den vorgeschlagenen Zusammenschluss in Grenzen. Die Kuoni-Aktionäre fanden das Umtauschverhältnis von 53:47 zugunsten von Kuoni unfair, die Aktionäre von First Choice, insbesondere die Fondsmanager in der Londoner City, hatten sich genau das Gegenteil vorgestellt, nämlich einen höheren Preis bzw. ein besseres Umtauschverhältnis. Dazu kam das Ringen um Positionen. Wer sollte im neuen Konzern welche Position bekleiden?

Ein weiterer Diskussionspunkt waren die zum Teil langfristigen Anstellungsverträge der Kuoni-Manager, was im Falle eines Ausscheidens zu hohen Abgangsentschädigungen hätte führen können. Banker und Anwälte machten Druck auf die Kuoni-Leute, diese Verträge vor dem Zusammenschluss abzulösen und durch neue zu ersetzen, die auch britischen Gepflogenheiten entsprächen.

## Gerangel um Positionen unter (künstlichem?) Zeitdruck

Je näher Ostern rückte und je tiefer man in die Einzelheiten vordrang, desto stärker wurde der Verdacht der Kuoni-Leute, die schlauen Engländer wollten unter ebenso hohem wie künstlichem Zeitdruck die Firma nach ihrem Geschmack definieren. Nach allem, was in den neunziger Jahren bei Kuoni geschehen war, war auch keiner der Top-Manager ohne weiteres bereit, auf die vertraglichen Sicherheiten zu verzichten. Diese waren seinerzeit auch als «Giftpillen» gegen eine unerwünschte feindliche Übernahme in die Anstellungsverträge eingebaut worden. Damit hoffte man die Attraktivität einer solchen Übernahme zu vermindern. Riccardo Gullotti stellte die Fortsetzung der Fusionsgespräche ernsthaft in Frage. Aber ein Abbruch in diesem Zeitpunkt wäre bei den britischen Börsenregeln nicht ohne weiteres möglich gewesen. Einen offiziell angekündigten Firmenzusammenschluss in dieser Phase einseitig zu widerrufen, hätte erstens eine Strafzahlung («break-up fee») in der Grössenordnung von 25 Millionen Pfund nach sich gezogen. Schlimmer aber: Alle Banker und Anwälte warnten, eine Firma, die sich auf diese Weise zurückziehe, sei später nicht mehr kapitalmarktfähig und würde bei Kapitalerhöhungen usw. vom Markt mit Sicherheit geschnitten werden –

vom unvermeidlichen Kurssturz und einem massiven Reputationsschaden ganz zu schweigen.

Die Darstellungen über die folgenden Schritte weichen logischerweise je nach Quelle voneinander ab. Fest steht: In hektischen Verhandlungen wurden zahlreiche Varianten ent- und wieder verworfen. Als Konstante bleibt – jedenfalls in der Darstellung der meisten schweizerischen Beteiligten – die Feststellung, Daniel Affolter habe unbedingt Chairman werden wollen, aber Gullotti habe ihn dafür als nicht geeignet befunden. Der Eclat war nicht mehr vermeidbar. Am Gründonnerstagabend – der Grossteil der Kuoni-Führungsequipe war gerade mit Frauen und Kindern zum feiertäglichen Skiurlaub in Lenzerheide eingetroffen – betrat Riccardo Gullotti die Bar, in der sich die Kuoni-Spitzenleute versammelt hatten, bestellte ein Bier und verkündete: «Ich gehe!» Die Kraftausdrücke, mit denen er diese überraschende Botschaft begleitete, sind nicht druckbar.

## Ausscheiden von Riccardo Gullotti ...

In der Karwoche waren die beiden Spitzen des Kuoni-Verhandlungsteams, Verwaltungsratspräsident Daniel Affolter und CEO Riccardo Gullotti, zu Konkurrenten geworden. Daniel Affolter liess keinen Zweifel darüber offen, dass er eigentlich sich selbst als Oberhaupt des neuen Konzerns sah. Gullotti, unter dessen Leitung Kuoni wieder eine Geldmaschine geworden war und ihren Börsenwert etwa verdreifacht hatte, war zutiefst beleidigt.

Bevor er an diesem Gründonnerstag nach Lenzerheide fuhr, schrieb er dem «lieben Dani» eigenhändig einen Brief, aus dem geschlossen werden kann, dass Gullotti ungeachtet seiner künftigen Position an den Sinn der geplanten Fusion glaubte und sie retten wollte. Gullotti bot zwei Varianten an: befristetes 50%-Engagement als Chairman während zwei bis drei Jahren – oder sofortiger Rücktritt unter voller Auszahlung des Arbeitsvertrags.

Daniel Affolter quittierte mit seiner Unterschrift den Erhalt des Briefes. Der Verwaltungsrat entschied für die Variante 2.

Eigentlich gibt es nur eine plausible Erklärung, der die Betroffenen aber widersprechen werden: Daniel Affolter war bereit, einen hohen Preis zu bezahlen, um den ungeliebten Rivalen loszuwerden. Gullotti entschied sich für das Ausscheiden, weil er unter den seit diesem vorösterlichen Krach fundamental veränderten Umständen nicht weiter mit Affolter arbeiten wollte. Gullotti musste auch berücksichtigen, dass Affolter in Verwaltungsrat und Stiftung ohnehin die stärkere Stellung einnehmen würde. Sein Fazit mag wohl gelautet haben: Take the money and run ...

Für Gullotti war die Zahlung der hohen Abfindungssumme eine logische Konsequenz des Verlaufs der Geschichte, wobei er zum damaligen Zeitpunkt noch immer an das Zustandekommen der Fusion glaubte. In dieser fusionierten Gesellschaft hätte er auch deshalb nicht CEO sein können, weil die britische Airline Authority eine starke britische Position im Management forderte, damit die Fluggesellschaft der First Choice ihren EU-Status behalten konnte; dies hinwiederum war einer der Hauptgründe für die Fusion. Zwar stellte sich CEO Gullotti als Verwaltungsratspräsident zur Verfügung, doch wollte Affolter diese Position selber übernehmen. Damit war – immer unter der Voraussetzung, dass die Fusion zustande käme – der überaus erfolgreiche Konzernleiter überflüssig geworden. Juristisch gesprochen: Kuoni konnte den Arbeitsvertrag mit Gullotti nicht mehr erfüllen und musste ihn auszahlen.

## ... Hans Lerch wird neuer CEO

Neuer Konzernleiter und CEO von Kuoni wurde mit Wirkung ab 1. Juli 1999 Hans Lerch. Seine Strategische Geschäftseinheit übernahm Thomas Stirnimann.

Der First-Choice-Handel scheiterte vor allem daran, dass David Crossland, Chef der konkurrierenden Reisegruppe Airtours, ein Gegenangebot für First Choice machte, das 40 Prozent höher lag. Die englischen Aktionäre hatten die Wahl zwischen «one bird in the hand or two in the bush», wie die Redensart lautet. Sie wählten Letzteres. Aber Airtours und First Choice zusammen hätten einen Marktanteil von 40 Prozent erreicht. Als die EU-Wettbewerbsbehörde eingriff und eine vertiefte Prüfung dieser Variante anordnete, zog Crossland sein Angebot zurück und kündigte ein zweites an. Dass es Crossland ernst gemeint hatte, steht für alle Beteiligten ausser Zweifel. Noch im Jahre 2005 führte die Airtours-Nachfolgefirma MyTravel einen Schadenersatzprozess gegen die EU-Wettbewerbsbehörde wegen angeblich fehlerhafter Entscheidung in dieser Sache.

Wie auch immer: Fürs erste war der Zweck erreicht: Nur eine Minderheit von First-Choice-Aktionären stieg auf das Umtauschangebot von Kuoni ein. Auch die bei Kuoni erforderliche Zustimmungsquote von zwei Dritteln wurde verpasst, wenn auch nur knapp. Neben dem Image-Schaden und der damals noch verblüffenden und entsprechend Aufsehen erregenden Information um die Höhe der Manager-Abfindungen hatte Kuoni einen enormen materiellen Verlust zu tragen. Im nächsten Jahresbericht wurden die Kosten der verunglückten Fusion mit rund 27 Millionen Franken angegeben.

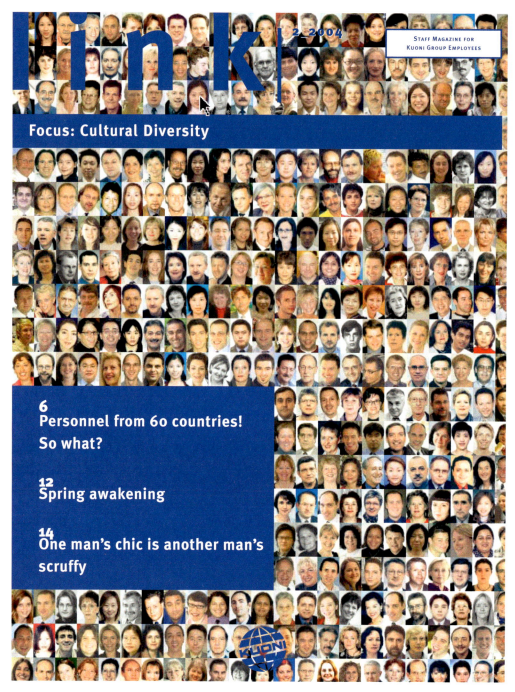

**Focus: Cultural Diversity**

**6**
**Personnel from 60 countries!**
**So what?**

**12**
**Spring awakening**

**14**
**One man's chic is another man's scruffy**

So viele Köpfe, so viel Profil: Diese Titelseite eines Kuoni-Mitarbeitermagazins macht bildhaft, dass die Reisebranche «people's business» ist.

# «Macht endlich etwas Grosses!»

Auf die Turbulenzen an der Konzernspitze folgt der globale Schock vom
11. September 2001. Am Rande des Abgrunds kämpft Kuoni um riesige neue Märkte

«Macht endlich etwas Grosses!» Diesen Satz hörte Hans Lerch immer wieder, kaum war er nach dem spektakulären Ausscheiden von Riccardo Gullotti Konzernleiter geworden, schon der vierte in den zehn Jahren nach Jack Bolli. Es war die immer wiederkehrende Forderung des Verwaltungsrates, vor allem von dessen Präsidenten Daniel Affolter. «Wir sind doch keine Anfänger», pflegte der jeweils zu sagen. «Wir haben die Leute, wir haben das Geld. Jetzt brauchen wir nur noch die Gelegenheit und das Objekt!»

Ein Teil der Medien stellte das Scheitern der Fusion mit First Choice als peinliche Blamage vor den Augen der internationalen Finanzwelt dar. Interessant ist, dass es weder die globale Touristik-Branche noch der Markt so sahen. Die Verkaufsergebnisse von Kuoni litten in keiner Weise, auch nicht in England, und Kuoni war nach wie vor ein begehrter Kooperationspartner. Unabhängig von der personellen Besetzung hielten Verwaltungsrat und Management an der ursprünglichen Strategie fest: Kuoni sollte und wollte ein «big player» im internationalen Touristik-Geschäft werden.

## Das Internet wälzt das Reisegeschäft um

In der globalen Reiseindustrie bleibt kein Stein auf dem anderen, seit das Internet die Informations- und Einkaufsgewohnheiten von Millionen von Menschen, vor allem der aktiven jungen Generation, revolutioniert hat. Der Vertrieb wird zum Schlüssel des Reisegeschäfts. Zum traditionellen Vertriebskanal Tour Operator/Produzent – Reisebüro/Detaillist gesellen sich weitere, sich teilweise überlappende Verkaufskanäle: die Direktvertreiber – Tour Operators, aber auch Hotels, Airlines usw. – und das Internet, das dem Endverbraucher diese direkten Wege öffnet und den klassischen ersten Vertriebskanal überflüssig zu machen droht, jedenfalls für wenig komplexe Produkte. Das Internet stellt zudem eine neue grosse Vergleichbarkeit der Angebote her und nivelliert die Preise nach unten.

Gesellschaftliche Trends und die Veränderungen der Lebensstile beeinflussen zusätzlich das hoch emotionale Feld des Vergnügungstourismus. Der Zukunftsforscher Matthias Horx machte 2005 fünf touristische Megatrends namhaft: Globalisierung, Down Aging, Feminisierung, Individualisierung und Neue Mobilität. Unter «Down Aging» wird verstanden, dass die Gesellschaft zwar immer älter wird, dass sich aber das Verhalten älterer Menschen verjüngt und dass sich die Werte und Konsum-Prioritäten der über 60-Jährigen enorm verändern. Das steigende Einkommen der Frauen führt zu einem aktiveren Verhalten bei der Reiseplanung. Individualisierung drückt sich in der steigenden Zahl der Single-Haushalte aus, aber auch in der wachsenden Bereitschaft, nicht mehr alles gemeinsam zu unternehmen. Individualisierung und Neue Mobilität bedeuten eine Aus-

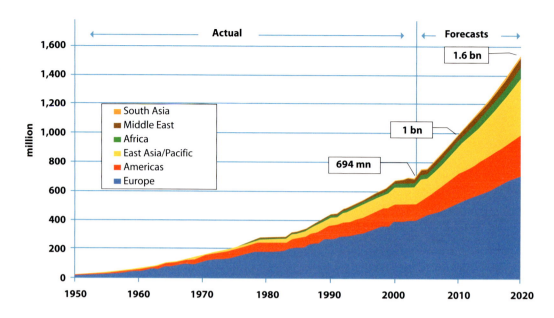

weitung der Lebensbedürfnisse, die sich auch im Reiseverhalten spiegelt. «Multi Travelling» (z.B. Erholung plus Bildung) wird zu einem Trend, medizinische Behandlung oder Partnersuche durch Reisen zu einem anderen.

Alle Tourismus-Experten der Welt erwarten auch für die nächsten fünfzehn Jahre ein ungebrochenes Wachstum. Die World Tourism Organization (WTO) hat ausgerechnet, dass der Tourismus weltweit zwischen den Jahren 1975 und 2000 um durchschnittlich 4,7 Prozent pro Jahr gewachsen ist, etwa 1,3 mal stärker als das Bruttosozialprodukt. Bis ins Jahr 2020 wird global eine Verdoppelung der touristischen Ankünfte erwartet; WTO geht von der gewaltigen Zahl von 1,561 Milliarden aus. Dies entspräche – immer weltweit betrachtet – einem durchschnittlichen jährlichen Wachstum von immer noch 4,1 Prozent, bei Fernreisen sogar von 5,4 Prozent. Am stärksten werde der Tourismus in Südostasien und der Pazifik-Region, im Nahen Osten und in Afrika wachsen, sagt die WTO.

Vor diesem Hintergrund erscheinen Investitionen in die Tourismus-Industrie als äusserst verlockend und spannend, aber auch hoch riskant.

## Etwas Grosses, etwas wirklich Grosses!

Schon wenige Wochen nach dem Scheitern der Fusion mit First Choice, im Sommer 1999, war Kuoni ganz nah dran. Die Deutsche Bahn stellte ihre Reisebürokette Deutsches Reisebüro GmbH (DER) zum Verkauf. Mit 4350 Beschäftigten, einem Vertriebsnetz von 360 eigenen Reisebüros und einem Umsatz von über fünf Milliarden Mark zählte DER zu den umsatzstärksten Anbietern im stärksten Reisemarkt Europas. Um diese Perle balgte sich alles, was in der internationalen Touristik-Welt einen Namen hatte. Noch am 5. November 1999 erklärte ein Unternehmenssprecher, Kuoni zähle zusammen mit der britischen Airtours und ITS (Rewe) zu den Favoriten. Eine Woche später stand fest, dass die im deutschen Einzelhandel stark verankerte genossenschaftliche Rewe-Handelsgruppe die Siegerin war. Mit einer Offerte von einer Milliarde DM stach der aggressive Handelskonzern alle Konkurrenten aus. Kuoni hatte 800 Millionen geboten. Diese Übernahme wurde weltweit als Signal dafür gesehen, dass kapitalstarke Unternehmen aus verwandten Branchen in das Touristikgeschäft drängten und dort ihre Kompetenz im Massen-Marketing als Diversifikations-Chance nutzten. In der Schweiz war der Textilunternehmer Charles Vögele mit der Gründung einer eigenen Reiseorganisation schon 1988 diesen Weg gegangen.

DER wäre für Kuoni der ideale Türöffner für den riesigen deutschen Markt gewesen, den man zuvor schon mehrmals erfolglos attackiert hatte: in der Produktestruktur sehr nahe bei Kuoni, aber nicht so gross, um im Massengeschäft den Branchenriesen TUI und Neckermann in die Quere zu kommen.

## Neues Ziel: Skandinavien

Damit stand also fest, dass die beiden attraktivsten europäischen Massenmärkte, Deutschland und Grossbritannien, ausserhalb der bereits besetzten Nischen für Kuoni weiterhin unzugänglich bleiben würden. Aber wo war denn noch etwas zu machen, etwas Grosses? Es dauerte nicht lange, bis der einzige für Kuoni noch offene grössere Markt identifiziert war: Skandinavien.

Dort hatte Kuoni mit der Übernahme von drei dänischen Tour Operators und der Gründung der Alletiders Reijser A/S schon 1998 Fuss gefasst. Jetzt ging es vor allem um Schweden, insgesamt aber um 15 bis 20 Prozent des gesamt-skandinavischen Pauschal-

Der internationale Marken-Raster von Kuoni zeigt schon einen hohen Grad von Vereinheitlichung, aber auch eine Diversität, die den lokalen Märkten angepasst ist.

reisenmarktes, dem damals noch ein solides Wachstum zugetraut wurde. Für einen Preis, der nach eigenem Bekunden an der oberen Grenze lag, erwarb Kuoni zunächst 45 Prozent der selbständigen und marktstarken Apollo-Gruppe sowie die Option auf die Mehrheit bis Ende 2002. CEO Hans Lerch, der durchaus mit verborgenen Mängeln rechnete, wollte diese während seiner Zeit als Minderheitsaktionär im Schutze des begrenzten Verlustrisikos reparieren, zugleich den Markt kennen lernen und später ein intaktes Unternehmen zu hundert Prozent übernehmen.

Doch diese Rechnung ging nicht auf. Einerseits brach der skandinavische Markt unmittelbar nach der Übernahme infolge der Schwäche von Grossfirmen wie Volvo und Ericsson ein, anderseits sperrte sich der Verkäufer gegen den Einfluss des Minderheitsaktionärs, obwohl er seine Firma mit Fehldispositionen und mangelnder Devisenabsicherung an den Rand des Konkurses gewirtschaftet hatte. Weniger differenziert wollten es aussenstehende Fachkreise sehen. Im Monatsmagazin «Travel Manager» hiess es trocken: «Kuoni hat die Situation völlig unterschätzt und ist blauäugig reingerasselt.»

Schon 2000, im ersten Jahr mit Kuoni, verlor Apollo 80 Millionen Franken. Kuoni erreichte eine Vertragsänderung. Der Käufer limitierte seinen Verlustanteil auf 14 Millionen, übernahm aber die 100 Prozent an der Firma schon ein Jahr früher als ursprünglich vorgesehen. Bis er in der wurmstichigen Apollo wirklich freie Hand bekam, musste Kuoni um die 200 Millionen Franken aufwenden. Es verblieben viele Pendenzen, vor allem eine fatale Situation in Griechenland. Apollo hatte dort zu viel Hotelkapazität eingekauft und konnte sie nicht loswerden. Überdimensioniert war auch Novair, die zu Apollo gehörende Charterfluggesellschaft. Sie hatte einen Airbus-330 zuviel, der noch langjährig geleast war. Allein fürs Nichtfliegen dieser Maschine hatte Kuoni 54 795 Franken zu bezahlen – täglich! Bei der Übernahme hatte man noch geglaubt, der Airbus lasse sich problemlos abstossen. Doch inzwischen hatte sich der Markt für gebrauchte Flugzeuge radikal gedreht.

Unter neuer Leitung erholte sich das Unternehmen. Im Jahr 2003 konnte trotz widriger Marktlage wieder ein Gewinn geschrieben werden. Dank seinen guten Beziehungen gelang es Hans Lerch, mit Fons Brusselmans einen fähigen Manager und Branchenkenner neu an die Spitze von Apollo zu setzen, die Gesellschaft neu auszurichten und schliesslich zum Erfolg zu führen. Doch zuvor musste Kuoni einen verheerenden Halbjahresabschluss 2001 hinnehmen, der ihm in diesem Jahr das ganze Konzernergebnis verhagelte. 2001 wurde zum «annus horribilis», dem schlimmsten Jahr in der Geschichte des Kuoni-Konzerns schlechthin: Skandal in der Konzernleitung, hohe Verluste in Skandinavien und, und...

## Gewinnwarnung im «Jahre des Unheils»

Im Juni 2001 musste Kuoni – zum ersten Mal in seiner Geschichte als börsenkotiertes Unternehmen und noch vor dem 11. September – eine Gewinnwarnung veröffentlichen. Die Börse war wütend und bestrafte die Aktie mit einem brutalen Abschlag von 40 Prozent. Am 16. August, an der Pressekonferenz zum Halbjahresergebnis des Konzerns (das nur noch knapp in den schwarzen Zahlen gehalten werden konnte) wurde das volle Ausmass des Apollo-Debakels klar: ein Verlust von 56 Millionen. CEO Hans Lerch räumte

öffentlich ein, er habe beim Einstieg der Unternehmensprüfung zu wenig Gewicht bei-
gemessen. Er bestätigte auch, dass Kuoni zu diesem Zeitpunkt den Verkauf von Apollo
als eine mögliche Option erwog.

An diesem Tag sah sich einer bestätigt, der seit Juni bei Kuoni nicht mehr an Bord war:
Daniel Affolter. Der jäh gestürzte Verwaltungsratspräsident hatte vor seinem Abgang im
Mai öffentlich vor hohen Verlusten in Skandinavien gewarnt, während die mit ihm im
Clinch liegende Konzernleitung noch von einer «schwarzen Null» im Jahresabschluss
von Apollo ausging.

## Der «Fall Affolter»

Etwas Grosses, etwas wirklich Grosses! Was Verwaltungsratspräsident Daniel Affolter
von seinem Management zu fordern pflegte, hatte er soeben auch in eigener Sache versucht. Es war im Frühjahr 2001, ein knappes Jahr nach dem Scheitern der Fusion mit
First Choice und dem brüsken Abgang von Riccardo Gullotti. Noch war die Zeit des allgemeinen Börsentaumels. Gerade begann in der Öffentlichkeit eine leidenschaftliche
Debatte um die Höhe der Manager-Gehälter sowie um die enormen Optionen und
Bonusvergütungen für leitendes Personal. Angeheizt wurde diese Diskussion nicht zuletzt durch die Abgangsentschädigung von über zehn Millionen Franken, die Riccardo
Gullotti bei seinem erzwungenen Ausscheiden aus dem Kuoni-Konzern vertragsgemäss
ausbezahlt worden war. Nun hatte der mehrheitlich von Affolter-Freunden besetzte
Stiftungsrat beschlossen, ihrem Präsidenten einen Bonus von 8,1 Millionen auszurich-
ten. Stiftungsgründer Alfred Kuoni sollte zwei Millionen, zwei Stiftungsräte je 500 000
Franken erhalten.

Wofür das viele Geld? Daniel Affolter erklärte in einem Interview für dieses Buch, dem
Stiftungsrat der Kuoni- und Hugentobler Stiftung hätten die Einkommenszahlen 1992–
2000 der Konzernleitungsmitglieder vorgelegen. Manche hätten von Optionen massiv
profitiert. Die Mitglieder des Verwaltungsrates hätten bedeutend weniger Optionen erhalten. Vor diesem Hintergrund habe der Stiftungsrat beschlossen, «dem Affolter nun
auch mal etwas zu geben». Insbesondere sollte er für seine couragierte Handlungsweise
beim schnellen Rückkauf des ITS-Aktienpakets belohnt werden. Daniel Affolter bestätigte auf Anfrage, er sei bei diesem Geschäft des Stiftungsrates selbstverständlich in
den Ausstand getreten.

Daniel Affolter erklärte: «Meine Vergütung sollte ja nicht aus Mitteln der Firma, sondern vom Geld der Stiftung bezahlt werden. Und in den Statuten der Stiftung gab es
einen Passus, wonach verdiente Mitarbeiter zu belohnen seien. In meiner Amtszeit war
der Wert der Beteiligung der Kuoni- und Hugentobler Stiftung an der Firma Kuoni von
50 auf rund 170 Millionen Franken gestiegen. Ausserdem befand der Stiftungsrat, ich
hätte mich um die Erhaltung der Unabhängigkeit von Kuoni verdient gemacht. Der
Bonus sollte meine acht Jahre Arbeit für die Stiftung reflektieren.»

Die Stiftung liess ihren ganzen Zahlungsverkehr und ihre Buchhaltung von der Firma
Kuoni besorgen. Wohl deshalb wurde das Controlling auf den Vorgang aufmerksam.
Hans Lerch benachrichtigte den Verwaltungsrat. Mehrere unabhängig voneinander ein-
geholte juristische Beurteilungen hätten die Bedenken von Management und Verwal-

tungsrat gegen die Auszahlung bestätigt, sagt er. Affolter hielt an seiner Auffassung fest, das Geschäft gehe den Verwaltungsrat und das Management von Kuoni nichts an und sei ausschliesslich Sache der Stiftung.

## Machtkampf vor aller Augen

Natürlich waren es nicht die juristischen Argumente, die das Duell der beiden einander durchaus unfreundlich gesinnten Männer entschieden, sondern ein Machtkampf von einer für schweizerische Verhältnisse beispiellosen Offenheit und Härte. Ausgetragen wurde er vor laufenden Fernsehkameras, mit Interviews – und vor dem Hintergrund einer Marke, die nicht nur in der Schweiz jedes Kind kennt. Hans Lerch und Verwaltungsrats-Vizepräsident Heinz Müller, ein zurückhaltender Bankier, forderten Daniel Affolter zum sofortigen Rücktritt auf. Für den Weigerungsfall drohten sie ihm mit der Öffentlichkeit. «Du weisst ja, wie das Publikum heute auf diese Abzocker-Fälle reagiert», lautete die Drohung. Intern flogen die Fetzen, aber nach aussen drang einstweilen nichts. Noch nicht.

Da entschloss sich Daniel Affolter – zehn Tage vor der 75. ordentlichen Generalversammlung – zu einem tollkühnen Akt der Vorwärtsverteidigung. Am 3. Mai 2001 luden er und Alfred Kuoni zu einer Pressekonferenz ein. Die Botschaft lautete: Dissidente Kuoni-Verwaltungsräte versuchen ihren Präsidenten zum Rücktritt zu zwingen, um die Firma für einen Übernahmeversuch sturmreif zu schiessen. Als Hebel für den Entmachtungsversuch werden einmalige Zahlungen an die Stiftungsräte verwendet.

Doch der Pfeil sprang auf den Schützen zurück. In den nächsten Tagen beherrschten nicht geheime Putschversuche, sondern die umstrittenen Zahlungen und deren ungewöhnliche Höhe die Schlagzeilen. In den vier folgenden Wochen spielte sich vor den Augen der teils empörten, teils amüsierten Kuoni-Kundschaft ein Schlagabtausch von geradezu zerstörerischer Wucht ab. Noch am Abend der Affolter'schen Pressekonferenz forderte der Verwaltungsrat öffentlich Affolters Rücktritt als Verwaltungsratspräsident, weil die Vertrauensgrundlage zerstört sei. Ausserdem wurden eine Strafanzeige wegen ungetreuer Geschäftsbesorgung und eine Aufsichtsbeschwerde bei der kantonalen Stiftungsaufsicht angekündigt. Zugleich löste der Verwaltungsrat den Arbeitsvertrag seines vollamtlichen Präsidenten fristlos auf.

## Bodyguards in der Chefetage

Beide Seiten erhoben in Interviews schwere Vorwürfe gegeneinander. Hans Lerch erteilte dem Mann, der formell noch sein Chef war, Hausverbot. Affolter blieb und liess vor seinem Büro zwei Bodyguards aufmarschieren. Die physische Konfrontation war erst beendet, als im Kuoni-Haus dem Verwaltungsratspräsidenten Computer- und Telefonanschluss abgestellt wurden. Nach wenigen Tagen schritt die Stiftungsaufsicht des Kantons Zürich ein. Indem sie das Stimmrecht der Kuoni- und Hugentobler Stiftung an der bevorstehenden Generalversammlung beschränkte, stützte sie die Position von Verwaltungsrat und Management. Daniel Affolter trat darauf aus dem Stiftungsrat zurück. An der Generalversammlung traten wiederum Bodyguards auf, dieses Mal aber im Auf-

Hans G. Syz

trag der Verwaltungsrats-Mehrheit und des Managements. Sie hinderten Daniel Affolter daran, seinen Präsidiumssitz auf dem Podium einzunehmen. Affolter nahm im Publikum Platz.

Nach zweistündiger erregter Diskussion wurden noch die regulären Geschäfte erledigt und die Konzernrechnung gutgeheissen. Es war ein blendender Abschluss: 155 Millionen Reingewinn und ein Umsatzplus von 17 Prozent. Aber 2000 war das vorläufig letzte Glanzjahr in der nunmehr hundertjährigen Geschichte des Reiseunternehmens Kuoni. Denn dem hausgemachten Sturm folgte ein globaler Orkan. Ende 2001 brachte es das Wirtschaftsmagazin «Bilanz» brutal und unter dem zweideutigen Titel «Last Minute» auf den Punkt: «Was für Kuoni 2001 nur schief laufen konnte, ist schief gelaufen.»

Einen Monat nach dem missglückten Schritt an die Öffentlichkeit trat Daniel Affolter von allen Kuoni-Funktionen zurück und versprach, seinen hohen Extra-Bonus den SOS-Kinderdörfern zu spenden. Die Stiftung berief den Bankier Hans Syz zu ihrem neuen Vorsitzenden. Zum Präsidenten des Verwaltungsrates wurde Andreas Schmid gewählt, ein in wichtigen industriellen Spitzenfunktionen erfahrener Mann, der schon bei der Zürcher Flughafen-Betreiberin Unique in gleicher Funktion engagiert war.

Aus der Distanz von drei Jahren schätzt Hans Lerch die damalige Situation so ein: «Wir hatten nach dem Misslingen der Fusion und nach der ‹boardroom battle› zwar keine direkten negativen Folgen auf dem Markt, aber ein ernstes Reputationsproblem. Der Misserfolg mit Apollo war ein erneuter und besonders empfindlicher Einschnitt in unsere Glaubwürdigkeit, denn damit war nun auch unsere Professionalität im Kerngeschäft berührt. Zu Recht fragten nicht nur die Analysten: Wie konnte Kuoni bloss eine derart massive Fehlentwicklung übersehen? In der Tat hatten wir die Lage bei Apollo noch wenige Wochen zuvor viel zu optimistisch beurteilt. Inzwischen war aber der Sommer in Skandinavien mit überraschend guten Ergebnissen vorbeigegangen. Auch die Buchungen für den Herbst sahen gut aus. An der Konzernleitungssitzung Anfang September freuten wir uns noch: Wahrscheinlich würden wir die Öffentlichkeit noch dieses Jahr mit positiven Zahlen überraschen können.»

## Eine Schockwelle erschütterte die Reisewelt

Kurz nach dieser Sitzung flogen der Konzernleiter und sein Finanzchef nach New York, um eine Roadshow bei professionellen Anlegern zu absolvieren. Wie immer ging Hans Lerch am Morgen des 11. September im Central Park joggen. Später, nach der Dusche, warf er in seinem Hotelzimmer einen Blick auf den Bildschirm. CNN sendete gerade live aus der näheren Umgebung. Lerch sah in der Wiederholung die inzwischen historische Aufnahme von der Boeing, die in den Nordturm des World Trade Centers raste. Sofort rief er seine Frau in der Schweiz an: «Du, mit mir ist alles in Ordnung, ich bin sechs Kilometer entfernt!» Er legte auf – und sah das zweite Flugzeug in den Südturm donnern. Zwei Dinge fielen Hans Lerch in diesen Minuten ein: Morgen um diese Zeit wäre ich im World Trade Center verabredet gewesen. Und: Jetzt hat sich die Welt verändert!

Es war erst der Anfang! Fast im Monatstakt passierten Dinge, die die Schweiz oder die Welt oder beide erschütterten und die Grundlagen des Reisegeschäfts in Frage stellten.

Nach dem 11. September 2001 (hier die Folgen des Attentats in New York) war die Szenerie der internationalen Touristik grundlegend verändert.

Schlag für Schlag
ereigneten sich die Um-
wälzungen. Oben: Leerer
Strand in Bali nach den
Bombenattentaten vom
September 2002;
Mitte: Angst vor der
SARS-Seuche: fliegendes
Personal der Thai Airways
desinfiziert ein Flugzeug.
Unten: Irak-Krieg:
US-Soldaten hissen das
Sternenbanner in Bagdad.

Drei Wochen nach dem 11. September blieb die Flotte der Swissair, einst eine der besten Fluggesellschaften der Welt, am Boden. Im Mai und September 2002 folgten die
Bombenanschläge von Djerba und Bali – direkte Angriffe des Terrorismus auf den touristischen Reiseverkehr. US-Präsident Bush begann mit Krieg zu drohen. In Kenia explodierte erneut eine Terrorbombe. Die Lungenseuche SARS steckte zwischen November
2002 und Juli 2003 weltweit rund 8100 Menschen an, von denen 774 starben. Am 20.
März 2003 begannen die Amerikaner ihren jüngsten Irak-Krieg. Der Terror wurde zum
weltweiten und allgegenwärtigen Phänomen. Überall, vor allem aber an den Einreise-
stellen zur USA, wurden die Kontrollen ruppiger und die Warteschlangen länger.

Nach jedem dieser Schocks wollte monatelang kaum ein Reisender mehr etwas von den
betroffenen Destinationen wissen. Wer nicht wirklich hin musste, verschob sogar die
Reisen nach USA. Ab dem 12. September 2001 versiegten bei Kuoni die Buchungen,
dafür hagelte es Annullationen. Im vierten Quartal des Jahres 2001 waren die Umsatzausfälle schmerzlich. Mit minus zehn Prozent kam die Schweiz noch am glimpflichsten
davon, denn hier war das Kuoni-Angebot so breit wie nirgendwo anders. In Grossbritannien und Skandinavien brachen die Verkäufe um 30, in den USA sogar um 60 Prozent ein. Doch schlimmer als die Umsatzausfälle war das Problem beim Ertrag. Der
Ausfall drückte die Einnahmen aus den Overriding-Abkommen mit den Airlines nach
unten. Von diesen Superkommissionen aber hing vor allem im Geschäftsreisenbereich
die Ertragssituation ab.

In Zürich jagte eine Krisensitzung die andere. Um den Geldabfluss zu stoppen, wurden
in den USA die Belegschaften halbiert; dort geht das arbeitsrechtlich am einfachsten.
Weltweit baute Kuoni in hohem Tempo in den Bereichen, die schon vor dem 11. September 2001 bestanden, etwa zehn Prozent des Personals ab. Die offiziellen Personal-

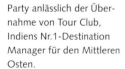

Party anlässlich der Über-
nahme von Tour Club,
Indiens Nr.1-Destination
Manager für den Mittleren
Osten.

# Nr. 1 in einem Markt mit Riesen-Potenzial

Die Reisenden, die heute aus Indien nach Europa kommen, sind erst der Spähtrupp. Der indische Tourismus-Markt ist riesig und noch kaum ausgeschöpft. Die Touristiker schätzen ihn als viel berechenbarer ein als der noch grössere Markt China. Von rund 1100 Millionen Indern zählen etwa 200 Millionen zum Mittelstand (min. 8000 Dollar Einkommen pro Jahr). Um 2005 wurde aufgrund von Marktforschungsdaten geschätzt, dass etwa zehn Millionen Inder nicht nur finanziell in der Lage, sondern auch willens seien, ins Ausland zu reisen. Rund 6,5 Millionen Inderinnen und Inder haben dies tatsächlich getan (2003), davon ist die Hälfte nach Europa gefahren. Die Schweiz zählte im besagten Jahr nur gerade 70 000 indische Touristen. Diese Zahlenverhältnisse geben einen Begriff von dem riesigen Potenzial, das auf dem Subkontinent zu erschliessen ist. Bei den touristischen Auslandreisen geht man für die nächsten Jahre von zweistelligen prozentualen Zuwachsraten aus. Dass Kuoni in diesem gewaltigen und wachstumsstarken indischen Markt die unbestrittene Nummer eins unter den Reiseorganisationen geworden ist, kommt einer beispiellosen Erfolgsgeschichte gleich. Anerkennend schrieb «The Economist» Ende 2004: «Aggressive Akquisition und Diversifikation waren massgeblich für die hohe Performance von Kuoni, einem Newcomer, im indischen Reise- und Tourismusmarkt. Kuoni hat Veteranen wie Thomas Cook glatt überholt. Manchmal gewinnt eben der Hase, vorausgesetzt, er konzentriert sich voll auf das Rennen. Kuoni ist in Indien zwar spät gestartet, aber schon 2003 war sein Umsatz mit geschätzten 3,6 Milliarden Rupien (ca. 110 Mio. sFr.) mehr als dreimal so hoch wie derjenige von Thomas Cook India, der seit 1881 im Land ist. Kuonis schnelles Wachstum zeigt im Vergleich zum schildkrötenartigen Schrittmass von Thomas Cook die ideale Strategie, wie ausländische Firmen auftreten müssen, wenn sie im zunehmend kompetitiven indischen Reise- und Tourismus-Markt gross heraus kommen wollen.»

Es begann 1996 mit einer 51-Prozent-Beteiligung an SOTC, dem führenden indischen Tour Operator. Im Mai 1997 gelang dessen hundertprozentige Übernahme. Als Anfang 2000 gegen starke internationale Konkurrenz auch SITA World Travel übernommen werden konnte, das grösste Incoming-Unternehmen auf dem indischen Reisemarkt, war es Zeit für das, was die Inder eine «Hochzeit im Himmel» nennen. Die beiden Firmen wurden zu Kuoni Travel Group India vereinigt. 2001 kam Tour Club dazu, ein auf Kunden aus dem Mittleren Osten spezialisiertes Incoming-Unternehmen, und 2004 kaufte Kuoni Resnet, ein Internetbasiertes Reservationssystem.

Indiens Tourismus ist ein Geschäft, das in beiden Richtungen stürmisch wächst. Was den Binnentourismus betrifft, geht die indische Bundesregierung von weit über 200 Millionen Einzelreisenden pro Jahr und einem jährlichen Zuwachs um zehn Prozent aus; genauere Daten sind nur schwer erhältlich. Nach einer gewissen Stagnation am Ende der neunziger Jahre sind die Einreisen ausländischer Touristen nach Indien zu Beginn des neuen Jahrtausends in Jahrestakten zwischen 15 und 22 Prozent gestiegen. Die Einnahmen des Landes aus fremden Währungen stiegen noch höher, was darauf hin deutet, dass die Touristen immer mehr Geld ausgeben. Die Ausreisen indischer Touristen nach dem Mittleren Osten, Europa, Südostasien und Amerika stiegen im Jahre 2004 um volle zwanzig Prozent, nachdem im Vorjahr wegen der

Oben: Kuoni House Mumbai; links; Hans Lerch (links) und Andreas Schmid (Mitte) weihen den neuen Hauptsitz der Kuoni-Niederlassung in Indien ein.

Lungenseuche SARS ein Rückgang um beinahe zehn Prozent eingetreten war. Die Tourismus-Industrie freut sich über einen ausgesprochen touristikfreundlichen Kurs der Regierung, deren weltweite Werbekampagnen seit 2002 offensichtlich Früchte tragen.

In diesem Boom-Markt verzichtet Kuoni derzeit bewusst auf eine Spezialisierung. Abgedeckt wird die ganze Breite des touristischen Angebots: Incoming, Tour Operation, Individualreisen, Business Travel. In gewisser Weise werden im riesigen indischen Markt ausserdem Geschäftsmodelle variiert, die sich in der Nachkriegszeit schon in der Schweiz bewährt haben. Mit einer eigenständigen Diversifikations-Strategie beweist Kuoni zugleich, dass sein Wachstum nicht allein auf Akquisitionen gegründet ist. «Travel related services» in typischer Ausprägung für den indischen Massenmarkt erreichen anspruchsvolle Ertragsziele.

• Unter der Marke TravelMate etablierte Kuoni Travel India 2003 einen Geldwechsel-Service für Kuoni-Kunden.

• Kuoni Travel India hat die Vertretung von Western Union Money Transfer übernommen und ein Netz von 900 eigenen Geschäftsstellen und selbständigen Agenturen in 120 Städten des Landes aufgebaut. In diesem System werden zwanzig Prozent des indischen Geldtransfer-Geschäfts abgewickelt. In einem jungen Land mit vielen Studenten, Gastarbeitern und Rucksacktouristen ist diese Art der Geldversorgung neben den Kreditkarten- und Bankensystemen von anhaltend grosser Bedeutung.

• Eine weltweit einmalige, aber in manchen Schwellenländern noch ausbaufähige reisebezogene Dienstleistung ist die von Kuoni seit 2001 aufgebaute Firma VFS (Visa Facilitation Service). Je mehr Inder als Gastarbeiter nach Südostasien und in die Golfstaaten ausreisen, je mehr junge indische IT-Spezialisten in aller Welt Geld verdienen, je mehr Touristen sich eine Überseereise leisten können, desto grösser wird die Nachfrage nach Visa. Die diplomatischen und konsularischen Vertretungen der Zielstaaten in Delhi waren schon lang nicht mehr in der Lage, den Andrang zu bewältigen. Nicht nur die stundenlangen Wartezeiten vor den Schaltern waren das Problem. Bei den enormen Distanzen im Subkontinent bedeutete es für einen Reisewilligen schon ein Tage und Wochen dauerndes Projekt, das nächst gelegene Konsulat aufzusuchen – ganz abgesehen davon, dass es nicht allen Menschen in Indien auf Anhieb gelang, die verlangten Dokumente zusammenzutragen. VFS schlug den Konsulaten vor, die gesamte Vorstufe der Visa-Erteilung – Information, Beratung, Sichtung und Prüfung der Dokumente, Ausfüllen der Fragebögen, Vereinbarung von Interviews – gemäss den Vorschriften des jeweiligen Landes an sie auszulagern. Unter der Regie von VFS – inzwischen wird das Konzept schon eifrig kopiert – wurden im ganzen Land Visabüros und Call Centers eröffnet, was den Reisewilligen allzu lange Wege erspart, die Vorbereitung der Dokumente verbessert und den gesamten Vorgang beschleunigt. Dass der Entscheid über die Visa-Erteilung nach wie vor beim jeweiligen Staat und dessen diplomatischen bzw. konsularischen Vertretern liegt, versteht sich. Vergangenes Jahr wurden über 700 000 Visa beschafft.

SOTC-Carnival – der alljährliche Anlass mit Kunden zwecks Markenbindung und -pflege.

statistiken spiegeln dies nur unvollständig, da zur gleichen Zeit in Indien ein enormer Marktaufbau mit 900 Neueinstellungen stattfand.

## «Grounding» von Kuoni befürchtet

Da alles nach einer längeren Durststrecke aussah, beantragte die schwerreiche Traditionsfirma neue Kreditlimiten. Sie wollte ihre finanzielle Flexibilität so hoch wie möglich halten. Doch obwohl Kuoni während Jahrzehnten vor Liquidität beinahe platzte und trotz aller Wirrnisse und Misserfolge immer kerngesunde Bilanzen vorwies, lehnten die Vertreter der langjährigen Hausbanken kühl ab. Sie hatten die Risikoprofile der Branchen neu definiert. Die Tourismuskonzerne, so stark sie einmal gewesen sein mochten, lagen tief im roten Bereich. Einer der Banker sagte dem Kuoni-Finanzchef: «Die Reisebranche ist für uns in der gleichen Risikoklasse wie Coiffeure und Restaurants.» Die Kuoni-Finanzleute schlugen als Alternative vor, die mit 100 Millionen eher konservativ bewertete, schuldenfreie Liegenschaft «Neue Hard» in Zürich, wo der Hauptsitz untergebracht war, mit Hypotheken von 50 Millionen zu belasten. Sogar das lehnten die Banker ab.

Max E Katz

Selbst auf die banalsten Alltagsgeschäfte drückte der Stimmungswandel durch. Gerade um den 11. September war die Übernahme eines kleinen Ostafrika-Spezialisten in den Niederlanden spruchreif. Das Transaktions-Volumen war für Kuoni-Verhältnisse gering. Was in der Konzernleitung unter normalen Umständen stillschweigend abgenickt worden wäre, führte zu einer ausführlichen Diskussion. Das Geschäft wurde während drei Wochen nochmals geprüft und dann schliesslich doch abgeschlossen.

Wie ernst die Lage von Kuoni in diesen Monaten war, geht aus einer einfachen Kopfrechnung hervor. Der Konzernbetrieb kostete rund 80 Millionen Franken pro Monat. Im November 2001 befanden sich noch rund 400 Millionen Franken in der Kasse. Und da kaum Geld herein kam, zeigte sich, wie schnell auch ein dickes Finanzpolster wegschmilzt. «Du, Max», sagte Hans Lerch eines Abends zu seinem Finanzchef Max E. Katz, «wenn es nicht bessert, müssen wir im Mai die Bilanz deponieren!» Noch drei Jahre später versichert Lerch, es sei ihm mit dieser Bemerkung bitter ernst gewesen; er habe sich damals ein «Grounding» von Kuoni als schlimmstmögliche Entwicklung durchaus vorstellen können.

Für Kuoni war das Geschäftsjahr 2001 das schlechteste in der Geschichte des Unternehmens. Infolge der operativen Verluste mussten die für Übernahmen bezahlten und als Goodwill-Werte aktivierten Summen massiv abgeschrieben werden. Deshalb und wegen massiver Verlustrückstellungen resultierte ein monströses Minus von 281,7 Millionen Franken. Allein für die Verluste im Zusammenhang mit dem überflüssigen schwedischen Novair-Airbus waren Rückstellungen von 80 Millionen Franken nötig.

## Verlustabschluss beflügelte Übernahmefantasie

In solchen Situationen pflegen die Börsenkurse zu tauchen. Weil die Börse im Guten wie im Schlechten die Zukunft vorwegzunehmen und für Hoffnungen oder Befürchtungen zu bezahlen pflegt, kann dies bei liquiden Gesellschaften wie bei Kuoni zu der paradoxen Situation führen, dass an bestimmten Tagen die Börsenkapitalisierung des ganzen Konzerns nicht viel höher ist als dessen Bargeldbestand. Das beflügelt natürlich sofort die Übernahme-Fantasie. Zu Beginn des Jahres 2003 wurde in mehreren Zeitungen der deutsche Reisekonzern TUI als ernsthafter Interessent für eine Gesamtübernahme von Kuoni genannt. Kuoni und der TUI-Konzern waren nicht nur scharfe Konkurrenten auf verschiedenen Märkten und immer wieder Rivalen in Übernahmekämpfen gewesen, sondern in der Schweiz auch Partner in der Firma TUI Suisse (vormals ITV), in der mit Vögele und Imholz zwei wichtige Konkurrenten eingebunden waren. Es wird nicht dementiert, dass zu dieser Zeit erste Kontaktgespräche, wenn auch nicht eigentliche Verhandlungen stattgefunden haben.

1999 hatte Kuoni 49 Prozent von ITV (später TUI Suisse) übernommen, 51 Prozent behielt TUI Hannover. Jelmoli (bzw. dessen Eigentümer Walter Fust) hatte seinerzeit die Anteile seiner Verlust bringenden Reisetochter an den TUI-Konzern verkauft, der damit eine tragfähige Basis für das Schweizer Geschäft zu finden hoffte. Im Rahmen einer neuerlichen Sanierung bot TUI nun die 49 Prozent dem Marktleader an. Sein Einsteigen begründete Kuoni nach aussen damit, dass er bei Imholz Einfluss nehmen und Langstreckencharter gemeinsam führen wolle. In Wirklichkeit handelte es sich aber um einen rein defensiven Schritt. Kuoni hatte Wind bekommen von Verhandlungen zwischen TUI und Hotelplan und wollte um jeden Preis verhindern, dass ihn der ewige Zweite nun plötzlich überflügelte. TUI wäre eigentlich durch ein während Übernahmeverhandlungen übliches Verhandlungsverbot mit Konkurrenzfirmen gebunden gewesen; diese Abmachung wurde aber umgangen, indem TUIs Mutterfirma Preussag mit Kuoni verhandelte. Die Vorbereitungen dauerten nur eine Woche.

In der Öffentlichkeit waren die Schweizer TUI-Gesellschaften immer als erfolgreich dargestellt worden, dabei bestand eine hohe Verschuldung. Unbestätigten Berichten zufolge bezahlte Kuoni trotzdem noch einen ansehnlichen Preis in der Hoffnung auf das Kooperations-Potenzial. 2004 wurde die TUI-Beteiligung an TUI Hannover zurückverkauft, weil sich die erhofften Synergie-Effekte vor allem beim Reservationssystem nicht eingestellt hatten.


## Mutiger Ausbauschritt bei Edelweiss

Das entscheidende Argument für Kuonis Einstieg bei ITV war das Gleichgewicht auf dem Schweizer Chartermarkt gewesen. Die Zusammenarbeit mit ITV gab denn auch den Ausschlag für die Umflottung der Edelweiss auf Airbus. Als bei Kuoni Anfang 2000 die Idee diskutiert wurde, einen Airbus A-330 anzuschaffen, rief Hans Lerch bei Philippe Bruggisser an, dem CEO der damals noch expansiven SAir-Group. Doch der Dialog blieb frostig.

Bruggisser: «Aber glauben Sie ja nicht, wir würden Ihnen helfen, wenn es Ihnen ein Triebwerk verjagt!»

Lerch: «Ich rufe nicht an, um Drohungen von Ihnen zu hören. Aber Sie haben zu viele Flugzeuge, und wir studieren eine Beschaffung. Ich möchte einen Deal mit Ihnen machen.»

Eher widerwillig schickte Bruggisser den Manager Stefan Helsing zu Kuoni. Der beurteilte den Businessplan von Edelweiss positiv und liess sich vernehmen, auch Swissair könnte nicht günstiger fliegen. Trotzdem zeigte Bruggisser kein Interesse, die Sache weiter zu verfolgen. Während einer Betriebs-Weihnachtsfeier erfuhr Hans Lerch diese Hintergründe von Thomas Stirnimann und reagierte sofort: «Ruf Nik Grob an und sag ihm, er soll den Airbus bestellen!» So ist Edelweiss zu ihren neuen Flugzeugen gekommen. Was im Rückblick als brillante Strategie dargestellt werden könnte, war in Wirklichkeit die impulsive und instinktgesteuerte Reaktion eines Top-Managers auf die brüske Demütigung durch einen andern.

Der Untergang der noblen Swissair stand in grellem Kontrast zum Aufschwung, den die Billig-Fluglinien nahmen. Ihre Angebote im Internet waren schlechthin unglaublich. Wer früh genug buchte und bereit war, sein Sandwich extra zu bezahlen, profitierte im Europaverkehr von Ticketpreisen, die nur einen Bruchteil der bisher gewohnten Tarife ausmachten. Die «Billigflieger» zogen freilich die englische Bezeichnung «low cost carriers» vor, denn die war sachlicher und genauer. Diese von Prestige und teuren Bindungen an Herkunftsnationen freien Airlines drückten die Kosten, wo sie nur konnten und gaben die Einsparungen an die Kunden weiter.

## Radikale Herausforderungen für die Reisebüros

Internet und Low Cost-Airlines: Beides zusammen stellte fundamental das Geschäftsmodell jener Reisebüros in Frage, die während vieler Jahre als Ticket-Händler ein angenehmes Leben geführt hatten. Wer über Internet bucht und mit einer ausgedruckten Buchungsbestätigung bei Easy-Jet am Schalter erscheint, um gleich bar zu bezahlen,

Mit dem Airbus 320 stellt sich Kuonis Fluggesellschaft der Herausforderung der Konkurrenz im Feriengeschäft.

braucht die Dienste eines Reisebüros nicht mehr, zumal auch die Billigflieger gerne
Hotels, Mietwagen und Ausflüge am Zielort besorgen. Da seit Anbruch des 21. Jahrhunderts deutlich mehr als die Hälfte der Erwachsenen in den westeuropäischen
Industrieländern Internet-Zugang besitzt, hatten die kostenbewussten Billigflieger
keine Hemmungen, die Reisebüro-Kommissionen zu streichen.
Für die Detailhändler im Reisegeschäft war dies eine radikale Herausforderung. Denn
der Druck der Newcomer zwang auch die traditionellen Airlines, ihre Vertriebskosten
zu senken. Schrittweise drückten auch die traditionellen Airlines die früher üblichen
9-Prozent-Kommissionen auf Flugtickets gegen die Nulllinie. Wann Hotels, Miet-
wagenunternehmen und andere Dienstleister diesem Beispiel folgen werden, ist offen,
aber vieles spricht dafür, dass es nur noch eine Frage der Zeit ist. Das bedeutet: Das
während Jahrzehnten bewährte Kommissions-Modell der Reisebranche wird über kurz
oder lang tot sein. Das Detailgeschäft der Reisebüros und die Vergütung ihrer Dienstleistungen muss von Grund auf neu erfunden, begründet und finanziert werden.

## «Beweisen, dass wir unser Geld wert sind!»

Vor dem Hintergrund der Internet-getriebenen Technisierung des Reisegeschäfts haben
sich in den letzten Jahren auf dem internationalen Markt neue und mächtige Player
gemeldet. In den USA entstanden – von IT- und Finanzgruppen abstammend – neue
aggressive Mischkonzerne, die den Reisemarkt vom Vertrieb her aufrollen. Ein Beispiel
ist Cendant, zeitweise eine der bestrentierenden Publikumsgesellschaften in den USA.
Sie betreibt Hotelketten (Howard Johnson, Ramada, Travelodge usw.), internationale
Reservationssysteme (Galileo, Travelport, Travelwire), Autovermietungen (Avis, Budget) und dürfte über kurz oder lang einen Weg ins Tour Operating suchen. Ähnlich
aufgestellt ist Barry Dillers InterActive Corporation. Diese neuen Konkurrenten investieren konsequent in Marken, Informationstechnologie, Kunden- und Distributions-
kompetenz. Ihnen wird zugetraut, die Landschaft der kommerziellen Touristik in den
nächsten Jahren umzupflügen. Jedenfalls ist im Jubiläumsjahr die Ausgangslage, die
sechs Jahre zuvor noch zum Fusionsprojekt mit First Choice geführt hatte, elementar
anders.
Das Internet nivelliert die Reisepreise nach unten. Als Tour Operator mit eigenen Flugzeugen kann Kuoni der brutalen neuen Null-Prozent-Politik noch ausweichen. Als Betreiber einer Detailhandelskette mit über hundert Reisebüros allein in der Schweiz dagegen wird er voll getroffen. Die Philosophie im Hause Kuoni ist angesichts dieser
umwälzenden Situation erstaunlich gelassen. «Das ist eine gesunde Veränderung», urteilte CEO Hans Lerch in einem Interview für dieses Buch (2004). «In Zukunft müssen
wir unsere Kunden davon überzeugen, dass unsere Beratung und Dienstleistung ein Ho-
norar wert ist. Das Internet wird uns zwingen, auch in den Reisebüros die günstigst-
möglichen Tarife anzubieten; daran führt kein Weg vorbei. Aber die Komplexität wird
für den Kunden zunehmen, und es wird immer mehr Leute geben, denen die Zeit zu
schade oder zu teuer ist, um lange im Internet nach dem günstigsten Tarif zu suchen und
sich durch die komplizierten Buchungsformulare zu kämpfen. Es wird immer mehr
Kunden geben, die diese Arbeit gerne an das Reisebüro delegieren. Je komplexer eine

Can we be the best?
Kuoni UK startete 2002
eine Aus- und Weiter-
bildungsinitiative mit Paul
Griffiths (rechts).

Buchung ist – eine Rundreise mit sechs, sieben Stationen, mit Anschlussflügen usw. –,
desto grösser ist die Chance, dass ein gewiegter Spezialist die günstigsten Tarife aus dem
Internet herauskitzeln kann und auch ein gutes Beratungshonorar elegant wieder ein-
spielt.»

Die Vision ist: Die Retail-Szene im Reisegeschäft wird sich zugunsten des Internets ver-
kleinern. Im Netz werden in fünf bis zehn Jahren zwischen 15 und 20 Prozent des Ge-
schäftsvolumens abgewickelt werden. In Zukunft wird Kuoni vermutlich weniger, dafür
grössere und besser besetzte Verkaufsstellen betreiben, mit Spezialisten für die wichtigen Destinationen und mit Tarifexperten, die den angestrebten Mehrwert durch Beratung auch tatsächlich zu realisieren imstande sind. Totale Preistransparenz ist im Zeitalter der Internet-Vergleichsdienste ohnehin vorauszusetzen. Über den Markterfolg
entscheidet am Ende die Qualifikation der Mitarbeitenden, somit auch deren Aus- und
Weiterbildung.

## Business Travel: schon früh auf neuen Wegen

Reto Bacher

In einem traditionellen Teilbereich des Reisegeschäfts, der in manchen Kuoni-Ländern
zeitweise bis zu 40 Prozent des Umsatzes lieferte, hat sich dieses grundlegend neue Geschäftsmodell bereits durchgesetzt. Der Geschäftsreisemarkt funktioniert schon lange
nach anderen Prinzipien als der Markt der Ferien- und Vergnügungsreisen – so fundamental anders, dass die beiden Bereiche kaum mehr etwas miteinander zu tun haben.
Vor diesem Hintergrund ist die Tatsache zu sehen, dass sich Kuoni im Jahre 2003 kurzerhand von seiner Geschäftsreise-Einheit getrennt und eine Konzentration auf den
Ferienreiseverkehr vollzogen hat.

Reto Bacher ist 1967 als kaufmännischer Lehrling bei Kuoni eingetreten und gehörte als
junger Mann zu Peter Diethelms erster Truppe bei Kuoni Challis & Benson an der
Bond Street in London. Ein Jahr langweilte er sich im Kuoni-eigenen internen Reisebüro in der Konzernzentrale von Sulzer in Winterthur. In den sechziger bis neunziger
Jahren hatte Kuoni bei rund fünfzig grossen Schweizer Firmen solche sogenannten
«Implants». Bacher übernahm die Leitung des Reisebüros bei Alusuisse, eröffnete und
führte die Filiale Buchs SG und profilierte sich später im International Departement
unter Kurt Heiniger als Eingreifreserve und Trouble-Shooter mit Arbeitsschwerpunkt
in Deutschland.

Den Unterschied zwischen Geschäfts- und Ferienreisen-Verkauf erklärt Reto Bacher so: «Geschäftsreisen brachten schon immer etwas weniger Marge, aber sie waren besser über das ganze Jahr verteilt und weniger mühsam zu verkaufen, weil die Kunden viel professioneller sind. Es sind Kunden, die nicht nur auf den Preis achten, sondern vor allem Service verlangen: einwandfreie Planung, Top-Informationen, übersichtliche und den Reise- und Spesenregeln des Unternehmens entsprechende Abrechnungen. Es sind vor allem die internationalen Konzerne, die Innovationen verlangen und Druck aus-üben. Wichtig ist ihnen die weltweit einheitliche Handhabung von Regeln und Abwicklungsvorgängen. Und immer mehr dieser Konzerne wollen in der ganzen Welt oder jedenfalls auf einem Kontinent möglichst nur mit einer einzigen Firma zu tun haben, denn auch sie kennen das System der Overrides und verlangen kraft ihrer hohen Geschäftsvolumen optimale Konditionen.»

## Weiche Faktoren als harte Fakten

Im hoch emotionalen, auf Personen und Beziehungen gegründeten Reisegeschäft geschieht Wachstum in der Regel durch Übernahmen. Entscheidend für deren Erfolg ist, ob es gelingt, die unterschiedlichen Firmenkulturen zusammen-zuführen und die übernommene Einheit in die neue Umgebung einzufügen. Die Geschichte der Fusion von Euro Lloyd und Kuoni Reisen GmbH in Deutschland (1998) ist das Beispiel einer Firmenzusammenführung, die im ersten Anlauf verlustreich misslang – wegen «weicher» Faktoren, die sich als harte Fakten erwiesen. Die Reisebürokette Euro Lloyd war zum Zeitpunkt der Fusion gut dreimal so gross wie die damalige deutsche Kuoni-Tochter. Tätigkeiten und Schwerpunkte der beiden Firmen dagegen waren ähnlich gelagert. Doch die Kulturen waren sehr unterschiedlich. Kuoni Reisen GmbH konnte, obwohl seit jeher eine Tochtergesellschaft, sehr eigenständig agieren und wurde von der Konzernzentrale in Zürich an der langen Leine geführt. Euro Lloyd dagegen war patriarchalisch und hierarchisch ausgerichtet. Es gab praktisch keine dezentrale Entscheidungsgewalt. Das Unternehmen war stark reglementiert, zentralistisch orientiert und autoritär geführt. Während die Manager beider Seiten verbal ihre Kooperationsbereitschaft beteuerten, wurden die Tatsachen erst sichtbar, als Mitarbeiter in massiver Anzahl kündigten. An Standorten, wo die Büros beider Firmen zusammengeführt werden mussten, waren die Kündigungen von der Kuoni-Seite her extrem hoch. Die Kuoni-Mitarbeiter beklagten sich über herabsetzende Bemerkungen und Blossstellungen. Mit den Mitarbeitern gingen manche Kunden. Innert weniger Monate verlor das neue Gebilde fast zwanzig Prozent des Umsatzes. Fazit einer nachträglichen internen Studie: «Bereits in der Due Diligence ist den Soft-Faktoren nicht genug Aufmerksamkeit geschenkt worden. Die betriebswirtschaftlichen Analysen wurden professionell durchgeführt, den Faktor Mensch hat man dagegen unterschätzt.» Man hatte den führenden Manager von Euro Lloyd falsch eingeschätzt, in der Kommunikationspolitik Fehler gemacht und dadurch wichtige Kunden verärgert. Schliesslich verpuffte die Energie auf beiden Seiten in Stellungs- und Grabenkämpfen. Und die Konzernführung aus Zürich – mit der von Gullotti favorisierten Matrix-Organisation – versagte ebenfalls.

Die Lösung wurde, auch den Trends des Geschäftsreisebereichs folgend, in einer Ausgliederung der Geschäftsreise-Aktivitäten in eine eigene, grenzüberschreitende Strategische Geschäftseinheit gefunden. Damit gingen Sofortmassnahmen in Deutschland einher. Das alte Management von Euro Lloyd wurde entfernt, an seiner Stelle wurde temporär eine Task Force eingesetzt mit der Aufgabe, die Schäden zu begrenzen. Nun war der Weg frei für eine wirkliche Zusammenführung aller Aktivitäten und die Realisierung der erwarteten Einsparungen. Nach drei Monaten war die Reorganisation beendet. 2001 war der Turnaround geschafft.

Das Kuoni-Prospekt-
sortiment von 2000/2001
spiegelt die auseinander
laufenden Trends der
Reisemärkte.

Dazu kam ein anderer wichtiger Punkt, der früher für die Beibehaltung selbst gering-
fügiger Geschäftsreise-Portefeuilles in den einzelnen Filialen sprach. Die Geschäftsreisen trugen nicht wenig zu den Gesamtumsätzen mit den Leistungsanbietern bei und
sicherten Kuoni – zusammen mit dem viel bedeutenderen Feriengeschäft – die höheren
Overrides. Hätte Kuoni die Geschäftsreisesparte damals schon abgegeben, wäre er auch
im Feriengeschäft weniger konkurrenzfähig geworden. Und schliesslich ist die Vermarktung von Geschäfts- und von Ferienreisen völlig verschieden. Geschäftsreisen sind
emotionslos, Ferienreisen zu verkaufen wird immer eine emotionale Sache sein.»

## Auseinander laufende Entwicklungslinien

Trotzdem war durch die globale Entwicklung in der Touristikbranche vorgezeichnet,
dass das Geschäftsreisewesen einen eigenen, von den Ferienreisen unabhängigen Weg
zu gehen hatte, und zwar in enger internationaler Kooperation. Ein früher internationaler Verbund von Geschäftsreise-Agenturen formierte sich in den siebziger Jahren
unter der Bezeichnung «Woodside» und war eine freie Allianz für gemeinsamen Einkauf und Service. Treibende Kräfte waren die Amerikaner. 1990 wurde BTI (Business
Travel International) als globales Joint Venture für Travel Management gegründet in
der Absicht, internationalen Geschäftsreisekunden ein weltumspannendes Netzwerk anbieten zu können. Heute ist BTI in über hundert Ländern der Erde vertreten. Kuoni
trat dem Verbund 1992 bei und besorgte die Geschäfte in der Schweiz, Liechtenstein,
Österreich und Ungarn. 1997 wurden Kuonis Geschäftsreise-Sektoren in Frankreich
und Italien an die britische Hogg Robinson abgegeben.
In Deutschland hatte Kuoni zum wiederholten Mal den Markteintritt gesucht, zuletzt
mit der stark auf Geschäftsreisen konzentrierten Kuoni Reisen GmbH. Doch mit rund
400 Mitarbeitenden und 46 Geschäftsstellen im Bundesgebiet war diese Firma zu klein.

# Nie im Offside mit
## BTI Euro Lloyd Sportreisen

**Vor 30 Jahren: der erste Kick**

Die Zusammenarbeit mit dem DFB begann bereits vor 30 Jahren. 1993 wurde dann zwischen Euro Lloyd und dem Deutschen Fussball-Bund ein Joint Venture gegründet: Das Euro Lloyd DFB Reisebüro GmbH war geboren. Es galt schon damals die Mannschaft und ihre Delegation zu betreuen. Sämtliche Auslandreisen müssen bis ins Detail vorbereitet und organisiert werden. Der DFB-Tross benötigt Flugplätze, Hotels und ideale Trainingsbedingungen. Nicht zu vergessen sind auch die DFB-Sponsoren, die mit ihren eigenen Gästen möglichst mit der Mannschaft zusammen reisen wollen und natürlich die Fans - schliesslich muss jemand die «La Ola-Welle» machen und die Mannschaft anfeuern!

Aufgrund der erfolgreichen Zusammenarbeit mit dem DFB stieg auch die Nachfrage seitens der Vereine der Bundesliga. Seit 1995 besteht ein Implant-Reisebüro beim FC Bayern München. Im Frühjahr 2000 folgte ein gemeinsames Reisebüro Joint-Venture mit Borussia Dortmund und im Juli 2000 ebenfalls ein Gemeinschaftsunternehmen mit Bayer 04 Leverkusen. Als jüngstes Mitglied stiess die Liga Travel GmbH, ein gemeinsames Unternehmen mit der DFL Deutsche Fussball-Liga GmbH, zur BTI Euro Lloyd Sports-Familie. Die Firma ist das erste offizielle Reisebüro der ersten und der zweiten Bundesliga.

Dank Kooperation mit BTI Euro Llyod Sports betreut das DMC Europe häufig auch die führenden Bundesliga-Teams, wie z.B. Bayer 04 Leverkusen (im roten Tricot Michael Ballack).

Da allein durch inneres Wachstum die notwendige Grösse nicht innert kürzerer Frist zu erreichen war, wurde ein Übernahmekandidat gesucht. Anfang 1998 übernahm Kuoni die Euro Lloyd Reisebüro GmbH und führte sie mit der angestammten deutschen Tochtergesellschaft zur neuen BTI Euro Lloyd Reisebüro GmbH mit Sitz in Köln zusammen.

Mit der Konzernreorganisation von 1999 wurde der Geschäftsreisen-Bereich aus den jeweiligen Länderorganisationen herausgelöst und zu einem selbständigen Konzernbereich unter der Leitung von Reto Bacher erhoben. Nach dem Schock vom 11. September 2001 wurde der ganze Bereich von Grund auf neu geprüft. Dabei erwies sich, dass die Kunden, vor allem die globalen Konzerne, die inzwischen 40 Prozent der Umsätze lieferten, immer strengere Forderungen stellten. Sie wollten weltweit möglichst einheitliche Konditionen, was auf der Anbieterseite einen auch vertikal integrierten Konzern voraussetzte und nicht bloss – wie bei Kuoni – ein Netz von Beziehungen und assoziierten Firmen. Sodann zeichneten sich massive Investitionen in die Informationstechnologie ab.

Parallel dazu hatte sich das Geschäft grundlegend verändert. Die Liberalisierung der Weltwirtschaft, der steigende Wettbewerb der Airlines und der damit verbundene Druck, Vertriebskosten zu senken, prägten die Szenerie. Die Kunden forderten laufend Kostenreduzierung und eine internationale Konsolidierung ihres Reisevolumens. Neue Anbieter (z.B. Internet-Portale) und neue Techologien (Online-Buchung) führten zu einer völlig veränderten Ausgangslage. Dazu kam: Geschäfts- und Ferienreisen haben immer weniger miteinander zu tun. Die Synergien werden immer unbedeutender, denn beim schnell zunehmenden Abbau des Kommissionssystems spielt auch der Beitrag der Geschäftsreisesparte zu den Override-Kommissionen keine Rolle mehr. Die Folgerungen sind klar: Die Bedeutung nationaler Grenzen im Geschäftsreisenmarkt nimmt stark ab. Jeder Anbieter muss sich entscheiden, ob er sich als Global Player oder als Spezialist in einer Nische positionieren möchte.

Reto Wilhelm

## Warum sich Kuoni von der Geschäftsreise-Sparte trennte

Der 2002 neu formierte Verwaltungsrat nahm sofort die Überarbeitung der Konzernstrategie in Angriff, die sich auf die drei Hauptgeschäftsfelder konzentrierte: Tour Operating, Incoming, Geschäftsreisen. Geleitet wurde die Strategiearbeit von Reto Wilhelm, einem Betriebswirtschafter, der sein Studium als Flight Attendant verdient und
schon Ende der 80er Jahre bei Kuoni gearbeitet hatte. Unter Michel Crippa hatte er zusammen mit Peter Fankhauser die Abteilung für Unternehmensentwicklung aufgebaut,
die es bis dahin bei Kuoni nicht gegeben hatte. Später machte Wilhelm Karriere bei der
Swissair, die er erst nach dem Grounding verliess um zu Kuoni zurückzukehren, dieses
Mal als Mitglied der Konzernleitung.

## Zukunftslabor, nicht Reparaturbetrieb

Tourismus, so lautet ein bitteres Wort, sei die
einzige Industrie, die systematisch ihre eigenen
Grundlagen zerstöre. Und ein Blick auf die
Bettenburgen an den Traumstränden der Welt,
hinter denen sich die ökologischen Probleme
auftürmen, scheint dies zu bestätigen.
Es gehört zum Qualitätsbegriff, der die Marke
Kuoni prägt, dass Verantwortung für die
Umwelt wahrgenommen wird und dass sich die
Organisation nach ehrgeizigen Standards im
Markt bewegt. Seit dem Jahr 2000 wurde bei
Kuoni ein konzernweites Umweltprogramm
aufgebaut. Pilotbetrieb war Kuoni Schweiz,
die erste Reiseorganisation, die 2003 nach einer
strengen Prüfung durch Auditoren der SGS
(Société Générale de Surveillance) die Zertifi-
zierung nach ISO-14001 erhielt. Das für Kuoni
Schweiz erarbeitete Umwelt-Leitbild soll nun
Schritt für Schritt auf die ganze Gruppe ausgedehnt werden. Schwerpunkte werden bei Mit-
arbeiterschulung, Kundeninformation und
bei den Beziehungen zu den Dienstleistungs-
partnern (Hotels, Airlines, Kreuzfahrtschiffen)
gesetzt. Dabei arbeitet Kuoni nicht mit Druck
und Zwang, sondern mit positiven Anreizen.
Qualifizierte Partnerbetriebe, welche die genau
definierten Umweltstandards erfüllen, werden
in den Katalogen mit einem separaten Logo ausgezeichnet; über neunzig von ihnen haben bereits den in Fachkreisen begehrten «Green Planet
Award» erhalten, der jährlich zu erneuern ist.
Damit ist dafür gesorgt, dass die Anstrengungen
nicht nachlassen. Massgebend ist, ob der Part-
nerbetrieb eine ausformulierte Umweltpolitik

besitzt und diese auch konkret umsetzt, vor
allem bei Wasser- und Energieverbrauch, Abfall-
produktion, Recycling-Anteil usw. Was einer der
Verantwortlichen in einem Erfahrungsbericht
formuliert hat, gilt ohne Unterschied für alle
Erdteile: «Wer die Umwelt krass missachtet, hat
in der Regel auch andere Management- und
Qualitätsprobleme und ist deshalb langfristig
nicht als Kuoni-Partner qualifiziert.»
Was mit dem bewussten und verantwortungs-
vollen Umgang mit der Umwelt begann,
soll in Richtung «corporate responsibility» ausgebaut werden. Im Jubiläumsjahr arbeitet
Kuoni intensiv an konzernweit verbindlichen
Richtlinien, die auch die Schonung gefährdeter
Tier- und Pflanzenarten, die soziale Verantwortung der Nachfrager und Arbeitgeber in Bereichen wie faire Arbeitsbedingungen, Kinder-
arbeit, Schutz vor wirtschaftlicher und sexueller
Ausbeutung und dem Verhalten in politisch
heiklen Situationen mit einschliessen. Dabei sind
Menschenrechte, Demokratisierungsgrad und
Rechtssicherheit die grossen Themen. Es ist
nicht so, dass sich Kuoni als Schulmeister
aufspielen wollte. Doch strebt der Marktführer
eine Vorbild-Rolle an, womit gleichzeitig das
Vertrauen in die Marke Kuoni gestärkt wird.
Es geht darum, Standards zu setzen, mit denen
ein vorausschauendes, pro-aktives Verhalten
möglich ist. Kuonis Umwelt-Management soll
kein Reparaturbetrieb sein, sondern ein
Zukunftslabor.

Am Ende der umfangreichen Umfeld- und Unternehmensanalyse, im Februar 2003, stand Kuoni vor der Frage, entweder schrittweise die ganze BTI zu übernehmen oder die bestehenden Geschäftsreise-Bereiche abzustossen. Ein erster Schritt zur BTI-Übernahme wäre der Erwerb von Hogg Robinson gewesen, der zweite die Übernahme von mindestens 51 Prozent des amerikanischen Partners. Das hätte zwischen 600 und 800 Millionen Franken gekostet und die Gewichte innerhalb des Kuoni-Konzerns entscheidend verschoben. Der Entscheid wurde Ende 2003 öffentlich. Kuoni verkaufte seine gesamte Geschäftsreisesparte BTI Central Europa (Verkaufserlöse 2002: ca. 2 Milliarden Franken) an Hogg Robinson.

Das war ein radikaler Schnitt. Ohne äusseren Druck trennte sich Kuoni erstmals von einem wesentlichen Geschäftsbereich, der zeitweise bis zu einem Drittel seines Umsatzes gebracht hatte. Reto Wilhelm: «Wir haben gesehen, dass sich das Businss Travel-Geschäft in eine völlig andere Richtung entwickelte und dass wir sehr viel Geld hätten investieren müssen, das uns in den Kernbereichen Tour Operating und Incoming bald gefehlt hätte. Also haben wir beschlossen, unsere Geschäftsreisesparte zu verkaufen.»

Damit hat sich Kuoni entschieden, die Zukunft als Ferienreise-Spezialist in Angriff zu nehmen. Hier legte die Strategiearbeit die geografischen Prioritäten fest. Entwicklungs-

## 26. Dezember 2004

Was am zweiten Weihnachtstag des Jahres 2004 in Südostasien geschah, überstieg jedes menschliche Vorstellungsvermögen. Ausgerechnet in der höchsten Touristensaison verwüstete ein gewaltiges Seebeben ganze Küstenstriche in 14 Anrainerstaaten des Indischen Ozeans. Besonders schwer betroffen wurden Indonesien, Thailand, Sri Lanka und die Malediven. Die Zahl der Todesopfer wurde zwei Monate nach der Katastrophe auf rund 300 000 geschätzt. Etwa zehn Millionen Menschen wurden obdachlos. Das Epizentrum des Bebens lag vor der Nordwestküste Sumatras. Schwer betroffen wurden beliebte Ferienziele in Thailand (Phuket, Phi Phi). Ein Drittel der Ferieninseln auf den Malediven trugen Schäden davon.

Wie alle internationalen Reiseveranstalter löste auch Kuoni unmittelbar nach der Katastrophe ein Notprogramm aus, das den Rahmen der planbaren Aktivitäten im Notfall bei weitem sprengte und von allen Beteiligten – Reiseleitern, Mitarbeitern in den Stationen und in der Zentrale, aber auch vom diplomatischen und konsularischen Dienst – gewaltige Anstrengungen forderte. Rückblickend wurde bei Kuoni selbstkritisch festgehalten, dass die Situation wohl zu lange unterschätzt worden war und dass es in

Die tödliche Welle des Tsunami: rund hundert Kuoni-Gäste werden vermisst.

Zukunft geboten wäre, sofort und auf blossen Verdacht hin erfahrene eigene Leute an die Brennpunkte der Katastrophe zu entsenden, um die Bedürfnisse direkt abzuklären, die lokalen Kräfte zu unterstützen und erste Hilfsmassnahmen einzuleiten.

Insgesamt waren rund 7000 Pauschalreisegäste der Kuoni-Gruppe in den betroffenen Gebieten. Zwei Monate nach der Katastrophe wurden noch 99 Kuoni-Gäste vermisst, davon neun Schweizer und neunzig Gäste aus Skandinavien. Die materiellen Schäden, die in Anbetracht des menschlichen Leides von untergeordneter Bedeutung sind, werden für Kuoni 20 bis 25 Millionen Franken betragen, um die der Gewinn vor Zinsen und Steuern (EBITA) im Jahre 2005 geschmälert werden dürfte.

Potenzial wird in Europa vor allem in Frankreich, Italien und den Niederlanden gesehen; die gesättigten Märkte in der Schweiz und in England, wo Kuoni bereits sehr stark ist, werden als Halte-Positionen betrachtet. Der Rückzug aus Deutschland war ebenfalls eine Folge dieser strategischen Neuausrichtung. Im Mai 2005 wurde die Kuoni Reisen GmbH mit 32 Büros an die Otto Freizeit und Touristik GmbH verkauft.

## Erwachende Märkte

Zu den grossen strategischen Prioritäten von Kuoni gehören die erwachenden Riesenmärkte in Indien und China. Schon 2000 hatte Kuoni in Indien den führenden Reiseveranstalter SOTC übernommen und zusammen mit dem Incoming-Spezialisten Sita Travel zur unbestritten grössten Reise-Organisation des Subkontinents vereinigt. Der China-Markt wurde zunächst aus Hongkong bearbeitet. Es folgte die Eröffnung von Repräsentationsbüros in Peking und Schanghai. Unter der Produktmarke Sky Travel will Kuoni, auf seiner Bekanntheit und seinem Ansehen im Inbound aufbauend, ein Geschäft aufbauen und chinesischen Wiederverkäufern Landarrangements in Europa und den USA anbieten. Ausserdem wird der Bereich MICE (Messen, Incentives, Kongresse, Events) speziell bearbeitet. Reto Wilhelm sagt klar: «Unser Ziel ist es nicht, bei den Grössten zu sein, sondern bei den Profitabelsten. Wir haben es in China nicht auf Joint Ventures abgesehen, sondern möchten unser Geschäft aus eigener Kraft aufbauen und dereinst mit einer eigenen Outbound-Lizenz auf dem Markt auftreten können. Unser Ansatz ist betont langfristig. Er beruht auf Know-how, Vernetzung und Präsenz.»

Dass dies auch wirklich geschieht, wird durch die Umsatzentwicklung seit 1995 bestätigt. In dieser Zeit wurden zwar rund vierzig Firmen übernommen. Doch die in den Boomjahren 1996 bis 2000 erzielte Umsatzsteigerung von 18 Prozent verteilt sich gleichmässig auf Akquisitionen (10%) und organisches Wachstum (8%). Dass in der gleichen Zeit die EBITA-Marge von 3,6 auf 4,3 Prozent stieg, ist ein Zeichen dafür, dass die Akquisitionen in der Regel gut verdaut und schnell rentabilisiert worden sind.

Unter der Marke Apollo arbeitete sich Kuoni zur marktführenden Reisegruppe in Skandinavien empor.

## Zurück zu den Wurzeln

Mit der Premium-Marke «World Class»
kehrt Kuoni nach hundert Jahren zu seinen
Wurzeln zurück. In Frankreich heisst die Marke
«Emotions», in Italien «Emozioni». Gemeint ist
immer dasselbe: höchster Luxus im obersten
Segment.

1906, als das Unternehmen als kleines Reisebüro in Zürich gegründet wurde, konnte
eine Reise nach Ägypten durchaus den Jahres-
lohn eines Beamten oder mehr kosten. Folglich
war das Reisen zwangsläufig ein Privileg der
Begüterten. Diese frühe Prägung wirkte für
Kuoni bis heute Image-bildend, was nicht immer
ein Vorteil war. Später hinzu getretene Konkurrenten konnten sich, die neuen Möglichkeiten
des Flugverkehrs und des Massentourismus aus-
nützend, zeitweise gegen den vermeintlich
«teuren», auf «vornehme» Kundschaft fixierten
Kuoni als «Preisbrecher» profilieren.

Heute sind im Tourismus die Optionen nach
allen Seiten – nach oben, nach unten, seitwärts –
in einer Weise offen, die sich die Menschen
von 1906 nie hätten vorstellen können. Es gibt
zweiwöchige Griechenland-Pauschalarrange-
ments für knapp 600 Franken, und es gibt ein
Luxushotel auf Kreta, in dem eine einzige Nacht
in der Palace-Suite mit privatem Schwimmbad
das Vierzigfache davon kostet, Frühstück
immerhin inbegriffen.

Das Kuoni-Programm «World Class» schöpft
die Faszination des Reisens und den Zauber des
Ankommens am obersten Ende der Skala aus.
Es versammelt Traumschiffe und ultimative
Hotelparadiese an den schönsten Stränden der
Welt. Parks von der Grösse von Kleinstädten,
Suiten wie Palastgemächer, Luxus bis zum letzten
Kristallglas – und das Kostbarste: die Aufmerk-
samkeit hoch professioneller Gastgeberinnen und
Gastgeber. Wo Geld vermeintlich keine Rolle
spielt, wird stilvolle Erholung zur Kunst erhoben,
und die Namen klingen wie Gedichte: Elounda
Beach, Amanpuri, Amankila, Amanjena. Und die
Destinationen rufen Jugendträume ab: Bali,
Marrakesch, Mexiko. Jede Reise wird individuell
arrangiert, und jeder Luxus ist möglich: der Heli-
kopter zum Hinfliegen, der private Butler, das
Festmahl am Strand. Glück ist nicht käuflich,
aber Wohlbehagen ist es, fast um jeden Preis,
wie der «World Class»-Katalog zeigt. Doch was
heisst da Katalog? Es ist ein Bildband.

Es ist nicht nur der Jet-Set, der sich solche
Ferien gönnt. Die Liga der Luxus-Fans, die Internationale der Aficionados der feinen Lebensart
scheint durch viele Schichten zu gehen. Einmal
im Jahr oder einmal im Leben sich selber
belohnen für alles, was man geleistet hat. Es
gibt manchen bequemeren Weg, sein Geld aus-
zugeben. Aber kaum einen genussreicheren.

Zum perfekten Service rund um «World Class»-
Traumferien gehört, dass sich dienstbare Geister
zuhause um Haus und Garten kümmern, auf
Wunsch die Post weiterleiten und die Blumen
giessen. Genau das war schon ein Standard-
Angebot von Alfred Kuoni vor hundert Jahren.
Es gibt selbst im wandlungsfreudigen Tourismus
eben Dinge, die sind so sinnvoll, dass sie nicht
geändert werden müssen.

# Die Reise hat erst begonnen!

*von Andreas Schmid und Armin Meier*

Andreas Schmid

Armin Meier

Hundert Jahre alt zu werden ist ein Glück, kein Verdienst – und schon gar nicht ein Verdienst, das wir Heutigen uns anrechnen lassen könnten. Wenn solche kalendarischen Meilensteine einen Sinn haben, dann den, dass wir aus den Erfahrungen der Vergangenheit lernen. So hat uns das dynamische und emotionelle Touristikgeschäft beigebracht, dass nur die ständige Bereitschaft zum Wandel und zur Erneuerung Erfolg bringen kann. Hätte Alfred Kuoni nicht schon 1912 die Sitzverlegung an den Zürcher Bahnhofplatz gewagt, wäre seine Reiseagentur wohl ein kleines, lokales Unternehmen geblieben. Ganz oder gar nicht – «up or out» – vor diese Wahl sah sich Kuoni im Laufe des ersten Jahrhunderts immer wieder gestellt. Der Schritt vom Lokalmarkt Zürich zur ersten kleinen Filialkette in den zwanziger Jahren, der Sprung ins Ausland, der jähe Abbau während des Zweiten Weltkriegs, der Vorstoss ins Tour Operating und schliesslich ins Flugcharter-Geschäft – das Unternehmen Kuoni war immer dann erfolgreich, wenn es einen sorgfältig erwogenen Entscheid konsequent in die Tat umsetzte. Zuletzt bestätigte sich dies beim Abschied vom Geschäftsreise-Bereich durch den Verkauf von BTI (2003). Damit ging die ausschliessliche Ausrichtung auf Ferien- und Erlebnistourismus einher. Seither gilt uneingeschränkt: Kuoni hilft seinen Kunden, die schönsten Tage des Jahres sinnvoll und erlebnisreich zu gestalten. Als Erlebnis-Vermittler sind wir, wenn wir es uns richtig überlegen, im schönsten Geschäft der Welt tätig.

## Das Netz verändert das Geschäftsmodell

Mit dem zeitlichen Vorsprung, der ihm eigen ist, hat uns der Business-Travel-Bereich gezeigt, wohin in unserer Branche die Reise geht. Sie wird uns schon in unmittelbarer Zukunft zu einem radikalen Wechsel des Geschäftsmodells führen, für den der Begriff «Strukturwandel» viel zu schwach ist. Die grossen Treiber dieser Entwicklung sind das Internet und die mit ihm verwandten Technologien. Noch werden heute je nach Land und Marktsegment erst zwischen 5 und 25 Prozent unseres Geschäfts über das Netz abgewickelt. Aber manche Bereiche – vor allem die kostenbewussten Repeater und das populäre Feriengeschäft – werden in den nächsten paar Jahren vierzig, fünfzig Prozent ihrer Umsätze ins Netz transferieren. Die bestehenden Absatzkanäle, vor allem die Filialen, werden dadurch nicht überflüssig werden, doch wird ihnen der radikal veränderte Markt neue Funktionen zuweisen. Unter dem Druck der Low-Cost-Carriers sind die Fluggesellschaften mit ihrer Null-Prozent-Strategie vorausgegangen. Die klassischen Reisebüros müssen ihr Geld vermehrt mit qualifizierten Beratungsleistungen verdienen, für die der Kunde dann zu bezahlen bereit ist, wenn er einen Mehrwert erhält. Dies ist eine grosse Herausforderung an unsere Kompetenz. Das Risiko besteht darin, dass wir nur noch die nach unten nivellierten Margen eines IT-Unternehmens, aber die Kosten einer konventionellen Firma haben.

Auf den globalen Märkten zeigen uns neue Firmen-Konglomerate mit Biografien, die teils in die IT-Technologie, teils ins Finanzgeschäft zurückreichen, worauf es in Zukunft ankommt. Die online-getriebenen Anbieter machen nicht mehr die für das klassische Reisegeschäft bisher typische Unterscheidung zwischen «Premium-Kategorie» und «Massengeschäft». Sie wissen, dass die meisten modernen Menschen ihren sozialen Status längst nicht mehr durch ein berechenbares und klassiertes Konsumverhalten definieren, dass sie sich vielmehr situativ und sprunghaft verhalten: heute Business Class, morgen Billigferien. Mehr denn je wird der Erfolg im Reisegeschäft von IT-Technologie (Buchungs- und Reservationssysteme), von der Vertriebsleistung und von der Fähigkeit zur Kundenbindung abhängen. Mit einem Satz: Je mehr wir über unsere Kunden wissen, desto grösser ist unsere Chance, mit ihnen dauerhaft im Geschäft zu bleiben.

Erste Priorität in der Unternehmensentwicklung der nächsten Zukunft ist somit ganz klar eine umfassende konzernweite Technologie-Strategie.

## Mit der Kraft der Menschen und der Marke

Wir meistern die Herausforderungen der Zukunft – und zwar mit den einmaligen Stärken der Kuoni-Organisation: mit der Kraft unserer Marke und mit einer Dienstleistungshaltung, die sich kompromisslos an den Wünschen unseres Kunden orientiert.

Die Marke macht – namentlich im Internet – unsere Identität und die mit ihr verbundenen Kernwerte sichtbar: schnell, klar kenntlich, weltweit. Dies setzt aber voraus, dass die Marke Kuoni in allen Märkten dasselbe bedeutet. Es wird zu einer neuen Ausscheidung in den Märkten kommen, hier schneller, dort bedächtiger: Die Standardgeschäfte wandern auf das Internet, unsere Niederlassungen und Reisebüros müssen sich zu Kompetenzzentren für qualifizierte Beratung weiterentwickeln.

Kundenorientierung heisst: Nicht was wir am liebsten verkaufen, ist wichtig, sondern was der Kunde in seiner jeweiligen Situation wünscht. Gerade Unternehmen mit grosser Fachkompetenz und jahrzehntelangem Erfolg neigen dazu, in ihre Produkte verliebt zu sein. Das ist besonders gefährlich in einer Branche, die derart emotionell und innovativ ist und es mit Kunden zu tun hat, die immer selbstverständlicher das ganze Alphabet der Angebote zwischen superbillig und hochwertig buchstabieren.

Wer sich als Tour Operator, als Incoming-Spezialist und als Reise-Detaillist kompromisslos auf die schnell ändernden Kundenbedürfnisse einstellt, sollte nicht von eigenen Kapazitäten abhängig sein. Das bedeutet für unsere Unternehmensstrategie, dass wir uns auf unsere Kernkompetenz als Organisatoren, Vermittler und Händler konzentrieren, aber sicher keine eigenen neuen Infrastrukturen – Hotels, Transportmittel – aufbauen wollen. Sinnvoll sind eigene Kapazitäten, wie das Erfolgsbeispiel «Edelweiss» bewiesen hat, bei den Flugzeugen, die beweglich eingesetzt werden können und die eine Voraussetzung bilden für ein erfolgreiches Tour Operating, was wiederum eine befriedigende Auslastung garantiert.

## Swissness in einem internationalen Unternehmen

Kuoni ist ein internationales Unternehmen schweizerischer Herkunft. Es erfreut sich aller Vorteile, die der Begriff der «Swissness» mit sich bringt. Doch das kleine Land, in dem die Firma vor nunmehr hundert Jahren gegründet worden ist, kann nicht mehr der Mittelpunkt der Konzernwelt sein. In den letzten zwanzig Jahren ist das Gewicht der nichtschweizerischen Märkte im Kuoni-Konzern ständig gewachsen; im Jubiläumsjahr stammen von jedem Franken, den Kuoni einnimmt, 75 Rappen aus dem Ausland. Unsere geografische Aufstellung ist derzeit noch stark von den historischen Entwicklungen geprägt. In Europa liegen unsere Stärken derzeit klar in Grossbritannien – wo wir seit Jahren sehr erfolgreich eine Nische besetzen – in der Schweiz und in Skandinavien, wo der hindernisreiche Aufbau jetzt Früchte trägt. Die Prioritäten für den Ausbau sehen wir in Frankreich, in den Niederlanden und in Italien, wo es gelungen ist, die Positionen Kuonis wesentlich zu stärken.

Unter den überseeischen Märkten hat sich Indien hervorragend entwickelt. Die dortigen Kuoni-Unternehmen sind, wenn man den Geldwechsel ausklammert, bereits heute die Marktführer in Outbound und Incoming. Von Indien aus bauen wir auch das Geschäft in den Emiraten auf. Noch verlockender ist das Potenzial der erwachenden Wirtschafts-Grossmacht China. Dort lag die Priorität vorerst auf Incoming-Leistungen, die uns erlaubten, den Markt kennen zu lernen, während wir mit den jüngsten Ankündigungen nun auch in den Bereich des Tour Operatings vorstossen, soweit es die geltenden Rahmenbedingungen zurzeit erlauben. Die USA schliesslich sollten wir nicht nur unter aktuellen Gesichtspunkten betrachten, sondern vor allem als strategischen Markt.

In der jüngsten Vergangenheit hat Kuoni jedes Jahr durchschnittlich 70 Millionen Franken investiert, davon 30 bis 45 Prozent in die Informations-Technologie. Ein steigender Anteil entfiel auf die Personalentwicklung, insbesondere auf die Aus- und Weiterbildung auf allen Stufen. Diese Akzente sind zu verstärken. Wenn wir ein lernendes Unternehmen sein wollen, müssen wir in Intelligenz und in Daten investieren.

Zum Jubiläumsjahr hat uns die WTO mit der Mitteilung erfreut, dass der Tourismus derzeit jährlich im Zehnprozent-Takt wächst, stärker als in den zurückliegenden zwanzig Jahren. Wir sollten uns darauf nicht verlassen, denn die Risiken sind gestiegen und neue Wettbewerber drängen mit aller Kraft in die Märkte. Aber in das zweite Kuoni-Jahrhundert dürfen wir mit einer gesunden Mischung aus Vorsicht und Zuversicht eintreten. Unser Ziel ist: Wir wollen weltweit der qualitativ führende Reisekonzern sein. Eigentlich haben wir alles, was es zum Erfolg braucht: die Menschen – tüchtige Mitarbeiter, verlässliche Partner in aller Welt –, das Wissen, die Mittel, den Markt. Nur wir selbst können uns daran hindern, unser Ziel zu erreichen!

Andreas Schmid ist Präsident des Verwaltungsrates der Kuoni Reisen Holding AG.
Armin Meier ist Vorsitzender der Konzernleitung der Kuoni Reisen Holding AG.

# Meilensteine

1906    Alfred Kuoni gründet am Sonnenquai 6 (heute Bellevue) in Zürich ein Reisebüro als Erweiterung der Fuhrhalterei, die er zusammen mit seinen Brüdern betreibt.

1907    Erste begleitete Gruppenreisen nach Ägypten.

1912    Alfred Kuoni mietet am Bahnhofplatz 7 eigene Ladenlokalitäten und führt fortan das Geschäft als Einzelfirma unter dem Namen Reisebureau A. Kuoni.

1914    Harry Hugentobler tritt als Changekassier in die Firma ein.

1923    Eröffnung der ersten Filiale in St. Moritz.

1925    Umwandlung der Einzelfirma in die Aktiengesellschaft Reisebureau A. Kuoni AG; Harry Hugentobler wird Partner und Minderheitsaktionär mit 40%. Eröffnung von Büros in Luzern und verschiedenen Kurorten in der Schweiz. Erste Niederlassung im Ausland in Nizza. Bis zum 2. Weltkrieg werden in der Schweiz, in Frankreich und Italien zahlreiche weitere Büros eröffnet.

1943    Tod des Firmengründers Alfred Kuoni. Seine Aktien gehen an den Sohn Alfred Kuoni II. über. Er tritt in den Verwaltungsrat ein.

1945    Jack Bolli tritt als Fremdsprachenkorrespondent in die Reisebureau A. Kuoni AG ein.

1951    Erneute Auslandexpansion mit Niederlassungen in Frankreich (Paris) und Italien. Als erster europäischer Reiseveranstalter bietet Kuoni Pauschalreisen nach Ostafrika an.

1957    Gründung der Kuoni- und Hugentobler Stiftung als Firmeninhaberin mit Kapital- und Stimmenmehrheit. Alfred Kuoni II. ist Präsident der Stiftung. Harry Hugentobler tritt in den Ruhestand, er bleibt Präsident des Verwaltungsrates. Jack Bolli wird Direktor für den Hauptsitz.

1963    Eröffnung einer Filiale in Tokio.

1965    Kauf des Reisebüros Challis & Benson London. Daraus entwickelt sich die Kuoni Travel Ltd. UK. Erstmals fliegt Kuoni mit einer DC-6B der Balair eine Charterkette nach Bangkok.

1970    Das Unternehmen wird in «Reisebüro Kuoni AG» umbenannt. Jack Bolli wird Generaldirektor, Delegierter und später Präsident des Verwaltungsrates. Gründung einer Niederlassung in Wien.

1972    Die Kuoni-Aktie wird an der Vorbörse in Zürich gehandelt; als Minderheitsaktionäre steigen Motor Columbus AG und Swissair ein. Erste Hotelbeteiligungen in Kenya (Nyali Beach und Reef in Mombasa). Mehrere tausend Kuoni-Gäste fliegen mit einer Balair Coronado an die Weltausstellung in Osaka. Die Reise führt über Bangkok und die Tempelstadt Angkor Wat, wo der Einmarsch der Vietcong die letzte Kuoni-Gruppe der Serie zwingt, auf dem abenteuerlichen Landweg auszureisen.

1973    Gründung der Reisebüro Kuoni GmbH in Deutschland und der Viajes Kuoni SA. in Spanien. Als erster europäischer Veranstalter führt Kuoni regelmässige Charterflüge nach Brasilien durch. Aus verkehrsrechtlichen Gründen wird ab Luxemburg geflogen.

1974    Kauf von Houlders World Holidays und Integration in Kuoni UK, die von London nach Dorking umzieht. Übernahme der Hellenic Tours Ltd. Athen.

1976    Erster von Kuoni organisierter Swissair-Weltrundflug mit einer DC-8 mit Zwischenlandung in Shanghai. China gewährt erstmals für einen Sonderflug eine Landebewilligung.

1978    Die Swissair hält mit etwas über 50% die Aktienmehrheit; die Kuoni- und Hugentobler Stiftung behält die Stimmenmehrheit.

1981    Kuoni England kauft in Dorking das «Kuoni House» und das Hotel Hawksbill auf Antigua. Gründung der Kuoni (Carribean) Enterprises Ltd. Tortola, welche später ebenfalls das Hotel Discovery Bay auf den Barbados übernimmt.

1982    Lancierung der Marke «Helvetic Tours» im Schweizer Heimmarkt für preiswerte Reisen; Übernahme der Jacky Maeder Travel AG.

1986    Ausgabe von Partizipationsscheinen aus Anlass des 80jährigen Bestehens der Firma. Kuoni UK bietet in Zusammenarbeit mit der Schweiz und Frankreich erstmals Charterflüge mit der Concorde rund um die Welt an.

1987    Übernahme der NUR Neckermann Reisen GmbH in Wien. Kauf der Neukamm-Gruppe im süddeutschen Raum.

1988    Michel Crippa wird als Direktionspräsident Nachfolger von Jack Bolli als operativer Leiter.

1990    Übernahme von Privat Safaris (führender Afrika-Reiseveranstalter der Schweiz) und der Kapitalmehrheit von Popularis Tours. In UK wird UK-Connection erworben, bekannter Spezialist für Studentenreisen in alle Erdteile. Peter Oes löst als Direktionspräsident Michel Crippa ab. Riccardo Gullotti ist neuer Verwaltungsratspräsident.

1992    Swissair verkauft die Kapitalmehrheit an Kuoni an die deutsche Kaufhof AG. Die Kuoni- und Hugentobler Stiftung behält die Stimmenmehrheit. Daniel Affolter wird als Nachfolger von Alfred Kuoni II. Präsident der Kuoni- und Hugentobler Stiftung. Eine 8%-Beteiligung an Business Travel International (BTI) sichert Kuoni in der Schweiz und weiteren europäischen Ländern den Zugang zu dieser globalen Marke, Einkaufs- und Dienstleistungplattform.

1994    Übernahme einer Mehrheitsbeteiligung an der Railtour Suisse SA.

1995    Daniel Affolter wird Präsident, Riccardo Gullotti Delegierter des Verwaltungsrates und Präsident der Konzernleitung. Rückkauf der Kapitalmehrheit von IST/ Kaufhof AG durch die Kuoni- und Hugentobler Stiftung. Die Stiftung gibt die Stimmenmehrheit zugunsten einer breiten Streuung im Publikum ab. Die «Reisebüro Kuoni AG» wird in die «Kuoni Reisen Holding AG» übergeführt. Kuoni Schweiz und Incoming werden eine rechtlich unabhängige Einheit unter dem Namen «Kuoni Reisen AG». Kuoni wird am Haupttableau der Zürcher Börse kotiert. Übernahme von Danzas Reisen AG, Rewi Reisen AG, CIS Club Intersport und Rotunda Tours. Gründung der Charterflug-gesellschaft Edelweiss mit Kuoni-Mehrheitsbeteiligung.

1996    Kauf von Voice SA und Scanditours in Frankreich. In den Niederlanden wird der Langstreckenspezialist Special Traffic übernommen. In Indien geht SOTC Holidays Private Ltd. (Bombay) an Kuoni über und wird später in «Kuoni India» umbenannt.

1997    Gründung des 50:50-Joint Ventures P&O Travel Ltd. in Hongkong mit Vertretungen in Bangkok und Singapore.

1998    Übernahme des Geschäftsreise-Spezialisten Euro Lloyd in Deutschland und Fusion mit der eigenen Geschäftsreiseeinheit zu BTI Euro Lloyd. Joint Venture im italieni-schen Fernreisegeschäft (Kuoni Gastaldi Tours); Eintritt in den skandinavischen Markt mit dem Kauf von drei dänischen Tour Operators und Gründung der Alletiders Reijser A/S. Übernahme von Voyages Jules Verne in Grossbritannien und des Schwei-zer Malediven-Spezialisten Manta Reisen.

1999    Hans Lerch wird Präsident der Konzernleitung. Kuoni erwirbt einen 49%-Anteil von ITV (Imholz-TUI-Vögele) und kündigt eine enge Zusammenarbeit im Veranstalter-geschäft an. Im US-Veranstaltermarkt fasst Kuoni erneut Fuss, indem er den Premium-Veranstalter Intrav Inc.(St. Louis, Missouri) übernimmt. Intrav entwickelt und veranstaltet weltweit Reiseprogramme mit Privatflugzeugen und kleinen Kreuzfahrten-schiffen für ein wohlhabendes Publikum.

2000    In Skandinavien erwirbt Kuoni 45% des schwedischen Reiseveranstalters Apollo Resor AB und wird Nr. 3 im Markt. Apollo ist in Schweden, Dänemark und Norwegen tätig und verkauft einen bedeutenden Teil seiner Produkte über das Internet. Ebenso wird Dane Tours übernommen. In Indien wird SITA Travel gekauft, ein führender Ferien- und Geschäftsreiseveranstalter mit Incoming Services. Kuoni ist damit unbestritten die Nr. 1 im indischen Reisemarkt. In den USA wird T PRO (New York), das drittgrösste Unternehmen im Incoming-Markt übernommen. Die Charterfluggesellschaft Edel-weiss expandiert durch den Erwerb eines Airbus A330-200 in den Langstreckenmarkt.

2001    Kuoni übernimmt 100% von Apollo sowie der Charterfluggesellschaft Novair und legt sämtliche Skandinavien-Geschäfte in einer einzigen Gruppe zusammen. Die 51%-Beteiligung an NUR Neckermann in Österreich wird verkauft. Special Traffic in den Niederlanden erwirbt den Reiseveranstalter Travel Keys B.V., der unter der Marke African Holidays auftritt.

2002    Andreas Schmid wird Präsident des Verwaltungsrates. Kuoni erwirbt Allied Tours LLC und wird mit AlliedTPro Inc. Nr. 1 im Incoming-Markt der USA.

2003   Im Zuge einer Strategie-Überprüfung verkauft Kuoni seine Geschäftseinheit für Ge-
       schäftsreisen (Business Travel-BTI Central Europe an Hogg Robinson plc). Die
       Übernahme von Vacances Fabuleuses, des grössten Veranstalters für Reisen nach den
       USA in Frankreich, verstärkt Kuonis Position im hohen Qualitätssegment; Kuoni
       Schweiz erwirbt den Indien-Spezialisten Intens Travel AG. Als erstes Schweizer Reise-
       unternehmen erhält Kuoni das Umweltzertifikat nach ISO 14001. Kuoni Indien
       gründet die Kuoni Academy of Travel, eine Fachschule für Touristik, und unterstreicht
       damit seine Ausrichtung nach Innovationen.

2004   Der 49%-Anteil an TUI Suisse wird an TUI Hannover zurückverkauft. Die Hotels in
       der Karibik werden durch die Rex Resort Hotel Group übernommen.

2005   Armin Meier tritt sein Amt als Präsident der Konzernleitung an. Kuoni Travel
       Nederland B.V. übernimmt Royal Hansa Tours Holland B.V., Spezialist für exklusive
       Kreuzfahrten. Die Kuoni Reisen GmbH in Deutschland wird an Otto Freizeit und
       Touristik GmbH verkauft. Der Incoming-Spezialist APA Travel (Scotland) Ltd. stösst
       zur Kuoni-Gruppe. In der Schweiz übernimmt Kuoni die Aktivitäten und Mitarbeiter
       der CIT-Frantour SA. Kuoni Skandinavien erwirbt 70% der Aktien an Reisetorget AS,
       Spezialist für Online-Verkäufe in Norwegen. Ebenfalls 70% werden von Langferdir
       übernommen, einem isländischen Reiseveranstalter. In den Niederlanden kauft Kuoni
       100% von Avontuur.nu Topholding B.V., Spezialist für Abenteuerreisen. Der US-
       Reiseveranstalter Intrav Inc. wird an die First Choice Plc in Grossbritannien verkauft.
       Zum siebten Mal in Folge erhält Kuoni den World Travel Award als weltbester Reise-
       veranstalter.

## Kurzbiografien

**Affolter Daniel** (1954) lic.iur., Rechtsanwalt, bis 2001 Präsident des Verwaltungsrates und Präsident der Kuoni- und Hugentobler Stiftung.

**Bacher Reto** (1951) Mitglied der Konzernleitung und Generaldirektor Geschäftsreisen BTI Central Europe bis 2003. Mit dem Verkauf der Sparte Geschäftsreisen durch Kuoni Übertritt zu Hogg Robinson Plc. Vorher Geschäftsführer Kuoni Reisen GmbH Deutschland, Direktor Departement Geschäftsreisen Kuoni Schweiz.

**Balada Paul** vor dem 2. Weltkrieg Filialleiter, während des Weltkrieges Vetreter von Kuoni in Paris.

**Biggs Sue** (1956) seit 2001 Mitglied der erweiterten Konzernleitung, 1999 Managing Director Kuoni UK. Vorher Product Manager USA und Karibik, Direktorin Touroperating.

**Bleher Hermann** (1905–1990) bis 1971 Mitglied des Verwaltungsrates und Leiter der Filiale Nizza. Vorher Filialleiter in verschiedenen Schweizer Städten und Kurorten.

**Bodmer Kurt** (1938) bis 1977 Geschäftsführer Los Angeles. 1970 Eröffnung der Filiale.
Weitere Tätigkeiten: Union Bank Los Angeles, Percival Tours, Unitours/Club Universe.

**Bolli Hansruedi** (1945) Hotelunternehmer, bis 1988 Generaldirektor der Kuoni Hotel Management AG. Weitere Tätigkeiten: Mövenpick Hotels, Hotel Zürich, Direktor Seminarhotel am Ägerisee.

**Bolli Jack** (1923–2003) bis 1990 Präsident des Verwaltungsrates. Vorher Leiter Abteilung Passagen, Direktor für den Hauptsitz, Generaldirektor für das Gesamtunternehmen und Verwaltungsrat, Präsident und Delegierter, Stiftungsrat der Kuoni- und Hugentobler Stiftung. Tourismuspionier und nach dem 2. Weltkrieg Begründer des weltumspannenden Reiseunternehmens Kuoni.

**Bossard Fred** (1924) Koryphäe unter den Kuoni-Reiseleitern mit über 275 Reisebegleitungen rund um den Globus, 1967 Mitarbeiter der Verkaufsleitung für die Schweiz und die umliegenden Länder.

**Bosshard Max** (1945) bis 1993 Direktor Spezialreisen am Hauptsitz. Weitere Tätigkeiten: Filialleiter St. Gallen, Leiter Helvetic Tours, Direktor Touroperating Europa. Ab 1993 Geschäftsführer der Baumeler Reisen AG Luzern, ab 2000 Dozent Höhere Fachschule für Tourismus in Luzern.

**Brüllhardt Walter** (1957) seit 1999 Mitglied der Geschäftsleitung Kuoni Schweiz, 1996 Leiter Touroperating Europa. Vorher Reiseleiter, Resident Manager Tunesien, Leiter Twen Club Zürich, Product Manager Mittelmeer.

**Brusselmans Fons** (1950) seit 2002 Chief Executive Officer Skandinavien und Mitglied der erweiterten Konzernleitung.

**Challis Charles** († 2001) Gründer des späteren Reisebüros Challis & Benson London, 1965 Verkauf an Kuoni.

**Cathomen Linus** (1935) bis 1988 Verkaufsleiter Incoming in Zürich. 1963 erster Geschäftsführer in Tokio (bis 1969), Kuoni Rom.

**Crippa Michel** (1936–1999) 1988/89 Direktionspräsident. Vorherige Tätigkeiten: Geschäftleitungsmitglied Esso Schweiz, Direktor Marketing der SBB, Mitglied der Generaldirektion SBB.

**Depuoz Claudia** (1945) 1990–2001 Mitglied des Verwaltungsrates. Weitere Tätigkeiten: Direktorin der UTO- Versicherungsgesellschaft in Zürich, Präsidentin der Kongresshaus-Stiftung.

**Diethelm Peter** (1941) bis 2005 Mitglied der Konzernleitung, Executive Chairman Kuoni UK und President Intrav Inc. St. Louis/ USA. Weitere Tätigkeiten: Chairman and Managing Director Kuoni UK, Managing Director, Director Touroperation.

**Egli Hans Ruedi** (1933) bis 1990 Mitglied der Konzernleitung und Generaldirektor Kuoni Schweiz. Vorher Direktor Vertrieb Schweiz, Direktor der Airtour Suisse SA Bern, Leiter Touroperating Badereisen Mittelmeer, Personalchef, Direktor Bellevue-Reisen AG.

**Eisenring Hans** (1932) Dipl. Ing. ETH, bis 2002 Mitglied des Verwaltungsrates. Weitere Tätigkeiten: Präsident der Generaldirektion der Schweizerischen Bundesbahnen, Verwaltungsrat Mercedes-Benz AG Deutschland.

**Epstein David** (1938) bis 1981 Joint Managing Director Kuoni UK London. Weitere Tätigkeiten: Finanzdirektor Kuoni UK, Financial Controller und Director General of ABTA Association of Britisch Travel Agents, Senior Excecutive Consultant Peltours Ltd., London.

**Fankhauser Peter** (1960) Dr. rer.pol., bis 1998 Mitglied der Konzernleitung und Generaldirektor Europa. Heute Vorstandsmitglied Thomas Cook AG. Weitere Tätigkeiten: Vorsitzender der Geschäftsführung der LTU Holding GmbH, Geschäftsführer Kuoni Fernreisen GmbH Frankfurt, Direktor Vertrieb Kuoni Schweiz, Leiter Unternehmensentwicklung.

**Frei Melchior** (1924) bis 1986 Direktor Incoming Zürich. Weitere Tätigkeiten: Direktor Voyages Kuoni SA. Paris, Filialleiter Luzern, Filialleiter in verschiedenen Schweizer Städten.

**Frei Sylvette** Mitarbeiterin am Bahnhofplatz Zürich, Gattin von Melchior Frei.

**Froesch Aldo** (1923) bis 1988 Filialleiter Locarno. Vorher Leiter verschiedener Schweizer Saisonfilialen. Zusammen mit Paul Nanz dienstältester Kuoni- Mitarbeiter seit der Gründung.

**Frischknecht Marianne** (1945) bis 1993 Direktorin Kuoni Mexiko. Weitere Tätigkeiten: Product Manager Asien, Mitarbeiterin Spezialreisen, Schweiz. Entwicklungshilfe in Yaounde, Kamerun, 1969 Mitarbeiterin Spezialreisen Zürich, 1993 Management Buyout Viajes Kuoni SA. Mexico und Umbenennung in Viajes Novel SA.

**Grob Niklaus** (1935) Militär- und Zivilpilot, bis 2001 Geschäftsführer Edelweiss Air. Mitbegründer und Teilhaber. Vorher Chefpilot und Chef Flugausbildung Swissair und Chef Operation der Balair/ CTA.

**Gross Rudolf** Gründer Englewood Travel Service Inc., Englewood N.J./ USA. Verkauf an Kuoni, President und CEO Kuoni Travel Inc. New York Vorher Reiseberater in verschiedenen Reisebüros in den USA, Mitarbeiter bei Kuoni Bahnhofplatz.

**Gullotti Riccardo** (1944) Fürsprech, bis 1999 Delegierter des Verwaltungsrates und Präsident der Konzernleitung. Stiftungsrat der Kuoni- und Hugentobler Stiftung. Weitere Tätigkeiten: Präsident des Verwaltungsrates der Kuoni Holding AG, Präsident der Jungfrau Bahnen Holding AG, Präsident der Zschokke Holding AG Genf, Verwaltungsrat Von Roll Holding AG und weitere Mandate, Mitinhaber der Gullotti & Partner, Management & Consulting Services Bern.

**Hanselmann Guido** (1924) bis 1990 Mitglied des Verwaltungsrates. Ehemals Generaldirektor der Schweizerischen Bankgesellschaft.

**Harzenmoser Hans** (1904–1988) bis ca. 1970 Leiter verschiedener Abteilungen am Hauptsitz. Begründer der «Gesellschaftsreisen» als Vorläufer der Kuoni-Aktivitäten als Reiseveranstalter. Weitere Tätigkeiten: Filialleiter in verschiedenen Orten der Schweiz und in Frankreich. Leiter Touroperating Zürich.

**Heiniger Kurt** (1940) bis 1996 Vizepräsident der Konzernleitung und Generaldirektor Kuoni Schweiz. Stiftungsrat der Kuoni- und Hugentobler Stiftung. Weitere Tätigkeiten: Generaldirektor Kuoni International und Incoming, Direktor Filialen Schweiz und Randgebiete, Filialleiter Bern.

**Hofstetter Joe** (1927–1999) 1959 erster Leiter von Kuoni Mailand. Vorher Mitarbeiter am Bahnhofplatz Zürich, Filialleiter in St. Moritz, Reiseleiter.

**Hollenweger Walter** (1926) bis 1982 Direktor Touroperating. Inititant und Pionier der Charterflüge nach Übersee.

**Huber Albert O.** vor dem 2. Weltkrieg Leiter der Abteilung Passagen am Bahnhofplatz, nachher Leiter Incoming in Zürich.

**Hugentobler Harry** (1889–1976) bis 1970 Präsident des Verwaltungsrates. Teilhaber, Mitbegründer der Kuoni- und Hugentobler Stiftung. Vorher Delegierter des Verwaltungsrates und Direktor, 1914 einer der ersten Mitarbeiter des Gründers Alfred Kuoni als Changekassier.

**Imholz Hans** (1932) bis 1961 Leiter der Abteilung «Vereins- und Verbandsreisen, Studienreisen». Vorher Mitarbeiter der Abteilung Gesellschaftsreisen, Reiseleiter. Gründete 1961 die Imholz Reisen AG, die er über 30 Jahre erfolgreich führte und auf ihrem Höhepunkt an die Jelmoli SA Zürich verkaufte.

**Janssen Friedrich** 1993 bis 1994 Mitglied des Verwaltungsrates, Vorstandsmitglied der Kaufhof AG und Chef der IST International Tourist Services GmbH Köln.

**Junger Martin** (1928) bis 1990 Mitglied des Stiftungsrates der Kuoni- und Hugentobler Stiftung. Weitere Tätigkeiten: Delegierter des Präsidenten der Swissair Finanz- und Anlagepolitik, Verwaltungsratspräsident der Swissair-Beteiligungs AG, Finanzchef der Swissair.

**Kägi Walter** (1952) Managment der Produktelinie World Class. Weitere Tätigkeiten: Direktor Viajes Kuoni SA Mexiko, Leiter Touroperating und Geschäftsreisen Mexiko, Verkauf Zürich, Mailand und Paris.

**Katz Max E.** (1955) Betriebswirtschafter (HWV), seit 1995 Mitglied der Konzernleitung und Generaldirektor Finanzen. Vorher Finanzdirektor und Geschäftsleitungsmitglied Hürlimann Holding AG, Finanzdirektor Effems AG, Controller Jacobs Suchard AG.

**Kistler Karl** (1952) Pilot und Fluglehrer, seit 2002 Geschäftsführer und Accountable Manager Edelweiss Air. Vorher Chefpilot und Leiter Operation Edelweiss, Leiter Flugbetrieb und Flottenplanung Balair, Chefpilot Balair, Kapitän Crossair, Fluglehrer.

**Klein Edy** (1932) Dokumentarfilmer, bis 1994 Leiter der Dokumentarfilm AG Zürich, Tochtergesellschaft von Kuoni, Redaktor der Kundenzeitschrift «Reisemosaik».

**Kneubühler Josef** bis 1973 Filialleiter in Basel. Vorher: Filialleiter in verschiedenen Schweizer Städten und Kurorten, Mitarbeiter Verkauf in der Filiale Paris.

**Kuoni Alfred I.** (1874–1943) bis 1943 Mehrheitsaktionär und Verwaltungsratspräsident. 1906 Mitinhaber der Gebr. Kuoni, Speditionsfirma in Zürich, Gründer des Reisebüros als Teil der gleichnamigen Firma, Ausgliederung und Umzug an den Bahnhofplatz im Jahre 1912, Umwandlung der Einzelfirma in eine Aktiengesellschaft 1925.

**Kuoni Alfred II.** (1914) Lektor und Übersetzer; bis 1984 Mitglied des Verwaltungsrates. Stifter, Mitbegründer und langjähriger Präsident der Kuoni- und Hugentobler Stiftung.

**Landis René** (1938) bis 1994 Direktor Überseefilialen in Zürich. Vorher Direktor Touroperating, Personalchef, Mitarbeiter Verkauf in Tokio, Sachbearbeiter in Zürich, Paris und New York. 1995 erster Direktor der Stiftung Gesetzlicher Garantiefonds der Schweizer Reisebranche.

**Landsberger Peter** 1994–1995 Mitglied des Verwaltungsrates, Geschäftsleiter der IST International Tourist Services GmbH Köln.

**Lerch Hans** (1950) 1999 bis 2005 Präsident der Konzernleitung. Vorher: Mitglied der Konzernleitung und Generaldirektor Schweiz und Incoming, Direktor Touroperating, Direktor Incoming, Direktor in Singapore und Hongkong, Abteilungsleiter in Tokio.

**Löffel Conrad** (1946) Wirtschaftsprüfer, 1989 bis 1995 Mitglied der Konzernleitung und Finanzchef. Weitere Tätigkeiten: Finanzchef der Danzas AG Basel, Partner und Verwaltungsrat Ernst & Young AG Basel.

**Lofthouse Leslie** (1947) 1980–1992 Direktorin der Filialen in Sydney und Melbourne. Kauft 1992 die Firma und führt sie erfolgreich unter neuem Namen weiter.

**Losey Claude** (1927–2000) 1962 bis 1976 Finanzdirektor. 1977 Generaldirektor Finanzen und Mitglied der Geschäftsleitung. Mitglied des Stiftungsrates der Kuoni- und Hugentobler Stiftung.

**Luna Roberto** (1962) seit 2005 Vorsitzender der Geschäftsleitung Kuoni Schweiz und Mitglied der erweiterten Konzernleitung. Vorher: Direktor Touroperating Übersee, Leiter Touroperating USA/ Kanada, Leiter Verkauf Touroperating USA/ Kanada.

**Meier Armin** (1958) Executive Master of Business Administration, seit 2005 Präsident der Konzernleitung. Vorher: Geschäftsleitungsmitglied beim Migros-Genossenschaftsbund, CEO der Atraxis AG, CEO der ABB PTI AG, Project Leader DEC Digital Equipment Corp AG Schweiz.

**Meyer Hans Dr.** selbständiger Wirtschaftsanwalt, 1963 bis 1987 Mitglied des Verwaltungsrates.

**Möhr Christian** (1931) bis 1990 Direktor Spezialreisen. Vorher: Verkaufsleitung Schweiz, Filialleiter Kuoni am Bellevue, Chef Abteilung Passagen in Zürich und in Paris. Gründete 1990 eine eigene auf Kreuzfahrten spezialisierte Firma.

**Müller Heinz** (1937) 1991 bis 2003 Mitglied des Verwaltungsrates, Vizepräsident und 2001–2002 Präsident ad interim. Weitere Tätigkeiten: Generaldirektor der Schweizerischen Bankgesellschaft, Direktor des Sitzes St. Gallen der Schweizerischen Bankgesellschaft.

**Nanz Paul** (1901–1985) 1918 erster Kuoni-Lehrling am Bahnhofplatz, Filialleiter in verschiedenen Schweizer Städten, Leiter der Niederlassungen an der französischen Riviera, Delegierter der Direktion und Finanzinspektor bis ca. 1975, zusammen mit Aldo Froesch dienstältester Mitarbeiter von Kuoni seit der Gründung.

**Nett Agathe** (1948) 1982–1988 Direktorin Viajes Kuoni SA Mexiko. Vorher: Leiterin Incoming und Touroperating Mexiko, Verkauf Kuoni Oerlikon, Incoming Paris, Touroperating Zürich.

**Nydegger Peter** (1932) bis 1992 Mitglied des Stiftungsrates der Kuoni- und Hugentobler Stiftung. Weitere Tätigkeiten: Leiter Finanzen und Konzernentwicklung Swissair, Direktor Tochtergesellschaften und Beteiligungen Swissair.

**Oes Peter** (1936–2002) 1989–1994 Präsident der Konzernleitung. Vorher: Vizepräsident des Verwaltungsrates, Delegierter des Direktionspräsidenten und Direktor des Departementes Aussenbeziehungen der Swissair.

**Petermann Annemarie** (1917–1999) 1951 bis 1982 Leiterin der Filiale Luzern. Erste Frau in einer Kaderstellung bei Kuoni.

**Piraud Louis** (1926–1992), bis 1991 PDG Voyages Kuoni SA France. Verantwortlich für den Aufbau von Kuoni in Frankreich zum führenden Langstreckenveranstalter. Vorher: Filialleiter in Paris, Schalterbeamter in Lausanne.

**Probst Gilbert** (1950) Prof. Dr., 1990–2001 Mitglied des Verwaltungsrates. Hauptberufliche Tätigkeit: Professor für Organisation und Management an der Universität Genf.

**Rada Iginio** (1934) 1973–1993 Direktor Viajes Kuoni SA. Espana. Vorher: Direktor Viajes Kuoni SA in Buenos Aires, Mitarbeiter im Verkauf Kuoni Tokio.

**Ramel Peter** 1990–1993 Mitglied des Verwaltungsrates; hauptberuflich: Chef Betriebswirtschaft Swissair.

**Russell Roberta** (1939) 1997–2004 Product Manager Kuoni UK. Vorher Leiterin Training und Reservationen, Leiterin Qualitätsprogramme, Reiseleiterin.

**Schmid Andreas** (1957) Jurist, seit 2002 Präsident des Verwaltungsrates. Weitere Tätigkeiten: Vizepräsident des Verwaltungsrates Barry Callebaut AG, Verwaltungsratspräsident Unique (Flughafen Zürich AG), Mitglied des Beirates der Credit Suisse Group.

**Schmid Kurt** (1930) bis 1993 Mitglied und Vizepräsident des Verwaltungsrates. Mitglied des Sitftungsrates der Kuoni- und Hugentobler Stiftung bis 2001. Direktor und Mitglied der Geschäftsleitung der Swissair bis 1992.

**Steiner Konrad** 1970 Gründung der Reisebüro Kuoni GesmbH Wien. Motor im Aufbau des Incoming und Touroperating in Österreich. Vergrösserte das Verkaufsnetz in Österreich durch kontinuierliche Zukäufe. Geschäftsführer bis 1985.

**Stirnimann Thomas** (1962) bis 2005 Mitglied der Konzernleitung und Generaldirektor Ferienreisen Schweiz und Skandinavien. Vorher: Direktor Touroperating, Leiter Marketing und Verkauf Touroperating. Heute CEO der Travelhouse-Gruppe Zürich.

**Streicher Otto Dr.** Jurist, Mitglied des Verwaltungsrates 1971–1990.

**Syz-Witmer Hans Georg** (1957) Betriebswirtschafter, Präsident des Verwaltungsrates der Privatbank Maerki Baumann & Co.AG., seit 2002 Präsident des Stiftungsrates der Kuoni- und Hugentobler Stiftung.

**Tondeur Michel** (1928) Leiter Abteilung Einzelflugpauschalreisen, 1958 Direktor Bellevue-Reisen AG Zürich, Tochterfirma von Kuoni mit Ausrichtung auf volkstümliches Reisen bis 1960, anschliessend Direktor bei Hotelplan Internationale Reiseorganisation Zürich und Generaldirektor der Wagon Lits SA, Paris.

**Von Pflug Albrecht** Geschäftsführer der NUR Neckermann Reisen GesmbH in Wien; restrukturierte erfolgreich das Unternehmen nach dem Kauf durch Kuoni 1987.

**Wagner Fred Norbert** (1883–ca. 1965) Reiseleiter bei Cook Travel in London und bei Kuoni in Zürich, unterstützte Kuoni beim Aufbau des Langstreckengeschäfts in den 50er- und 60er-Jahren.

**Wilhelm Reto** (1961) seit 2002 Mitglied der Konzernleitung und Generaldirektor SBD Ferienreisen Europa, Asien und Destination Management, ab 2004 mit SGD Incoming. Vorher: Mitglied der Geschäftsleitung Swissair, Direktor Swissair Nord- und Südamerika mit Sitz in New York, Mitarbeiter Unternehmensentwicklung, Planer und Einkäufer Touroperating Zürich.

**Zehnder Hans** Flying Sales Manager bei Kuoni Los Angeles, bekannt als Handörgeler. Besuchte mit einem einmotorigen Kuoni-Flugzeug des Typs Mooney die Reisebüros in den kleineren und mittleren Orten im Süden und Südwesten der USA um den Absatz der «More»- Produkte zu fördern. Verunglückte 1971 tödlich zusammen mit einem weiteren Angestellten, Bill Caroll, in einem Schneesturm.

# Personen- und Firmenverzeichnis

## Literaturverzeichnis

Walter Ackermann: Bordbuch eines Verkehrsfliegers, Zürich 1934

Walter Ackermann, Willi Farner, Robert Fretz, Philipp Vacano: Vier Schweizer Flieger erzählen; Zürich 1933

Ursula A.J.Becher: Geschichte des modernen Lebensstils. Essen, Wohnen, Freizeit, Reisen; München 1990

Walter Borner: Balair. Geschichte der Schweizer Charter-Gesellschaft; Zürich 1991

Eugen Dietschi: Balair. 50 Jahre Basler Luftverkehr; Basel 1975

Flughafen Zürich 1948–1998, Zürich 1997

Geschichte des Kantons Zürich, Band 3, Zürich 1994

Bruno Fritzsche, Thomas Frey, Urs Rey, Sandra Romer: Historischer Strukturatlas der Schweiz, Baden 2001

Der Gruppentourismus in der Schweiz, Nr. 69 der Publikationen des Schweizerischen Fremdenverkehrsverbandes, Bern 1972

Jost Krippendorf, Peter Zimmer, Hans Glauber: Für einen andern Tourismus. Probleme – Perspektiven – Ratschläge, Frankfurt 1988

René Lüchinger: Der Fall der Swissair. Das Drama. Der Untergang, Die Akteure, Zürich 2001

Karl Lüönd: Schweizer in Amerika, Olten 1979

Karl Lüönd: Gottlieb Duttweiler – eine Idee mit Zukunft, Meilen 2000

Karl Lüönd: Emil Frey – Auto-Biografie, Zürich 1987

Peter Metz: Gedenkblatt für die Baumeisterfamilie Kuoni, Chur o.J.

Ueli Mäder: Vom Kolonialismus zum Tourismus – von der Freizeit zur Freiheit, Zürich 1987

Sepp Moser: Bruchlandung. Wie die Swissair zugrunde gerichtet wurde; Zürich 2001

Leo Schelbert: Die Wanderungen der Schweizer, Freiburg i.Br./München 1967

Leo Schelbert: Einführung in die schweizerische Auswanderungsgeschichte der Neuzeit; Zürich 1967

Urs von Schroeder: Swissair 1931–2002; Aufstieg, Glanz und Ende einer Airline, Frauenfeld 2002

Beatrice Schumacher: Ferien. Interpretationen und Popularisierung eines Bedürfnisses Schweiz 1890–1950, Wien 2002

Gerhard Schweizer:Touristen und Traumtänzer. Ein Reisebuch; Stuttgart 1992

Lorenz Stucki: Swissair – Porträt einer erstaunlichen Fluggesellschaft, Frauenfeld 1981

Erich Tilgenkamp: Die Geschichte der schweizerischen Luftfahrt (3 Bde.); Zürich 1941/42

Hans Peter Treichler (Hg.): Die Schweiz um die Jahrhundertwende, Zürich 1985

Hans Peter Treichler: Die stillen Revolutionen. Arbeitswelt und Häuslichkeit im Umbruch (1880-1900), Zürich 1992

Unique (Flughafen Zürich AG), Jahresbericht 2002

Fred N. Wagner: Grosse Welt und kleine Menschen, Zürich 1942

Wilhelm Zeilbeck: Geschichte der Schweizer Spedition, Basel 2003


**Ungedruckte Quellen:**

Agathe Blaser: Kuonis Welt 1906–1965. Ein Beitrag zur Geschichte der Reisebüros in der Schweiz; Lizenziatsarbeit am Historischen Institut der Universität Bern, Fachbereich Schweizergeschichte; Bern 1988 (Typoskript)

Verkehr und Tourismus in der Kriegswirtschaft; Referate gehalten anlässlich des ersten Kurses über Fremdenverkehrsfragen des Seminars für Fremdenverkehr an der Handels-Hochschule St. Gallen am 18. Mai 1942, St. Gallen 1942 (Schweiz. Sozialarchiv 40352)

Div. Privatarchive

## Bildnachweis

6–10, 13 Josef Stücker, Zürich
18 Staatsarchiv Graubünden, Chur
19 l. Punktum Bildarchiv, Zürich
19 r. Archiv Peter Ziegler, Wädenswil/Foto Punktum Bildarchiv, Zürich
20 Baugeschichtliches Archiv, Zürich
21 Punktum Bildarchiv, Zürich
22 o. Privatbesitz
24 o. Staatsarchiv Graubünden, Chur
24 u. Stadtarchiv Chur
25 Staatsarchiv Graubünden, Chur
26 o. Privatbesitz
26 u. Staatsarchiv Graubünden, Chur
28 Staatsarchiv Graubünden, Chur
29 u. aus: Bündner Jahrbuch 1988
31 Baugeschichtliches Archiv, Zürich
33 Punktum Bildarchiv, Zürich
34 Punktum Bildarchiv, Zürich
35 Punktum Bildarchiv, Zürich
40 o. Punktum Bildarchiv, Zürich
41 Punktum Bildarchiv, Zürich
45 Punktum Bildarchiv, Zürich
46 Hans Baumgartner, Wildhaus 1942. Fotostiftung Schweiz/2006, ProLitteris, Zürich
47 Punktum Bildarchiv, Zürich
53 o. Baugeschichtliches Archiv, Zürich
59 u. Punktum Bildarchiv, Zürich
60 u. Punktum Bildarchiv, Zürich
61 l. Punktum Bildarchiv, Zürich
61 r. Museum für Gestaltung Zürich, Plakatsammlung
62 l. Schule für Gestaltung Basel, Plakatsammlung
62 r. Punktum Bildarchiv, Zürich
63 u. Museum für Gestaltung Zürich, Plakatsammlung
70 aus: Erich Tilgenkamp, «Die Geschichte der Schweizerischen Luftfahrt»
71 Luftbild Schweiz, Dübendorf
72 Luftbild Schweiz, Dübendorf
73 u. Archiv Verkehrshaus der Schweiz
73 o.l. aus: Erich Tilgenkamp, «Die Geschichte der Schweizerischen Luftfahrt»
74 Museum für Gestaltung Zürich, Plakatsammlung
75 o.r. Punktum Bildarchiv, Zürich
75 u. Museum für Kommunikation Bern, Philatelie/ ©Die Schweizerische Post
76 o. Walter Senn, Rifferswil
76 M. Punktum Bildarchiv, Zürich
76 u.l. Luftbild Schweiz, Dübendorf
76 u.r. Privatbesitz
77 Luftbild Schweiz, Dübendorf
78 Luftbild Schweiz, Dübendorf
79 r. Luftbild Schweiz, Dübendorf
80 o. Archiv Verkehrshaus der Schweiz, Luzern
80 u.l. Punktum Bildarchiv, Zürich
80 u.r. Luftbild Schweiz, Dübendorf
81 Luftbild Schweiz, Dübendorf
82 Museum für Gestaltung Zürich, Plakatsammlung
83 o. Luftbild Schweiz, Dübendorf
83 u. Museum für Kommunikation Bern, Philatelie/ © Die Schweizerische Post
84 Schweizerische Landesbibliothek, Bern
85 Museum für Gestaltung Zürich, Plakatsammlung
86 Luftbild Schweiz, Dübendorf
87 Luftbild Schweiz, Dübendorf
88 o. Luftbild Schweiz, Dübendorf
91 Luftbild Schweiz, Dübendorf

95 Luftbild Schweiz, Dübendorf
96 Luftbild Schweiz, Dübendorf
98 Museum für Kommunikation Bern, Philatelie/ © Die Schweizerische Post
99 Luftbild Schweiz, Dübendorf
100 Luftbild Schweiz, Dübendorf
105 o. RDB/Blick/Toini Lindroos
105 u. Keystone
106 RDB/Sobli/Bruno Torricelli
109 Schweizerisches Sozialarchiv; Fc-0004-29, Fc-0011-38
110 Museum für Gestaltung Zürich, Plakatsammlung
111 o.l. Mövenpick Group, Zürich
111 o.r. Migros Genossenschaftsbund, Zürich
115 u. Archiv Walter Senn, Rifferswil
120 RDB/Vario Press/Rainer Unkel
125 r. Eidgenössisches Archiv für Denkmalpflege, Bern
129 Museum für Gestaltung Zürich, Plakatsammlung
132 Gretler's Panoptikum zur Sozialgeschichte, Zürich
133 Archiv TUI-Reisen, Zürich
134 u. © Bettmann/CORBIS
136 © Paul Almasy/CORBIS
144 Museum für Kommunikation, Bern
147 Eduard Klein, Baden
151 l. RDB/Illustré/Philippe Dutoit
154 RDB/SI/Kurt Reichenbach
156 Schule für Gestaltung Basel, Plakatsammlung
160 RDB
164 u RDB/Atlas Photography/Jacek Piwowarczk
168 RDB/REUTERS/Toby Melville
169 o. RDB/Atlas Photography/Doug Houghton
169 u. RDB/Gerd Müller
170 RDB/Atlas Photography/Chris Hammond
174 RDB/Blick/REUTERS/str
197 RDB/SI/Siegfried Kuhn
201 o.l. Firmenarchiv Baumeler
201 o.r. Firmenarchiv Interhome AG
201 u.l. Firmenarchiv Vista-Travac Business Travel AG
201 u.r. Firmenarchiv Vögele Reisen
204 o. RDB/SI/Siegfried Kuhn
208 RDB/ASL
214 Eduard Klein, Baden
223 o. Private Safaris, Zürich
223 M. + u. Rotunda Tours, Zürich
224 Railtour (Suisse) SA, Zürich
226 RDB//SI/Heiner Schmitt
230 RDB/SI/Manon Nyffeler
231 o. RDB/SI/Dick Vredenbregt
236 Keystone/Archive
240 o.l. Otto C. Honegger
240 o.r. + u. Manta Reisen AG, Zürich
242 Keystone/Michele Limina
244 Keystone/Martin Rütschi
250 www.world-turism.org
255 o. RDB/Niklaus Stauss
256 Keystone/Ken Cavanagh
257 o. RDB/Sobli/Selina Luchsinger
257 M. RDB/REUTERS/Sukree Sukplang
257 u. RDB/REUTERS/Gleb Garanich
270 Keystone/AP Knill Family

Alle übrigen Illustrationen:
Privat- und Firmenarchive

Abkürzung: RDB = Ringier Dokumentation Bild, Zürich